U0822186

俄罗斯法学研究论丛

第1卷

郑州大学俄罗斯法律研究中心主办

中国检察出版社

图书在版编目（CIP）数据

俄罗斯法学研究论丛．第1卷/刘向文主编．—北京：中国检察出版社，2010.5
ISBN 978-7-5102-0306-0

Ⅰ.①俄… Ⅱ.①刘… Ⅲ.①法学-俄罗斯-文集
Ⅳ.①D951.2-53

中国版本图书馆CIP数据核字（2010）第121578号

俄罗斯法学研究论丛
第1卷
刘向文 主编

出版发行：中国检察出版社
社　　址：北京市石景山区鲁谷西路5号（100040）
网　　址：中国检察出版社（www.zgjccbs.com）
电子邮箱：zgjccbs@vip.sina.com
电　　话：(010)68658769（编辑） 68650015（发行） 68636518（门市）
经　　销：新华书店
印　　刷：三河市燕山印刷有限公司
开　　本：720mm×960mm 16开
印　　张：25.5印张
字　　数：464千字
版　　次：2010年8月第一版 2010年8月第一次印刷
书　　号：ISBN 978-7-5102-0306-0
定　　价：45.00元

检察版图书，版权所有，侵权必究
如遇图书印装质量问题本社负责调换

《俄罗斯法学研究论丛》编辑委员会

编委会顾问 李静杰 中国俄罗斯东欧中亚学会会长
中国社会科学院学部委员、研究员、博士生导师
韩大元 中国法学会宪法学研究会会长
中国人民大学法学院院长、教授、博士生导师
田土城 中国法学会民法学研究会常务理事
河南省法学会副会长
郑州大学法学院院长、教授、博士生导师

编委会主任 刘向文

编委会成员 刘向文 中国俄罗斯东欧中亚学会常务理事
中国法学会宪法学研究会顾问
郑州大学宪法与行政法研究中心主任
郑州大学俄罗斯法律研究中心主任
郑州大学法学院教授、博士生导师、法学博士
刘春萍 中国俄罗斯东欧中亚学会常务理事
黑龙江大学俄罗斯法律问题研究所所长
黑龙江大学法学院教授、法学博士
杨心宇 中国俄罗斯东欧中亚学会理事
复旦大学中俄比较法研究中心中方执行主任
复旦大学法学院教授
张俊杰 中国法学会法理学研究会理事
中央民族大学法学院教授、法学博士
王志华 中国法学会比较法研究会常务理事
中国政法大学俄罗斯法律研究中心副主任
中国政法大学比较法研究中心副主任、副教授、法学博士

张建文　西南政法大学校长办公室（发展规划办公室）副主任
西南政法大学俄罗斯法律研究中心主任
西南政法大学民商法学院副教授、法学博士
许桂敏　中国法学会犯罪学研究会理事
郑州大学俄罗斯法律研究中心研究员
郑州大学法学院副教授、法学博士
崔浩旭　中国社科院俄罗斯东欧中亚研究所副研究员、法学博士
王建国　中国社会科学院法学所博士后研究人员
郑州大学俄罗斯法律研究中心研究员
郑州大学法学院讲师、法学博士
赵　路　北京师范大学刑事科学研究院讲师、法学博士

执行编辑　王建国
王圭宇　郑州大学俄罗斯法律研究中心研究员、在读法学博士

前　言

《俄罗斯法学研究论丛》，满怀着我们的激动和欣喜，终于和各位读者朋友们见面了。本论丛的问世，承载着我们的梦想和希望。从它的酝酿、筹备乃至于最后的编辑、出版，我们体味了辛酸，也收获了愉悦！

其实，早在1992年10月郑州大学独联体东欧研究所（郑州大学俄罗斯法律研究中心的“前身”）成立之时，我们就曾酝酿要推出一种专门研究俄罗斯法学的文丛。之所以有这种想法，并不是一时兴起，而是出于对中国法学研究现状的深切关怀，出于对我国宪政事业和法治建设的深切期盼。

在中国百年以来的法学发展史上，苏联（俄罗斯）法学一直都是影响我国法学研究的一支重要力量。伴随着1949年新中国的成立，特别是20世纪50年代，苏联法学对我国的影响达到了登峰造极的程度。不仅在法学研究的概念和方法使用上，而且在具体法律制度的设计和建制上，都很大程度上直接模仿和借鉴了当时的苏联，可谓影响重大。尽管自1978年改革开放以来，中国的法学研究开始倒向西方法学，苏联法学对我国的影响随之日渐势微。但是，由于之前苏联法学一度的优势地位，时至今日，它对我国的影响依然清晰可见，挥之不去。

1991年年底，苏联解体，俄罗斯独立。但是，俄罗斯没有与苏联完全诀别，一步踏进资本主义。相反，俄罗斯现行法律制度继承和保留了苏联时期60%—70%的法律传统。之后，俄罗斯开始进入一个社会转型时期。与此同时，也开始了自己“摸着石头过河”式的各项法制①改革。特别是进入新世纪，俄罗斯的各项改革都取得了相应的成效。这对曾经深受苏联法学影响的中国来说，全面和深入地研究当代俄罗斯法学发展的动态，无疑对我国具有重要的借鉴意义。

在过去的苏联时期，苏联法学家们曾经对社会主义国家法学领域中的一系列问题有过精辟的论述。如今，尽管时过境迁，但其思想力量和理论魅力仍然

① 在俄罗斯的法学著作中，法制和法律秩序统称为法治。在此处，主要是指法律制度。

能够开启我们的心智，提供有益的启发。俄罗斯独立以来，作为苏联的合法继承者，俄罗斯不仅由于“地缘政治”的缘故而在原苏联地域内依旧具有重要的政治影响力，而且在世界舞台上也扮演着越来越重要的角色。必须看到，中俄两国都是世界大国，又彼此相邻，相互之间的交往和学习显得尤为重要。还需指出的是，中俄两国在历史上曾经有着几近相同的政治、经济和文化传统，相似的命运也曾经使中俄两国在一定的时期内建立起深厚的友谊。特别是19世纪末20世纪初之后，中俄两国不断地改善和加强两国之间的关系，这就为我们了解、把握乃至分析、研究俄罗斯提出了内在的要求。对于法律制度来说，同样如此。

但是，当我们把目光转向中国法学研究的现实时，我们又会立刻遭遇另外一种尴尬。中国法学界对俄罗斯法学的研究明显薄弱，研究成果少之又少。同时，加之国内学界研究俄罗斯法学的力量比较分散，研究领域也各不相同，致使学界对俄罗斯法学的研究在整体上处于相对滞后的水平。而关于俄罗斯法学研究的高质量的专门性著作和期刊，更是凤毛麟角。正是基于此，我们决定推出《俄罗斯法学研究论丛》，旨在对俄罗斯法律制度进行追踪研究，呈现俄罗斯法学研究的最新动态，进而推动中国对俄罗斯法学问题研究的发展与繁荣。

一直以来，郑州大学俄罗斯法律研究中心致力于俄罗斯法学领域问题的探索和研究。特别是近年来，我们紧紧围绕国家司法制度和检察制度改革的现实，通过对包括检察制度改革在内的俄罗斯司法改革的研究，为最高人民检察院等中央国家机关提供大量有价值的参考意见，获得普遍的好评。与此同时，我们还通过组建研究人员队伍，建立“俄罗斯法学研究网”，搭建俄罗斯法学研究平台，开展对俄罗斯的教学与科研合作等方式，已然使郑州大学俄罗斯法律研究中心成为国内研究俄罗斯法学问题的重要阵地。

《俄罗斯法学研究论丛》就是我们重点策划和推出的一个“品牌”，同时也希望它能够成为中国俄罗斯法学研究的一个学术精品。当然，这一目标的实现，除了我们的努力之外，还需要国内研究俄罗斯法学的专家和学者们的大力支持。

《俄罗斯法学研究论丛》拟每年推出1—2卷，致力于打造国内一流的、专业的俄罗斯法律研究丛书，提供并展示全面的、权威的俄罗斯法学知识和俄罗斯法学研究成果，使俄罗斯法学研究真正成为中国法学研究的重要组成部分。同时，我们也希望，通过这一学术交流平台，团结起国内俄罗斯法学研究的专家和学者们，为中国法学研究“百花齐放，百家争鸣”局面的形成，贡献自己的力量。

我们愿与大家一道，把《俄罗斯法学研究论丛》办好，为中国俄罗斯法学的研究鼓掌呐喊，为中国宪政事业和法治建设尽绵薄之力！

《俄罗斯法学研究论丛》编辑委员会
2010 年 5 月 30 日

转型期国家
检察制度建设与改革

刘向文　主编

目　录

第一编　检察权基本理论研究

第二编　检察制度研究

第三编　检察制度比较研究

第四编　检察制度研究综述

第一编　检察权基本理论研究

检察公信力的宪政解读

——含义、渊源与制度建构

秦前红　周　伟*

内容摘要： 公共权力的有序运行及其效能的实现既受权力本身的合法性所支配，也依赖于公民对权力体系的一种信赖程度。检察权作为公共权力的一种重要类型，能否获取社会民众的认可也是其深化发展过程中所必须面对的重要问题。本文围绕这一命题，从宪政理念和宪法规范出发，试图探索什么是检察公信力、为什么要具备公信力和如何从制度层面提升与建立公信力等重要问题，以促进检察信用体系的发展。

关键词： 检察机关；宪政；公信力；渊源；制度建构

一、引言

现代社会是一个由众多社会组织和个人构成的综合系统，其中，公共权力与公民权利的交融与平衡成为此系统动态运行的主线。在古典宪政主义的思想精髓中，公共权力的本质就是"一大群人相互订立信约，每人都对它的行为授权，以便使它能按其认为有利于大家的和平与共同防卫的方式运用全体的力量和手段的一个人格"，① 强调公共权力的合法性来源于人民的授予，并受公民权利的制约。随着现代权力运行方式的演变，以限制权力、保障权利为核心内容的宪政体制，逐渐依赖于公众对于公共权力的一种信任和公权力对公众的一种信用，凸显"公共权力面对时间差序、公众交往以及利益交换所表现出的

---

* 秦前红，武汉大学法学院教授、博士生导师；周伟，武汉大学法学院2008级宪法学与行政法学博士研究生。

① ［英］霍布斯：《利维坦》，黎思复等译，商务印书馆1985年版，第132页。

一种公平、正义、效率、人道、民主的品性”,① 传统的“国家—社会”二元制衡结构模式正在逐渐让位于国家、社会组织和个人协调发展的新型结构体系。此种结构模式，不仅强调权力行使受人民主权思想的制约，更加侧重于将公众对国家权力运行态势的主观评价和权力本身的运行效率与运行成本作为权力是否良性运行的重要评判标准，从而形成了权力运行的“公信力”理论体系。

公信力既是一种主体性的能力表达，也是一种体现客体性的心理状态，强调权力的行使者与社会公众之间以“互信”作为基本交往准则，彰显了二者之间的一种张力，体现了“公信力既是一种社会系统信任，同时也是公共权威的真实表达，属于政治伦理范畴”。② 在中国宪政发展与改革的语境之中，公众由于权利意识的提升，对于政府提供的公共服务显得更加敏感，对权力运行的尺度和向度也尤为关注。其中，检察权的行使者——检察机关的公信力建设也成为社会的一个焦点话题。然而在现行《宪法》第 129 条规定了“人民检察院是国家的法律监督机关”的前提之下，对于检察机关公信力的关注却远远适应不了检察制度发展与改革的需要。因此，在探讨检察机关公信力之时，有几个问题值得思索。其一，检察公信力的内涵和构成问题。首先什么是检察公信力？如何在契合宪法和法律的前提之下，对其加以准确的定位。其次，检察机关应当具备什么样的公信力，这关乎检察制度发展与改革的方向问题。其二，检察公信力的宪政渊源问题？即为什么要求检察机关大力推行公信力建设，它和宪政的契合点如何把握。如何阐释检察公信力的必要性和价值正当性。其三，检察公信力的制度建构问题？如何在现行的宪政框架之内，提升与完善检察机关的公信力水平，也是我们需要重点解决的问题。

二、检察公信力的含义与构成

从词语构成上看，“公”有公众的含义，也体现了公正的价值诉求；“信”因其主体的不同而有不同的含义，或者是指信用，或者是指信任；“力”则表现为一种力量或者是程度的含义。如果从大众语言的角度出发，当一定数量的人或公共权威组织对某一社会现象或事物具有认同感时，我们说这一社会现象或事物取得了公信力；反之，则没有公信力或者是缺乏公信力。也就是说，公

① 白春阳、马俊峰：《政府公信力：现代公共生活秩序的核心问题》，载《天津社会科学》2008 年第 1 期。

② 王翠英：《现代公信力的道德价值》，载《光明日报》2005 年 7 月 26 日。

信力是一种状态，它体现了“施行者”[1] 和“承受者”之间的一种动态关系，即施行者要体现其对承受者的一种信用，而承受者因为这种信用的存在而产生了一种心理上的信任和信赖，从而使两者之间的关系产生一种良性的发展趋势，这也是对公共权力动态运行的一种理想化描述。

而检察和公信力的结合，强调检察权的行使必须适用公信力标准。从权力运行角度分析，检察公信力是检察机关在行使法定权限的过程中应当以公平、正义作为衡量标准，能够通过特定的制度设计满足社会公众对检察权的期望，从而获取公众对检察权的认同，体现为一种让他人信服的能力，强调内在的自我调节和自我完善，是一种权力能动性的视角。而从公众的角度而言，检察公信力实际上体现了公民对检察权信仰的程度，即什么样的检察制度才是符合社会需求、令社会满意的。可见，检察公信力的建设难题在于如何在权力的正当性和公众的满意与信服之间达致一种平衡，既维系了检察权的价值取向与基本运行模式，又能对社会公众的期望值作出一种交代，满足其对检察权本身的一种实质需求。“社会各阶层，各个不同社会主体在社会变革中所反映出的利益要求都具有一定的合理性，在此情况下，司法所面临的任务与其说是法律规则的适用，毋宁是在不同利益之间寻求平衡”。[2]

检察公信力的二元构成要求检察权获取来自市民社会的伦理认同感，但这种认同感绝不是以牺牲检察权的独立品性为代价，进而博取社会广泛认可的一种无条件求同。而是检察权在行使中必须考虑到法律所具备的基本价值观，[3] 进而体现其自身所具备的一种价值维度和公众对这种维度的一种认可。具体而言，包括对权力来源合法性的认同，即检察权是否具有法定性和权威性；对权力运行方式的认同，强调检察权在行使过程中是否具备沟通的桥梁，让公众能够审视、督察检察权；对权力运行结果的认同，即检察权是否符合公众对正义和公平的向往。因此，结合中国现行法治框架之内的检察权限配置，我们认为检察机关公信力可以分解为检察拘束力、检察运行力、检察沟通力和检察判断力，并分别可以用检察权威、检察效率、检察公开和检察公正等诸多要素作为评判标准。

---

① 公信力的义务主体不同于一般的信用义务承担主体，是指行使公权力的有关国家机关。

② 顾培东：《中国司法改革的宏观思考》，载《法学研究》2000 年第 3 期。

③ 在一些司法民主的支持者看来，公信力的获取最终取决于民众的公平正义观实现的程度，但这种观点忽视了司法权只能服从于法律正义观的基本逻辑前提，可能会导致这种所谓的民众正义观的不确定性。

（一）检察拘束力

拘束力体现了权力本身的刚性，是指检察权在“法律上所具有的、不以当事人和相关人意志为转移而对其行为予以控制的能力”。[①] 检察权要具备公信力，首要前提是权力自身权威的树立。而这种权力效果既源于检察权所具备的一种恒定力，也是因为职权的法定性与制度性，表明了职权行使中的一种稳定与信用，契合了法治体系下的权力运行的一般特点。具体而言，这种拘束力包括权力运行的合法性和排除力。合法性包括检察权的行使主体、内容和行使程序因其具备法律上的正当性而具备拘束力；排除力则是表明检察权在行使中能够排除一切私人和公权力对其的非法妨害，从而具备一种相对的稳定性，并建立起其对公众的一种信用机制。

（二）检察运行力

这里所称的运行力指的是检察权是否能够发挥其基本效能，达致其优化配置的一种程度。英国有一句古老的谚语：“迟来的正义为非正义”，强调效率是衡量权力正义与否的重要标准。在检察权行使中，效率的高低也直接影响公众对检察权的信任度。由于程序的复杂性和职权内容的多样性，同时由于检察官的自身素质和主观因素的影响，检察权在行使过程中很容易造成期限上的迟延。而这种迟延一旦呈现出普遍性，势必会损害到后续的审判程序和对结果公正的监督，使遭到破坏的社会关系得不到及时的修补。因此，一旦检察权的行使缺乏效率，势必会影响到检察权的公信力程度。

（三）检察沟通力

在检察权行使中，是否应当引入检察参与和检察民主制度是有争议的——专业性很强的法律监督工作引入民主判断后会否影响检察效果和独立的品性。但需要指出的是，检察公信力的建设并不是要求检察机关摒弃其宪法地位而一味迎合社会的需要，以牺牲其独立性而获取所谓的广泛认同，也绝对不是为了追求民意而超越了法律对检察权的基本要求。而只是希望建立常规有效的民意吸收与交流机制，为检察活动营造相对独立的制度空间，进而避免确定案件法律问题所遵循的机理被打断、民主性因素的注入演变为公众对检察活动的恣意干涉。因此，检察公信力建设的一个重要内容就是检察机关是否具备通过特定方式建立起检察机关与社会公众之间的一个对话平台的能力。通过这个平台可以将检察机关的权力运作方式向社会公开，能够有效接受社会的监督，甚至可以设定一种机制，将公众的意见吸纳到检察权的行使过程中，使公众通过这个平台了解检察权、参与检察权，进而提高其对检察权的认同度。

---

① 郑成良、张英霞：《论司法公信力》，载《上海交通大学学报》2005年第5期。

（四）检察判断力

能够将民众纳入到检察权的行使中、加强检察参与制度并不能完全保证其对检察权的信服。著名法学家罗尔斯有句名言："正义是社会制度的首要价值，正像真理是思想体系的首要价值一样。"① 检察机关要具备公信力也离不开以特定的价值追求作为评判标准。与司法正义（取狭义的含义，指审判机关）强调法官在审判过程中追求结果公正和程序正义不同的是：检察公正更侧重于在行使法律监督权的过程中的客观性和中立性。"努力将公正客观地进行活动的检察官发展成为诉讼活动的核心，是欧洲近一个半世纪以来刑事诉讼程序向更为公正和人道的方向发展的两个主要成果之一"。② 具体而言包括：检察权在行使过程中只能忠于事实真相，按照客观标准实行；检察权行使目的的正当性，即通过履行法律监督职能，实现社会秩序的稳定和服从于保障人权的基本目的。

概而言之，检察公信力并不是以片面追求民众的心理期望为目标，而是希冀通过进一步完善检察权威和检察公正，使公众能够真正了解检察权的行使程序，获取对检察权的认同。正如庞德所言，"当人们知道这些原则和规则将被一视同仁地适用于所有的人身上时，他们就情愿使自己的要求服从于这些原则和规则，这是符合人类尊严的。反之，如果他们被掌握着有组织社会的权力的人在没有法规的情况下，把每一件事情当做一个特殊问题来处理，对他们任意加以践踏，他们是坚决反抗的。"③

三、检察公信力的宪政渊源

在明晰检察机关公信力内涵的基础之上，其必要性和意义如何体现。从现实而言，检察公信力建设对加快法治建设进程，促进人权保障具有重大意义。而从宪政本身的属性考量，这既是宪政理念对公共权力的基本要求，也是检察权能实现其基本效能的根本原因所在。

（一）从宪政的一般规律而言，检察机关必须具备公信力

从性质上看，检察权首先是公共权力的一种，而公共权力必须要具备公信

---

① ［美］罗尔斯：《正义论》，何怀宏等译，中国社会科学出版社 1988 年版，第 3 页。

② 汤志勇：《论检察监督与司法公正的相恰互适性》，法律出版社 2002 年版，第 35 页。

③ ［美］庞德：《通过法律的社会控制——法律的任务》，沈宗灵、董世忠译，商务印书馆 1984 年版，第 77 页。

力本身就是宪政的应有之义。无论对宪政加以何种方式的定义，其基本含义均在于：(1) 宪政权力来源于一种“合法”性判断；(2) 宪政权力必须基于人民的“同意”；(3) 宪政的道德价值取向是人权；(4) 强调宪法的权威。[①] 在宪政理念的指引之下，公共权力的合法性渊源在于人民的授权，而且强调国家作为一种理性的组织，其基本目的在于通过摆脱一种无序的状态，进而维系公民的权利。这种权力基于人民而产生并服从于公民权利的宪政思想，不仅已被洛克、卢梭、霍布斯等思想家所证实，而且早已在各国的宪法文本中得到了践行。正是因为这种公共权力相对于公民权利的次级性，美浓部达吉指出：“一切统治权，必须为全国民的利益而行使。并且必然仅依国民对之心悦诚服，才能维持。统治权既然为全国民的利益而行使，既然基于国民的意思而存在，则统治权的主体，必不可不为国民自身”，[②] 深刻阐明了权力的运行不仅应当来源于人民，更凸显了权力必须使国民“心悦诚服”，才能使这种权力结构处于一种相对稳定的态势。何况“每个国家制度的设置都以人为出发点，最后又回归到人，是为人服务、以维护人的尊严为最根本的目的”。[③]

借鉴社会学家罗德里克·M. 克雷默的观点，公共权力与公民权利之间的稳定关系可以基于不同原因而形成，分别是威慑型信任、了解型信任和认同型信任。[④] 威慑型是一种基于权力的威权而产生的秩序形态，多见于专制性的君主制国家。对此马克思深刻地指出“虽然个人之间的关系表现为较明显的人的关系……但他们只是作为具有某种（社会）规定性的个人而互相交往，如封建主和臣仆、地主和农奴等，或作为种姓成员等”。[⑤] 而了解型是指因公众对权力行使者的方针、政策有一定了解而产生的一种相对稳定关系。但由于这种了解程度的差异性，公众和公共权力的行使者之间的关系也时常处于变化的态势之中。而公众对于公共权力的认同型关系，则是国家与公民关系的一种最合理形态。在这种社会形态中，通过法治手段协调国家、社会间的冲突，使社会对利益的表达和国家对社会利益的认可共存于理性的、通畅的渠道之内，

---

① 杨海坤主编：《跨入新世纪的中国宪法学》，中国人事出版社2001年版，第46页。

② ［日］美浓部达吉：《宪法学原理》，欧宗祐、何作霖译，中国政法大学出版社2003年版，第310页。

③ 张芸：《论司法公信力的逻辑渊源》，载《兰州交通大学学报》2008年第5期。

④ ［美］罗德里克·M. 克雷默等：《组织中的信任》，管兵、刘穗琴译，中国城市出版社2003年版，第153页。

⑤ 《马克思恩格斯全集》第46卷（上），人民出版社1979年版，第110页。

“在国家权力内部划分出彼此的界限使其各自在法律规定的界限内行使权力”。① 权力的行使者通过开放权力的运行过程，创设公民参与权力的渠道，从而使其获得了合法性的认同，或者说，具备了很强的“公信力”，从而实现了限制权力、维护人权的基本宪政精神。可见，宪政基本蕴涵的实现必须依赖于公众对权力的信任以及权力对于公民的一种正当回应和自我修复与发展。从这种意义上讲，检察机关作为公共权力的重要行使者，在弘扬法治、推进宪政建设的动态过程中，其公信力的建立与发展显得举足轻重。

（二）从检察权本身的属性来看，检察机关必须要具备公信力

现代检察制度起源于欧洲。早在12世纪初，法国开始出现代理国王参加诉讼的代理人，即为最初意义的检察官。而“英国古代的检察长，其职务是对于有关王室利益的案件向法庭提起诉讼，并作为国王的法律顾问”。② 检察权在后续的发展中秉承此要义，逐渐成为包括代表国家对刑事案件提起公诉权、对审判过程进行监督权的一种权力体系。这种权力体系的出现，体现了检察权对于法院司法权行使的一种监控。以美国为例，检察权作为对国家宪法权力横向划分的产物，不仅是为了有效防止国家权力集中到任何一个群体手里，更重要的是“管住政府的手脚，谨防翻越法律许可的边界而肆意扩张摘取国民私权甘美的甜果”,③ 并承载更多的公益诉讼职能。可见，检察权的产生，是为了确保社会安全，或者说是使其他国家权力的行使，能够受到严格的法律约束，尽量缩小权力的负面作用，充分发挥其对社会应有的保障和促进职能。④ 正因为检察权的存在目的在于通过对社会权力体系的一种重新划分，进而控制司法审判权和警察权，维护民权并体现公益职能，那么，这种兼具监控性质和公益属性的权力，实际上扮演了一种连接公权与私权之间的中介权的角色。因此，从自身而言，检察权就必须要以透明、公正为指导，体现特定的价值诉求和其对社会的一种信用，并必须置于社会的监督之下。

关于我国检察权的属性问题，理论界一直处于争论中。有的观点从我国检察制度的历史演进出发，结合现行宪法的规定将检察权定位于法律监督权。但法律监督权的内涵如何界定，是不是列宁所主张的一种广泛而普遍的、由专门

---

① 关枚：《司法公信力初论——概念、类型与特征》，载《法制与社会发展》2005年第4期。

② 王桂五：《人民检察制度概论》，法律出版社1982年版，第176页。

③ 王俊：《普通法系国家检察权的缘起与对后世的宪政影响》，载《太平洋学报》2009年第6期。

④ 参见苗勇：《检察权与社会公正》，载 http：//www. law - lib. com/lw/lw_ view. asp? no =7268，最后访问于2009年8月15日。

机关施行的法律监督。[①] 对此应当明确的观点是，不宜对法律监督权做一种扩大化的理解。首先是因为在现代法治国家，“由于法律规范的广泛性、多重性，导致了立法、执法活动的多样性、复杂性，很难设想由一个部门或机构担负起监督整个国家法律的创制和实施的全部责任”。[②] 其次，尽管宪法规定了检察机关为法律监督机关，但并未明确用法律监督权来表述其权力属性，现行《宪法》第131条则是使用了检察权这一称谓。同时，从刑事诉讼法和检察院组织法赋予检察机关的法律职能来看，只能明确检察机关的检察权是指宪法赋予的，在诉讼过程中对国家法律适用予以检察督促的一种权力，是一种针对具体案件的监督。

那么，针对这种意义上的检察权，为什么必须要将其公信力的建设视为重中之重呢？其一，由检察权的权力属性决定的。检察权具备监督的内涵，是对有关国家机关特别是审判机关适用法律过程的一种监督，而法院审判活动的目的在于让司法裁判得到当事人的信服和承认，从而通过建立一种社会的长效信用体系，维护社会公众的基本权利，进而实现法治的基本要义。审判活动中信用体系的建立，必须依赖于检察机关的监督。在立足于解决谁来监督监督者的前提下，加大检察机关的公信力建设，通过自身制度的设计与完善，增加公众对检察工作的认同度，提高检察权行使的公信度，公众就会习惯于寻求公力救济，也可以保障法院裁判的公正性，进而促进权利保障、实现司法正义。其二，由检察权的内容所决定。在现行的权力体制之下，检察权力不仅包括公诉权、对个案的监督权，还包括对自侦案件的侦查权。就公诉权而言，其体现了对法律秩序的一种维护。“任何法律都要求在它权力所及的范围内任何主体都必须遵守它所设定的规范体系，一旦违反，就必须受到应有的追究……追诉权是检察机关的一项最重要的职权，是检察权最本质的一种功能性权力。特别是对犯罪提请公诉的权力，更是世界各国检察机关独享的一项职权”。[③] 公诉权立基于刑事法律关系而产生，是维护法律正义与社会稳定的基本屏障。此种权力的行使既具有强烈的公共性色彩，又是对公民权利、特别是基本权利的一种维系，因此，公诉权本身的公正、公开与公信是确保社会秩序协调发展的最基

---

① 列宁认为，法治的实现不仅需要运用国家权力对违法者制裁，而且首先要求在国家的权力结构中确立一种督促人们遵守法律、发现并追诉违法者的法律监督机制，这种监督是一种针对所有法律遵守与法律适用现象的广义监督。参见郭立新：《列宁的法律监督思想》，载《检察日报》2004年2月11日第3版。

② 钟海让：《法律监督论》，法律出版社1993年版，第287—288页。

③ 张智辉：《论检察权的构造》，载《国家检察官学院学报》2007年第4期。

本要求。同时相对于公安机关的侦查活动而言，检察机关的侦查活动具有封闭性和不受监督性的特点，在实践中也容易出现权力的滥用和忽视对人权保障的情况出现。因此，在自侦案件中，加大权力行使的透明度，引入民众参与机制，规范权力行使的程序也是协调公众与检察机关意见的重要方式。

四、检察制度公信力提升的路径选择

检察公信力的构成及其宪政渊源为检察机关加强公信力建设指明了方向。在目前的检察权行使过程中，也存在诸多与公信力建设的相悖之处，其中既有权力本身的原因，也因缺乏沟通与了解的渠道。具体而言，从检察权的行使主体来看，部分检察官的法治理念不高，对检察机关的法律地位认识不清，滥用权力或者不作为的现象比较突出，使检察机关的社会信用度大打折扣。从检察权的行使目的来看，还存在片面追求打击犯罪的情形，忽视了人权保障的基本目标。从检察权的行使程序来看，违背程序法的现象大量存在，对权力行使的步骤、期限不重视，具有随意性，既降低了权力行使的严谨性，也导致了公众对检察制度的质疑。从行使的结果来看，检察机关的权威还没有完全树立，还容易受其他公权力的影响和支配，极大地影响了检察公正。从检察权的行使方式来看，具有较强的封闭性。公众既缺乏参与检察制度的路径，也没有一种信息渠道能使其对相关结论的作出依据予以全面的了解。

从根本上讲，促进检察机关公信力的建设首先依赖于检察体制的改革，使现有的检察制度彰显法治国家的基本要求，体现其公正、权威、诚信的特质，从而实现一种理想的宪政权力形态。但是这种目标的实现，既涉及对现有框架内的检察权的重新定位，也依赖于宪政建设程度的极大提升，因此，现今检察机关公信力建设的路径，还必须立足于现有的检察制度，在正义与公信之间达致一种平衡，分阶段施行。

（一）加大司法体制改革的力度

从大的方面而言，检察拘束力的建立依赖于检察独立。我国《宪法》第131条规定：“人民检察院依照法律规定独立行使检察权，不受行政机关、社会团体和个人的干涉。”但在目前的政治体制中，习惯将检察工作置于服务政治的意识导向之下，强调对检察工作的政治控制以及其对政治体制的服从。进而，检察机关被赋予种种政治任务，最终难免沦为政治追求的附庸。因此要进一步完善党对检察工作的领导方式，杜绝由党直接干预检察权。尽管此种改革建议早已不是什么新鲜之辞，但时至今日，仍没有一种行之有效的制度体系来加以改变。还可考虑改革检察财政管理机制。将各级检察经费的来源由中央财政负担，由全国人民代表大会及其常委会决定审判机关和检察机关的年度经费。把司法经费作为专项财政支出在国家预算案中单列，以便纳入国家财政支出的总体框架中加以考虑，改变由地方财政支出的局面，① 从而有效避免其他地方国家机关干涉地方检察事务。

从微观程度而言，要建立科学的职业检察官制度，提升检察官的法律监督能力。在已初步建立起检察官职业资格的基础之上，进一步完善执业资格制度。同时，要建立起科学的培训制度和考核制度，对于检察官法律监督能力的培养和职权行使的监督要常态化，并辅助以规范的淘汰机制。

（二）完善检察机关监控制度

为了规范检察权的行使，最高人民检察院已经颁布了《最高人民检察院检务督察工作暂行规定》，但就各地方检察院而言，这种案件督办制度的短处也较为明显，与纪检监督制度和人大监督制度也缺乏有效衔接。具体而言，一是一般局限于有影响的大案或者是上级有关部门确立的特定案件，针对范围不广，也缺乏常态性；二是行使督办职能的机构不确定，具有临时性；三是从督办的对象来看，既有针对检察机关内部具体承办部门的督办，也有针对其他部门如公安部门、国家安全部门的督办；四是从督办的效果来看，监控手段还缺乏刚性；五是对案件的监督侧重于实体监督，而对办案效率却鲜有约束。

因此，完善检察机关的监控制度需从两方面着手。首先是可参照《最高人民检察院检务督察工作暂行规定》，最高人民检察院要明确各地方检察院案件督办部门的督办内容、方式、职责和法律后果，使检察机关的案件督办制度具备常态性和统一性。其次是要重点加强对检察效率的督办，构建案件预警催办制度和加强公诉一体化制度的建设。所谓案件预警催办制度，是指由督办部门对承办部门在行使职权过程中，定期予以期限预警提示，并对相关效率低下的案件下达催办通知，予以监督。而公诉一体化制度的建设，则是为了避免因改变管辖而造成的诉讼迟延现象，通过对公诉资源的有效整合、合理配置，从而实现公诉阶段刑事诉讼效益最大化。②

（三）完善检察参与制度

“一切社会竞争的事实（包括政治的、经济的、思想文化的）都昭示这样的一条基本社会法则：谁能更深刻地了解、掌握和运用民意，谁就能在社会竞争中更多地得分，谁就能成为顺乎民心，合乎潮流，推动社会事业发展的杰出

---

① 李泽明：《检察机关加强执法公信力建设的路径选择》，载《中国检察官》2008年第10期。

② 关于公诉一体化的制度建设，学界已经开展了较为充分的论证，由于本文的侧重点不在于此，因此对其具体内容不予展开说明。

人物。"① 建构检察参与制度，对于检察公信力的提升意义明显。但也需要注意几个问题。一是民众能对检察机关哪些执法行为和具体执法环节发挥影响作用，二是民众参与的针对性和实效性。对此，构建检察参与制度时不得侵害检察权独立行使原则，也不得违背检察权的基本目的指向，并着重从社会公众比较关注的问题作为突破口。首先可考虑构建系统的当事人参与制度和进一步完善人民监督员制度。对于当事人参与制度，应建立犯罪嫌疑人、被告人、被害人、举报人、控告申诉当事人实质性参与到检察机关的检察活动。检察机关执法社会化离不开被害人的参与，必须确保被害人的知情权、督促起诉权、发表意见权、名誉权、隐私权，建立被害人补偿、赔偿、救助机制；② 进一步完善人民监督员制度，科学建立人民监督员的监督范围。其次是可以参照法院庭审旁听制度，使普通公众进入到检察权的行使活动中，如可选择一些不涉及国家秘密的贪污渎职犯罪案件，邀请公众参与旁听讯问犯罪嫌疑人、询问证人的过程，从而提高执法透明度，进而提升检察公信力。最后是完善案件处理公开听证制度。公民程序性权利的价值不能仅仅从减少制度耗费和实现实体权利来衡量，因为公民的听证权所蕴涵的对公民自身尊严和人类权利的尊重是无法用经济的成本来分析的。让参加听证的各方从不同角度对检察决定发表意见和进行评价，促使当事人更加理解检察决定的合理性，减少和避免不必要的申诉上访。

（四）建立检察公开制度

检察公开制度是促进公众了解检察过程，促进社会公众认同度的重要举措。从公开制度的内涵而言，应当包括检察程序的公开和检察决定处理依据的公开。

就检察程序的公开而言，可从如下方面着手。一是推行新闻发布会制度。将检察机关主要的执法情况、查办重大案件情况等向社会发布，使社会公众能了解和监督检察机关执法办案情况。二是考虑通过网站、媒体定期向社会公开检察机关的工作情况，并创设特定沟通渠道听取反馈意见。

就公开处理决定的依据而言，可考虑建立法律监督说理制度。所谓法律监督说理机制，是指检察机关应对其处理决定向相关人员说明其处理理由、处理证据和法律依据，使相关当事人对决定的合法性产生一种信赖感。具体而言可

---

① 喻国明：《解构民意：一个舆论学者的实证研究》，华夏出版社 2001 年版，第 9 页。

② 参见刘和海：《检察机关执法社会化的一般路径》，载 http://www.yfzs.gov.cn/info/dyw/2009-07/17/.html，最后访问于 2009 年 8 月 15 日。

在案件的处理程序中，设立法律条文释义程序，由专门人员对相关当事人予以接待，对专业法律问题予以阐明；在法律文书的制作中，设立专门的审核程序，对那种“重结果、轻说理”的文书予以甄别与督促；对于由检察机关处理的一些终局性程序，如不起诉、不予逮捕的决定，“可探索建立捕后、诉后答疑制度”,① 减少当事人的疑惑，提升当事人对处理决定的信服力。

五、结语

检察公信力建设的基本路径在于寻求检察权自身的权威公正与民众信服的一种微妙平衡，而其真正目的不在于仅仅扩大公民对检察环节的参与，而在于如何使检察公正的实现获得更好的社会环境和支持力量。当然，寻求一种理想的司法改革路径和模式，不是几项简单的制度设计所能解决的，而是应当以此作为检察改革的准备和进一步展开的契机，使其获得最优化的社会效果。

① 刘继国：《和谐视野下的检察公信力》，载《人民检察》2007年第13期。

论检察权能及其转型

肖金明*

内容摘要： 在关于检察制度改革的若干争论中，检察权的性质、检察机关的归属、检察机关的职能是焦点问题。这些问题不仅关系到检察机关自身的定位和归属，而且关系着司法体制改革的未来走向以及国家宪政架构。就检察权能而言，检察机关属于宪法确立的宪政机关，行使一种无法归于其他权力门类的、相对独立的国家权力，主要担当法律监督职能，兼承检察执法职能。检察制度改革应当立足于恢复检察机关的宪政属性，实现检察机关由刑事机关向宪政机关的转变，复位检察监督行政，在国家职能意义上推进检察转型。

关键词： 检察权；检察职能；检察转型

检察制度改革涉及很多话题，比如检察权的职能定位，检察权的性质，检察机关的归属，司法改革语境中的检察改革走向等。讨论这些问题应当明确和强调这样一些前提：人民代表大会制度是国家的根本政治制度，政治改革和司法改革应当立足于历史与现实；权力制约或者说权力制衡是人类社会的经验，但三权分立未必就是适宜于每个国家构建政权体系的原则；检察权应当担负起公共利益代表的角色，承担刑事检控、公益诉讼、监督执法等职能，但不一定就必须像多数西方国家那样将检察权划归政府部门。在这样一些前提下，检察制度改革应当立足于检察职能体系及相关职权配置，整编和重构检察权，将检察权确定为一种独立的国家权力，恢复检察机关的宪政属性，在国家职能意义上实现由刑事机关到宪政机关的检察转型。

一、关于检察权的性质

检察机关承担特定的国家职能，按照职能—权力的逻辑，应当配置相应的检察权。检察职能需要具体化和体系化，检察职能体系决定了检察权不是单一

* 肖金明，山东大学法学院教授、博士生导师、法学博士。

性的权力，而是一个与其职能相适应的权力体系。

一般的观点认为，检察机关承担着国家公诉、职务犯罪侦查、法律监督等检察职能，所以检察权是集公诉权、职务犯罪侦查权、法律监督权于一体的混合性国家权力。其中的法律监督权主要行使在审查批准和决定逮捕、立案监督、侦查活动监督、审判监督和执行监督等领域。公诉权、职务犯罪侦查权、法律监督权这三项权能相辅相成，互相作用，缺一不可。同时三者之间既不能此消彼长，也不可相互包容或互相取代，它们共同组成检察权的完整体系。① 检察权的成分到底有哪些？公诉权是否应该包括民事与行政公诉权？法律监督权是指诉讼监督权还是指对行政执法的监督权加上对法院审判的监督权？检察权的成分并没有一个准确的定数，关键取决于检察机关承担什么样的职能。长期以来，基于检察机关的实际职能，检察机关在不同的语境中存在多种替代性表述，像“法律监督机关”、“职务犯罪侦查机关”、“国家公诉机关”等。这些表述由于未将法律监督权、侦查权、公诉权、抗诉权等逻辑地联系在一起，使得备受关注的检察权在性质问题上更加模糊。

尽管为检察权定性是一件很难的事情，但近几年来法学界和法律界还是从法理学、宪法学、诉讼法学的理论角度，以及法律实证、司法改革实践的视角，做出了尝试和努力，形成了很多观点，并使关于检察权性质的争论持续不休。有近于主流的观点认为检察权属于行政权，相对的观点则主张检察权与审判权同属于司法权，也有观点认为检察权就是法律监督权，另有观点提出检察权是司法行政权的看法，甚至还有观点认为检察权属于立法权范畴。还有些观点具有综合性，比如，有学者认为“法律监督是检察权的本质属性，司法性、行政性是检察权兼有的属性。如果不确定、不确认检察机关的法律监督性，检察机关的发展可能就会偏失，这是方向性的错误；如果不承认检察机关具有行政性质，就无法确认当代世界所共有的检察一体化的体制；如果不承认检察机关具有一定司法性质，就不能引入检察官相对独立原则及有关的一系列制度”。② 也有学者认为“检察权的性质，可以从国家制度结构即宪政结构上分析，也可以从其权力特点和行使方式作出定位，这种多元角度的定性，有助于

① 如果从决策权、执行权、监督权的分类角度解析检察权，公诉权、职务犯罪侦查权与法律监督权不是并列权类，检察权可以在第一个层面上二元化为执法权和监督权，其次在第二个层面上合理规定执法权和监督权的构成。比如，监察执法权包括职务犯罪侦查权、批捕权、刑事公诉权、公益诉讼权等。

② 孙谦、樊崇义、杨金华：《司法改革报告——检察改革·检察理论与实践专家对话录》，法律出版社 2002 年版，第 128 页。

我们全面地认识检察权的特性及检察建设的规律，为我国检察制度建设提供浓厚而合理的理论基础。中国检察权在基本性质上是法律监督权，在国家体制上仍属于司法权，在行使方式上具有司法、行政双重属性”。①

通常认为，检察机关在组织体制和总体运作模式上近似于行政系统，检察活动类似于行政活动，它不具有中立性，也不具有被动性。1996 年刑事诉讼法修改取消了检察机关享有的“免予起诉”的权力，解除了检察机关有限的最终决定权，使得它仅有的一点终极性特征消失。在主流观点看来，检察权在特征上与审判权相去甚远。② 所以，人们就由此主观地推断和归位，法院行使的审判权属于司法权，检察院行使的检察权属于行政权。这样的推论显然是建立在将检察制度和检察现实简单化甚至片面化的认识上。

现实中的检察机关行使检察权，履行的主要功能与法院审判密切关联，无论刑事检控，还是现行的民事行政抗诉，或者处于萌芽中的公益诉讼，检察权的职能都关联着司法（法院审判），并且相当一部分职能实现的过程越来越呈现出准司法化的特征，甚至检察官与法官共享法律人的声誉，并逐步形成了相对独立于政治和行政的法律职业共同体。就现行检察权状态而言，它在体制特征和运作方式上或许有些近似于行政权，但在职能以及运作变革的趋势上，检察活动更接近于司法活动。因此，将检察权简单地归于行政权或者司法权都有些勉强，不如使其在性质上保持独立。也就是说，检察权应当独立于行政权和司法权（审判权），在国家权力格局中自成一权。检察权是独立于立法权、行政权、审判权的另外一种权力，或者可以称为第四种国家权力。

在讨论检察权的性质时，人们常常局限于“三权”的观念，认为国家权

---

① 龙宗智：《检察制度教程》，法律出版社 2002 年版，第 92—93 页。

② 以司法权的被动性、中立性等特性为标准排除检察权是司法权的观点，有许多值得商榷的地方。实际上，检察权是一个复杂的权力体系，包括批捕、刑事公诉、抗诉、公益诉讼、贪污贿赂和渎职侦查、检察建议等权力。在检察权力体系中，除刑事侦查外，其他权力并不能简单地确定其是主动性或被动性权力。比如批捕权，就不能认定是纯粹的主动性的权力，一般地，没有公安机关的启动，检察机关并不能行使批捕权。即使将刑事公诉权确定为主动性的权力，但将其划归行政权也过于勉强，因为完整的刑事公诉权不能由检察机关单独行使，该项权力只有在一个法律性的结构中才能展开，没有审判权、辩护权在场，刑事公诉权就无从行使。再例如，有人认为检察权与审判权的运行规律不同，它不像审判权那样具有居间性和中立性。实际上，检察权的权力运行特征也在发生变化。为适应检察职能的需要，检察权的行使过程越来越呈现出“去传统行政化”的趋势。比如，检察机关行使公诉权，即使在“决定是否公诉”的环节上，也应逐步排除“行政决定”的特征，将决定是否公诉的过程框定为一个准司法过程，因为有律师提前介入，可以引入听证制度，这类检察权的实际运作远不像传统的行政活动，而更近似于通常讲的司法活动。

力就包括立法权、行政权和司法权，所以容易使检察权的定性处于一个多难的境地：检察权是行政权、司法权或者立法权？孙中山五权体制中的监察权和考试权，是基于五权宪法思想的政治设计，监察权和考试权是立法、行政和司法三权之外的国家权力，尽管监察权可以划归立法院，考试权可以划归行政院，五权宪法确立的国家权力体制也可以变革，但监察权不是立法权，考试权也不是行政权，它们的权力性质是相对独立的，这些权力的运作规律也不同于"三权"。军事权是一种重要的国家权力，是一项特殊的公共权力，它不是立法权，也不是司法权，恐怕也不能因为多数国家的最高军事权由总统掌握就将军事权定性为行政权。

国内学界和法律实务界关于检察权性质的争论，基本上是以国家权力的三权划分为前提的。"以三权作为一种不言而喻的前提预设，在这个意义上争论检察权到底是一种什么样的权力，完全脱离了我国人民代表大会制度的政治架构。我们不能无视我们自己的现实，如何在人代会的政治架构中定位检察权，这是一个需要好好思考的问题"。① 人民代表大会制度是我国的根本政治制度，是我国政治和法律制度的基石，是构建国家政权体系的前提和基础。在以人民代表大会制度为基础的宪政架构中，检察权是不同于立法权、行政权和审判权的独立的国家权力形态，承担着相对独立的国家职能，由独立于政府和法院的专门机关行使。检察独立与审判独立一样，是非常重要的国家权力关系准则，它的根基主要不在于"司法独立"的理论，而是基于宪法赋予的独立国家职能。尽管将检察权与审判权统称为司法权并不影响国家根本政治制度，但却容易混乱司法改革的话语背景。即使在政治体制改革中将检察权划归行政部门行使，也不见得就必须将其定性为行政权以区别于司法权；即使再强调检察机关独立行使职权，也不见得就必定要将检察权定性为司法权以求"司法独立"。在检察理论研究中，检察权或许可以被认为兼具行政和司法的双重特征，但在检察改革、司法改革和政治体制改革中，不宜过于纠缠检察权的性质，它应当作为宪法确立的相对独立的国家权力，由具有宪政性质的检察机关独立行使。

二、关于检察机关的归属

长期以来，检察机关担当的职能主要是基于刑事诉讼制度的刑事职能，检察机关也由此成为一个履行反贪污贿赂、反渎职侦查、刑事检控等职能的刑事机关。检察机关为刑事诉讼法纳入公检法司链条中，成为刑事司法的一个环

---

① 孙谦、樊崇义、杨金华：《司法改革报告——检察改革·检察理论与实践专家对话录》，法律出版社 2002 年版，第 11 页。

节，基本失去了宪法确立的“一府两院”体制中的宪政机关的格局。如果将检察机关作为一个刑事机关，它可以归属于行政系统或者安排在法院体制内。但如果将检察机关视为一个宪政机关，就应当在完善人民代表大会制度、健全国家政权体系的基础上，使其成为一个与政府、法院等并行的国家机关。①

检察机关应当是独立的机关？或者应当像有些学者讲的那样，将这个机关并入行政系统？其实这并不重要。关键要看什么状态有利于检察机关更好地履行检察职能，以及改变现行体制的意义何在？不能在没有对检察机关的权力进行客观分析的情况下将其权力定性为行政权，然后将检察机关划归行政系统；有一种观点认为，将检察机关划归行政机关序列或者将其与司法行政机关合二为一，决定了检察机关权力的行政性。这种观点值得商榷。法国行政法院置于行政系统内以与普通法院分离，但没有人怀疑法国的行政法院行使的权力属于司法权范畴，行政法院的权力并不属于行政权，而是司法权的重要组成部分；当然，即使将检察机关归入行政机关，也不意味着行政权可以随意干预检察权，检察机构及其检察权就会被削弱或失去独立性。法国的行政法院系统行使的特殊审判权，是一种特殊的司法权力，没有人因为法国行政法院属于行政系统就低估了它的独立地位，或者误认了它的权力性质。所以说，检察机关是独立为一个国家机关还是划归到行政机关系统中，这不是问题的关键。问题的关键在于，一是要尊重历史和文化。法国行政法院不仅是一种制度，更是一种文化，是历史形成的文化和制度。改变现存的检察体制，实际上是在改变一种政治制度的历史与文化，这种改变的意义在哪里？二是要认同宪法确立的国家权力体制。任何改革无疑都必须也必然在现行宪法确立的框架内进行，检察机关的定位同样如此。三是要有利于更好地履行检察职能，这是检察机关归属问题争论时必须强调的问题意识。关于检察机关归属的争论，根本目的是为了检察职能得到更好的发挥，而不是纯粹的理论性争论。

在英国，检察机关是独立设立的机构，在中央层面称为总检察署，又称法律事务部，在地方设有地方检察署。在国家机构划分中，中央和地方检察署均

---

① 有一种观点认为，检察权划归行政权，将使宪法确立的“一府两院”体制消失，形成人大、政府和法院的三方格局，近似于西方的三权分立。这种观点显然不是建立在正确理解人民代表大会制度的基础上。在人民代表大会制度基础上，健全国家政权体系可以形成各种政治格局。人民代表大会作为权力机关，保留政治任免、公共财政等方面的重大权限和特定的立法职能。在此基础上，可以实现人大常委会与人大的适度分离，使人大常委会成为主要执行立法职能的立法机关，与行政机关、司法机关、检察机关等相并列，实现现行宪法体制上的“一府两院”制向“一委一府两院”制的转变，或者可以再设立宪法法院，连同军事委员会，形成人民代表大会制度基础上的“二委一府三院”的政权体制。

属于行政机关。美国没有层级分明、结构严密的检察体系，检察系统归于政府系统，属于司法行政部门的重要组成部分。联邦政府司法部长实际上就是联邦总检察长。法国检察机关不具有自己独立的系统，而是由派驻各级法院内的检察官组成，检察机关归属于司法部领导。由司法部长提名、总统任命的检察官具有类似法官的身份。① 德国实行审检合一体制，检察系统被安排在法院系统内，设在法院内的检察机关由若干名检察长和检察官组成，受联邦和州政府司法部长领导，并实行“检察一体”制，上级检察机关领导下级检察机关。日本检察机关曾经称为检事局并设在法院内，随着“二战”后日本法律制度改革，检事局从法院中分离出来，形成与法院对应且独立的检察厅和自上而下的检察系统，归法务省领导，成为行政组织中的“特别机关”。② 俄罗斯检察机关自成体系，根据《俄罗斯联邦检察院法》的规定，俄罗斯联邦检察院是联邦统一集中的机关体系，是一个独立的国家机关系统，包括俄罗斯联邦总检察院、各联邦主体一级的检察院、区一级的检察院。按照俄罗斯宪法的规定，联邦检察机关既非立法机关，又非执行机关，也非司法机关。在实行三权分立的俄罗斯政治体制中，检察机关的职权与司法权比较贴近，所以被规定在司法权一章中。③

每个国家安排国家权力都需要根据实际贯彻分权原则，形成民主的政权体系。但每个国家的分权实践会有所不同，所以国家政权体系也各有特色。在西方宪政体系中，国家权力由立法权、行政权和司法权构成，分别由不同的机构行使，并实行大同小异的分权原则。基于西方政治思想和制度发展史的立法权、行政权、司法权划分理论并不能解释非西方国家的权力现象。检察机关的归属之所以成为一个问题，缘起于以西方理论和制度为参照而形成的检察权性质的论争。长期以来，司法权的概念并没有进入中国正式的制度体系，宪法没

---

① 审判官被称为“坐着的法官”（magistra desiege），检察官则被称为“站着的法官”（magistra debout），不像英美法系的检察官在地位上不如法官，法国的检察官与法官一样享有某些特权和保障。

② 根据1983年修改后的《行政组织法》的规定，行政组织中可以设立不同于一般行政机关的“特别机关”，检察机关被确立为“特别机关”之一。

③ 俄罗斯的检察体制与前苏联的检察体制不同。俄国十月革命后开始创建社会主义检察制度，苏维埃设立维护法制的检察机关，隶属于政府机构。根据1922年《检察机关条例》，将检察机关从司法行政机关中分离出来，设置于司法人民委员会，并赋予检察机关一般监督权、公诉权、侦查、审判监督权等广泛的权力。直到20世纪30年代，《苏联检察署条例》、《司法人民委员会组织法》推动了以检察长为核心的苏联检察系统的正式形成，检察机关具有了同行政机关、审判机关并列的独立体系。

有规定司法权，官方话语中也少有司法权的说法，人们曾经习惯地将检察权、审判权统称为司法权。随着司法体制改革的不断深入，不少人认为只有法院行使的权力尤其是审判权才算是司法权，检察权不属于司法权。因此引发了关于检察权是行政权还是司法权的论争，并关涉到检察机关的归属问题。中国国家政权体系的构建同样贯彻了分权原则，但分权原则与西方的三权分立理论存在明显差别，国家政权体系没有分成立法权、行政权、司法权三个部分，而是由立法权、行政权、审判权、检察权等多种权力构成，并由相对独立的立法机关、行政机关、审判机关、检察机关等行使相应权力，审判机关、检察机关一并构成国家司法体制。在检察机关的归属问题上，可以认为，检察机关属于宪法机关和政治体制的范畴，是政法体制的重要组成部分，也被视为国家司法体制的构成部分，具有宪法上的独立建制并自成体系。由于审判、检察的高度关联性，可以将它们统一视为司法活动并探索共同的权力运行规律，但既然宪法规定了审判权、检察权概念，就可以不再笼统地使用司法权概念，以避免无谓的性质论争和由此带来的检察机关归属的纷扰。

三、关于检察机关的职能

关于检察机关职能定位的根据，法学理论界和法律实务界曾经存在不同意见，检察机关的职能到底应该依据《人民检察院组织法》还是《刑事诉讼法》来确定存有争议。有人认为，检察机关的职能不应该依据《人民检察院组织法》而应该依据《刑事诉讼法》的规定，理由是《刑事诉讼法》作为新法是优于旧法的。也有人认为，尽管《刑事诉讼法》规定了检察机关的职能，但相对于《刑事诉讼法》，《人民检察院组织法》是一种特殊法，根据特别法优于一般法的原则，应依据《人民检察院组织法》而不是依据《刑事诉讼法》确定检察职能。在这个问题上，新法优于旧法、特别法优于一般法的说法都缺乏足够的说服力。实际上，《刑事诉讼法》只是一个部门法，而《人民检察院组织法》则是属于宪法相关法的范畴。像组织法、选举法、港澳特别行政区基本法都是宪法相关法，属于宪法的有机组成部分，在由宪法主导形成的法律谱系中，它们是最靠近宪法的。人们通常认为，部门法既不能违反宪法，也不能违背宪法相关法，理所当然地可以认为最靠近宪法的宪法相关法在法律效力上要高于部门法。在此意义上讲，检察职能的确定应当以宪法和人民检察院组织法（不限于 1979 年的《人民检察院组织法》）为根据，检察职能并不局限于《刑事诉讼法》规定的刑事司法职能，根据刑事诉讼法，还有民事诉讼法、行政诉讼法、监狱法、人民警察法等，可以将一部分检察职能具体化、明确化。

世界各国检察机关的职能不尽相同。美国的检察系统属于行政系统，归于司法行政部门，但独立行使职能，这些职能包括调查、起诉违反联邦法律的行为，并在联邦作为当事人的民事案件中代表联邦政府参与诉讼。德国的检察机关设置在联邦或州法院内部，主要行使刑事侦查起诉、法律监督、公益诉讼三大职能。德国检察机关不仅可以通过抗告、上诉、再审申请等方式对刑事审判实施监督，并对刑事判决的执行进行监督，还可以作为国家利益和社会公共利益的代表，以公益代表人的身份对涉及国家和社会公共利益的重大案件提起诉讼。俄罗斯的检察系统是集中统一、上下隶属的护法机关，拥有非常广泛的职能，负责监督全社会执法和守法情况，特别是对联邦各部和各主管部门、联邦主体的立法机关和执行机关、地方自治机关、军事管理机关、监察机关等执法情况实施监督，负责公诉和抗诉并拥有一定的侦查权能，还有权就修改、补充、废止或通过法律和其他法律文件提出检察建议，履行完善法律的职能。

用改革和发展的眼光看待检察职能，可以将检察职能概括为两个层面：一是法律监督或称检察监督，二是执行法律或称检察执法。反贪污贿赂、反渎职犯罪、刑事公诉、公益诉讼等，都可以归于检察执法的范畴；检察监督的范围非常广泛，甚至对公民、社会守法情况也要实施监督，但法律监督侧重于对执法和司法的监督，特别是行政机关的执法活动应当成为法律监督的主要面向。

在检察职能体系中，检察执法是一个需要澄清的概念，并且应当将检察执法产生的监督效应与检察监督区分开来。除对特定犯罪的侦查外，检察机关的角色长期被定位为刑事诉讼链条中的监督者，检察执法被混同为检察监督，因此带来了系列性的模糊认识甚至误解。关于检察执法，需要作如下特别说明：

一是将批捕、侦查、公诉等作为刑事诉讼法确定的刑事执法职能，其中肯定包含着与其他机关相互制约的因素，但就其性质来讲，它们均属于检察执法的范畴。即使是刑事公诉，检察人员在法庭上的角色是代表国家对犯罪嫌疑人提起诉讼，行使国家求刑权，主要不是对法官审判进行监督。刑事公诉实际上是刑事执法的一个基本环节，将刑事公诉确定为检察执法，就不会惹来“检察官是法官之上的法官”的无谓争议。

二是刑事侦查职能的去留问题。有人主张将经济犯罪和职务犯罪的刑侦职能从检察职能中剥离出去，划归公安机关，以实现侦控分离，并同侦查权与羁押权、审判权与执行权分离等权力的重新安排，一并作为政法体制改革的方案。毫无疑问，这样的方案并不涉及政法问题的实质，相关权力的重新组合也难以从根本上解决诸如判决执行难、羁押场所刑讯逼供、检察机关反贪污贿赂侦查权不受监督等问题。因此，刑事侦查职能去留以及与此相类似的改革方案需要做更加细致的论证。①

三是将刑事公诉以外的公益诉讼列为检察执法的重要形式，包括检察机关代表国家为维护公共利益通过民事和行政诉讼的方式实施法律。世界若干国家的检察机关都将民事公诉、行政公诉作为执行法律、维护国家和社会公共利益的有效形式。② 确立公益起诉制度，健全检察执法的形式和手段，是完善检察执法职能的需要。检察机关依法可以公共利益代表的身份，通过提起民事诉讼或行政诉讼，在保护国有资产、保护国土资源、维护生态环境、反对垄断以及保护公共设施和文物古迹等方面发挥重要作用。

在检察职能体系中，检察监督远比检察执法要复杂，同样有廓清检察监督内涵和外延的必要。检察监督的范围、检察监督的面向、民行检察制度的存废等问题，法学界和立法、法律实务界存在广泛的争议。关于检察监督，需要特别说明如下几点：

一是适度地扩展检察监督的范围。新中国在建立检察制度之初，就将检察机关的职能定位为一般监督，不仅对国家机关及其工作人员执行法律的活动负

① 关于侦控分离，也有人主张将刑事侦查从检察职能中剥离出来，实行侦控分离，将检察机关的职务犯罪侦查权划归一个新建立的廉政机构。关于审执分离，法学界和法律实务界有一种观点认为，既然刑事判决的执行（监狱管理）可以由司法行政机关管理，民事和行政裁判的执行也应当在适当的时候转归司法行政机关管辖。目前由法院承担的执行功能应当从司法中剥离完全实现行政化。实际上，审执分离体制在法院系统中已经确立。将执行权行政化能否从根本上解决长期得不到解决的执行难问题，还存在很大疑问。另外，这样的改革必须预先考虑法院与司法行政机关的未来关系，以及改革所需要的成本。参见肖金明：《关于司法体制改革的若干思考》，载《山东大学学报》2005 年第 1 期。

② 比如，法国检察机关是国家和社会公共利益的代表，有权依照民事诉讼法的规定，以原告或“从当事人”身份提起民事诉讼或者参与民事诉讼，以维护国家利益、社会公共利益或者公民重大利益。德国联邦最高检察官作为联邦公共利益的代表人，有权对婚姻无效、雇佣劳动、禁治产等案件，提起民事或行政诉讼。日本检察官根据民事诉讼法的规定，在婚姻案件、收养案件和亲子案件中行使起诉权。

有监督的责任，还对公民遵守法律的情况进行监督。① 但从 1979 年《人民检察院组织法》和刑事诉讼法开始，检察机关的职能就被限定在刑事领域，后来有限扩大到民事行政检察领域。如前所述，检察机关不是一个基于刑事诉讼法的刑事机关，而是立基于宪法和组织法的宪政机关，其职能范围应当根据政权体系的分工确定，它应当负有全面监督国家机关实施法律的职责。

二是恰当地转变检察监督的面向。长期以来，检察监督被局限在对“司法”进行监督的意义上，除了批捕和监所检察外，检察监督主要面向法院，从而降低了检察机关的地位以及检察权、法律监督等宪法概念的实际效力。国家检察制度改革应当通过修改宪法和人民检察院组织法，将检察机关恢复成为履行法律监督职能的宪政机关，促使检察机关行使检察权，履行法律监督职能，监督行政机关和司法机关执行法律的活动，其中最重要的应当是政府及其部门执行法律的活动。检察机关面向审判机关的监督，主要不是监督和制约审判，而是监督和制约审判机关的立案、执行等非审判性活动。检察机关面向行政机关的监督，应当由专门立法规定检察监督行政的方位与方式。

三是逐步地限定民事行政抗诉的范围和意义。检察机关通过民事行政抗诉监督审判活动曾引起广泛争议，是人们质疑“检察官是法官之上的法官”的重要原因。实际上，民事行政案件审判不公的原因主要来自于两个方面：一方面，法律理解、解释、适用上的问题，由于检察官在法律理解、解释、适用方面并不比法官有知识和经验优势，让检察官监督民事行政审判的制度设计就存在着逻辑问题；另一方面，由于法官枉法裁判，这显然不是检察监督的问题，而是检察执法的问题，应当通过反贪污贿赂、反渎职等执法活动消除审判上的违法犯罪行为，以恢复审判的公正性和司法正义。检察制度改革应当注重理顺检察权与审判权的关系，逐步改革民事行政抗诉制度，限定民事行政抗诉的范围和意义，是理顺检察权与审判权关系的重要改革措施。

---

① 1949 年 9 月中国人民政治协商会议通过的《中央人民政府组织法》第 28 条规定：“最高人民检察署对政府机关、公务人员和全国国民之严格遵守法律，负最高的检察责任。”1954 年《宪法》第 81 条规定：“中华人民共和国最高人民检察院对于国务院所属各部门、地方各级国家机关、国家机关工作人员和公民是否遵守法律，行使检察权。地方各级人民检察院和专门人民检察院，依照法律规定的范围行使检察权。地方各级人民检察院和专门人民检察院在上级人民检察院的领导下，并且一律在最高人民检察院的统一领导下，进行工作。”1954 年《人民检察院组织法》第 3 条规定：“最高人民检察院对于国务院所属各部门、地方各级国家机关、国家机关工作人员和公民是否遵守法律，行使检察权。”

结语 推进检察转型

随着政治文明不断向纵深发展，国家政权体系将依据民主向度、分权原则和宪政精神发生分化和重组。在政治变革的过程中，检察机关要随之变化角色和重新定位，依其权能转变实现检察转型。检察变革关系到检察权、检察机关、检察职能等要素以及检察与立法、行政、审判的关系。检察变革应当改变目前检察机关等同于一个刑事机关的现状，逐步恢复其宪政机关的性质。尽管从理论上可以说检察权兼具行政和司法特性，但现实中的检察权既不是行政权，也不是司法权，它是由宪法创制的一种独立权力。作为一种独立的国家权力，检察权自身也有一个体系化问题，这取决于检察职能的合理定位与安排。反贪污贿赂、反渎职的刑事侦查职能要不要保留在检察机关，刑事公诉属于检察执法还是属于检察监督，民事行政抗诉职能有无继续存在的必要，可不可以确立检察机关的民事行政公诉职能等。上述问题及其解决方案直接关系着检察权的构成。应当根据检察职能的重新定位，为检察权体系的每一种权力重新定性，以便实现检察权能一致，并重建检察权与立法权、行政权、司法权的关系。无论检察职能如何变化，检察机关作为宪政体系的有机组成部分，其职能重在法律监督。

所谓检察转型，主要包括两个方面的含义：首先应当明确检察权的独立属性和地位，确立检察职能体系，促使检察机关由一个刑事机关转变为一个担负监督职责的宪法机关；其次应当实现检察监督的转向，促使检察监督由主要的诉讼监督转向主要监督行政，实现由主要与诉讼相关的监督到主要监督行政活动的转向。或者可以这样说，检察监督主要不是监督法院审判活动，而应当主要监督行政机关的执法活动，对行政执法活动中的滥权行为、不作为、行政不当行为等实施监督。检察转型是一个非常复杂的命题，它关涉到与人大监督、行政监察等其他监督制度的关系，需要与相关职能、权限、程序等进行高度整合。显然，这样的过程将是一个比较缓慢的渐进过程。

我国检察机关的性质分析

马 岭*

内容摘要：尽管各国对检察机关的性质在认识上存在较大分歧，但并不意味着检察机关的性质问题变得不可捉摸。事实上，判断一个国家机关的性质应当以该机关的职权为标准，而国家机关权力性质的不同又决定了该机关本身性质的不同。同时，当一个国家机关拥有不止一个权力时（这是常态），其中最主要的、核心的权力是什么性质，基本上可以决定该机关的性质。就检察机关而言，其工作重点、重心不是监督而是公诉。我国的检察权应是准司法权，检察权同时具有行政权和司法权的某些特点。从我国现行检察实践来看，我国检察机关并不是“专门”的法律监督机关。

关键词：检察机关；检察权；性质

关于检察机关的性质，各国的立法规定及学界观点都有较大分歧。① 笔者认为，判断一个国家机关的性质应当以该机关的职权为标准，在国家机构的性质、地位、体制、职权等众多因素中，国家权力是国家机构的核心问题。因为各国家机构的权力不同，根据这些权力的特点才相应地设立了不同的组织体系，构建出不同的领导体制；同时，权力的性质不同决定了机构的性质不同（如拥有立法权的机构为立法机关，拥有司法权的机构为司法机关，拥有行政权的机构为行政机关），并由此而确立了各自不同的法律地位；也才会有各国

---

* 马岭，中国青年政治学院法律系教授。

① 可参见石少侠：《检察权要论》，中国检察出版社 2006 年版，第 45—60 页；邓思清：《检察权研究》，北京大学出版社 2007 年版，第 23—33 页；刘佑生、石少侠主编：《规范执法：检察权的独立行使与制约》，中国方正出版社 2007 年版，第 260—263 页；许永俊：《多维视角下的检察权》，法律出版社 2007 年版，第 42—81 页；李征：《中国检察权研究——以宪政为视角的分析》，中国检察出版社 2007 年版，第 111—124 页；郭成伟、宋英辉主编：《当代司法体制研究》，中国政法大学出版社 2002 年版，第 178—182 页；等等。

家机构不同的工作方式（如不同的会议形式），不同的任职期限（如法官的终身制和政府首脑的限任制），等等。

如果一个国家机关有几种职权，应当以其中首要的职权为定性依据。也就是说，当一个国家机构拥有不止一个权力时（这是常态），其中最主要的、核心的权力是什么性质，基本上可以决定该机构的性质。如各国议会普遍拥有立法权、监督权、任免权、重大问题决定权等，但许多国家都将议会定性为立法机关，却很少有国家将议会定性为监督机关，因为立法是议会首要的、最基本的权力。又如各国政府拥有的众多权力中执行法律的权力是最重要的权力，但行政机关其实也有一定的立法权（如行政立法），一定的司法权（如行政复议），只是这些权力在政府中不是居于主流，因此政府仍然被定性为行政机关。

一、检察机关的性质应由公诉权的性质决定

要说明检察机关的性质，应当首先分析检察机关的职权。世界各国的检察机关其职权在法律上并不完全相同，① 我国学术界对检察权的内涵也有争议，“检察权”应当是几项权力的综合称谓，其具体包括哪几项权力，理论界有三种不同的说法：（1）二权能说。此观点认为，“中国检察权内容基本可以分为两类，一类是基于保护国家与社会公共利益的，即有限的（国家公务人员职务犯罪）侦查权、完整的（刑事、民事、行政）公诉权；另一类是为了维护法制的统一，确保司法公正的实现，即完善的（立案监督、侦查监督、不起诉、生效裁判抗诉、刑罚执行）诉讼监督权”。（2）三权能说。“检察权包括三项权力分支，即职务犯罪侦查权、提起公诉权、诉讼监督权”。（3）四权能说。“人民检察院在刑事诉讼中主要行使四项职权，即对刑事诉讼实行法律监督权、批准逮捕权、侦查权和公诉权”。② 也有学者认为我国检察权的本质是

① 如大陆法系、英美法系以及社会主义国家的检察制度及其职权都有较大的区别，具体可参见张智辉：《检察权研究》，中国检察出版社 2007 年版，第 2—11 页。

② 廖宏军：《公诉权的法律监督属性检讨》，北仑区人民检察院网站，时间：2008－11－7 9：04：43。其中“二权能说”引自龙双喜、冯仁强：《宪政视角下的中国检察权——兼议法律监督权与公诉权的关系》，载《法学》2004 年第 11 期；“三权能说”引自赵宁：《论庭审监督权与公诉权分立的概念基础》，载《国家检察官学院学报》2004 年第 2 期；“四权能说”引自张穹主编：《人民检察院刑事诉讼理论与实务》，法律出版社 1997 年版，第 9 页以下。

法律监督权，检察权“最本质的特点是法律监督”。① 但不论检察权是什么，包括多少项权力，公诉权都是世界各国检察机关共有的职权，这一点在我国不论是支持检察权是法律监督权还是反对检察权是法律监督权的学者都承认的。前者如公诉制度“是现代检察制度的核心内容”，现代各国检察制度都体现出相当的趋同性，“检察机关都毫无例外地承担了公诉的职能”。② 公诉权“是各国检察权中共同的、基本的、最重要的权能”。③ 后者如“检察机关职权体系的核心只能是公诉权”，“检察权在本质上主要表现为公诉权”。④ 因此，在检察机关的众多权力中，公诉权应是最基本、最核心的权力，它应该成为检察机关定性的标准。⑤ 检察机关除公诉权以外的其他权力，其中有些权力有监督的功能，如批准逮捕权本身有对执行逮捕权的公安机关的监督之意；有的就是监督权，如判决执行监督权就是“检察机关对法院的生效判决是否得到正确执行以及执行法院判决场所的活动是否合法所进行的监督”。⑥ 但这些权力的存在及其特点都不足以证明检察机关是法律监督机关，因为它们与公诉权相比，在检察机关中的地位都相对较低，不能撇开公诉权这样的核心权力，而以非核心权力的性质为检察机关定性。即使“检察机关作为社会公益代表人，在涉及国家利益、社会利益和公民重大权益的民事、经济、行政及其他社会事务中”拥有一定的监督权，⑦ 这些监督权的存在也不能证明检察权就是监督权，检察机关就是法律监督机关，而只能说明检察机关“有”监督权。如果一个国家机关在它的主要职权之外还有监督权，或在其主要职权中有一定的监

① 参见李征：《中国检察权研究——以宪政为视角的分析》，中国检察出版社 2007 年版，第 115—116 页。

② 张智辉、徐鹤喃：《公诉权与法律监督》，正义网，上传时间：2005－12－4。

③ 石少侠：《检察权要论》，中国检察出版社 2006 年版，第 114 页。

④ 陈卫东：《我国检察权的反思与重构——以公诉权为核心的分析》，载《法学研究》2002 年第 2 期。

⑤ 有关公诉权的定义学界有不同看法，具体介绍可参见郝银钟：《刑事公诉权原理》，人民法院出版社 2004 年版，第 18—22 页。

⑥ 陈业宏、唐鸣：《中外司法制度比较》，商务印书馆 2000 年版，第 112 页。

⑦ 郭成伟、宋英辉主编：《当代司法体制研究》，中国政法大学出版社 2002 年版，第 184 页。

督成分，则不宜将该机关定性为监督机关。①

一个国家机关的定性还应该以该机关主要职权的独有性为准，如公诉权是检察机关特有、其他国家机关没有的权力，② 而监督权却是许多国家机关都有的权力，有的国家机关的监督功能比检察机关更明显，所占比重更大（如议会）。检察机关并不是“专门”的法律监督机关，它的工作重点、重心不是监督而是公诉，相形之下审计机关、监察机关以及党的纪检机关才是“专门”的监督机关。因此，检察机关虽有监督权，但监督权与公诉权在检察机关中的地位相比是次要的，不宜成为检察机关定性的标准。

有学者指出，“即使是西方单纯的公诉机关，也并不意味着就没有法律监督的职能。……西方学者也没有断然否定其检察机关不具有法律监督的职能”。③ 问题是，西方国家不否认检察机关的监督职能不等于将检察机关“定性”为法律监督机关，有的西方国家其检察机关有监督的职能（如法国），④ 但它们并没有因此将检察机关“定性”为法律监督机关，检察机关有监督权不等于检察机关的性质就是监督机关。至于说“由于西方发达国家监督法律适用的需求不像中国这样明显、这样迫切，检察机关的工作重心主要集中在公诉职能方面，所以通常将其称为公诉机关”，⑤ 就更说不通了。不能因为我国目前处于民主法制建设的初级阶段，就将检察机关定性为法律监督机关，那将

---

① 关于公诉权与法律监督权的关系，有学者认为它们是并列关系，如认为“各国检察机关的职权概括起来主要有法律监督权、侦查权、公诉权、参加民事诉讼权、参与行政诉讼权、法律咨询权、行政管理权与立法权等”。陈业宏、唐鸣著：《中外司法制度比较》，商务印书馆2000年版，第108页；有学者认为它们是包容关系，如“公诉权本身就是法律监督权的一个组成部分。……法律监督权本身就包含着对犯罪的公诉权”。张智辉：《检察权研究》，中国检察出版社2007年版，第88页。

② 也有例外，如在英国，“刑事案件通常由警察充当公诉人，但商号、中央和地方机关及公务人员都可以充当刑事案件的起诉人，提起刑事诉讼”。陈业宏、唐鸣：《中外司法制度比较》，商务印书馆2000年版，第118页。

③ 田凯、单民：《论公诉权与法律监督权的一致》，载《法学评论》2006年第4期。

④ 法国检察官有“刑事审判监督权，包括监督法庭判决、裁定是否合法，决定是否提出上诉的权力。……除了普通上诉，法国还有两种‘非常上诉’的途径：向最高法院提出上诉和申请再审”。李征：《中国检察权研究——以宪政为视角的分析》，中国检察出版社2007年版，第13页。法国检察长“负责监督在其所在法院辖区内所有刑事法律，包括刑事政策的实施；最高法院中的检察人员有权代表国家参与最高法院受理的各种诉讼，以履行一般法律监督职责”。郭成伟、宋英辉主编：《当代司法体制研究》，中国政法大学出版社2002年版，第185页。

⑤ 田凯、单民：《论公诉权与法律监督权的一致》，载《法学评论》2006年第4期。

来我们进入民主法制发达国家的行列之后，我们就会将检察机关的定性改为公诉机关吗？这么说现在将其定性为法律监督机关只是权宜之计，是初级阶段的临时定性？那么西方国家在他们最初进行民主法制建设的阶段（他们并不是直接进入发达阶段的），为什么没有将检察机关定性为法律监督机关呢？那时候他们的国家监督法律适用的需求应该也是很明显、很迫切的，他们那时候检察机关的工作重心为什么就可以主要集中在公诉职能方面呢？一个国家机构的作用、职能在不同的历史阶段可能会有一些差异，但其性质应该是前后一致的，不能说检察机关的性质在目前是法律监督机关，在将来是公诉机关，仅仅因为它们处于不同的历史阶段。

公诉权是检察机关的核心权力，因此检察机关的性质应当由公诉权的性质来决定，而不是由检察机关的其他职权来决定。那么，公诉权的性质是什么呢？

二、公诉权不是监督权①

监督权以监督主体的不同可以划分为权利监督和权力监督。前者是公民个人等私权利对公权力的监督，如我国宪法规定的公民对国家机关及其工作人员有批评建议权、申诉控告检举权等；后者是公权力对公权力的监督，如议会对政府的监督（如质询），法院对议会的监督（如违宪审查），法院对政府的监督（如行政诉讼）。因此监督主体可能是权利人，也可能是权力人，但监督对象应是权力人而不是权利人，监督主要是指监督国家权力（有时候也包括社会团体的权力）而不是监督公民权利。

1. 关于权利与权力、权力与权力关系中的监督功能。

首先，权力可以管理权利，而管理本身包含了监督。公民权利的行使是有界限的，滥用权利也是违法的，从这个意义上说权利也需要监督，构建国家权力的目的之一主要就是为了管理权利（也管理其他权力），② 制裁滥用权利的行为是国家权力的职责。国家权力对权利（越界）拥有制裁权，而制裁应当

① 公诉权的性质被我国许多学者表述为“法律监督权”，鉴于“法律监督”是中国特有的名词，在西方法律中并不存在这一概念，其含义在我国也存在颇多争议，因此笔者在此不予涉及。但法律监督权应该是监督权的一种，如果检察权不是监督权，那么它当然也不是法律监督权。有关“法律监督”的概念可参见李征：《中国检察权研究——以宪政为视角的分析》，中国检察出版社2007年版，第70—71页；张智辉：《检察权研究》，中国检察出版社2007年版，第58—84页。

② 但在现代民主国家，构建国家权力的主要目的不是为了管理权利，而是为权利服务，只是服务中包含了管理。

是以监督为前提的，不监督怎么知道其违法，不知道其违法又怎么制裁呢？我们常常说国家有权管理公民，却不说国家有权监督公民，因为管理本身已经涵盖了监督（同时管理还包括可以在监督之后决定是否制裁，而制裁是具有强制力的）。根据宪政体制的分工，这种蕴涵着监督的管理主要是通过行政机关来实现的，如在行政机关的一系列具体行政行为中，包括了对公民等私法人多方面的监督和管理：工商、税务等部门经常通过检查等手段对公民、法人和其他组织的行为是否遵守有关法律法规进行监督，行政许可作为一种间接的管理手段也包含着对申请许可人申请内容的监督（审查与核实），甚至行政奖励实际上也包含了对奖励对象有关行为的监督（审查和批准），至于行政处罚就更是一种对公民和法人及其他组织在监督基础上，发现其有违法行为而进行制裁的严厉手段（如吊销执照、罚款、责令停产停业、没收财物等）。行政机关对公民的这些监督和管理是非常广泛的，涉及公民从生到死的各个方面，即为了维护公共利益，各种行政部门已经对公民的许多行为进行了有效的规范和管理，对他们是否遵守有关法律进行了多方面的监督。

其次，权利只能监督权力，而不能管理权力。即权利对权力没有制裁力，不构成强制性，管理包括监督，但监督不包括管理。因此权利与权力是不平衡的，权利处于弱势地位，权力容易侵犯权利，而权利很难侵犯权力。为防止滥用权力，仅仅有权利监督权力是不够的，还需要权力监督权力。权力管理权利自古就有（自权力产生以来），是奴隶制、封建制国家都具备的功能，而权利监督权力以及权力监督权力却是现代国家才有，或在现代国家才得以发达、完善的，它是民主法治国家的产物。所以法律上的监督权作为一种国家权力其监督对象应主要是指向权力而不是指向权利，任何一个共和国都强调公民是监督主体，而不是监督对象。

最后，权力的互相监督不等于这些权力就是监督权，拥有这些权力的机关就是监督机关。以权力监督权力的格局来看，有上级对下级的监督，如上级人大对下级人大、上级法院对下级法院的监督；有平行机关之间的监督，如法院对政府的监督、议会对政府的监督等。① 这些权力对权力的监督是为了权力之间的相互制衡，防止其滥用权力，而其可能滥用的权力才是这些国家机关的主要权力（如立法权、司法权、行政权），监督权或是它们同时拥有的权力，是这些国家机关众多权力中的一种（如议会对政府的监督权），或是在主要权力行使中附带有监督功能（如法院对行政案件的审判是司法权，但具有监督政

① 但是否有下级对上级的监督？公民对国家机关的监督是权利对权力的监督，既不是上级对下级的监督，也不是下级对上级的监督，上下级只能是权力系统内的概念。

府的功能），因此这些机关往往不会被定性为监督机关而是被定性为立法机关、审判机关、行政机关等。被定性为监督机关的往往是那些专门担负监督职能，或是以监督为首要使命的机关，如政府中的审计机关是专门通过审计进行监督的部门，审计本身就是监督；监察机关是专门对国家公务员的遵纪守法状况进行“监督、检查、纠举和惩戒”的机关，① 因此它们才是专门的监督机关。②

2. 关于公诉权的监督对象。当公诉权被定性为法律监督权时，监督主体是明确的（检察机关），但监督对象是谁呢？有学者认为，“所有的守法主体都受到公诉权的监督”，公诉权的客体“首先、大量的是公民的行为”。③ 如果公民是公诉权监督的客体，那么是指全体公民还是部分公民？是犯罪前就进行监督还是在犯罪中或犯罪后才进行监督？检察机关是主动监督还是接到报案后才开始监督？这一系列具体而现实的问题似乎没有结论。相形之下行政机关监督和管理公民、必要时予以制裁的功能是比较具体、明确的，如工商部门只能管有关公民（如商贩）的经营行为，而不是针对所有公民，即使对这部分公民也仅限于其商贩行为而不是其所有行为，即使是对这部分公民的商贩行为也有专门法律作出了具体详细的操作规范。其他行政机关对公民的管理各自在自己的范围内进行，不能彼此越界，更不能涉及公民的私生活领域。因此可以看出，每个行政机关的管理往往是针对部分个体（如小商小贩、路上行人等），且只是这些人的部分行为空间（如他们的经商活动、交通行为）而不是其生活的各方面，即便如此行政机关也成为最容易侵犯人权的机构而受到法律的特别约束，众多行政行为法、行政程序法构成了一个庞大的行政法律体系。而检察机关如果对“所有的守法主体”都有监督权，那么这种监督怎么实现、如何进行、怎样规范，都需要法律予以明确，相应地制定出详细的操作规则，否则笼统地说公民行为是公诉权监督的客体，会带来一系列问题。

首先，如果检察机关能够在犯罪发生前通过监督公民个人的行为从而

---

① 王连昌、马怀德主编：《行政法学》，中国政法大学出版社 2002 年修订版，第 251 页。

② 监督不同于制约，监督是一种行为，而制约是一种实际效果或格局。监督不一定就能实现制约（可能实现也可能不实现），监督强调的是要有监督这样的行为；而制约本身不是行为而是行为的结果，这种结果可能通过监督权来实现，但也可能通过其他权力来实现，分权制衡的权力理论就是希望通过对所有权力的设计实现其相互制约。即每一种权力对其他权力都有制约作用，制约蕴涵在所有权力中而不是仅仅体现在监督权方面。权利对权力是监督而不是制约，权力与权力之间应是制约而不是（不仅仅是）监督。

③ 石少侠：《检察权要论》，中国检察出版社 2006 年版，第 116 页。

“发现”犯罪的话，这种监督其对象似乎应该是全体公民（因为不知道哪个公民可能犯罪），那么这种监督的范围就比行政机关对公民的监督还要宽泛得多。因为某个具体的行政行为只是针对某时空中的某些公民，而检察机关的监督如果针对的是犯罪之可能性，那么这种可能性在理论上是所有公民都有的，因此全体公民都可能成为监督对象；同时犯罪的地点可能在任何地方（如谋杀案可能发生在亲属之间，盗窃案可能发生在百姓住宅内），因此公民的一切私人空间都可能成为监督场所；而犯罪时间可能在春夏秋冬、白天黑夜的任何时刻，因此需要对公民进行24小时不间断的监督。很显然这种全面监督是不可能的，因为国家无力承受，国家不可能对所有权利行为人的行为一一监督并从中发现犯罪，即使一个权力人监督一百个权利人，要监督全国公民是否犯罪也需要一个巨大的监督机构，没有哪个国家能负担得起这样的机构。① 更重要的是，这种对全体公民的监督是违背人民主权原则的，在一个共和国中，人民不可能建立一个专门的监督机构来专门监督自己的行为（除非人民是自虐狂）。人民的确通过宪法要求人民中的每一员都要遵守法律，如果有人违反应当给予相应的制裁，并且将这种制裁权授予一定的国家机关。但人民建立共和国的前提是为了保护自己的基本权利，为此相约要在自己的国家中服从自己的法律，尤其是服从最基本的社会行为规则（刑法），并相信绝大多数人会自觉遵守法律（如果绝大多数人都不愿遵守法律那么他们就没有必要建立这个共和国），而绝不是要将全体公民处于国家的监督之下以确保法律的权威，毕竟人民的自由（而不是人民的义务）才是共和国的终极目标。在专制体制下，检察官作为“沙皇的眼睛”曾监视着全社会和全体人民，② 因为专制政权是怀疑人民并和人民对立的，国王是主人而人民是奴仆；在共和制下国家是人民建立、人民委托政府进行管理的，人民是主人而政府是公仆，主人应监督仆人而不是仆人监督主人。③ 人民不应该、不可能再处于时时被监视的地位，相反他们应当拥有极大的、受法律保护的、公权力不能任意进入的自由空间。在这样的社会，国家行政机关已经对公民的许多行为通过多种行政途径和方式依法进行了有效的管理，因此不需要检察机关再进行所谓的专门监督。为了所谓的公

① 即便在纳粹德国时期也是更多地鼓励公民告状（即利用公民监督公民），来实现监督所有公民的计划。

② 沙皇曾设置检察官“作为其直接下属，在各地巡视百官和民众是否效忠于沙皇”。许永俊：《多维视角下的检察权》，法律出版社2007年版，第15页。

③ 但仆人经过主人授权而对主人的有关事务进行管理却是可能的（主要在公共领域），当然，这种管理应该是有限度、受制约、被监督的。

共秩序不惜牺牲全社会的自由，这样的利益失衡恐怕是任何民主自由国家都难以接受的，也不可能是人民的本意，人民不需要挖空心思谋划着怎么对付自己。在我国，人民代表大会制度决定了检察机关不能监督人大，只能接受人大的监督。而人大是由人民选举产生的，人大要对人民负责，受人民监督。① 检察机关连人大都不能监督，又怎么能监督人民呢？而检察机关之所以不能监督人大，就是因为人大是人民的代表机关，是民意的代表，民主的象征。也许有人会说检察机关监督的对象是公民，而不是人民，是具体的一个个个体，而不是人民这样的整体，但如果监督的对象包括每一个个体（“所有的守法主体”），那么这所有的个体还不能构成整体吗？如果所有的个人都不能构成人民的话，人民是否还存在呢？

其次，如果公诉权监督的对象不是全体公民而只是部分公民，那么是哪部分公民呢？根据什么标准区分出这部分公民与那部分公民之间的本质差异呢？凭什么认为这部分公民可能犯罪应当受到国家监督，而那部分公民不太可能犯罪因而可以不受国家监督？根据他们的出身吗？还是根据他们的政治态度和表现？或者根据遗传基因？人为地划出一部分“可能犯罪人”然后对他们进行专门监督，这恐怕有违现代民主社会的平等原则，弄得不好就可能回到阶级斗争的老路上去。当然，现代科学技术的发达使国家权力有可能通过对案件报告、报警记录、犯罪规律等方面的分析，去主动发现犯罪线索，有目标地锁定某些嫌疑人进行重点监督，但这种监督也是要有法律根据的，有关监视、跟踪、搜查都有严格的法律规定，绝不可以任意扩大，否则就可能构成对基本人权的侵犯。这些嫌疑人的比例在全部人口中应该是极小的，如果在国家权力眼中许多公民都有犯罪嫌疑，那么这很可能不是人民有问题，而是国家有问题，或法律有问题。事实上，被监督的这极少数人并不一定都会犯罪，犯罪的人也不一定都在这个监督的范围内，因此公诉的对象与被监督的对象并不完全吻合，被监督者不一定受到公诉，对他们的这种监督在性质上也不是公诉（而是公诉前的权力行为）。何况许多犯罪行为往往不是依赖国家机关的监督，而是由公民报警才发现的，杀人、抢劫、盗窃、绑架等案件有的是通过警察巡逻等手段，但更多的是被害人或其他公民报告后才立案的。公民的报案、检举、揭发是一种公民监督而不是权力监督，公民举报的积极性往往与公民的主人翁感、参与意识、法制观念以及国家的民主程度有密切关系，政府的威信、良好

---

① 我国《宪法》第3条第2款和第3款规定：“全国人民代表大会和地方各级人民代表大会都由民主选举产生，对人民负责，受人民监督。”“国家行政机关、审判机关、检察机关都由人民代表大会产生，对它负责，受它监督”。

的警民关系都可能提高公民维护社会秩序、打击犯罪的积极性。因此对可能发生的犯罪行为进行监督在很大程度上要依赖于公民的协助、配合，[①] 在“所有的守法主体”中绝大多数公民是检察机关依赖的对象而不是监督的对象。

最后，公诉行为即使有一定的监督作用，公诉权也不是监督权。有学者认为公诉的三个功能都具有“监督法律实施、维护法律尊严的功能”。其第一个功能是“通过对犯罪的刑事追究，使行为人痛切地感受到犯罪行为在危害社会的同时也必然地会给自己带来不利的法律后果，强迫其尊重和遵守国家法律”。[②] 这种功能显然是行为人已经实施犯罪行为之后才能显示出来，此时公诉是对犯罪嫌疑人的有关行为进行法律追究，与其说是强迫其“尊重和遵守”国家法律，不如说是强迫其接受国家的法律制裁。因为一个人是否“尊重”法律是不能强迫的；而他既然已经犯罪，就是已经“不遵守”国家法律，公诉权如果有强迫其“遵守国家法律”的功能，应当是使其在在押期间不再重新犯罪，而这对他已经犯下的罪行并不构成一种监督，而是一种事后追诉。第二个功能是“通过对犯罪的刑事追诉，防止违法状态继续存在，如防止犯罪人逍遥法外，防止抢劫、盗窃、诈骗、贪污、受贿等犯罪所得继续控制在犯罪人手中，从而剥夺犯罪人希望从犯罪中得到的好处”。[③] 但“刑事追诉”本身并不能“防止违法状态继续存在”，“防止违法状态继续存在”的应该是公诉前的逮捕等限制人身自由的措施，这些措施才能起到控制犯罪嫌疑人行为自由并遏制其犯罪后果的作用，但这种对其在押后的行为活动的控制与其说是一种监督不如说是一种限制人身自由的强制措施，如果说强制本身包含了监督，这种监督也是对其犯罪后行动的监督，而不是对已经发生的犯罪行为（公诉对象）的监督。如公诉的对象是某公民的抢劫行为，逮捕该公民后可以“防止违法状态继续存在”，防止犯罪人逍遥法外，防止抢劫所得“继续控制在犯罪人手中”，但这种限制其人身自由的措施所具有的功能（防止其继续犯罪）不等于公诉（追诉其抢劫行为）的功能，公诉的功能应是请求法院依法判决，使抢劫行为受到法律惩罚。第三个功能是“教育一切社会活动主体自觉遵守

---

① 有关警察控制犯罪的途径，可参见［美］罗伯特·兰沃西等：《什么是警察：美国的经验》，龙小文译，群众出版社2004年版，第277—301、297—324页。值得注意的是，公民检举并非越多越好，尤其是针对邻里私生活的检举，可能将许多公民演变成国家耳目，进而侵犯另一些公民的自由领地。

② 张智辉：《检察权研究》，中国检察出版社2007年版，第45页。

③ 张智辉：《检察权研究》，中国检察出版社2007年版，第45页。

法律，促进法律的正确实施”。[①] 这种对全体公民的教育功能恐怕也不是监督，“追诉权本身具有护法功能”，它可能“督促和教育人们要严格遵守法律”，[②] 但也可能起不到这种作用，甚至还可能在某时期、某阶段、某地方、某个案件中起到相反的作用。即使有这种作用它也是在公诉权的行使中潜移默化地实现的，不能把这种可能起到的作用说成是一种国家权力（监督权），即使公诉权有这样的教育功能，公诉权也不会因此就变成了监督权。

3. 公诉权的本质是请求权，而不是监督权。既然公诉权的主要功能不是监督，那么是什么呢？从本质上说，公诉权是一种诉权，诉（不论公诉还是自诉）的本质是请求，而不是监督。如果公诉权是一种监督权，那么自诉权也应该是一种监督权。[③] “按《说文解字》，‘诉，告也’，‘讼，争也’。诉讼即一方告于官府，而后双方进行争讼，由官府进行决断。起诉是诉讼活动的开始阶段……私诉是由个人、个体行使起诉权，公诉则是由国家行使起诉权。”[④] 在刑事诉讼中，公诉权作为国家请求权包含两项内容，即“求罪和求刑”。[⑤] 而请求权与监督权显然不是种属关系，不能说请求权是监督权的一种。如果认为法律请求是监督，法律追究是监督，法律控制是监督，法律教育也是监督，那么还有什么不是监督？

某个权力有监督功能不等于该权力就是监督权，如通过具体案件来督促公民守法，[⑥] 不仅是检察机关的职责，也是（更是）法院的职责，那么法院是否也应该定性为法律监督机关，而不是司法机关了呢？民事诉讼中的原告，其起诉行为也可能有督促被告守法的作用，该原告是否也是在行使监督权而不是在行使诉权呢？如果民事诉讼或行政诉讼中的原告是国家机关，[⑦] 是否该国家机

---

① 张智辉：《检察权研究》，中国检察出版社 2007 年版，第 45 页；有关论述还可参见该书第 88 页。

② 张智辉：《检察权研究》，中国检察出版社 2007 年版，第 148 页。

③ 当然，公诉权是权力，自诉权是权利。

④ 石少侠：《检察权要论》，中国检察出版社 2006 年版，第 113 页。不论公诉、自诉，其本质是相同的，差异在于诉的主体不同（一是权力人，一是权利人），诉的目的不同（一是为公共利益，一是为私人利益）。其实自诉也是主观为自己，客观为大家，实际上也往往间接地起到了维护社会秩序、维护法制的作用。

⑤ 廖宏军：《公诉权的法律监督属性检讨》，北仑区人民检察院网站，时间：2008－11－7 9：04：43。

⑥ 检察监督“是针对具体案件的监督，是个案监督”见石少侠：《检察权要论》，中国检察出版社 2006 年版，第 64 页。

⑦ 如某林业派出所告某县某公路养路费征收办公室的行政诉讼案件。具体案情可参见方世荣主编：《行政诉讼法案例教程》，中国政法大学出版社 1999 年版，第 8—10 页。

关也就成为法律监督机关呢？行政处罚权、行政复议权、行政裁决权以及法院的司法权，乃至议会的任免权、立法权、重大问题决定权是否都可以定性为监督权？因为它们都有监督的意义、在事实上也都可能起到一定的监督作用。法院的上诉审有明显的监督因素，也确实起到监督下级法院审判的作用，但二审法院的权力仍然被认为是审判权，而不是监督权，这些法院在进行二审时，也仍然是审判机关而没有因此变成法律监督机关。行政诉讼被认为是法院监督政府的一个途径，其监督功能是显而易见的，但法院在行政诉讼中并没有（也不应该）被定性为法律监督机关。我国现行体制下公安机关的侦查权和人民法院的审判权对检察机关都有监督制约的作用，但公安机关和法院也没有因此变成法律监督机关。① 笔者认为，一项权力中有监督因素，不等于该项权力就能被定性为监督权，一项权力是否是监督权，应看它的主要成分、主要功能是否是监督。因此，即使公诉权有一定的监督功能，如督促公民守法，② 也并不能因此将公诉权的性质定为监督权。事实上许多权力都有监督的作用，但不等于这些权力都是监督权，一个权力可能有众多功能，其中的基本功能才能为该权力定性，而不是其中任何一个功能都可以对该权力定性。公诉权的主要功能是求罪和求刑，其本质是诉，是请求对犯罪行为作出相应处罚，请求处罚某人是因为他有犯罪行为，而不是（至少主要不是）为了警示他人。监督只是蕴涵在公诉权中的一层含义，且是其中相对次要的含义，我们不能对一个权力中的主要含义置若罔闻，而用其相对次要的元素为该权力定性。

总之，检察机关的性质应当由检察机关的公诉权这种核心权力、而不是由检察机关中的侦查权、抗诉权、判决执行的监督权、建议权等来决定；而公诉

---

① 如有学者提出疑问，“为什么公安机关对违法犯罪行为的侦查、追诉就不是法律监督呢？为什么公安机关‘依据刑法规定监督一切公民、单位必须在遵守刑律的轨道上行动’、对任何触犯刑律的行为予以追究的活动就不是法律监督呢？为什么同样是负责发现、证明和检举违法犯罪行为、提交法庭裁判的西方国家检察机关的活动就不是法律监督权呢？”陈卫东：《我国检察权的反思与重构——以公诉权为核心的分析》，载《法学研究》2002 年第 2 期。对此有学者以侦查权不是独立的权力、可由多个部门（如检察、公安、安全、海关、监狱、军队等）行使，而检察权只能由检察机关行使来反驳这一疑问。张智辉：《检察权研究》，中国检察出版社 2007 年版，第 51—52 页。笔者认为这其实恰好说明检察权的本质是公诉权而不是监督权，因为只有公诉权是检察机关独有的，监督权却是许多国家机关都有的。

② 监督是“察看并督促”。商务印书馆辞书研究中心修订：《新华词典》，商务印书馆 2001 年修订版，第 474 页。笔者认为，其中“监”主要是监视、察看，“督”主要是督促。公诉权督促公民守法的作用主要体现在“督”而不是“监”上，它对犯罪嫌疑人犯罪后的行为以及对其他公民的行为可能起到一种警示作用，而这显然不是公诉权的主要功能。

权的性质应当由其权力本性（诉）来决定，而不是由其中所包含的某种含义、可能起到的某种作用（如监督）来决定。

三、我国检察机关的检察权其性质应是准司法权

世界各国宪法或法律对检察权的定性并不统一，在英国、美国等英美法系国家检察权隶属于行政权；[①] 在德国、法国等大陆法系国家，检察权是司法权；在日本检察权具有行政权与司法权的双重属性；[②] 也有学者认为德国、法国、日本等国的检察权均为准司法权。[③] 我国学界对我国检察权性质的认识也很不一致，有行政权说、司法权说、准司法权说、法律监督权说、立法权说、多重属性说等。[④] 笔者认为我国的检察权应是准司法权。

1. 检察权同时具有行政权和司法权的某些特点。检察权有一些行政权的属性，但不是典型的行政权，有一些司法权的属性，但也不是典型的司法权，而是兼有二者的某些特征。

首先，检察权同时具有行政权之主动性和司法权之被动性的双重属性。在检察机关的各项职权中，有的权力具有主动性，有的权力具有被动性。如公诉权是主动的，由检察机关提起公诉使整个诉讼程序得以启动，相对于法院“不告不理”的被动而言，检察机关的公诉行为是主动的、积极的。但检察机关公诉前对案件的审理却是被动的，一般是由公安机关行使侦查权后才将案件移送到检察机关，检察机关是从公安机关那里“接手”案件的，这种“接手”在很大程度上是被动的，公安机关移送案件后检察机关才能接手，这实际上是一种“不送（移送）不理”。检察机关认为公安机关侦查的案件证据不足而退回去要求“补充侦查”时，[⑤] 也是在审查后作出的决定，这种审查也是被动

---

① 邓思清：《检察权研究》，北京大学出版社 2007 年版，第 23 页。

② 石少侠：《检察权要论》，中国检察出版社 2006 年版，第 52、56—57 页。

③ 邓思清：《检察权研究》，北京大学出版社 2007 年版，第 25 页。

④ 邓思清：《检察权研究》，北京大学出版社 2007 年版，第 23—33 页；李征：《中国检察权研究——以宪政为视角的分析》，中国检察出版社 2007 年版，第 111—118 页；石少侠：《检察权要论》，中国检察出版社 2006 年版，第 45—60 页；俞静尧编著：《检察权的利益分析》，中国人民公安大学出版社 2007 年版，第 143—147 页；等等。

⑤ 我国《刑事诉讼法》第 140 条第 2 款规定：“人民检察院审查案件，对于需要补充侦查的，可以退回公安机关补充侦查，也可以自行侦查。”

的。检察机关的职务侦查权也具有一定的被动性,① 是先有案件发生，检察权才会发动，犯罪事实的存在或发现是一个前提，此后检察院才可能介入。而且在这类案件中，很多时候是在接到有关“举报”后才展开的，检察院一般不太可能对国家工作人员像行政机关对有关相对人那样主动地、定期地、泛泛地进行“大检查”；即使对国家机关工作人员有这样的检查，它也不属于检察机关的职权范围。因此检察院对职务犯罪的自行侦查，很多情况下也属于“不报（案）不理”的模式。在警检关系为检察官主导型的国家,② 侦查权的启动也要依赖于案件的发生，不论是警察还是检察官都不可能主动创造一个案件，他们可以积极行动去发现案件，但被发现的案件也是已经发生的事实，有这个事实存在才能启动侦查权。这与典型的行政权是有区别的，如行政管理在很多时候不必有违法现象发生，不必有人报案，不必有相关部门的前期行为，行政机关可以主动检查。③

其次，检察权同时具有行政权的服从性和司法权的独立性。一方面，在检察机关内部是类似于行政机关的上命下从的纵向领导关系，各国检察机关基本上都是检察一体制模式，如在德国上级检察官对下级检察官之检察事务有“填补职能”，“也就是说对下级之检察事务可以亲自处理或移交，指定其他检察官代为处理”。法国规定“检察官就检察权的行使，不得违背上司的命令”。④ 我国《宪法》第132条第2款亦明确规定：“最高人民检察院领导地方各级人民检察院和专门人民检察院的工作，上级人民检察院领导下级人民检察院的工作。”但是在与外部，尤其是与行政机关的关系中，检察院又与法院类

---

① 我国《刑事诉讼法》第18条第2款规定：“贪污贿赂犯罪，国家工作人员的渎职犯罪，国家机关工作人员利用职权实施的非法拘禁、刑讯逼供、报复陷害、非法搜查的侵犯公民人身权利的犯罪以及侵犯公民民主权利的犯罪，由人民检察院立案侦查。对于国家机关工作人员利用职权实施的其他重大的犯罪案件，需要由人民检察院直接受理的时候，经省级以上人民检察院决定，可以由人民检察院立案侦查。”

② 在这些国家，“往往将侦查指挥权、侦查监督权集中赋予检察机关，并在检察机关的统一领导下，由双方共同行使检察权。在侦查的整个过程中，检察机关处于主导地位”。如法国检察官享有司法警察的所有职权，德国的检察机关既有自行侦查权，又有指挥侦查权。郝银钟：《刑事公诉权原理》，人民法院出版社2004年版，第183页。

③ 行政权的这一主动性特点是“依职权的行政行为”的特点，而“依申请的行政行为”是必须有相对方的申请才能启动的，但“行政行为大部分是依职权进行的”（罗豪才主编：《行政法学》，北京大学出版社1996年版，第119页），因此其特点通常被认为是行政权的特点。

④ 郭成伟、宋英辉主编：《当代司法体制研究》，中国政法大学出版社2002年版，第178页。

似，保持着自己的独立性，世界各国检察机关在整体上都独立于行政机关等其他国家机关。从我国宪法的规定来看，检察机关的地位、独立性与审判机关是基本相同的，如我国《宪法》第126条规定："人民法院依照法律规定独立行使审判权，不受行政机关、社会团体和个人的干涉。"第131条规定："人民检察院依照法律规定独立行使检察权，不受行政机关、社会团体和个人的干涉。"那么行政机关对外是否也是独立的？立法机关、司法机关、行政机关作为国家机关哪个对外不是独立的？实际上，议会制下的行政机关基本上都要受议会监督，如接受议会质询和调查，向议会汇报工作、议会有权倒阁等；在总统制国家行政权的独立性要大一些（三权分立的结果），如行政机关不必向议会汇报工作、议会也无权倒阁，虽然总统可能被议会弹劾，但法官也可能被议会弹劾，因此行政权的非独立性（世界各国基本没有"行政独立"一说）主要表现在许多行政权的行使都要受制于议会，而审判权的行使则通常不受这种制约，因此法院是独立的。[①] 检察院对外的独立性取决于它更像行政机关与议会的关系还是更像法院与议会的关系，答案显然是后者（至少在我国是如此）。

笔者认为，司法独立应包括审判独立和检察独立，二者缺一不可，虽然审判独立在其中有更重要的位置，且审判独立的独立性较之检察独立更突出，更完整，法官独立的程度一般高于检察官（如德国"在人事任免上检察官被牢牢地控制于其行政上级手中"[②]），但检察独立仍然是存在的、必要的。法院的"审判独立"有三个层次，一是法院相对于法院外部（如行政机关、立法机关）的独立，二是法院系统内部上级法院与下级法院之间的独立，三是法官独立。[③] 检察独立也应有这三个层次，虽然其第二、三层次的独立性显然不及法院，目前我国检察院的独立只具有司法独立的第一个层面（对外独立），而有的国家检察机关的独立性已经包括检察官独立，即在检察机关内部也承认检察官的独立判断和决定权，如在日本，"检察官在检察事务方面，是具有自己决定和表示国家意志的独立机构，而不是唯上司之命是从地行使检察权"。[④]"在德国，检察官行事时很少取决于上级的意旨，其独立性远远高于在行政部

① 在议会制国家，内阁一般有权解散议会，这是否说明议会也不具有独立性呢？笔者认为，解散议会不是常态，当然议会倒阁也不是常态，但议会对政府的质询、调查听取汇报却是日常性的工作，且倒阁是议会主动行使权力，而解散议会却是内阁被迫的反击，是在议会倒阁时的一种自卫（尽管有防卫过当之嫌），内阁一般不能主动解散议会。

② 郭成伟、宋英辉主编：《当代司法体制研究》，中国政法大学出版社2002年版，第179页。

③ 贺卫方：《运送正义的方式》，上海三联书店2002年版，第73页。

④ 石少侠：《检察权要论》，中国检察出版社2006年版，第56页。

门工作的法务人员，更高于其他行政人员”。①

再次，检察权同时具有行政权的国家性和司法权的中立性。与行政机关在行使职权时往往代表着国家相似，检察机关在整个公诉过程中代表的也是国家，作为原告的检察院是代表国家起诉，这与法院代表的是法律有所不同。检察机关与行政机关在某种意义上都是公益代表人，都代表国家、人民、公众这样的整体，其工作目的最终都是为了保障人权，其工作对象都是个人这样的个体（行政对象还包括法人等团体）。行政机关在行使职权的过程中要从公共利益、国家利益的角度出发依法进行管理，既要为相对人服务，又不能损害公共利益，如果相对人的个人利益与公共利益发生冲突，行政机关首先要维护的是公共利益，要严格遵守代表大多数人利益的法律，在此前提下，照顾、平衡各方面利益。检察机关作为国家公诉人在法庭上要对被告侵犯有关被害人、侵犯公共秩序的行为提出控诉，以维护受害人的利益，维护公共秩序和社会稳定，维护国家法制的尊严。检察官在法庭上是当事人一方，这种自己为当事人一方与对方当事人相对应的角色是行政权的特点，但这种控辩双方关系是一种有第三方在场（且第三方是裁判方）的双方关系，因此实际上是一种三方关系。典型的行政关系是双方关系，即使事后出现司法救济，救济方当时也不在场；审判关系是三方关系，法院居于当事人之外的审判地位；而检察权中有的权力关系是双方关系，如检察机关自侦的案件，有的是三方关系，如法庭上的公诉，但在这种三方关系中不是自己为裁决方而是自己为当事人。此外，检察机关在行使侦查监督权、审查公安机关移送的案件时，是站在类似法院的立场，力求全面发现事实真相，对被告有利和不利的情形都要予以关注，既要听公安机关的控告，也要了解被告的辩解，不能偏听偏信，在客观听取双方意见后决定是否起诉。检察机关此时与法院一样面临着控告方（警方）和被告方，在双方面前要保持公平公正，其立场不应偏向公安机关而应该是相对中立的，这种中立性甚至要贯彻到法庭上的公诉行为中去，公诉人不能像一般诉讼中的原告那样仅仅谋取自己的利益。②

---

① 郭成伟、宋英辉主编：《当代司法体制研究》，中国政法大学出版社 2002 年版，第 179 页。

② 在日本，“检察官不单是一方当事人，还有准法官的地位”。郭成伟、宋英辉主编：《当代司法体制研究》，中国政法大学出版社 2002 年版，第 182—183 页。大陆法系国家一般实行职权主义诉讼，公诉人不是作为一方当事人，与被告不是对等关系，因此不仅要提供有罪证据，也要考虑有利被告之证据；英美法系国家实行的是当事人主义诉讼，公诉人与被告人在法庭上的诉讼地位平等，公诉人以驳倒被告人为目的。陈业宏、唐鸣：《中外司法制度比较》，商务印书馆 2000 年版，第 119—120 页。

综上所述，检察权同时具有司法权和行政权两种权力的某些属性，但应当指出的是，检察权虽同时具有行政权的服从性和司法权的独立性，但其独立性是（或应该是）更突出的，从世界各国检察权的发展趋势以及我国司法改革的前景来看，检察官的独立性将会得到强化。同时，检察权虽同时具有行政权的国家性和司法权的中立性，但其国家性中包含了客观公正性，国家性不排斥公共利益性，相反是为了保护公共利益，不能为了国家利益牺牲客观公正性，毕竟检察机关进行的是“公”诉而非“私”诉。还有，在行政权的主动性和司法权的被动性之间，也是先有刑事案件发生、公安机关移送案件等，然后才有检察机关的公诉行为，其公诉权的主动性是以发现、接受案件的被动性为前提的。从公诉权是检察权的核心权力来看，公诉权的独立性是比其服从性更重要的，其主动性在很多时候也是以被动接受案件为前提的，其原告的国家代表性决定了“公”诉的角色定位中必然应含有公正性。

2. 检察权没有行政权的管理性，而具有司法权的案件性，这一点决定了检察权是准司法权，而不是行政权或准行政权。

行政机关承担着对全社会的管理、服务职能，具有明显的组织管理性，事务庞杂，涉及面广。① 法院仅仅承担着裁决法律纠纷的单一职能，具有明显的案件性、审判性。检察机关与被告的关系与行政机关与相对人的关系一样是双方关系，但它不是行政管理关系，检察权与案件诉讼紧密相连，自始至终都围绕着案件的发生、侦破、控诉而进行，而不像行政权那样涉及社会生活的方方面面。检察权有案件性而行政权没有，这一点使它与行政权有了质的不同而与司法权接近，并成为将其归类为准司法权的最关键因素。毕竟在国家机关的各种元素中，权力性质是核心，而组织体系（如是否独立）、工作方式（如是否主动）、角色定位（如是否中立）都是由其权力性质决定的。行政权最重要的特征是管理，司法权最重要的特征是处理案件，② 检察权在这一点上与司法权是相似的，它们都围绕着案件而展开，离开了案件它们将无从谈起。

当然，在案件性方面，检察院与法院是有区别的，法院对案件主要是审理和判决，是典型的司法权，而检察院只具有提起诉讼、开始案件的权力，只是准司法权。检察权是刑事司法过程中的一种程序性权力，而行政权和审判权都

---

① 每个国家机关对本机关内部都需要管理，因而都有一定的管理职能，但行政机关的管理主要是指对外的管理，即管理社会，这是其他国家机关不具备的，典型的行政行为是外部行政行为而不是内部行政行为。

② 笔者认为，司法权“最重要”的特征并非终极性、中立性、独立性，而是案件性及其裁决性，司法权的终极性、中立性、独立性等都是由此决定的。

是实体性权力，行政权是管理性的、与案件无关的实体性权力，① 审判权是与案件和诉讼有关的实体性权力。检察权的行使是刑事诉讼的启动，启动后的审判由法官掌控，没有公诉人的启动法官将无法审判，没有法官的审判公诉人的启动将没有结果，从这个意义上说我国公安机关的侦查权、检察机关的公诉权、法院的审判权都只是“刑事司法权”的一部分，它们共同构成了完整的刑事司法权，但其中的分量各不相同，刑事审判权是刑事司法权的主干。我国公安机关拥有的刑事侦查权（不是公安机关的所有职权）实际上是带有刑事司法性质的行政权，它涉及案件调查，具有案件性，这使它区别于一般行政权；② 但它没有法庭诉讼性，它为法庭诉讼作准备，但不参与法庭诉讼。公检法三机关的共同特点是都具有案件性，就一个刑事案件的处理来说，公安机关是启动者，法院是终结者，检察机关居中，承上启下。

司法权主要是审判权，审判权包括“审理”和“判断”两个方面。广义上的“审理”是公检法三机关都有的权力，但审理的特点不同，公安机关的审理是最初的审理（预审），是直接面对犯罪嫌疑人的审理（审讯），往往具有单向性，③ 不公开性（不组成法庭），其工作特点是强调效率（当然以客观真实为前提）。而法院的审理是最终的审理，具有兼听原被告双方的中立性，严格的程序性，公开性，以追求公平为使命（当然不能完全不顾及效率），因此，较之公安机关的审讯具有更多的客观公正性。而检察机关的审理介于二者之间，它主要审查公安机关的材料，同时也提审犯罪嫌疑人，聆听受害人陈述，④ 其间形成的也是三方关系。司法权追求的主要是公平（兼顾效率），行

---

① 行政权可分为行政立法权、行政执法权、行政司法权三个方面，其中行政司法权具有行政和司法的双重属性，但行政司法权不是、行政执法权才是行政权的主要内容，所谓行政权的特点一般是指行政执法权的特点。

② 行政复议等是带有司法权性质的行政权，但不带有刑事司法性质，唯有刑事警察（不是所有警察）是刑事司法权的一部分。在美国，“司法诉讼包括三个部分：警察、法庭和矫正部门”。[美] 罗伯特·兰沃西等：《什么是警察：美国的经验》，龙小文译，群众出版社 2004 年版，第 20 页。我国有学者指出：应当“将承担侦查职能的刑警部门，即司法警察，从现行的管理体制中分离出来，使司法警察接受检察机关管理、指挥、领导、监督，才有可能有效地防止行政干预刑事诉讼顺利进行现象的发生，才能保障整个刑事司法体制持续高效率地运作”。郝银钟：《刑事公诉权原理》，人民法院出版社 2004 年版，第 192 页。

③ 公安机关在审讯中往往与对方形成双方关系，但在整个破案过程中，也不能忽视被害人作为利益相关人的存在，其间也呈现出一定的三方关系。

④ 我国《刑事诉讼法》第 139 条规定：“人民检察院审查案件，应当讯问犯罪嫌疑人，听取被害人和犯罪嫌疑人、被害人委托的人的意见。”

政权追求的主要是效率（兼顾公平），公检法三机关的公平性是依次递增的，其效率性是依次递减的。广义的“判断”也是公检法三机关都有的权力，公安机关的判断是最先出现的判断，但公安机关的任务主要是“寻找”罪犯，是“破”案，在此过程中需要判断，此判断主要表现在判断谁是罪犯，嫌疑人有无犯罪证据等方面，“警察负责侦查并调查犯罪以及逮捕罪犯。这些决策发生在司法过程的‘前端’”。① 警察的判断面临着被检察机关否决的可能性，即使获得检察机关支持也还可能被法院否定。法院的判断是最后的判断，在它之前已经有警察和检察官的两次判断，它的判断是对前两次判断的终局判断，具有终极性的法律效力。而检察机关的判断是在警察判断之后、法官判断之前的判断，与公安机关的判断不同，检察官不是对事实的初步判断，而是对公安机关判断的再判断，这一点与法院相似，检察机关的“审”是公安机关审讯之后的二“审”，其“判”是公安机关判断后的再“判”，它实际上是对公安机关的工作进行复查。不论检察机关作出起诉还是不起诉的决定，都是检察机关判断的结果，都说明检察机关有一定的判断权。② 但检察官的判断也不具有终极性，它可能被法院否决。

也许有人会说行政权虽然不涉及案件，没有审理性，但也有判断性，行政机关作出的任何决定也是以自己的判断为前提的，甚至每个国家机关的权力都有一定的判断性。的确每一种国家权力的行使都需要判断，但判断的特点有所不同，立法权的判断是宏观的、全局的判断，行政权的判断是对所管理的具体事务的判断，但它们都不是对案件的判断，只有围绕具体案件的判断才具有司法性。行政权的主要功能是执行法律，它可以直接作出具有法律效力的决定，如果当事人放弃法律救济，该决定就具有法律效力的终极性（这是常态）。检察权的判断是与案件有关的判断，且不论当事人态度如何，该决定（公诉）一般都需要到法庭上接受法官的裁决（这也是常态）。至于审判权则是典型的

---

① ［美］罗伯特·兰沃西等：《什么是警察：美国的经验》，龙小文译，群众出版社2004年版，第20页。

② 不起诉决定一般不需要进入法庭，但这在数量上是相对较少的，我国《刑事诉讼法》第142条规定了“不起诉”制度：“犯罪嫌疑人有本法第十五条规定的情形之一的，人民检察院应当作出不起诉决定。对于犯罪情节轻微，依照刑法规定不需要判处刑罚或者免除刑罚的，人民检察院可以作出不起诉决定。”第15条规定：“有下列情形之一的，不追究刑事责任，已经追究的，应当撤销案件，或者不起诉，或者终止审理，或者宣告无罪：（一）情节显著轻微、危害不大，不认为是犯罪的；（二）犯罪已过追诉时效期限的；（三）经特赦令免除刑罚的；（四）依照刑法告诉才处理的犯罪，没有告诉或者撤回告诉的；（五）犯罪嫌疑人、被告人死亡的；（六）其他法律规定免予追究刑事责任的。”

判断权，法院的主要职能就是对案件进行判断，先审理后判断，判断后作出裁决，裁决具有终极性。①

在一个刑事案件中，最先介入的国家权力是警察的侦查权，其使命主要是侦破案件，寻找犯罪嫌疑人，但案件移送到检察机关后，警察的身份就发生了变化，变成了控方，与犯罪嫌疑人对峙，检察机关此时扮演着准法官的角色，对案件进行初步审理，其审理和判断的依据是国家法律，具有“适用法律”的特征。“对检察官和法官而言，事实的查明与法律的判断，应依同一目标行事”，此时检察官与法官有“近似性”，检察权与审判权存在着“接近度”。②当检察官“审”过“判”过后将案件起诉到法庭上时，检察官的角色也发生了变化，由准法官转变为控诉方，作为原告与被告对峙，由法官进行最后的审理和判决。法官的“审”具有鲜明的中立性、审慎性、程序性（这些警察、检察官也都有，只是程度不同），其“判”具有终极性（这个警察、检察官没有），更重要的是法官自始至终都在担任审判的角色，不像警察、检察官只在某个阶段具有审和判的功能——且不是其主要功能，不是其最终功能（其审和判都是为了实现破案、公诉等目的），因此只有法官行使的是典型的审判权，法院就是审判机关。

在民事、行政、经济等其他案件中，法院行使的审判权就是司法权，因为这些案件中的原、被告是权利人（包括法人）而不是权力人，原、被告即使是国家机关，它们在法庭上也只能行使权利（如辩护权、上诉权等）而不能再行使权力，③ 此时只有法官拥有审判权这样的国家权力。因此严格地说，法院拥有的权力是审判权，在非刑事领域这一审判权就是司法权，在刑事领域这一审判权是司法权的主要内容，但不是其全部内容，除审判权外，还有检察机关的检察权、公安机关的侦查权，等等。④

3. 检察权的“准司法权”定位符合我国宪法的规定，适应我国国情的现实需要。

首先，依据我国宪法的规定，检察权的定位应是准司法权。我国《宪法》

---

① 严格地说，法院判决的终极性表现在终审法院的判决和不上诉的一审判决中，提起上诉的案件其一审判决也没有终极性。

② 郝银钟：《刑事公诉权原理》，人民法院出版社 2004 年版，第 25 页。

③ 在民事案件中，国家机关作为原、被告通常只涉及本机关的利益，而不代表公共利益，因此不能再行使权力；在行政案件中，行政机关可能仍代表公共利益，但作为被告在法庭上也不能再行使行政权力，只是作为当事人拥有权利（如辩护权、上诉权等）。而刑事案件中的检察机关（原告）却拥有权力——公诉权是权力而不是权利。

④ 在检察院介入的民事、经济等案件中，法院的司法权类似于刑事审判中的司法权。

第三章“国家机构”中的第七节是“人民法院和人民检察院”，把人民法院和人民检察院放在同一节中说明它们是较为类似的国家机关，而法院的职权无疑是司法权。因此在立宪者看来检察权与法院的司法权性质接近，而不是与立法权接近，否则“人民检察院”就应当放在立法机关一节；[①] 也不是与行政权接近，否则它应放在行政机关一节。同时“人民法院和人民检察院”并列，说明它们是平行关系而非从属关系，是审检分离而非审检合署。分离后的审检之“检”并未划归行政，而是自成一家，既独立于审判机关也独立于行政机关。我国《宪法》第3条第3款规定：“国家行政机关、审判机关、检察机关都由人民代表大会产生，对它负责，受它监督。”其中“国家行政机关、审判机关、检察机关”都在人民代表大会之下，但这一顺序是否因其先后而有高低之分呢？我国学术界一贯强调行政机关、审判机关、检察机关在职责、地位上是平行的，但从现实情况来看，“‘两院’的建制比政府低半级。因此，最高人民法院院长、最高人民检察院检察长比国务院总理低半级为副总理级。以此类推，省级法院、检察院领导比省长低半级为副省部级”。[②] 然而不论理论上还是现实中，审判机关和检察机关都被认为是平行关系，审判机关不比检察机关地位高，检察机关也不可能凌驾于审判机关之上。[③] 在法律解释学上，如果将行政机关、审判机关、检察机关三者的排列顺序理解为第一顺序较高（即行政机关高于审判机关和检察机关），那么第二顺序也应高于第三顺序（即审判机关应高于检察机关），呈现一阶梯状；如果否认三者顺序的先后排列有地位高低的含义，那就意味着行政机关、审判机关、检察机关应当完全平行，即实践中行政机关高于审判机关、检察机关的制度就应当取消。笔者认可后一种理解。

其次，根据我国的国情，也应当将检察权定位于准司法权。1949年制定的《中央人民政府组织法》第5条规定：“中央人民政府委员会组织政务院，

---

① 我国有学者认为检察权是立法权，参见丁军青：《论中国检察权的性质、职能及构建》，苏州大学2003年硕士论文；转引自李征：《中国检察权研究——以宪政为视角的分析》，中国检察出版社2007年版，第117页。

② 改革论坛_中国机构网 编制业务交流 关于检察院领导级别问题，发表于2007-11-26 10：23。

③ 我国也有学者认为检察机关如果是法律监督机关，其地位就是高于审判机关的，“居于审判方的上位”。贺卫方：《运送正义的方式》，上海三联书店2002年版，第131页。另一些学者认为检察机关作为法律监督机关与被监督机关之间的地位是平等的，“是平等的监督，不是上下级之间的监督”。李征：《中国检察权研究——以宪政为视角的分析》，中国检察出版社2007年版，第160页。

以为国家政务的最高执行机关；组织人民革命军事委员会，以为国家军事的最高统辖机关；组织最高人民法院及最高人民检察署，以为国家的最高审判机关及检察机关。”其中第五章为“最高人民法院及最高人民检察署”。在此审判机关和检察机关性质的近似性、地位的平等性之格局已基本奠定。1954 年《宪法》第二章“国家机构”中的第六节仍然是“ 人民法院和人民检察院”，1978 年《宪法》、1982 年《宪法》基本沿袭了这一结构。[①] 因此在共和国 60 年的宪法体制中，检察机关与审判机关基本都是被划为同类机构、认为其职权是有近似性的，在此基础上推论我国检察权是准司法权较为顺理成章，至少比推论为立法权、行政权要更接近宪法文本的原意。

从我国目前的体制改革来看，我国检察制度最大的弊端在于司法性不够，行政性太强，如办案不独立，受外界干扰太多，内部行政化色彩过浓，上命下从的行政集权体制使检察机关应有的司法功能难以发挥等。在这些年的司法改革中我们已经在加强检察官的独立性（如实行主诉检察官制），强调其独立于行政机关和审判机关的地位，弱化其内部的行政化倾向。因此在这种情况下我们应顺应宪法规范，将检察权定位于司法制度的一部分，而不宜改变宪法规范将其定位于行政权。试想在我国目前行政权泛滥、司法权尚未独立的情况下，在历次政治运动中动辄削弱、取消检察机关职能的历史背景下，[②] 如果再将检察权定位为行政权，是否会更加助长行政权干预案件、检察独立会更加难以实现？我们现行的宪法规范有利于将检察权定位于准司法权，这是一个宝贵的制度资源，现在的问题是要落实这一制度，而不是更改这一制度。在宪法将法院和检察院捆绑在一起，使之与行政权保持距离的情况下，现实生活中法院和检察院仍然不断受到行政机关的干扰，如果再将检察权定性为行政权，那将会是什么局面？因此，笔者认为从我国 60 年来的国情以及目前面临的现实状况出发，将检察权定性为准司法权有利于我国司法制度的改革，有利于司法独立的实现。

---

① 1978 年《宪法》由于没有“国家主席”一节，“人民法院和人民检察院”成为“国家机构”一章中的第五节；1982 年《宪法》由于恢复设立“国家主席”，并增设“中央军事委员会”，因此“人民法院和人民检察院”成为“国家机构”一章中的第七节。

② 比如，“1958 年，从县级开始，公检法三机关被合并成公安政法部”。蔡定剑：《历史与变革——新中国法制建设的历程》，中国政法大学出版社 1999 年版，第 95 页。“文革”期间在全面砸烂公检法的背景下，“检察机关受害最大，其各项工作被迫停止，最高人民检察院、军事检察院及地方各级检察院被迫取消”。李征：《中国检察权研究——以宪政为视角的分析》，中国检察出版社 2007 年版，第 56 页。1975 年《宪法》第 25 条明确规定：“检察机关的职权由各级公安机关行使。”

论检察权的宪政地位*

石茂生**

内容摘要：检察权宪政地位主要指检察权在一个国家宪政制度或政治制度中的定位和地位。研究检察权问题，健全检察制度，首先必须对检察权的宪政地位做出实事求是的分析。本文从文本性规定和实践性内容两个方面对我国检察权宪政地位作了分析，认为中国检察权是一种独立的基本国家权力，它与行政权、审判权相并列。

关键词：检察权；宪政制度；国家权力

检察权宪政地位主要指检察权在一个国家宪政制度或政治制度中的定位和地位。研究检察权问题，健全检察制度，首先必须对检察权的宪政地位做出实事求是的分析。确立检察权的宪政地位，不仅要全面考察我国法律法规关于检察权的文本性规定，而且要考察检察机关行使检察权的实践性内容；不仅要考察我国检察权的产生、发展和现状，而且也要考察国外检察权的产生、发展和现状。我们认为，中国检察权是一种独立的基本国家权力，它与行政权、审判权相并列。

一、问题之提出

由于各国检察模式不同，对检察权宪政地位在西方国家也有不同认识，主要有行政权说、司法权说、双重属性说、法律监督权说。行政权说主要存在于英国、美国等英美法系国家；司法权说主要存在于德国、法国等大陆法系国家；双重属性说是大陆法系特别是日本等国后来产生的一种理论，它试图解决检察权定位于行政权或司法权而产生的理论困境；法律监督权说主要存在于俄

---

* 本文曾在《郑州大学学报》（哲社版）2008 年第 2 期公开发表，收录本书时，作了文字订正。

** 石茂生，郑州大学法学院教授、硕士生导师、法学博士。

罗斯、乌克兰、白俄罗斯等。上述理论都有缺陷和矛盾，但是当它们与各自的特定的宪政体制和权力结构体系下的检察权相联系时，又具有一定的合理性。

正是基于对各国检察制度的考察和检察理论的借鉴，我国理论界对检察权宪政地位的认识才有多种观点：（1）行政权说：一些学者从检察权具有行政权的某些属性出发，主张检察权本质上应归于行政权；① （2）司法权说：认为检察权具有与司法权相似的属性，从本质上说，检察权应归属于司法权；② （3）双重属性说：认为检察权兼具司法和行政的双重属性；③ （4）国家法律监督权说：认为我国检察权既不是行政权，也不是司法权或者二者兼具，而是国家法律监督权。

1949 年新中国成立以后，根据列宁的检察理论、人民民主专政理论、人民代表大会理论和分权制衡理论，我国逐步探索并建立了中国特色的社会主义的检察制度，至今已走过了近 60 年的发展历程。中国检察制度与国外相比，个性、差异远远大于共性，是最具特色的一种制度。中国检察制度命运多舛，在十年动乱中曾一度被取消。在依法治国、建设社会主义法治国家、实行宪政、进行政治体制和司法体制改革的宏观背景之下，中国检察制度又面临着前所未有的理性检视和命运挑战。再加上理论研究上的认识误区和固有的思维模式，导致人们产生了许多困惑、质疑、矛盾，从而使检察体制改革难以实现预期的目标和理想。正是鉴于此，近年学界对检察权的宪政地位开展了讨论。笔者认为，对中国检察权宪政地位的分析当然离不开对国外各种检察制度的考察和借鉴，但更重要的是结合中国的宪政体制和国家权力架构，对中国宪法法律的文本性规定和中国宪政实际中的检察权进行实事求是的分析，才有可能得出比较合理的结论。

二、中国检察权宪政地位的法律文本性分析

检察权的宪政地位首先应体现在其宪法地位上，即应该考察一国的宪法对检察机关的性质地位和职权内容的规定如何。

我国《宪法》第 129 条规定："中华人民共和国人民检察院是国家的法律监督机关。"许多研究检察制度的学者都是从这一法律规定出发开展自己的研究的，但是这一规定的来源是什么？是不是新中国的立法一开始就确认了检察机关法律监督机关的宪政地位？通过对 1949 年至今有关检察制度、检察职权

---

① 徐显明：《司法改革二十题》，载《法学》1999 年第 9 期。

② 倪培兴：《论司法权的概念与检察机关的定位》，载《人民检察》2000 年第 3 期。

③ 龙宗智：《试论检察官的定位》，载《人民检察》1999 年第 7 期。

的宪法、法律、法规的文本规定进行分析我们发现以下事实。

1. 1951 年制定的《各级人民检察署组织通则》、1954 年制定的《宪法》和《人民检察院组织法》，都没有明确规定我国检察机关是“国家法律监督机关”的性质，但却规定了检察机关实施一般法律监督的职权。之所以如此，就在于当时的立法主要借鉴了苏联经验，而对中国国情的考虑是放在第二位的。

邓小平说过，新中国成立之初的“政治体制都是从苏联模式来的”,[①] 检察机关是“国家的法律监督机关”直接来源于列宁的检察权理论。十月革命后，列宁提出了社会主义国家“法律监督权”的概念，认为社会主义国家检察机关与资本主义国家不同，不应仅仅是一个公诉机关，更重要的是代表国家，对国家机关及其公职人员是否遵守法律实施全面监督的机关。“检察长有权利和义务做的只有一件事：注意使整个共和国对法制有真正一致的理解，不管任何地方差别，不受任何地方的影响，……检察长的责任是使任何地方政权机关的任何一项决定都不同法律抵触”。[②] 列宁实际上把法律监督权作为一种独立的国家权力提了出来，并把这一权力赋予了检察机关。法律监督权的目的就是保证法律的统一和有效实施，为此，主张给予检察机关以高度的权威和行使职权的独立性，在检察系统坚决实行垂直领导，必须排除一切地方干扰和影响。根据列宁的理论，苏联逐步建立了由检察机关实施全面法律监督的制度。

苏联检察制度设立的过程及实践证明其存在具有一定的合理性和正当性，列宁的检察理论也有其科学性、真理性。列宁在领导制定苏俄刑法、民法、刑事诉讼法、民事诉讼法、土地法和劳动法的过程中，敏锐地认识到如果没有强有力的保障法律统一实施的机构，这些法律只不过是毫无意义的空气震动而已，针对当时法律实施不好和监督权分散行使状况，提出了建立不同于西方国家检察制度的设想和理论。新中国成立之后，不仅政治制度、意识形态与苏联相同，而且法治面临的任务和法治环境也极为相似，再加上检察理论的缺乏，所以理论上就把列宁的法律监督学说作为我国检察制度建立的主要根据，实践中基本照搬了苏联 1936 年宪法关于检察机关职权的规定。

2. 1979 年《人民检察院组织法》和 1982 年《宪法》在检察机关性质问题上，第一次明确规定，检察机关是国家法律监督机关，但却取消了检察机关实施一般法律监督的职权。之所以如此，在于中国社会经过 30 年的历史发展之后，中国的国情、政治法律实践尤其是检察制度运作的经验教训成为立法的主

① 《邓小平文选》(第 3 卷)，人民出版社 1993 年版，第 178 页。

② 《列宁全集》(第 43 卷)，人民出版社 1987 年版，第 195—196 页。

要考虑因素，苏联的经验、列宁的学说是放在第二位考虑的。

新中国成立初期，依法建立的检察机关开展了检察工作，取得了一定的成绩，为实现过渡时期的总任务提供了重要的保障，也试图开展一般法律监督工作。但是，1957 年反右扩大化，在“左”的思想指导下，批判和否定了一般监督和其他监督职能，认为宪法和组织法赋予检察机关的法律监督职能是将专政的矛头对准人民内部，对准国家机关和干部。批判宪法规定的检察机关实行垂直领导就是不受党的领导，向党闹独立性等。1966 年“文化大革命”开始后，破坏、砸烂公检法机关的活动日益疯狂，检察机关受害最重：检察工作被迫停止，检察干部惨遭迫害，检察机构被撤销。从 1967 年至 1977 年检察工作整整中断了 10 年。1975 年《宪法》第 25 条规定“检察机关的职权由各级公安机关行使。检察和审理案件，都必须实行群众路线。对于重大的反革命刑事案件，要发动群众讨论和批判”。1978 年《宪法》第 43 条规定：“最高人民检察院对于国务院所属各部门、地方各级国家机关、国家机关工作人员和公民是否遵守宪法和法律，行使检察权。地方各级人民检察院和专门人民检察院，依照法律规定的范围行使检察权。人民检察院的组织由法律规定”。“最高人民检察院监督地方各级人民检察院的检察工作，上级人民检察院监督下级人民检察院的检察工作”。“最高人民检察院对全国人民代表大会和全国人民代表大会常务委员会负责并报告工作。地方各级人民检察院对本级人民代表大会负责并报告工作”。1978 年《宪法》重新设置检察机关的根本宗旨是同各种违法犯罪行为作斗争，防止野心家、阴谋家篡夺党和国家权力，坚持人民民主专政，加强社会主义法制。1979 年《人民检察院组织法》和 1982 年《宪法》对检察机关职权的具体规定则有了新的变化，取消了过去实施一般法律监督的规定。《人民检察院组织法》第 5 条规定了检察机关的职权：（1）对叛国案、分裂国家案以及严重破坏国家的政策、法律、法令、政令统一实施的重大犯罪案件，行使检察权。（2）对直接受理的刑事案件，进行侦查。（3）审查公安机关侦查的案件，决定是否逮捕、起诉、免予起诉。对公安机关的侦查活动是否合法进行监督。（4）对刑事案件提起公诉，支持公诉。对人民法院的审判活动是否合法实行监督。（5）对刑事案件的判决和裁定的执行与监狱、看守所、劳动改造机关的活动是否合法实行监督。

3. 无论是从《共同纲领》、《中央人民政府组织法》、1951 年《各级人民检察署组织通则》、1954 年《宪法》和《人民检察院组织法》的规定，还是 1978 年《宪法》、1979 年《人民检察院组织法》、1982 年《宪法》的规定看，虽然检察机关建立和发展的历史十分曲折，1975 年《宪法》一度取消检察机关，但是在我国的政权体制中，检察机关一直处于人民代表大会之下，是与行政机关、审判机关、军事机关平行并列的独立机构，“占有十分重要的宪法地位”。①

“文化大革命”中，在法治受到严重破坏，公检法被砸烂的大环境之下，检察机关被撤销。1970 年 3 月成立宪法修改小组，康生提出不再设检察机关的意见，主张检察机关的职权由公安机关行使。1970 年 3 月至 1975 年 1 月四届人大召开的五年时间里，关于检察权的规定基本维持了康生提出的意见。1975 年《宪法》第 25 条“检察机关的职权由各级公安机关行使”的规定使撤销检察机关的事实合宪化、合法化。检察机关撤销了，检察权则是仍然存在的。从法律规定上看我国检察权不独立存在只有三年时间，即 1975 年 1 月《宪法》修改后至 1978 年 3 月《宪法》的再修改。

4. 检察权具有高度集中性、独立性、不平等性。在西方实行三权分立的国家，法律监督权力被肢解并分别赋予不同的机关和个人行使，即被分散于立法、司法、行政权之中，形成互相监督、互相制约的格局，具有分散性；法律监督权分别配置在立法、司法、行政三种权能之中，不存在一个独立的国家机关专门来进行法律监督，监督权没有作为独立的国家权力而存在；由以上两方面决定了这些国家法律监督权的交互性、平等性，即都是监督者，又是被监督者。我国检察权与苏联相近，就法律文本性规定而言，一方面，我国法律监督权相对集中，主要由权力机关和检察机关行使，具有高度集权的性质；法律建立了一个专门的法律监督机关，把检察权集中于一个机关，使其与行政权、审判权、军事权处于平行地位，具有独立的属性；由此形成它的又一特色即具有绝对性、单向性、超然性、不平等性。

三、中国检察权宪政地位的实际性分析

宪政是指以宪法为前提，以民主政治为核心，以法治为基石，以人权保障为目的的政治过程或政治形态。从逻辑上讲，宪法是宪政的前提，宪政以宪法为起点。没有宪法也就谈不上宪政，宪法也可以看做是宪政的规范表现，宪政也就是宪法实施的一种结果。宪法作为规定国家制度、社会制度、国家机关组织和权力的运作以及公民基本权利和义务等一系列涉及国家根本性、全局性问题的法律，它对检察权的规定具有十分重要的意义。但是，宪政实践却是以宪法规范以及蕴涵于宪法规范之中的价值作为指导，从而将纸上的宪法转换为现实中活的宪法，发生实实在在的效力，进而达到和实现其制定目的和价值，检

① 韩大元、刘松山：《论我国检察机关的宪法地位》，载《中国人民大学学报》2002 年第 5 期。

察权在宪政实践中的地位和作用显得更加重要。

新中国成立以来，同我国宪政、民主、法治建设的曲折过程一样，检察权、检察制度也经过了一个曲折复杂的过程。一般认为我国检察制度的发展可以分为四个时期：1949 年至 1953 年是检察制度的初创时期；1954 年至 1966 年是检察工作的发展和波折时期；1967 年至 1977 年是检察工作的中断时期；1978 年至今是检察机关的重建和发展时期。①

我们认为，可以把新中国成立以来我国检察制度的发展分为两个时期：第一个时期从时间上看是从 1949 年中华人民共和国成立到 1978 年中国共产党十一届三中全会的召开，从内容上看主要是检察制度曲折发展的时期（包括建立、挫折、中断、恢复）。第二个时期从时间上看是从 1978 年中国共产党十一届三中全会的召开到现在，内容上看主要是检察制度迅速发展和繁荣时期。分析检察权的宪政地位，这样的划分更具有意义和说服力。

在第一个时期，从宪法文本上看，检察权的宪政地位是清楚的，但是又有反复，即检察权是一种独立的国家权力，检察机关行使检察权；检察权包括一般监督但是检察权一度被行政机关即公安机关行使，蜕变为一种不独立的国家权力。但在政治社会实践中检察权的宪政地位则不甚清晰，可以肯定的是检察机关的主要任务并不是履行法律监督职能，更不是履行一般法律监督的机关。

新中国成立初期检察机关虽然被赋予一般法律监督的职能，但是与苏联面临的情况不同，我国“人民检察的任务，对于检察政府机关人员和国民是否遵守法律，固然是主要的，同时对于镇压各种反动分子以巩固人民民主专政，在目前更为重要”。② 在这一报告中指出，凡政府机关人员尤其是大干部违法，检察署是不是能检举他们？检察署与监察委员会的不同在于：监察委员会的任务是检查机关及其公务人员是否违法失职，不能检查公民的违法行为；只能检查行政违法行为，不能检查违反刑法的犯罪案件；只能处以行政处分，不能处以刑法制裁。检察署则检察国家机关及公务人员和普通公民违反刑法需处以刑事制裁的案件。这一界定就使一般监督的范围打了折扣。

从 1949 年到 1978 年的近 30 年时间内，检察权存在的合理性、正当性依据不是权利保障和权力制约的需要，而是实现当时党和国家中心任务的需要。

---

① 李士英：《当代中国的检察制度》，中国社会科学出版社 1987 年版，第 19—317 页。

② 李六如：《人民检察任务及工作报告大纲》（1950 年 8 月 6 日最高人民检察署李六如副检察长在全国司法会议上的报告），载最高人民检察院研究室编著：《中国检察制度史料汇编》，第 219—220 页。

也就是说，检察权存在的理由和检察机关的任务主要是“惩办反革命的现行破坏活动”，是对敌人实行专政。对于《宪法》第81条和《人民检察院组织法》第3、4条关于一般监督的职权，则认为法律上并没有“一般监督”这个名词，法律上规定这一职能“主要是为了从法律上来保证国家政权的统一和完整，保证国家法律统一地正确地实施”。“因此，一般监督工作不要普遍做，可以保留作为武器，由党来掌握”。①

1957年之后，由于党指导思想上的失误，检察工作遭受了挫折。检察机关的各项职能受到批判和否定，各项业务工作被削弱，检察干部被伤害。挫折中的检察工作主要是围绕当时党和国家的一系列运动和中心工作而展开，法律监督职能基本上没有行使。“文化大革命”期间，法治荡然无存，检察工作几乎完全中断，更谈不上对法律实施进行监督。

在第二个时期，从宪法文本上看，检察权的宪政地位同样是清楚的，但令人困惑的是：检察机关是国家的法律监督机关，却取消了其一般监督的职能，而一般监督又是法律监督不可缺少的内容。在政治社会实践和法学理论中，检察权的宪政地位则产生争议。可以肯定的是检察机关不是履行一般法律监督的机关，其主要任务是提起公诉、批准逮捕、出庭公诉和对审判、侦查、执行工作的监督。提起公诉、批准逮捕、出庭公诉和法律监督是不是手段和目的、形式和内容之关系，值得深思。彭真在1979年《关于七个法律草案的说明》中明确指出，“列宁在十月革命后，曾坚持检察机关的职权是维护国家法制的统一，我们的检察院组织法是运用列宁的这一指导思想，结合我们的情况制定的”。② 他还指出，对于国家机关和国家工作人员的监督，只限于违犯刑法，需要追究刑事责任的案件，至于一般违犯党纪、政纪并不触犯刑法的案件，概由党的纪律检查部门和政府机关去处理。

因此有学者对检察权性质提出了质疑，进而质疑列宁的理论：“这种以个别领导人的一篇文章，而不是经过科学论证而产生的检察机构设置，究竟有多少理论依据呢？”③ “从法律上看，苏联检察机关确实是全面监督法律实施的国家法律监督机关，当然，实际作用未必如此”。④ “苏联和中国的实践表明，检

① 张鼎丞：《1957年12月9日张鼎丞检察长在全国省、市、自治区检察长会议上的报告》，载最高人民检察院研究室编著：《中国检察制度史料汇编》，第279页。

② 《彭真文选》，人民出版社1991年版，第377页。

③ 夏邦：《中国检察院体制应予取消》，载《法学》1997年第7期。

④ 蔡定剑：《国家监督制度》，中国法制出版社1991年版，第223—224页。

察机关承担广泛的法律监督职能是不可能的，都是不成功的”。①

监督是一种普遍的权利、权力现象，存在权利、权力的地方就会有对权利、权力的监督。监督本身就是一种权利或权力。只是监督制度的体制和方式不一样。在奉行三权分立的资本主义国家，通过立法权、行政权、司法权之间的制约、抗衡、牵制来实行监督，不设立独立的监督机关；实行人民代表大会的社会主义国家，则建立专门的法律监督机构——人民检察院来实行对行政权、审判权的专门法律监督，从而使行政机关、审判机关的一切活动都统一到立法机关的意志即全体人民的意志上来。但无论是理论上还是实践中，即使在法理学领域，法律监督都不能不说是一个被滥用或被用滥了的一个概念：从主体上，有国家机关的监督和非国家机关的监督。国家机关的监督又包括权力机关的监督、行政机关的监督、审判机关的监督、检察机关的监督，甚至有军事机关的监督；非国家机关的监督又包括中国共产党的监督、民主党派的监督、人民政协的监督、社会组织的监督、人民群众的监督、社会舆论的监督等，可以说每一个组织和个人都在行使监督权，同时每一个组织和个人都处在被监督之下，人人在监督，人人被监督。从内容上，任何权力都在被监督之列，比如对立法的监督、对执法的监督、对守法的监督、对审判的监督、对检察的监督等，同时，任何权力都在监督别的权力。这样理解法律监督有其合理成分，但是，一个概念特别是法律概念应该具有明确的外延和准确的内涵，否则它无所不包，什么都是也就什么都不是，不具有任何实际意义。我们必须对法律监督概念作出回答，对法律监督和检察权力的关系进行论证。

有学者认为，法律监督与检察的内涵是一样的，检察机关是国家的法律监督机关，检察制度就是法律监督制度。《人民检察院组织法》第 1 条的规定表明两点：一是检察和监督是一致的，检察也就是监督，确切地讲，检察是一种特殊性质的监督，即法律监督，而不是一般行政性质的监督。这就是说，检察机关只是从是否遵守法律、是否合法的观点上进行监督，检察一切违法犯罪的行为。二是监督的概念大于检察的概念，检察没有包含所有的监督。检察不能包括监督的全部如党的监督、群众的监督，但法律监督，则是检察可以也能够包含的。②

法律监督是否和检察监督完全等同，检察监督以外的监督是否就不是法律监督？检察机关行使的权力叫监督权还是叫检察权？笔者认为，法律监督权应该是一个外延更大的概念，它包含了检察监督（专门法律监督）。法律监督可

① 蔡定剑：《司法改革中检察职能的转变》，载《政治与法律》1999 年第 1 期。

② 王桂五：《人民检察制度概论》，法律出版社 1981 年版，第 40 页。

以首先分为法律监督权利和法律监督权力。在众多的法律监督种类中把中国共产党的监督、民主党派的监督、人民政协的监督、社会组织的监督、人民群众的监督、社会舆论的监督等非国家机关的监督排除在法律监督权力之外，称为法律监督权利；国家机关行使的各种法律监督职能可以称为法律监督权力。根据行使法律监督权力的国家机关的性质和地位，可以再区分为一般法律监督权力和专门法律监督权力。比如2006年全国人大常委会通过的《中华人民共和国各级人民代表大会常务委员会监督法》规定的各级人民代表大会常务委员会的监督职权内容中，有很多就是属于法律监督职权的。

正像其他权力如立法权、司法权、行政权不是绝对的一样，每一种权力在由一个机关行使的同时，这种权力的部分内容可能归另一个国家机关行使。如美国总统的立法权力、英国议会的司法权力、其他国家政府的授权立法。这里又涉及立法权和立法机关、行政权和行政机关、司法权和法院的关系：立法机关的职能或主要职能是行使立法权，它可能还会行使部分司法权力，但不能因此就称为司法机关，其他机关也可能会行使立法的部分权力，也不能因此就称为立法机关。国家机关和国家权力的这种交叉、混合关系，要求完整地理解立法权、行政权、司法权的含义，对检察权、监督权也需要这样理解。人民代表大会及其常委会也行使一些监督权力，政府也行使一些监督权力，审判机关也行使一些监督权力，但不能说它们也是法律监督机关。当主要或大部分法律监督权力被明确授予独立于立法、行政、审判机关的专门国家机关时，监督权力才开始走向独立；当行使监督权力的国家机关在国家权力体系中的地位上升到与行政机关、审判机关一样时，监督权力才能成为一种基本的国家权力。

总之，无论从宪法性文本意义的分析，还是从法治实践意义的分析，可以得出如下结论：除了“文化大革命”期间检察制度被破坏外，新中国成立以来检察机关建立和发展的历程证明，我国检察制度是最具中国特色的制度之一，它在我国社会生活中具有十分重要的宪政地位；检察权是一种独立且重要的国家基本权力，检察机关在我国国家政权体制中具有独立的宪法地位；检察机关在我国权力结构体系之中一直处于人民代表大会即权力机关、立法机关之下，是由立法机关派生的一种二级权力；检察机关是与行政机关、审判机关、军事机关平行、并列的一种独立机构，检察权不是立法权，也不是行政权和审判权；检察机关的性质是不是法律监督机关，检察监督和法律监督是否是完全相同的两个概念，检察机关行使的权力是叫监督权还是叫检察权，理论上虽存在争议，但并不是问题的关键。

列宁的检察权思想理论及其中国化*

王建国**

内容摘要：在领导苏俄革命和法制建设的实践中，为了监督法制统一，列宁阐发了一系列的社会主义检察权思想，形成了富有特色的检察机关行使法律监督职能的社会主义检察理论，并将其理论应用于苏维埃检察制度的法制实践。列宁的检察机关行使法律监督权的思想理论不仅影响前苏联检察制度的建构，而且对新中国和我国当下的检察制度的建设和实践起到理论引导的作用。列宁的检察理论经过移植借鉴和发展演进，在我国已经具有中国化的特点。

关键词：列宁；检察理论；检察制度；法律监督

列宁是世界第一个社会主义国家的创立者，他从俄国的政治经济实际条件出发，阐述了一系列有关司法权的理论学说，将人类对司法权理论的认识推向了又一个发展阶段。列宁的司法思想，是马克思主义法律思想史组成部分的司法思想史发展的一个新的里程碑，它是对马克思和恩格斯司法思想的继承与发展。列宁的司法思想不仅对前苏联司法体制和司法制度，而且对新中国以及当下中国社会主义的司法体制和司法制度都产生决定性的影响。在列宁博大深邃的司法思想中，其关于社会主义检察权的思想理论对新中国的检察制度的影响尤深。俄国十月革命胜利后，列宁基于社会主义法制建设的需要，根据社会主义国家的性质指导构建苏维埃的检察制度。在列宁所撰写的《论“双重”领导与法制》、《宁肯少些，但要好些》、《改组工农检查院》等文章中，阐发了苏维埃社会主义检察权的性质、职能以及检察机关领导体制。列宁的检察理论

---

* 本文主要内容曾于2009年6月发表于《湖北社会科学》，收入本书时文章题目、篇幅和内容有所增加变动修改，史料更为充分，论证更为详尽。本文也是司法部2009年度国家法治与法学理论研究项目“列宁的司法权思想及其对当代中国的影响”（项目编号：09SFB5001）的中期成果一部分。

** 王建国，郑州大学法学院讲师，郑州大学宪法行政法研究中心研究员，法学博士，中国社会科学院法学所在站博士后，主要研究方向：法学理论，司法制度。

在中国经过半个多世纪的发展演进，形成富有中国特色的社会主义检察监督制度。进一步研究列宁的检察监督思想和理论，对我国检察制度的改革的深化和完善，在当下仍然具有重要的理论价值和现实意义。

一、列宁的检察权思想理论：社会主义检察制度的理论源泉

1921年12月俄（共）第十一次全俄代表会议指出，苏俄结束了对内对外的战争状态而向和平经济建设过渡，这就需要在全部生活领域中严格地贯彻革命法制的原则。但是法制实施的过程中确实存在着部门主义和地方主义的影响，因此，有必要建立一个监督法制的专门机关保障法制统一的实施。列宁认为，监督法制统一的专门监督机关不应受地方机关的干涉，并且就其权力和结构来说能够在苏维埃国家生活的一切方面实行统一的社会主义法制。虽然当时司法人民委员部所属机关和法院在维护法制方面起了重要作用，但是其权力和结构却难以抗拒地方干涉。① 在此背景下，列宁提议设立检察机关作为监督法制统一的专门机关承担监督法制统一的职能任务。在《论"双重"领导与法制》一文中，列宁详细地论述了苏维埃检察机关的性质、职能任务和领导体制。

关于检察权的性质，列宁认为检察机关不是行政机关。列宁指出："检察机关和任何行政机关不同，检察机关丝毫没有行政权，对任何行政问题都没有表决权。"② 在这里，列宁认为，行政机关负责国家的行政事务管理工作直接行使国家管理权限，而检察机关则不同于行政机关的工作性质，也就是说，检察机关不负责国家对社会具体的管理工作，也不具有对国家任何行政事务进行表决的权力。从行使的职权上，列宁将检察机关排除在行政机关之外，也就是说，在苏维埃政权体系中检察机关不属于行政机关。那么检察权属于国家权力结构中的何种权力呢？在列宁的观点中，显然，检察权也不属于立法权。既然检察权不属于行政权，也不属于立法权，从国家立法、行政和司法的权能划分看，检察权只能是司法权的一部分。而且，列宁关于检察权性质的论述和苏维埃的法律对检察机关的设置相一致。1922年的《检察监督条例》和1923年制定并于1924年1月31日经全苏联苏维埃代表大会批准的《苏维埃社会主义共和国根本法（宪法）》均将检察机关设置于司法机关内部，一方面行使法律监督的职能，另一方面是通过承担刑事追诉和诉讼监督职能，行使着适用法律追

---

① 石少侠、郭立新：《列宁的法律监督思想与中国检察制度》，载《法制与社会发展》2003年第6期，第3—11页。

② 《列宁全集》（第43卷），人民出版社1987年版，第195页。

究犯罪的司法权能。所以，从列宁对检察机关性质的理论阐发，结合列宁所领导制定的当时苏联法律对检察机关的性质定位，可以得出结论：在列宁的观念中，社会主义检察机关是承担法律监督职能的司法机关，法院是承担审判职能的司法机关，检察权和审判权共同构成社会主义的司法权。

关于检察机关的职能，列宁认为，首先，检察机关是监督法制统一的机关。“检察长有权利和有义务做的只有一件事：注意使整个共和国对法制有真正一致的理解，不管任何地方差别，不受任何地方影响。”① “检察长的责任是使任何地方政权机关的任何一项决定都不同法律抵触，所以检察长有义务仅仅从这一观点出发，对一切不合法律的决定提出异议，但是检察长无权停止决定的执行，而只是必须采取措施，使整个共和国对法制的理解绝对一致。”② 在这里列宁是从监督法制统一方面界定了检察机关的职能的。其次，检察机关还承担着一般监督职责。列宁认为，检察机关的监督“本来就是为我们的一切国家机关而设的，它的活动应毫无例外地涉及所有一切国家机构：地方的、中央的、商业的、纯公务的、教育的、档案的、戏剧的等——总之，各机关一无例外”。③ 最后，检察机关承担着诉讼监督的职能，一方面，检察机关承担着刑事追诉职能，是国家享有公诉权的刑事追诉机关。列宁还指出：“检察长的唯一权利和义务是把案件提交法院裁决。”④ 这也就是说，与欧美各国的检察机关职能相同的一面，列宁所创设的苏维埃社会主义国家的检察机关也拥有在刑事诉讼中提起公诉的权力，同时承担着刑事诉讼的监督职能。在谈及检察机关的审判监督之职能时，列宁强调指出：检察机关要对人民法院和革命法庭进行切实有效的而不是有名无实的监督，使它们真正能够既对苏维埃政权的政治敌人加紧惩治，也对滥用新经济政策的人加紧惩治。⑤ 检察机关重点要实地检查一下：法院审判的实际内容；法院审判的实际结果；人民法院和革命法庭的审判成绩；以及法院审判案件数量和质量；等等。⑥ 由此看出，在列宁的观念中，检察机关的诉讼监督不仅包括刑事诉讼的监督，还包括对民事诉讼的监督。

关于检察领导体制问题，列宁认为，检察机关的问题是“重要的法制问

---

① 《列宁全集》（第 43 卷），人民出版社 1987 年版，第 197 页。
② 《列宁全集》（第 43 卷），人民出版社 1987 年版，第 196 页。
③ 《列宁全集》（第 43 卷），人民出版社 1987 年版，第 386 页。
④ 《列宁全集》（第 43 卷），人民出版社 1987 年版，第 196 页。
⑤ 《列宁全集》（第 42 卷），人民出版社 1987 年版，第 428 页。
⑥ 《列宁全集》（第 42 卷），人民出版社 1987 年版，第 443 页。

题”，针对检察机关设立之际双重领导体制的观点主张，他在给中央政治局《论“双重”领导与法制》的信中，阐明了苏维埃检察机关实行自上而下的中央垂直领导的目的是通过苏维埃检察权的行使实现苏维埃法制统一。中央检察机关，直接受党中央的领导（当时列宁设想把党和国家的最高领导层合而为一），地方各级检察机关分别受各自的上级检察机关领导，并且一律受总检察长的领导，以便克服当时严重存在的官僚主义、地方主义和法制不统一现象。列宁把检察权称为“中央检察权”，他认为党的中央机关是反对地方影响和个人影响最可靠的保证，建立一个受党中央密切监督的中央检察机关，才能做到充分行使检察权，“能够实际地抵制地方影响，地方的和其他一切的官僚主义，使全共和国、全联邦真正统一地实行法制”。① 对于检察机关实行双重领导体制的缺陷和害处，列宁认为，在苏维埃共和国的检察机关实行“双重”领导体制，就“会破坏一切建立法制和建立起码文明的工作”。②

根据列宁的《论“双重”领导与法制》一文所阐发的关于苏维埃检察机关的性质、职能任务、组织原则和领导体制，1922 年 5 月 28 日，全俄中央执行委员会第三次会议作出决议，通过以列宁法律监督理论为指导的《检察监督条例》，并建立国家检察机关。列宁的检察权理论，构成了前苏联建立社会主义新型的检察制度的理论基础，对前苏联检察制度建立和构建产生了很大的影响。以列宁的法律监督和检察机关垂直领导思想理论为基础，苏联检察机关不仅在自己的政治使命、任务，组织和活动原则方面，而且在其职能的法律表述方面，都具有崭新的内容。③

二、列宁检察理论对新中国检察制度的影响

新中国成立之际，随着各种政权机关和制度的建构工作的加紧开展，人民检察制度的创建也随之展开。关于新中国成立初期的检察制度，更是对列宁法律监督思想理论的全面继承和对前苏联检察制度的移植借鉴。1949 年 6 月 23 日，中国人民政治协商会议筹备会第四组即中央人民政府组织法起草组，讨论通过该组组长董必武拟定的《政府组织法纲要的基本问题》，其中提出在中央人民政府之下设置最高人民检察署。④ 这一建议得到了政协筹备会常务委员会

① 《列宁全集》（第 42 卷），人民出版社 1987 年版，第 197 页。

② 《列宁全集》（第 42 卷），人民出版社 1987 年版，第 196 页。

③ ［苏］С. Г. 诺维科夫：《苏联检察系统》，中国人民大学苏联东欧研究所译，群众出版社 1980 年版，第 13 页。

④ 李士英：《当代中国的检察制度》，中国社会科学出版社 1988 年版，第 571 页。

和政协全体会议的一致通过，并于1949年9月27日在《中央人民政府组织法》中作出了明确的规定。该法第5条规定，“中央人民政府委员会组织……最高人民法院及最高人民检察署，以为国家的最高审判机关及检察机关”；第28条规定：“最高人民检察署对政府机关、公务人员和全国国民之严格遵守法律，负最高的法律责任。”1949年12月通过的《中央人民政府最高人民检察署试行组织条例》，是为新中国第一个规定检察制度的专门条例，废除过去的审检合署结构，采用审检并立且检察机关独立的体制，奠定了新中国检察制度的雏形。该条例就检察机关的性质、职权进行了明确的规定：（1）最高人民检察署为全国人民最高检察机关，对政府机关公务人员和全国国民之严格遵守法律，负最高检察责任。全国各级检察署，均独立行使职权，不受地方机关干涉，只服从最高人民检察署之指挥。（2）最高人民检察署设检察长一人，副检察长若干人，委员若干人。（3）最高人民检察署受中央人民政府委员会之直辖，直接行使并领导下级检察署执行下列职权：①检察全国各级人民政府及公务人员和全国国民是否严格遵守人民政协共同纲领及人民政府的政策方针与法律法令；②对各级司法机关之违法判决提出抗议；③对刑事案件，适时侦查，提起公诉；④检察全国司法与公安机关犯人改造及监所之违法措施；⑤对于全国社会与劳动人民利益有关之民事案件及一切行政诉讼，均得代表国家公益参与之；⑥处理人民不服下级检察署不起诉处分之声请复议事件。（4）在下级尚未设立的地区，得委托各该地公安机关执行，但其执行，须直接受最高人民检察署的领导。

从1949年《中央人民政府组织法》以及《中央人民政府最高人民检察署试行组织条例》确立的检察体制和具体的检察制度看，无疑是与列宁1922年创立社会主义检察机关体制的模式一样，那就是检察权和审判权共同构成司法权，而且实行了检察垂直领导。此后，新中国中央人民政府又先后于1951年制定了《中央人民政府最高人民检察署暂行组织条例》和《各级地方人民检察署组织条例》，进一步改革和完善新中国的检察制度。1951年9月颁行的《中央人民政府最高人民检察署暂行组织条例》，是在1949年试行条例的基础上的补充和完善，其基本的制度如检察长负责制、检察委员会议制等，仍沿袭1949年试行条例确定的原则和内容，但在职权概念、机构设置和检察权行使方式等方面，作了修正和变更。[①] 其中最为重要的一个修订就是将检察垂直领导体制改为双重领导体制，即各级地方人民检察署受上级人民检察署的领导，

---

① 张培田：《法与司法的演进及改革考论》，中国政法大学出版社2002年版，第229页。

同时又为同级人民政府的组成部分，受同级人民政府委员会的领导；省人民检察院分署受所在地区专员的指导。[①] 对于这一列宁曾经坚决批评和反对的双重领导体制，为何又在新中国先是确立垂直领导随后就又选择列宁所反对的检察机关双重领导体制呢？当时的最高人民检察署副检察长李六如对此进行了说明：鉴于当时全国刚刚解放，受半封建半殖民地社会的影响，经济发展不平衡，各地人民检察机关“是一个新设立的机构，干部弱、经验少，尚需当地政府机关根据中央方针计划，就近予以指导和协助。故此时将垂直领导改为双重领导”。[②] 虽然在新中国成立初期的一段时期内检察机关曾一度实行双重领导制，但在1954年《宪法》制定的过程中，就重新贯彻列宁在《论“双重”领导与法制》一文中关于检察机关垂直领导的思想，新中国的立宪者将双重领导改为垂直领导并在1954年的《宪法》和《人民检察院组织法》中予以规定。对此，新中国的领导人之一董必武在宪法颁布前指出：“大家将在宪法草案初稿中看到完全按照列宁所指示的原则，规定检察机关垂直领导，独立行使职权。”[③] 到了1954年中华人民共和国第一部《宪法》和《人民检察院组织法》颁布，检察机关的垂直领导体制又重新在《宪法》和《人民检察院组织法》中予以确立。自此，列宁苦苦追求探索的检察机关垂直领导体制，在社会主义新中国的宪政体制中确立下来。

随着1954年9月20日第一届全国人民代表大会第一次会议制定颁布《中华人民共和国宪法》，随着该宪法关于国家各项基本制度的健全，新中国人民检察制度作为国家司法制度的一部分，与审判制度并立而定型。1954年《宪法》规定有关人民检察制度的内容和特色，可概括为以下几个方面：（1）将人民检察院与人民法院并列，作为国家司法机关构成的审检并立的司法体制，以人民法院行使国家审判权，以人民检察院行使国家检察权。（2）改原人民检察署为人民检察院，明确最高人民检察院对国务院所属各部门，地方各级国家机关、国家机关工作人员和公民是否遵守法律，行使检察权。地方各级人民检察院和专门人民检察院，依照法律规定的范围行使检察权。由此将专门人民检察机关纳入新中国检察体制。（3）申明人民检察机关实行上级领导下级、

① 张培田：《法与司法的演进及改革考论》，中国政法大学出版社2002年版，第232页。

② 张培田：《法与司法的演进及改革考论》，中国政法大学出版社2002年版，第232页。

③ 董必武：《在第二届全国检察工作会议上的讲话》，载《董必武政治法律文集》，法律出版社1986年版，第323页。

最高人民检察院统一领导地方各级人民检察院和专门人民检察院的工作，实行检察权关的垂直领导体制。（4）强调地方各级人民检察院独立行使检察权，不受地方国家机关的干涉，从而确立独立检察制度。（5）规定了人民检察院向国家权力机关负责和报告工作的制度，并明确最高人民检察长任期制。[①] 1954 年《宪法》和《人民检察院组织法》的公布与实施，使人民检察机关建立机构和开展检察业务有章可循，第一次使新中国人民检察机关成为独立于法院和行政机关之外的承担法律监督职能的司法机关，构成新中国人民检察制度突出审检并立的特色，从而大大推动了国家法制建设的发展，由此肇始新中国审检并立的人民检察制度的宪政之制的先河。

新中国成立后，我们在借鉴苏联的检察体制时，虽然按照自己的具体国情，对苏联的检察体制作了一些相应的改革和完善。但是，无论从 1949 年《中央人民政府组织法》和《中央人民政府最高人民检察署试行组织条例》，还是从 1954 年《宪法》及《人民检察院组织法》的内容来看，我们基本上遵照列宁的检察权思想并依照苏联的经验来建构新中国的检察制度，尤其是在检察机关的性质、职权和领导关系上，与列宁的检察监督思想理论和苏联的检察制度体制保持了基本的一致。新中国检察制度的形成和实践与列宁的检察监督理论有着密切的联系，这正如彭真所言，“列宁在十月革命后，曾坚持检察机关的职权是维护国家法制的统一”。中国的人民检察院组织法也正是运用列宁的这一指导思想，结合中国的实际情况而制定的。[②] 对照 1954 年所制定的《人民检察院组织法》和《宪法》中关于检察机构的规定可以看出，列宁有关检察制度的重要论述均有着重要的体现。

三、列宁检察理论对现行中国检察制度的影响

1979 年，我国重新制定了《人民检察院组织法》，恢复检察机关的建制并对检察制度进行了改革。关于修订《人民检察院组织法》的基本精神，根据

---

① 张培田：《法与司法的演进及改革考论》，中国政法大学出版社 2002 年版，第 234 页。

② 彭真：《关于七个法律草案的说明》，载《论新时期的社会主义民主与法制建设》，中央文献出版社 1989 年版，第 10—11 页。此外，列宁的法律监督思想理论是否是中国的检察制度形成的唯一理论来源，也如学者所言，新中国成立初期检察制度的形成除了列宁法律监督思想的直接影响之外，导致我国检察制度形成的其他原因还包括：（1）司法检察制度的产生和发展过程中形成的诉讼制度和诉讼理论；（2）中国封建社会的御史弹劾制度及其法律思想；（3）中国新民主主义革命时期革命根据地的检察制度。参见李士英：《当代中国的检察制度》，中国社会科学出版社 1988 年版，第 2 页。

彭真的介绍，基本上仍然是以列宁的法律监督思想为理论基础来进行制度恢复和改进完善检察制度的。1979 年《人民检察院组织法》规定的内容同 1954 年的《人民检察院组织法》相比较，该次修订主要围绕着四个方面来进行：一是明确规定检察院的性质是国家的法律监督机关。为此，在组织法中的第 9 条专门规定："人民检察院依照法律规定独立行使检察权，不受其他行政机关、社会团体和个人的干涉。"二是在检察长的任命方式上，规定地方各级人民检察院检察长由地方各级人民代表大会民主选举产生，并报上级人民检察院检察长提请该级人民代表大会常务委员会批准。省、自治区、直辖市的人民检察院检察长、副检察长、检察委员会委员，在本级人民代表大会或它的常务委员会选举产生或任命以后，都要报经最高人民检察院检察长提请全国人民代表大会常务委员会批准。同时，各级人民检察院都设立检察委员会，实行民主集中制，讨论决定重大案件和其他重大问题。三是检察院实行双重领导关系，即地方各级人民检察院对同级人民代表大会和它的常务委员会负责并报告工作，同时受上级人民检察院领导，以保证最高人民检察院对全国实行统一的法律监督。四是检察权仅限于法律监督权，取消检察院一般监督的权力。检察院对于国家机关和国家工作人员的监督，只限于违反刑法，需要追究刑事责任的案件。至于一般违反党纪、政纪并不触犯刑法，概由党的纪律检查部门和政府机关去处理。① 1979 年《人民检察院组织法》基本上确立了我国当代的检察制度格局，此后虽有修订，但主要的原则没有变化。

中国的检察制度实践深受列宁检察监督思想的影响，但是中国借鉴列宁的检察监督思想以及前苏联的检察制度的实践经验的过程则是一个流变的过程，其间也就是一个以列宁检察监督思想为理论逻辑的前苏联检察制度中国化的过程。这一过程经历了由完全照搬和移植到根据中国的国情进行中国化的过程，这一过程也可以说是列宁检察监督思想在我国的发展。我国在借鉴和引进列宁的检察监督思想和前苏联检察制度的经验时，把革命导师的理论思想以及成熟的国际经验同本国的国情结合起来，在检察制度的许多方面有自己的创造和发展，这些发展当然不排除合理与否的争议，但是在借鉴的过程中形成了鲜明的"中国特色"。在当今借鉴和学习列宁的检察监督理论过程中，我国的发展主要体现在以下几个方面：

其一，检察监督职能的中国化。我国检察机关的法律监督是人大之下的专门监督，不是列宁所开创的最高监督。虽然前苏联的宪法将检察机关归属于司

---

① 彭真：《论新时期的社会主义民主与法制建设》，中央文献出版社 1989 年版，第 10—11 页。

法机关并受最高权力机关领导，但是前苏联宪法和有关法律，把最高监督权授予了检察机关由检察机关行使国家的最高检察权，由此在前苏联就把检察监督称为“最高监督”。而在我国，宪法规定最高国家权力机关监督宪法和法律的实施，是最高层次的监督。检察机关的法律监督职权来源于国家权力机关，受国家权力机关的监督，因而检察机关的检察监督并非如苏联那样的“最高监督”。另外，当下我国的检察机关行使的法律监督权基本限于犯罪监督和诉讼监督，检察机关的法律监督职能不像列宁所讲的那样行使“一般监督”职能。根据列宁的法律监督思想，检察长有权对国家管理机关、企业、组织、公职人员和公民执行法律的情况实行监督，通过监督，使机关和组织发布的文件符合宪法和立法文件及政府决议，使公职人员和公民都准确、统一地执行法律。这种对机关、组织和个人所进行的“一般监督”是苏联检察制度的重要特点。虽然新中国成立初期曾将一般监督规定在宪法和人民检察院组织法中，1979年重建检察机构修订《人民检察院组织法》时，却没有再纳入一般监督的规定。

其二，检察机关领导体制的中国化。列宁在建构检察理论和制度时，就坚决反对检察机关的双重领导体制。而我国当下的检察机关在领导体制上未实行垂直领导，而是实行双重领导，既接受上级检察机关的领导又接受同级人民代表大会的领导。从新中国成立初期接受列宁的检察监督思想和移植借鉴前苏联的检察制度，我国检察机关曾实行过“垂直领导”。但是对检察领导体制的选择是一波三折，几经变革，演变至今形成当下现行的非常特殊的检察机关领导体制：检察机关上下级之间是领导关系，同时各级检察机关受本级党委的领导——业务工作上主要由上级领导，人事任免上主要由地方党委领导；此外，各级检察机关由同级国家权力机关产生，向其负责并报告工作，受其监督。这样的领导体制，很难对地方的领导人员职务犯罪形成制约机制，也很难发挥检察机关反腐的监督作用。为什么列宁探索成功有效制约官僚主义、惩治腐败和维护法制统一的检察垂直领导体制不能继续在中国的检察制度中存在呢？值得深思！也值得探索和改革！回归列宁，实行检察垂直领导，让本应能有效防范和惩治腐败利剑的检察制度确立权威！

其三，检察机关制约机制的中国化。我国的检察机构具有自身特色的内外监督机制。一是我国检察机关由人大产生，对其负责，受人大监督。二是检察机关同时受政协、人民群众和社会舆论的监督。三是检察机关及其检察官，在刑事诉讼中，与侦查、审判机关实行分工负责、互相配合、互相制约的原则；在民事行政诉讼中，对法院的审判活动依法实行监督；在劳动教养、继续盘问等行政处罚和行政措施使用中，对公安等行政机关的执法活动依法实行监督；

在引渡、职务犯罪预防、社会治安综合治理、立法、司法解释等其他活动中，也依法履行相应的监督职责。在与法院的关系上，检察机关及其检察官不是“控方当事人”，也不是“法官之上的法官”，不是“监察官”，也不是诸如预审法官、侦查法官的“司法审查官”，而是始终肩负着维护社会主义法制统一和尊严的“法律守护人”——检察官。四是我国检察机关内部设立检察委员会，实行检察长负责制与检委会集体领导相结合负责制，以及由检察人员承办、部门负责人审核、检察长以及检委会决定的办案工作机制。① 这在一定程度上有利于检察工作中集思广益，发挥集体的智慧和力量，防止个人专断。

总之，一方面，列宁的检察监督思想为我国检察制度的建立和发展提供了明确的理论框架和制度来源。另一方面，我国检察监督制度在这一科学理论体系基础上，有效融合国情特点和自身需要，使列宁的检察监督思想在中国大地上真正扎根和发展，随着中国特色社会主义实践的不断向前推进，最终实现列宁检察监督思想的中国化，形成有中国特色的检察监督制度体系。② 但是，在借鉴列宁的检察理论时，我们仍应反思的是：对于列宁的检察监督思想，我们是否把握了它的精髓和真谛，是否读懂了列宁？如何与时俱进地赋予列宁检察权思想以时代精神，发展列宁的检察理论，这是我们在完善中国检察制度时所要深思和研究的问题。

---

① 单民、薛伟宏：《新中国检察制度的演变与特色》，载《法学杂志》2008 年第 1 期，第 112—115 页。

② 甄贞：《法律监督原论》，法律出版社 2007 年版，第 64 页。

检察权在宪法权力结构中的地位及其性质研究

黄建水*

内容摘要：检察权的宪法地位在我国确立始于1954年第一部宪法。检察权在我国是一种独立的国家权力。它源于前苏联列宁关于统一法制的法律监督思想、古代御史监察制度和孙中山“五权宪法”中的监察思想。检察权的内容结构和它在我国“一元双层多立”的宪政权力结构中的地位决定其性质为非行政、非司法、非完全法律监督的一种独立于行政、审判等的宪法权力。人民检察院应当是国家的公诉、追诉职务犯罪和法律适用监督机关。

关键词：检察权；人民检察院；宪法权力；国家权力结构

检察权的性质问题一直是宪法学界和检察实务界争论的课题。检察权的性质属于行政、司法，或二者兼而有之，或属于法律监督，或检察权就是检察权？人们对我国宪政体制和《宪法》第129条的理解不同就有不同的答案。本文将通过对检察权在我国的宪法地位、历史渊源和内容结构以及它在我国宪法权力结构中的地位进行分析揭示其性质。研究检察权内容结构及其性质不仅对完善我国宪法，促进我国宪法学的发展具有重要的理论意义，而且对我国宪政体制的改革与完善也具有重大的现实意义。

一、检察权的宪法地位及特征

检察权的宪法地位在我国确立始于1954年第一部宪法。1949年9月，中国人民政治协商会议第一届全体会议通过的《共同纲领》和《中央人民政府组织法》为创建新中国的检察制度，确立检察机关的宪法地位奠定了政治基础和法律基础，但是，这两部文献均没有明确规定检察权及其地位。直至

* 黄建水，华北水利水电学院法学院教授，硕士研究生导师，中国政法大学法学院博士研究生。

1954年第一部《中华人民共和国宪法》的诞生才第一次明确提出检察权的概念（见1954年《宪法》第81条），才真正意义上赋予检察权的独立地位（见1954年《宪法》第83条）。全国人大通过的《人民检察院组织法》进一步规定了检察院的组织制度，但是值得注意的是1954年《宪法》和《人民检察院组织法》，在对检察机关地位、职权和领导体制等问题作出规定的同时并未明确规定检察机关的性质，即检察机关是国家的法律监督机关和检察权的性质。1975年《宪法》由于遭到文化大革命的影响，完全取消了检察机关独立的宪法地位，检察机关的职权由各级公安机关行使。"文革"结束后1978年《宪法》重新对检察机关的地位、职权和组织体制作出了规定，又恢复了检察权的宪法地位。

随着社会的发展和变迁，1982年《宪法》不仅对检察机关的独立地位作出了明确的规定："人民检察院依照法律规定独立行使检察权，不受行政机关、社会团体和个人的干涉。"（见第131条）并且也明确了检察院的性质是"国家的法律监督机关"（见第129条）。同时明确了检察机关的宪法地位，"最高人民检察院对全国人民代表大会和全国人民代表大会常务委员会负责。地方各级人民检察院对产生它的国家权力机关和上级人民检察院负责。"（见第133条）"最高人民检察院是最高检察机关。最高人民检察院领导地方各级人民检察院和专门人民检察院的工作，上级人民检察院领导下级人民检察院的工作。"（见第132条）由此可见，我国的检察权具有以下三个特点：第一，检察权是一项独立的国家权力，这不仅表现在检察机关的权力来源是直接由宪法确定。而且对下级检察机关来说，其上级机关和权力机关的依法授权，也是权力的来源，同时也表现在检察机关相对于行政机关、审判机关而言是独立的，不隶属于任何性质的其他机关。检察权是由国家最高权力派生的独立于行政权、审判权、军事权等的二级国家权力。第二，检察权在我国是一种独立的宪政权力。检察权作为一项独立的国家权力与我国现行《宪法》所确立的人民代表大会制度密切相关，只有基于宪法所确定的人民代表大会制度的基本原则才能对检察权的性质和内容作出准确的解释，离开了人民代表大会制度的基本要求来理解检察权的性质和内容就可能在检察权的宪法地位问题上产生各种矛盾。这点对于我们正确理解和认识我国检察权性质起着至关重要的作用。第三，检察权具有主动性和代表性，其特征不同于审判权。我国宪法把检察机关规定为"国家的法律监督机关"，其检察权就不能像审判权那样是被动性的、中立性的和终局性的。人民检察院行使检察权不是被动地而是主动地提起、参与诉讼和抗诉。检察权也不是中立的，而是明确站在维护国家利益或公共利益的立场上，并代表国家监督法律的适用，提起公诉或监督民事诉讼和行政诉讼。检察机关的意见和主张也不完全是终局的，而最终决定于人民法院的判决。

二、检察权产生的历史渊源

我国检察权产生的历史源于前苏联列宁关于统一法制的法律监督思想、古代御史监察制度和孙中山“五权宪法”中的监察思想。

检察权作为国家权力是列宁最早提出的。十月革命取得胜利后，领导苏维埃中央执委会工作的中央委员会就检察机关的体制问题曾发生意见分歧，列宁在《论“双重”领导与法制》一文中提出“检察机关以法律监督为专职专责，不执行任何行政职能，受中央垂直领导，行使中央检察权”，“检察长的唯一职权和必须做的事情只是一件：监视整个共和国对法制有真正一致的理解，不管任何地方的差别，不受任何地方的影响”，“检察长的责任是要使任何地方当局的任何决定都不与法律相抵触”。① 致使1936年的苏联宪法把检察权作为一项宪法权力明确规定下来。

我国历史上的御史制度具有制衡、治官、监督、检察、弹劾、惩戒和教育之效能，为我国检察权产生的一个重要历史渊源。例如，唐代御史的主要职责：其一是推按狱讼，包括推问皇帝下达的案件即诏狱，参与三司会审等。其二是劾奏犯罪，即对违法的官员进行纠举，弹劾其罪行，请求司法机关审判。其三是巡察内外，分察吏、户、礼、兵、刑、工六部，监督其行政行为，使之合法而又效率；巡察州县，遇有非法行为，便予以纠察。其四是监督决囚。其五是监察录囚。②由此可见，唐代御史的职能从对象上包括对司法、行政以及司法行政的监督，而且从级别上还包括对中央与地方的监督。在中国历史上御史官员受皇帝直接指挥，控制监督中央机关和地方的各级官员，弹劾国家行政机关和官吏政务活动中出现的过失，追究官员的渎职犯罪，查处官员贪污受贿等，对维护中国封建君主的长期统治起了重要作用。

清末，鸦片战争以后，清政府于1905年派大臣出洋，考察西方政制。1906年，仿效君主立宪下的“三权分立”原则，建立皇权控制下的立法、行政、司法相分立的新体制。与此同时，原清王朝中央官制中的“三法司”——刑部、大理寺、都察院，也在三权分立原则下以新的面貌出现：刑部设为法部，专掌司法行政；大理寺改为大理院，下设各级审判厅，专掌审

① 《列宁全集》（第43卷），人民出版社1987年版，第195—196页。

② 曾宪义：《中国法制史》，北京大学出版社、高等教育出版社2000年版，第176页。

判；检察厅由都察院转化而来，负责刑事案件的公诉、监督审判、监视执行，机构附设在各级审判厅，受法部的行政领导。其中改制后，为改变诸法不分状况，都察院统一的法律监督职能一分为二，都察院的名称依然保留，但只执行行政监察职能，而将司法监督的职能划归检察厅。这样，我国法制史上，相对独立的司法系统、审检分离的体制和检察制度才正式确立。

光绪三十二年（1906 年），《大理院审判编制法》第 12 条规定："凡大理院以下审判厅局，均须设有检察官，其检察局附属该衙署之内，检察官于刑事有起诉之责，检察官可请求用正当之法律，检察官监视判决后正当施行。"由此可见，我国检察权的最早内容有三：一是"检察官于刑事有起诉之责"，亦即公诉职责；二是"检察官可请求用正当之法律"，亦即保障法律的正确适用；三是"检察官监视判决后正当施行"，亦即执行监督职责。这些检察职责不仅是当今检察官的主要职责，也是当今人民检察院的主要工作内容。

孙中山先生在批判继承西方的"三权分立"理论与我国古代御史监察制度的政治文化的基础上，创造性地提出了"五权宪法"思想。其中"五权"是指在欧美各国实行的立法、行政、司法三权分立之外，参酌中国固有的考试制度和监察制度，另立考选权和监察权。孙中山"五权宪法"监察思想也为新中国检察制度的建立产生了重要影响。

因此，中国检察权的产生不仅源于列宁的法律监督思想，还吸收借鉴了包括中国古代的御史监察思想及孙中山"五权宪法"的监察思想，在毛泽东新民主主义革命理论以及人民民主专政理论的指导下，经过半个多世纪的探索与改进，我国已形成了有别于前苏联的独立于行政权和审判权的检察权。正如苏联学者所说："保障有效的法制保障制度是最重要的政治和法律任务之一。作为准确而严格地执行最高权力机关的法令的保证形式——检察机关的监督，应该列为最有效的法制保证，在任何一个资本主义国家中都没有类似我们这样的检察机关，它在苏维埃国家机构中处于独立自主的地位，维护着统一的、为全国制定的各种法令。检察机关在代表国家对执行和遵守法律实行最高监督时，拥有广泛的权力，这些权力使它得以顺利的完成四项相互联系的任务，保证法制的统一；对公民完成自己的义务实行有组织的监督之中，维护公民的自由和权利；同违法行为作斗争并防止其发生；积极参与法纪教育工作。1977 年的苏联宪法用独立的一章专讲检察机关。在各章中规定的检察机关活动细则具有政治性意义，它指出了作为国家活动的特殊形式的检察机关的独立性质。"①

---

① ［前苏联］K. C. 帕弗里谢夫等：《论苏联检察机关法》，陈森译，载《外国法学》1981 年第 1 期。

三、检察权的内容结构

根据我国《宪法》和《人民检察院组织法》以及有关法律的规定，我国检察权的内容结构由公诉权、职务犯罪侦查权和诉讼监督权所共同构成。公诉权包括审查批捕权、决定批捕权、审查起诉权、刑事公诉权、民行公诉权（公益诉讼）、抗诉权；职务犯罪侦查权包括反贪侦查权和反渎（职）侦查权；诉讼监督权包括立案监督权、侦查监督权、审判监督权和刑罚执行监督权。检察权的内容结构如下图所示：

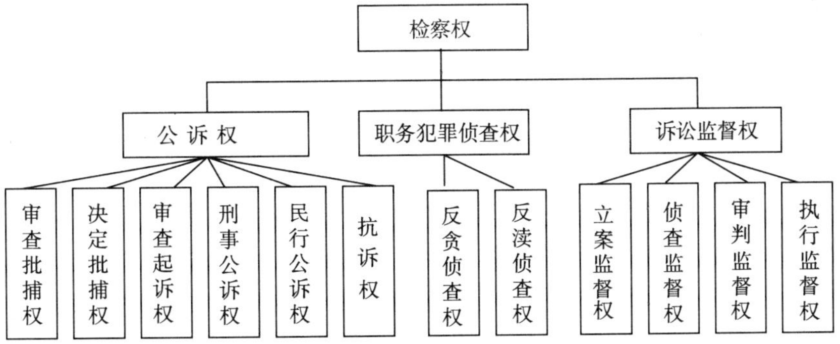

四、检察权的性质界说

检察权的性质与检察机关的性质是紧密相连的，对检察权的分析从另一个侧面反映了对检察机关性质的探讨。目前理论界对检察权的性质的界定有以下几种观点：（1）司法权说；（2）行政权说；（3）行政与司法双重属性说；（4）法律监督权说；（5）检察权就是检察权说。检察权就是检察权说也是本文的观点。

1. 司法权说

此观点认为，检察权应归属于司法权的范畴。依据是检察权与司法权具有“相似性”，即检察权具有浓厚的司法色彩。其理由有四个：第一，从国家体制上看，我国实行人民代表大会制，在“一府两院”的架构下，检察院和政府机关已彻底分离，体制上已不存在检察权是行政权的问题。检察机关独立行使检察权，不受行政机关的干涉，不体现行政权的意志。第二，从司法权的含义看，司法是司法机关依司法程序就具体案件事实适用法律的活动。检察机关更多地表现为一种适用法律的活动。检察机关参与司法活动，在办理有关案件中采取措施，是对个案具体事实适用法律的活动，符合司法权的特征，即检察机关的判断性十分突出。尤其是公诉权，检察机关审查证据材料和决定是否起诉的行为，同法官的裁判行为极为相似，特别是所作出的不起诉决定，与法院的免刑和无罪判决有相似效力，具有裁断性、终局性、法律适用性的司法性质。第三，从诉讼程序看，诉讼是行使司法权的基本方式，检察机关是诉讼活动的参加者，检察机关也相应地以诉讼的方式行使检察权。第四，许多国家包括中国，在法律体制上把检察机关定位于司法机关，而且检察官的人选、职务保障待遇等都是按照司法官的建设模式。正因为检察权具有相当浓厚的司法色彩，所以，在一些国家里检察机关与审判机关并列为司法机关，检察官与法官同为司法官，检察权与审判权共同构成司法权，检察机关与审判机关是同质而不同职，检察官和法官共同执行司法职能。

2. 行政权说

此观点认为，检察权应当属于行政权。其依据是检察权具有浓厚的行政色彩。主要理由有三个：第一，检察机关的内部组织体系具有很强的行政特性。检察机关实行的是“检察一体制”，即检察机关上下形成一个整体，在检察机关之间，下级检察机关服从上级检察机关，上级检察机关有权改变、撤销下级检察机关的决定；在同一检察机关内部，上级领导对下级检察官的工作也享有指令权，下级有服从上级的义务。检察机关的体制其实是行政机关的管理模式。第二，检察权的属性与司法权的属性完全不同。检察权是主动性权力，检察机关如果不主动地行使检察权去侦查、控诉违法犯罪行为就是失职，与司法权的被动性不同；检察机关行使权力是以国家名义出现的，也就是说它是站在国家的立场上行使权力的，与司法权的中立性不同；检察权具有命令执行性，上下级检察机关之间、检察机关与其组成人员之间均是命令与服从关系，与司法权的判断性不同；检察权还要接受司法权的最后裁判，与司法权的终极性不同。第三，检察权是一种主动追诉、侦查、监督的权力，其主动性、自发性的行政色彩与司法权消极、被动、中立、判断、终局的司法属性形成鲜明的对比。

3. 行政与司法双重属性说

此种观点认为，检察权有其复杂性，单纯的行政权说或司法权说，都不能全面反映检察权的特点和性质，但又不能抛开其中一个讲另外一个，说它具有行政权和司法权双重属性更符合实际。主要理由有三个：第一，检察权一方面因其有执行法律的机能，本质上属于行政权；但另一方面，因公诉权与审判直接关联，从而又具有与审判权相同的司法性质。第二，检察机关系统内部的“上命下从”式的工作方式以及对犯罪行为的主动侦查和追诉都使得其行政权属性非常明显，而检察机关的侦查与公诉行为又明显带有司法程序性特征。由于检察机关是兼有行政和司法两重性质的机关，所以在组织和机能上也具有行政、司法两方面的特征。第三，检察机关向来是处于警察机关与审判机关之间的中介地位，检察机关一方面要和警察机关一同追诉犯罪，保障国家安全和社会稳定；另一方面又要对审判机关进行监督，保证法律的正确适用。因此，检察权既有行政权的属性同时又有司法权的属性。

4. 法律监督权说

此观点认为，我国的检察权是一种独立的权力即法律监督权，不属于行政权也不属于司法权，也非行政权与司法权兼有的权力。主要理由有三个：第一，我国的政权组织形式根本不同于“三权分立”的国家结构。那种把检察权定位于行政权或司法权或立法权，根本没有脱离西方国家“三权分立”学说，只能在立法权、行政权和司法权三者中寻找检察权的合理位置。我国的国家权力统一由人民代表大会行使，在人民代表大会下，设立行政机关、审判机关、检察机关和军事机关分别行使行政权、审判权、检察权和军事权。在这种国家权力结构中，检察权是一种具有独立存在价值的法律监督权，其法律监督属性是由我国的宪政体制决定的。第二，在中国，检察权是一种独特的权力，从其体制上看，我国的检察机关自成体系，它既不属于法院系统，也不属于行政系统。从工作内容、运作方式上看，有一个突出的特点，即监督性。虽然检察权在内容和运作方式上兼有一定的行政和司法属性，而且司法属性比较突出，然而检察权毕竟不是行政权，也不是司法权。检察权与行政权、司法权存在本质区别，那就是检察权的法律监督性。第三，我国检察机关的法律监督属性源于其宪法定位。在制宪时，人民在党的领导下根据国家的性质和任务，在考虑如何实现国家权力的合理配置以及如何实现国家权力的良性运作时，已经认识到要保障法制的实现和法制的统一，有必要设立一个独立的法律监督机关。没有一个有效的、以国家强制力为后盾的法律监督机制，就不可能有法律的普遍遵守和适用，就不可能建立起统一而有秩序的法制。因此，宪法明文规定“人民检察院是国家的法律监督机关”。既然人民检察院是国家的法律监督机关，其行使的权力就是一种法律监督权，其权力属性当然具有法律监督权属性。

5. 检察权就是检察权说

此种观点认为，检察权就是检察权，它是一项独立的国家权力，非行政、非司法、非完全法律监督性的国家权力。检察权就是检察权说也是本文的观点。理由有三：

第一，西方学者依据“三权分立”理论把国家权力分为立法权、行政权和司法权三个相互鼎立的权力，而检察权是一项非独立性的权力，其归属问题，必然存在检察权属于立法、行政或司法三种权力中的哪一个的争论。然而，我国人民代表大会制的政权组织形式根本不同于“三权分立”的政治体制。在一个最高国家权力机关人民代表大会下，分设若干个相互独立的二级国家权力机关，如行政机关、审判机关、检察机关、军事机关，即存在着“一元双层多立”的国家权力结构体系。检察权是宪法确定的国家权力体系中一项独立的国家权力，是与行政权、审判权、军事权相平行的一种国家权力。它是一种客观存在的权力，相比行政权和审判权来说，有其自身的独特内涵，它既不依附于行政权也不依附于审判权，同时又非完全的法律监督权。

第二，虽然宪法条文明确规定“人民检察院是国家的法律监督机关”，“依照法律规定独立行使检察权”，似乎已经为检察权的性质作出了界定，因为从规范法学研究的视角出发，任何学理性的解释都不能突破宪法的明确规定。然而事实上，检察权是集公诉权、职务犯罪侦查权、诉讼监督权三位于一体的混合性的国家权力。公诉权、职务犯罪侦查权、诉讼监督权这三项权能相辅相成，互相作用，缺一不可，同时三者之间既不能此消彼长，也不可相互包容或互相取代，它们共同组成检察权的内容体系。因此，检察权就是人民检察院通过行使公诉权、职务犯罪侦查权和诉讼监督权，即实施公诉、追诉犯罪和纠正法律适用中的违法行为来保障国家法制统一的一种独立的国家权力。

第三，从我国具体情况来看，人民代表大会制度是我国的根本政治制度，是我国的政权组织形式。国家权力统一由人民代表大会行使。在人民代表大会下，我国设立了行政机关、审判机关、检察机关和军事机关，分别行使国家职能中的行政权、审判权、检察权和军事权。这些机关彼此分立，但都源于人大一个权力机关，并且各自向人大权力机关负责。在这种国家权力结构模式中，检察机关作为由人民代表大会产生并向其负责和接受其监督的一个独立的国家机关，专门行使检察权。在我国的国家权力结构中，不管是从宪法的刚性规定还是我国权力运作的实际情况来看，检察权都是作为一个独立的国家权力而存在的。它既不同于行政权，又不同于审判权，也不完全只是法律监督权，即检察权就是检察权。

6. 检察权非完全法律监督权说

如果讲，检察权不属于行政权也不属于司法权，更不具有行政和司法兼有的属性可能容易理解。因为，将检察权的性质界定为行政权、司法权或者行政权和司法权双重属性的观点从思路上就存在偏差，这三种观点的逻辑出发点都是将国家的权力划分为立法权、行政权和司法权，而奉行“三权分立”。然而，正如英国学者 M. 维尔在其著作《宪政与分权》里面承认的那样，三权分立学说不过是西方关于国家权力分类中比较主流的一种学说，它只是一种理论分析的工具，并不能代表所有的国家权力都可以归入这三种权力之中，所有的权力都可以归入这非此即彼的三权之中。[1]但如果说，检察权不具有法律监督权属性，可能就难说清楚了。因为，宪法明文规定“人民检察院是国家的法律监督机关”，人们自然会说，国家的法律监督机关行使的权力当然是法律监督权了。本文的观点认为，检察权就是检察权，它不完全只是法律监督权，理由有以下三个方面：

第一，从我国《宪法》第129条“人民检察院是国家的法律监督机关”的规定来看，该规定只是在性质上说明了检察机关是区别于权力机关（人大）、行政机关、审判机关和军事机关的国家的法律监督机关。人民检察院是国家的法律监督机关，强调的是检察院的国家性，并非是哪一个地方、哪一个部门的检察机关，其法律监督代表的是国家的意志，代表的是人民的意志。我们应当知道，宪法是检察机关行使职权与其进行活动的权力来源和基本出发点，也是分析和解读检察机关性质和地位的基本依据。《宪法》第131条规定：“人民检察院依照法律规定独立行使检察权，不受行政机关、社会团体和个人的干涉。”这说明检察权的独立行使是有宪法依据的。根据《宪法》第129条、第131条规定来看，人民检察院的宪法定位是国家法律监督机关，但对于人民检察院行使的权力，宪法却没有规定为法律监督权，而是表述为“检察权”，这一用语值得推敲。假若检察权与法律监督权完全一样，也不能得出检察权的属性就是法律监督权的结论。如果检察权与法律监督权的内涵与外延完全一样，那么就会出现逻辑上的同语反复，检察权与法律监督权不能相互证明其属性。例如，我们不能说馒头的属性是馍这样的话，但我们可以说馒头的属性是面食。我们可以通过前述“检察权”的理论渊源和“检察权”一词的历史沿革以及“检察权”的内容结构来看，人民检察院的权力为检察权是完全准确的。因此，本文认为，我国《宪法》第129条对人民检察院的性质规定为“国家的法律监督机关”，其用语有其不准确性。可以理解为当时起草宪法的人对人民检察院的性质、地位和行使的权力在认识上有一定的局限性，假如当时把人民检察院规定为“人民检察院是国家的公诉、追诉职务犯罪和法律适用监督机关”，可能就不会有现在如此多的有关检察权性质的争议了。

第二，从对法律监督权的全面理解来看，也不能认为检察权就是法律监督权。监督是一种具有普遍性的权利或权力现象，存在权利或权力的地方就会有对权利或权力的监督，即监督本身就是一种权利或权力。作为权利是指公民个体或非国家机关的组织对国家机关的监督权；作为权力则是指一国家机关对其

---

① ［英］M. 维尔：《宪政与分权》，苏力译，北京大学出版社1999年版，第250页。

他国家机关、公民个体或非国家机关组织的监督权。从主体上看，有国家机关的监督和非国家机关的监督。国家机关的监督又包括权力机关（人大）的监督、行政机关的监督、审判机关的监督、检察机关的监督，甚至有军事机关的监督；非国家机关的监督又包括中国共产党的监督、人民政协的监督、民主党派的监督、社会组织的监督、人民群众的监督、社会舆论的监督等，可以说每一个组织和个人都享有监督权，同时每一个组织和个人都处在被监督之下，人人在监督，人人被监督。从内容上看，有权力对权力的监督，也有权利对权力的监督，还有权力对权利的监督。也就是说，任何权力或权利都在被监督之列，比如对立法的监督、对执法的监督、对守法的监督、对审判的监督、对检察的监督等。同时，任何权力也都在监督别的权力。法律监督可分为“法律监督权利”和“法律监督权力”。①在众多的法律监督种类中把中国共产党的监督、民主党派的监督、人民政协的监督、社会组织的监督、人民群众的监督、社会舆论的监督及公民的监督等非国家机关的监督统统称为“法律监督权利”，而国家机关依法行使的各种监督职能则称为“法律监督权力”。根据行使法律监督权力的国家机关的性质和地位，可再把法律监督区分为人大（权力）监督、检察监督（诉讼监督）、审计监督、监察监督等。比如2006年全国人大常委会通过的《中华人民共和国各级人民代表大会常务委员会监督法》规定的各级人民代表大会常务委员会的监督职权内容中，有很多就是属于法律监督职权。再比如，国家审计署的职权、国务院监察部的职权也可谓法律监督权力。如果把我国的法律监督权力划分级别的话，人大监督应当是一级监督；检察监督属于二级监督；审计监督和监察监督则为三级监督。不过，某些国家的议会拥有审计监督权，在这种情况下，审计监督应属于一级法律监督权。在世界范围内，国家权力的划分存在着不同的形态，并没有统一的模式。只是监督制度的体制和方式不一样。在实行“三权分立”的资本主义国家，通过立法权、行政权、司法权之间的相互制约、抗衡、牵制来实现监督，不设立独立检察监督机关。实行人民代表大会的社会主义国家，则设立专门的检察监督机关即人民检察院来实行对行政权、审判权的检察监督，从而使行政机关、审判机关的一切活动都统一到立法机关的意志即代表全体人民的意志上来，实现社会主义国家法制的统一实施。因此，把检察权完全定性于法律监督权，可能会使检察权的内涵和外延模糊不清。

第三，从我国现有的宪政体制来看，人民检察院只能依据宪法和法律独立

---

① 石茂生：《论检察权的宪政地位》，载《郑州大学学报》（哲学社会科学版）2008年第3期。

行使检察权，而不能独立行使全面的法律监督权。在人民代表大会制度中，检察权属于与行政权、审判权平行的二级权力，而其法律监督权则根源于“最高权力兼有立法权”的人民代表大会及其常委会的最高监督权，是最高监督权的延伸，其本身具有一级权力的特性。众所周知，作为二级权力的检察权是不能对人大进行“立法监督”的，而作为最高权力机关兼立法机关的法律监督权分权给最高人民检察院的二级权力，并不是只将法律监督权给了检察机关，行政机关与审判机关也享有不同程度的法律监督职权。因为，如果只有一个机关享有专有的法律监督权，就会产生监督者由谁来监督的问题。检察权作为人民检察院享有的权力，可以独立存在和行使，与其法律监督权的区别也可以从我国的宪法条文中得到体现。《宪法》第 129 条规定：“中华人民共和国人民检察院是国家的法律监督机关。”第 131 条规定：“人民检察院依照法律规定独立行使检察权，不受行政机关、社会团体和个人的干涉。”可见，宪法只是规定了人民检察院是国家的法律监督机关，但并未明确规定其独立行使法律监督权，而宪法却明确规定人民检察院独立行使检察权。可以推测，宪法起草人当时可能已经认识到检察权与法律监督权并非一个概念。彭真在 1979 年《关于七个法律草案的说明 》中明确指出，“列宁在十月革命后，曾坚持检察机关的职权是维护国家法制的统一，我们的检察院组织法是运用列宁的这一指导思想，结合我们的情况制定的”。“对于国家机关和国家工作人员的监督，只限于违犯刑法，需要追究刑事责任的案件，至于一般违犯党纪、政纪并不触犯刑法的案件，概由党的纪律检查部门和政府机关去处理。”①再者，人民检察院行使检察权和行使法律监督权要实现的目的也不相同。人民检察院行使检察权的目的是通过公诉、追诉公职犯罪、侦查监督、审判监督、执行监督等具体权力的运用，达到实施法律的目的；而人民检察院行使法律监督权的目的则是要通过法律监督来保障国家法律正确适用的目的。因此，检察权非完全法律监督权。检察院行使的公诉、追诉公职犯罪的权力是执行法律，而侦查监督、审判监督、执行监督只是法律适用监督。要解决检察权是否是法律监督权的争议，本文认为只能通过未来修改《宪法》第 129 条，或由人大常委会对《宪法》第 129 条作出宪法解释来解决。

---

① 彭真：《彭真文选》，人民出版社 1991 年版，第 377 页。

中国检察权的独特品性与中国检察制度的发展取向

张武举　张建文*

内容摘要： 检察权乃公权的重要组成部分，检察权之要义在于人民之治。公权力在现代法治社会不断受到限制，彰显出公权的人民权力本质。中国独特的国家权力结构模式决定了中国检察权的独特品性，中国检察制度的未来发展应当根植于斯。现行检察制度改革的关键不在于增加或减少检察权的内容，更不在于模仿以三权分立的国家权力结构模式为依托的行政性质的西方检察制度。坚持现行检察权配置，落实现行检察制度规定乃是中国检察制度发展的应有方向。

关键词： 检察权；品性；制度；取向

一、检察权的勃兴及其本质

从某种意义上说，社会的产生是以公权力的出现为标志的。公权力既可能干好事，也可能干坏事。历史事实表明，权力具有极大的诱惑力和腐蚀性。诚如英国著名思想家罗素所说的："爱好权力，犹如好色，是一种强烈的动机，对于大多数人的行为所发生的影响往往超过他们自己的想象。"① 同时，也如英国著名历史学家约翰·阿克顿所指出的那样："一切权力必然导致腐败，绝对的权力绝对地腐败。" 在国家权力至上的时代里，在无尽的欲望驱使之下，公权力被无知和恶意腐蚀。国家产生之后的相当长的历史时期内，公权力集中

---

* 张武举，法学博士，西南政法大学法学院副教授、硕士研究生导师，重庆市检察院公诉一处副处长（挂职），主要从事刑事法基本理论研究；张建文，法学博士，上海交通大学法学院博士后，西南政法大学民商法学院副教授，西南政法大学俄罗斯法研究中心主任，主要从事民法学、中俄比较私法研究。

① ［英］柏特兰·罗素：《权力论》，商务印书馆 1991 年版，第 189 页。

表现为国家权力在那种历史条件下，无论百姓婚丧嫁娶、财物交换，还是国家对外战争、政治管理，说到底都是国家事务，都受到强大的国家权力（公权力）的统一规制。这种垄断性的公权力运行模式，几乎吞没了公民的私生活空间，反映到法律领域则是“诸法合一”、国家权力至上。就法律内部结构而言，调整私权利的私法与调整公权力的公法之间，并无明显的不同。“在罗马时代，虽然从观念上区分了公法与私法，但是罗马国家直到最后也未能在立法上实现公、私法的分离。”①

随着历史的发展，社会生活内容发生了变化。近代以降，法规范逐渐不再被立法者看做是调整社会关系的唯一性规范，法规范之外的其他社会规范开始受到重视。与此同时，私法和公法逐渐实现了现代意义上的分野，19 世纪，在以法、德为代表的法典编纂于法制改革过程中，公私法划分得到广泛的运用。“当法学家们开始认真研究现实的法律规范和制度时，公私法划分就成为他们重建法律制度的基础。”② 法规范地位的相对下降、公法与私法划分的日益明晰，是公权力（特别是国家权力）逐步受到约束的明显标志。可以说，国家地位的衰落、公法与私法的划分过程就是公权力不断受到限制的过程。正是在这一过程中，检察权在国家权力中的地位凸显出来，现代法治逐步得以确立。从这个意义上说，为了巩固政权、维护法制的统一，现代国家的法治建立过程必然伴随着公权力内部制衡的强化，即检察权的勃兴。现代检察制度、建立检察机构在法国和英国的最早确立过程，恰恰说明了这一点。在英国，随着近代资本主义商品经济关系的日益复杂化，越来越多的王室之外的诉讼，因缺乏官方的介入和监督，日益暴露出私诉的弊端。为了解决这一问题，英国在 1879 年设置了处理王室利益之外案件的检察机构。在法国，出于弥补私诉的缺陷和加强中央集权两个方面的原因，国王将司法权逐步收归中央，设置了检察官。

值得强调的是，虽然西方现代检察制度的建立“多是出于加强中央集权，维护法制统一的需要”③ 这一直接动因，但在这一动因背后，却是国家权力向人民权力的复归，其实质是对国家地位的重新评估和对法律价值的重新设定。正如 18 世纪著名启蒙思想家托马斯·潘恩所说的：“在专制政府中国王便是法律，同样地，在自由国家中法律便成为国王。”④ 19 世纪初，资本主义进入

① 董宝华：《社会法原论》，中国政法大学出版社 2001 年版，第 28 页。

② ［美］约翰·梅利曼：《大陆法系》，世界知识出版社 1984 年版，第 109 页。

③ 柯汉民：《检察改革的法理思考》，载《人民检察》2006 年第 10 期。

④ ［美］托马斯·潘恩：《潘恩选集》，马清槐等译，商务印书馆 1981 年版，第 35 页。

自由资本阶段，社会经济关系日益摆脱国家权力的直接控制，一个相对独立于政治国家的市民社会崛起，经济关系和政治关系的界限变得明晰起来，市民社会与政治国家实现了分离，社会呼吁更加拓宽公民的自主生活领域，原有的公权力运行模式呈现出专横的面孔，传统国家权力体系结构也失去了合理性。于是，重构国家权力体系、强化公权力内部制衡，以确保公权力真正姓“公”而不姓“私”、公权力真正属于人民而不属于少数当权者。作为公权的重要组成部分，检察权在现代法治社会的不断扩大，彰显出公权的人民权力本质。以此，在评价检察制度得失、完善现代检察制度过程中，应当结合本国实际，以“国家权力属于人民”、“法治的本质乃人民之治”的政治箴言为价值指导，唯此，方能避免使讨论蜕变为脱离实际的“学术争议”。

二、中国检察权的独特品性

“世界各国的检察制度尽管在基本原理和主要内容上具有很多共同之处，但是每个国家的检察制度始终是建立在本国的历史、传统、宪政结构基础之上的，因而必然具有自己的特点。”① 通过对新中国四部《宪法》和《人民检察院组织法》、《检察官法》关于检察制度的宪法定位、法律职权、领导体制等方面内容的回顾性梳理，可以在中国检察制度的传承发展历程中准确地把握中国检察权的独特性，为推进检察制度改革提供高屋建瓴性的价值指导。

（一）中国检察权的宪法与法律规定

1954 年《宪法》规定：“中华人民共和国最高人民检察院对于国务院所属各部门、地方各级国家机关、国家机关工作人员和公民是否遵守法律，行使检察权。地方各级人民检察院和专门人民检察院，依照法律规定的范围行使检察权。”“最高人民检察院对全国人民代表大会负责并报告工作；在全国人民代表大会闭会期间，对全国人民代表大会常务委员会负责并报告工作”，明确了检察机关在国家机构中的地位。1954 年《人民检察院组织法》在 1954 年《宪法》明确规定最高人民检察院职权的基础上，进一步明确了地方各级人民检察院的职权：“（一）对于地方国家机关的决议、命令和措施是否合法，国家机关工作人员和公民是否遵守法律，实行监督；（二）对于刑事案件进行侦查，提起公诉，支持公诉；（三）对于侦查机关的侦查活动是否合法，实行监督；（四）对于人民法院的审判活动是否合法，实行监督；（五）对于刑事案件判决的执行和劳动改造机关的活动是否合法，实行监督；（六）对于有关国家和人民利益的重要民事案件有权提起诉讼或者参加诉讼。”1954 年《宪法》

---

① 张智辉：《检察理论研究回顾与前瞻》，载《人民检察》2006 年第 11 期。

规定："地方各级人民检察院和专门人民检察院在上级人民检察院的领导下，并且一律在最高人民检察院的统一领导下，进行工作。""地方各级人民检察院独立行使职权，不受地方国家机关的干涉"，确定了检察机关垂直领导体制。

1975 年《宪法》规定："检察机关的职权由各级公安机关行使。"1978 年《宪法》保留了 1954 年《宪法》关于检察机关性质和地位的有关规定。1979 年《人民检察院组织法》对检察机关的职权作了重大调整，取消了一般监督职能，同时取消了 1954 年《人民检察院组织法》中关于检察职权第（六）项的规定，即没有规定检察机关对民事、行政案件提起诉讼或参加诉讼的权力。此外，对民事审判和行政诉讼活动的监督权、技术侦查权等也没有作出规定。1979 年《人民检察院组织法》规定了检察机关的职权："（一）对于叛国案、分裂国家案以及严重破坏国家的政策、法律、法令、政令统一实施的重大犯罪案件，行使检察权；（二）对于直接受理的刑事案件，进行侦查；（三）对于公安机关侦查的案件，进行审查，决定是否逮捕、起诉或者免予起诉；对于公安机关的侦查活动是否合法，实行监督；（四）对于刑事案件提起公诉，支持公诉，对于人民法院的审判活动是否合法，实行监督；（五）对于刑事案件判决、裁定的执行和监狱、看守所、劳动改造机关的活动是否合法，实行监督。"1978 年《宪法》规定："最高人民检察院监督地方各级人民检察院和专门人民检察院的检察工作，上级人民检察院监督下级人民检察院的检察工作。"之后的《宪法修正案》修改为"最高人民检察院领导地方各级人民检察院和专门人民检察院的检察工作，上级人民检察院领导下级人民检察院的检察工作"。

1982 年《宪法》规定："人民检察院是国家的法律监督机关。""最高人民检察院是最高检察机关。最高人民检察院对全国人民代表大会和全国人民代表大会常务委员会负责。地方各级人民检察院对产生它的国家权力机关和上级人民检察院负责。"1982 年《宪法》第一次将检察机关确定为国家的法律监督机关，同时也是国家的司法机关，进一步明确了检察机关在国家机构中独立于行政机关和审判机关的地位，但没有对检察权的具体内容作出明确规定。1982 年《宪法》同时规定："最高人民检察院是最高检察机关。最高人民检察院领导地方各级人民检察院和专门人民检察院的工作。上级人民检察院领导下级人民检察院的工作。全国人民代表大会闭会期间，对全国人民代表大会常务委员会负责并报告工作。"与 1954 年《宪法》规定"不受地方国家机关的干涉"不同，1982 年《宪法》规定检察机关依法独立行使职权，"不受行政机关、社会团体和个人的干涉"。

新中国检察制度有关宪法和法律规定表明，我国社会主义检察制度经历了创建、波折、中断、恢复建制和繁荣发展等历史时期。这一发展过程蕴涵着中国现代政治法律制度的历史经验和教训。检察制度是我国政治制度中不可缺少的重要组成部分。没有完备有效的法律监督制度，就不可能有完备的社会主义民主和法制；没有检察机关这一专门法律监督机关，就不可能维护法律的正确、统一实施。随着现代法治社会的发展，法律实施问题越来越重要，相应地检察机关法律监督工作的重要性进一步提高。检察权作为一重要的国家权力不但不能削弱，反而应当加强。党的十六大明确提出，社会主义司法制度必须保障在全社会实现公平和正义。据此，"强化法律监督，维护公平正义"就成为检察工作的主题和检察改革的主要目标。

（二）我国检察权的特点

与国外检察权制度相比，我国的检察权有以下几个方面的个性：

1. 政治制度基础不同。政治制度上的差异，本身是遵循不同的政治思想和国家权力观念的体现，由此导致各国在检察职能配置上的不同。西方国家一般是按照"三权分立"原则，将国家权力分为立法权、司法权、行政权，司法权由法院或法官行使，检察院或检察官则是通过履行侦查、起诉职能配合法院审判，有些国家还赋予检察机关一定的法律监督职能。从政治学角度讲，"国家机构是实现国家权力的组织系统，是国家机关的总和。各国家机关作为国家组织的一个环节，分工行使自己的职权"。[①] 我国"与西方国家通过党派对立和三权分立实现权力制衡不同，在人民代表大会制度下，必须依靠监督首先是人大的监督，保证国家机关依法行使权力"，[②] 同时，设置检察机关作为专门法律监督机关行使法律监督权。在国家机构中设置专门的法律监督机关，从国家权力中分离出法律监督权，是对传统的国家权力和国家机关设置体系的突破和发展，充分反映了我国宪政体制下加强对权力监督制约的客观要求。

2. 权能更为广泛。各国关于检察权的范围规定并不相同，总体上说，"大陆法的检察机关具有刑事侦查和公诉职能，英美法系检察机关具有政府法律顾问和起诉职能"。[③] 对于侦查职能的配置，西方发达国家（特别是人口众多的美、德、意、日等国家）一般由检察机关行使职务犯罪侦查权。对于监督职

---

① 张光博：《宪法学基本范围的再认识》，载《法学研究》1987 年第 3 期。

② 《贾春旺检察长在第十二次全国检察工作会议上的报告摘要》，载《检察日报》2006 年 6 月 30 日。

③ 张穹：《当代检察机关的架构》，载《检察论丛》（第 1 卷），法律出版社 2000 年版。

能，各国规定有所不同。如日本检察官请求法院正确适用法律，并监督决、裁定的执行；英国、法国的检察机关主要是对侦查机关、审判机关的执法活动即在司法领域内实施监督。除上述几种权能之外，一些国家还赋予检察权更为广泛的内容，比如，印度尼西亚检察机关负责“在法庭上提起公诉，制定刑法，对特殊刑事案件进行调查审理，根据国家有关法令执行某些特殊性质的任务”；[①] 新加坡检察机关“负责草拟国会颁布的法律、法令，提起和参加民事诉讼行政诉讼，对刑事犯罪案件负责指导侦查和提起公诉”。[②] 与多数国家相同，我国检察机关也承担着公诉权这一基本职能。此外，我国检察权的重要内容是法律监督权，包括职务犯罪侦查权和对诉讼活动的司法监督权。

3. 检察权的法律地位高。检察权的地位主要反映在检察制度在国家制度、司法制度中的地位，以及检察机关在国家体制中与权力机关、行政机关、审判机关、纪律检查等国家党政机关的关系上。大陆法系国家的检察机关地位相对较低，一般隶属于司法行政机关或本身就是司法行政机关。英美法系国家的检察机关的地位要比大陆法系国家高，一般隶属于国家元首或政府首脑，主要是作为国家公诉机关，兼有政府法律顾问的职能。两大法系宪法或宪法性文件并未对检察机关的宪法地位及其职能作出专门规定，就此而言，我国检察机关具有较高的宪法地位。但是要看到，在具体实践层面上，中国共产党的各级纪律检查机关很大程度上分担了检察机关对职务犯罪侦查权能，在一定意义上降低了检察机关的法律地位。对此，我们认为，国家权力的分配运用并不一定要拘泥于一格，承认和维护中国共产党各级纪律检查机关在职务犯罪方面的权能并无实质的不妥，但从宪政的要求出发，最好在宪法中予以明确。

4. 垂直领导程度相对较低。由于承担着执法监督、司法监督的基本职能，为防止法律监督不力，权力监督职能虚置，各国检察权大都采用了垂直的领导模式，即遵循“检察一体化”原则，上下级检察机关实行垂直领导，上命下从，形成整体，不可分割，自成体系，下级检察官必须服从上级检察官的命令。比如，作为两大法系代表的法国和英国、美国，尽管检察机关是行政机关，但在其内部实行的是“检察一体化”。改革后的英国检察机关不对地方政府负责，实行垂直领导，统一行使公诉权，且成立了由总检察长领导下的严重欺诈局（类似于反贪污贿赂局）。我国检察权在垂直领导方面的“一体化”程度还不够高，影响了检察机关依法独立公正行使检察权。

---

① 金帛：《印度尼西亚的检察机关》，载《人民检察》1992 年第 1 期。

② 柯汉民：《新加坡检察工作见闻》，载《人民检察》1988 年第 4 期。

三、中国检察制度的发展方向

国家权力结构的合理性取决于它是否能够、在多大程度上能够满足人民的需要。在现代法治社会里，“法律至上”的合理性前提是“法乃人民意志之法”，法治的要义乃尊重、维护民众的价值观。削减民众的不幸、增进民众的幸福，爱民众之所爱、恨民众之所恨、急民众之所急，这才是法治的精髓。“法律只要不以民情为基础，就总要处于不稳定的状态。民情是一个民族的唯一的坚强耐久的力量。”① 一套政治制度或者某一法律规范的优劣，取决于它与其效力范围内的民众的价值观念的契合程度。无论创设的、引进的还是改造来的法律，如果不能对其效力范围内的社会独特性予以充分的关注，它就很难深入人们的日常生活，就只能沦落为摆设。相反，无论一项法律如何产生，抑或学者给它以什么称谓，只要符合民众的需要，它就能（也应当）在现代法治中拥有一席之地。据此，我们不能因为某一检察制度规定违背了西方的三权分立理念而否认其合法性与合理性。正如许多政治家、法官、律师和学者认识到的那样，如果中国现行检察权结构能够有效地解决问题，那么，国家法律就没有道理拒绝承认它的合法性，学者们也没有道理抱怨这种做法。在这一基本思想指导下，我们认为，中国检察制度的未来发展应当遵循下述方向：

（一）坚持现行检察权配置框架

近年来，随着人们对检察制度改革的探讨，不少学者以西方检察制度理念为参照，认为“中国宪法……自相矛盾地赋予检察机关以法律监督权，本为监督对象的检察机关又摇身一变成为国家权力的监督主体”，② 主张改变现有检察权的配置模式，提出“侦诉分开，自侦案件的侦查可统由公安机关负责”、③ “使检察权与行政权和审判权在权能上保持一种平衡状态”、这“增加违宪调查控告权”，④ 还有一些学者对我国检察机关行使批捕权的正当性和合理性提出质疑，⑤ 等等。笔者认为，国家权力的划分并非界限完全分明，各国权力模式也不尽相同。比如，行政机关的立法权在国家立法体系中具有重要地位和作用，行政执法权带有准司法性质，英美法系法官制定的法律数量相对国

---

① 托克维尔：《论美国的民主》，商务印书馆1997年版，第315页。

② 郝银钟：《检察权质疑》，载《中国人民大学学报》1999年第3期。

③ 王洪宇：《试论我国检察制度的改革》，载《政法论坛》1995年第2期。

④ 朱仁政：《改革完善我国检察权的权能构成》，载《中国检察官》2006年第7期。

⑤ 参见陈卫东：《程序正义之路》（第1、第2卷），法律出版社2005年版，第226—228、第328—329页。

会立法而言也是比较多的。在国家权力体系中，强调的一个基本要求就是保证国家权力健康运行，有效防止权力腐败。检察权作为一种独立的国家基本权力，大体有公诉权、侦查权和监督权三种权能。

我国检察权的配置，应当依据我国的文化传统、政治体制的自身特点，在中国特色的国家权力结构体系中选择或确定。我国自秦汉以来的历朝封建统治都设立有独立的监察权制度。纠察百官、追究官吏犯罪是御史的基本职责之一。他们拥有侦查、逮捕、审判等广泛的权力，可以使用诸如微行暗察、风闻奏事、越级弹奏、便宜行事（大事奏裁，小事立决，特殊情况下可以先斩后奏）等特殊权力处理检察事务。这种做法在中国文化中占有重要的地位和作用。

在我国现行人民代表大会制度下，法律监督的主体首先是人大，除此之外，作为执政党的中国共产党的各级纪律检查部门在执法、司法监督中也发挥着重要的作用。据此，“增加违宪调查控告权”不符合我国人大制度精神；就侦查职能而言，虽然侦查职能的专业化和集中化已经成为世界各国法学界和司法界的共识，但无论是大陆法系国家还是英美法系国家，检察机关并未从侦查职能上彻底后退。在实行“警检一体化”的大陆法系国家，虽然实际从事侦查工作的通常是警察机关，但检察官却是侦查权的法定行使者。对此，我们不应简单地予以讥讽或诟病，而应深入思考其背后的原因——检察权的司法监督权能决定了检察机关必须承担起对特定犯罪的侦查职能；就检察机关的批捕权而言，虽然世界上大多数国家的批捕权是由法院或法官行使的，但根据我国的宪政制度和司法制度，批捕权由检察院行使，却比由法院行使具有更多的合理性。对此，国内学者朱孝清先生已有充分论述，① 此不赘述。

值得关注的是，西方国家的检察权也具有中立性的特征，如在法国，最高检察长的主要职责是“对国家整体执法活动进行监督”，其中当然包括对法院审判活动的监督。德国检察官“在法庭审理阶段，充任国家公诉人，同时监督审判程序是否合法”。因此，“检察官在法庭上既是公诉人，又是法律监督者”。② 另外，西方国家也有设立专门监督机构的趋势。如为了加强对警察的监督，防止警察违法和专横，英国 2004 年公布的《警察改革法案》决定成立“英国投诉警方独立监察委员会”，该委员会有权调查处理所有对警方的投诉，如果认为警察涉嫌犯罪，该委员会有权实施侦查、逮捕、提请检察机关向法院

---

① 详见朱孝清：《中国检察制度的几个问题》，载《中国法学》2007 年第 2 期。

② 宋英辉、陈永生：《英美法学与大陆法学国家检察机关之比较》，载《检察论丛》（第 1 卷），法律出版社 2000 年版，第 547— 553 页。

起诉。也就是说，西方国家也设有负责监督的专门机构，只是它层次相对较低，不属于国家分权层面上而已。

笔者认为，在对我国政治权力的全景式考察之下，中国对检察权的权能配置总体上体现了对国家权力健康运行的要求，强化现行检察制度改革的关键在于落实现有检察权制度规定，而不在于增加或减少检察权的内容，更不在于模仿以三权分立的国家权力结构模式为依托的行政性质的西方检察制度。中国现行检察权结构模式体现了国家权力运行的效率原则，检察权由检察机关独立行使，并不必然地不利于诉讼纠纷的哪一方，从而不会损害正义的要求。只要中国政治制度不与西方接轨，检察制度就很难与西方接轨，在检察制度改革中的态度就只能是“洋为中用”，即立足于我国的政治制度，借鉴西方的某些适合我国的有益经验。正如邓小平同志所说，“社会主义国家有个最大的优越性，就是一件事情，一下决心，一做出决议，就立即执行，不受牵制……这方面是我们的优势，我们要保持这个优势，保证社会主义的优越性”。① 目前检察工作的问题，包括社会反映强烈的一些热点问题，都不是检察制度本身的问题，而是未能认真有效地执行检察制度的问题。

（二）落实现行检察制度规定、强化检察权的措施方向

1. 上下级检察机关之间领导关系的规定还有待于进一步落实。在深化检察体制改革的进程中，迫切需要立法对检察一体化问题作出更加明确、具体的规定，建立健全领导体制、工作机制、组织人事制度、经费保障制度和检察官职务保障制度等，真正从制度上保障检察机关依法独立行使职权。可借鉴工商、税务、技术监督等行政执法部门的做法，先探索实行省以下检察机关直接领导改革，提高检察机关抵制来自其他国家机关和个人的干扰的能力。

2. 检察官任职条件和执法保障。各国的检察机关为保证检察队伍的良好执法水平，对检察官的任命和提升都由相关法律规定了严格的条件，同时规定了较为健全的执法保障和较高的待遇。如英、法等国对于检察官的任命资格，要求都比较高，任免程序也很严格。联合国《关于检察官作用的准则》中第1条也规定：“获选担任检察官者，均应为受过适当的培训，并具备适当资历，为人正直而有能力的人”；第3条规定：“检察官是司法工作的重要行为者，应在任何时候都保持其职业的荣誉和尊严”；第6条规定：“检察官的服务条件、充足的报酬，在适用的情况下其任期、退休金以及退休年龄均应由法律或者颁布法规或条例加以规定。”我国的检察官法虽然提高了检察官的任职条件，但与实现检察队伍精英化的目标相比还有较大的差距，不能适应繁重而艰

① 《邓小平文选》（第2卷），人民出版社1993年版，第240页。

巨的任务要求。故此，需要切实增强推进检察队伍管理体制和执法保障机制改革。

3. 强化对检察权的监督。检察权本身也应当受到适当的监督。如自侦案件的侦查活动监督由检察机关自己负责，效果可能不好。对此，除了强化权力机关的监督、社会舆论监督之外，检察机关应采取措施，强化对职务犯罪侦查的内部制约机制，尤其是重视强化上级机关的领导和监督，这是内部的监督，这一内部的领导和监督权源自检察权的统一性。

从宪政角度看检察权的属性

陈志杰*

内容摘要：检察权被宪法赋予法律监督职能，它的性质及其在国家权力体系中的地位，成为目前正在进行的司法改革中学界讨论的热点问题之一，这一问题涉及国家政治体制改革的基本思路，在司法体制改革中具有根本性，因此，应从宪政体制中寻求检察权的理论依据。

关键词：检察权；宪法定位；法律监督

在我国，宪法虽还没有直接进入司法程序，但宪法司法化的观念已逐渐确立。作为被宪法赋予法律监督职能的检察机关要想在市场经济、依法治国的历史进程中，确保司法独立、司法公正、廉洁司法，成为法治国家、法治政府最牢固的支柱，则必须从我国宪政体制中寻求检察权的理论依据。

当前对检察权的性质定位，很多学者和司法人员提出了自己的看法，如有的观点认为："人民检察院是国家的法律监督机关的规定是宪法的一处硬伤，检察机关不应当是一个独立履行法律监督职能的司法机关，对检察机关的法律监督地位提出怀疑"，① 认为中国检察官只能定位为在刑事诉讼中代表国家承担控诉职能的具有国家公务员性质的公诉人；有的观点认为"检察权应恢复行政权的本来面目，把检察院体制从司法体制中取消"；② 还有一种观点认为"检察权兼具行政与司法双重属性说"。③ 上述观点似乎有违宪法精神，不利于有中国特色的检察制度的发展，所以是不容回避的。检察权性质的定位应取决于：一是检察机关的性质与任务、机构设置与职权。二是检察权在国家权力结构中的定位。基于以上认识，拟对世界各国检察机关的性质与任务，机构设置

* 陈志杰，河南工业大学法学院讲师，研究方向：宪法学和行政法学。

① 郝银钟：《检察权质疑》，载《中国人民大学学报》1999年第3期。

② 夏邦：《中国检察院体制应予取消》，载《法学》1999年第7期。

③ 龙宗智：《论检察权的性质与检察机关的改革》，载《法学》1999年第10期。

与职权及在国家权力结构中的地位进行分析比较，对中国目前检察权的性质予以论证的基础上得出结论：我国的检察权即法律监督权，是一项独立的国家权力，既不隶属于行政权，也不隶属于司法权，它是一种通过起诉、检察侦查、诉讼检察等方式对一切违法犯罪行为进行合法性的法律监督的权力。

一、检察机关的性质与任务

世界各国的法律一般都明确规定检察机关的性质和作用。概括起来，检察机关的性质一般可分为两类：一是为国家公诉机关；二是为国家的法律监督机关。西方国家如美国、英国、法国、奥地利、德国、日本等国基本上都把检察机关定位为国家公诉机关，由此决定了它们主要担负刑事追诉的任务，检察官在刑事诉讼过程中作为当事人一方参加刑事诉讼活动。而在中国等社会主义国家都把检察机关确定为国家法律监督机关，由此决定了它们承担维护法制统一的法律监督任务。① 西方国家的法律一般都没有规定检察机关的任务，而仅指明检察官的职权，因为在他们看来，检察官依法履行职责，就是完成了他们的任务，而没有单独规定检察官任务的必要。

我国《宪法》第 129 条规定："中华人民共和国人民检察院是国家的法律监督机关"，确认了我国检察机关的性质、地位。第 131 条规定："人民检察院依照法律规定独立行使检察权"，确立了我国检察机关行使检察权的基本原则。《人民检察院组织法》第 5 条规定了五项检察权。《刑事诉讼法》第 3 条规定："检察、批准逮捕、检察机关直接受理的案件的侦查、提起公诉，由人民检察院负责"，明确列出了三项检察权，即批准逮捕权、侦查权和公诉权。《刑事诉讼法》第 8 条规定："人民检察院依法对刑事诉讼实行法律监督"，《民事诉讼法》第 14 条和《行政诉讼法》第 10 条分别作了类似的规定，这就确立了人民检察院对刑事诉讼、民事诉讼和行政诉讼的法律监督权。因此，法律监督是检察权的本质特点，司法属性和行政属性都只是检察权的兼有特征和局部特征。

二、检察权在国家权力结构中的定位

研究一国的司法制度，必须从该国的经济基础、政治结构和文化传统出发，通观近代和现代各国的情况，大体是 17、18 世纪西方欧美资产阶级革命成功后，接受了洛克和孟德斯鸠等资产阶级思想家提出的分权思想，建立了"三权分立"的政治体制。立法权、行政权、司法（审判）权分别由三个互无

① 李步云：《宪法比较研究》，法律出版社 1998 年版。

隶属关系的议会、政府、法院独立行使。检察权属于行政权，检察机关属于行政机关。1787 年《美利坚合众国宪法》规定了三权分立的原则。1789 年法国《人权宣言》进一步规定，“凡权利无保障或公权未设立的社会，就没有宪法”。进入 20 世纪初，苏维埃国家政治体制的建构打破了“公权制衡”模式一统天下的局面，立法权、行政权和司法权等国家的基本权力集中在代表大会及其常设机构手中，行政机关、审判机关对权力机关负责，受权力机关监督。在政党制度方面，无产阶级政党是执政党，其他政党只是协助无产阶级政党治理国家和管理社会事务，而不是实行多党竞选轮流执政的多党政治。其后相继建立的社会主义国家基本上都是采取这种政治体制。

中华人民共和国在成立之初就明确不实行三权分立的权力制衡政治制度，而是实行人民代表大会制度，实行民主集中制的原则。后来的多次修改宪法都坚持实行人民代表大会制度。人民代表大会制度是我国的根本政治制度，检察制度是由人民代表大会决定和产生的，是国家权力结构的一个重要组成部分。我国的人民代表大会下的“一府两院”制，是在行政机关、审判机关之外，设立一个不相隶属的检察机关，专司监督法律正确实施之责。这样的政体结构是中国社会主义国家权力制约机制内在规律的必然选择，是国家权力分配和有效控制的重要保障，赋予检察机关法律监督地位，检察机关拥有公诉权、检察侦查权、诉讼监督权，符合我国政体结构，是切实可行的，检察权只能加强，不能削弱。

“没有监督和制约，权力就是容易被滥用，甚至滋生腐败，任何政权组织形式都必须设置一定的监督和制约机制。”三权分立的政体是通过立法、行政和司法之间的分立与平衡来实现监督和制约的，列宁的有关理论和实践确定了人民代表大会制度下的诸执行机构之间制约与监督关系的基本框架和发展方向。列宁在领导制定苏俄刑法、民法、刑事诉讼法、民事诉讼法、土地法和劳动法等一系列法典的同时，敏锐地认识到如果没有强有力的保障法律统一实施的机构，这些法律都只不过是毫无意义的空气震动而已，面临当时法律监督权分散行使的状况，列宁提出了建立专门法律监督机关的主张。1922 年检察机关从司法机关中分离出来，但仍然设于司法人民委员会（审判机构）之内。1933 年宪法才使检察机关脱离了审判机关。1936 年苏俄宪法规定检察机关直属最高苏维埃，独立行使职权，不受其他机关的干涉，检察机关发展成为专门的法律监督机关这一历史进程说明：（1）它并不是列宁或其他领导人一时的兴致，而是经过十余年的探索和实践，逐步形成的具有历史必然性的监督模式。（2）检察机关曾先后隶属于司法行政机关、审判机关，但都不利于它实现其法律监督的职能，它发展成完全独立的、专门的法律监督机关是一种理性选择。换言之，只要实行人民代表大会制度，就必然要设立独立的检察机关作为专门的法律监督机关。(3) 人民代表大会作为权力机关的监督毕竟只是总体和宏观的，具体的监督特别是使用诉讼手段对执法权限的监督只能是个别的，而不可能是普遍的和常规的。因而，就需要设立国家的专门法律监督机关，行使法律和权力机关赋予它的具体监督权限，并且其法律地位应当是直接从属于权力机关，并与行政和审判机关处于同一层面，这就是在集权制国家设立专门法律监督机关的法理合理性和技术合理性。①

在我国的国家权力结构中，检察权与行政权、审判权位于同一层次同一系列之中，并对行政机关的执行行为和审判机关的司法行为的合法性依法负有监督的职责。检察权的特点在于：它是一种通过起诉、抗诉和建议等方式对一切违法犯罪行为进行合法性监督的权力，既不包括行政表决权，也不包括司法裁决权。因此检察权是一项独立的国家权力，既不隶属于行政权，也不隶属于司法权。

法律监督是运用法律规定的手段，按照法律规定的程序监督法律的实施，除检察机关的监督外，其他监督方式并不具有这种特点，细心的检察官们如果仔细阅读一下我国宪法就会发现，宪法在明确规定全国人大的15项职权，全国人大常委会的21项职权时尽可能地避免使用法律监督的用语，而将这一用语独独留给了法律监督机关。这一点使检察监督有别于其他监督方式，同时也要求检察机关严格依照法定程序进行监督，国家立法机关应充分考虑检察监督的这种特点，在有关法律中合理设计监督程序。现有法律特别是民事诉讼法、行政诉讼法中有关法律监督的内容太过原则和概括，程序上的可操作性没有体现出来，应尽快予以修正；刑事诉讼法也存在不少欠缺，应当予以完善。另外检察机关所拥有的侦查权是履行法律监督的一个手段，不能根据实现权力的方式来确定权力本身的属性。当前检察机关的各项职权包括侦查权无不包容在监督权的这两种表现形式当中，因此法律监督权与侦查权并不矛盾。那种认为取消检察机关对职务犯罪的侦查权的观点恐怕缺乏现实基础，检察机关应当保留侦查权，但这种权力涉及的范围不应过大，更不能搞检察机关指挥侦查那一套，否则，必将动摇检察权的性质，使检察监督丧失保障法律统一正确实施的功效而沦落为对大量个案的查办。②

---

① 周士敏：《简论我国检察机关的法律监督职能和地位》，载《法理研讨》2000年第4期，中国政法大学出版社2000年版。

② 王琰：《为检察实践提供坚实的理论基础》，载《人民检察》2000年第2期。

三、从宪政的角度看检察权的基本属性①

自由主义的国家观念是英美法系宪政国家形成的指导性观念。自由主义的国家观念强调个人的自由和权利，视国家为侵害个人权利的主要渊源。自由主义的原则是个人的自由范围在原则上是无限的，而国家干预的范围在原则上是有限的，自由是不受权力干涉而自主实现的自由，其宪政核心是限制国家权力。

如何限制权力主要不在于通过法律的分权和制衡，而是以权利制约权力，英美法系在诉讼中实行的当事人主义，正是这种宪政理念的写照。作为司法制度之组成的检察制度也渗透着优先保护个人权利，以公民权利制约司法权力的特征。

（一）英美法系以权利为主线的检察制度模式

1. 检察机关的地位

在宪政制度中不管是英国的隶属于内政部的检察机关还是美国隶属于司法部的联邦检察机关，虽然是政府的部门，但在诉讼中的地位始终是受当事人平等原则支配，被看做与被告人具有同等地位的诉讼当事人。即检察官以一方当事人的身份参加诉讼，双方法律地位和诉讼手段平等。

2. 检察机关的职能和职权

英美法系检察机关主要职能是代表政府进行公诉。英国在1985年《犯罪起诉法》实施以前并无统一的起诉机关，大部分刑事案件是由警察部门决定，然后指定私人开业的律师出庭担任“公诉人”，提起诉讼。检察官一般只就以下三类案件向法院提起公诉：可能判处死刑的案件；内政部长交办的案件；特别重要或疑难而有必要由检察官干预的案件。在美国对犯罪的追诉只存在公诉方式，但检察官的公诉权受到陪审团或治安法官的分割。美国公诉权并不仅由检察机关行使，而是保留着大陪审团起诉的方式。对于重罪案件，提起公诉并交付审判必须由大陪审团决定。英美法系的检察官对侦查权力不具有领导、指挥和监督的权力。英美法系以权利为主线的诉讼制度，强调权利对审判权的制约，以及判例法传统使具有造法功能的法官在英美法系国家形成法官至上观念，不容忍另外有权威的机构对法官进行监督。因此，检察机关对审判权不具有监督职责或极为有限。

---

① 张霞：《论检察权的宪法定位》，载《山东大学学报》（哲学社会科学版）2001年第3期。

3. 检察机关的组织体系、检察官制度

在组织体系上英美法系国家检察机关表现出分散性特征。美国受分权观念和宪政体制影响，其检察体制具有“三级双轨、互相独立”的特征。“双轨”是指美国的检察职能由联邦和州两级分别行使，二者平行互不干扰；“三级”是指美国的检察机构建立在联邦、州和市镇三个行政级别上。而且美国的检察机构无论级别高低和规模大小，都是互相独立的，它们之间没有隶属关系。英美法系的检察官来自律师，因而检察官队伍具有不稳定性特征。

（二）大陆法系以权力为主线的检察制度模式

约翰·亨利·梅利曼教授在《大陆法系》一书中指出，英美法系与大陆法系的一个重要区别是，前者盛行的是极端个人主义观念，而后者盛行的则是国家主义观念。国家主义指的是以国家权力为核心，以“权力至上”为价值基础的一种普遍存在于社会意识形态领域内的观念体系。国家主义观念并非不要个人权利和自由，而是认为“个人只有借助国家，而且只有作为国家的成员才能获得自由，国家的全能性不仅可以使个人的自治性得到完整的保留，而且只有这样方能保障个人的自治性”。从卢梭到康德、黑格尔的国家理论都表达出这样一个观念：相信个人只有通过国家才能找到实现其道德存在的途径；国家的权力是无限的，而且只有这种无限的权力才能保障个人的自治性。个人自由、权利是来自国家并通过国家权力而实现的。大陆法系的国家至上观念也就为在刑事诉讼中国家权力积极、全面地介入以及各诉讼权力机关之间的协同配合关系奠定了思想资源和正当化基础。职权主义特征是对大陆法系诉讼模式的概括，在检察制度上也深受国家主义观念的影响，形成了以权力为主线的制度模式。

1. 检察机关的地位

在大陆法系国家，犯罪被认为是对国家和社会利益的侵犯，国家负有保护社会秩序，惩治犯罪的义务，因此，不仅“对每个罪行，检察院、警官原则性负有展开侦查的义务。有足够的行为嫌疑时，检察院必须提起公诉”。而且法院也负有查明事实、惩罚犯罪的义务。在诉讼架构中，检察机关和侦查机关、审判机关一样是行使国家职权的机关，而非诉讼中平等的当事人地位。

2. 检察机关的职能、职权

大陆法系的检察机关是代表国家对犯罪追究刑事责任和提起公诉的机关，围绕这一定位其基本职能和职权有：第一，对犯罪案件的侦查职能。在德国，检察机关具有追究犯罪或终止追究犯罪的权力，即具有对刑事案件的侦查权。第二，公诉职能。公诉是各国检察官的一般职责。但是在大陆法系国家强调了检察官公诉的“权力”特性，而非“权利”特性，没有给予检察官更多的自由处分的裁量权，而是予以严格的限制，如大陆法系检察制度的典型德国实行强制起诉程序，在20世纪20年代实行起诉法定主义，以限制检察官的自由决定权。日本以“检察审查会制度”来对检察官的不起诉决定进行审查，以避免检察官滥用不起诉权。所以大陆法系对检察官起诉权的制约重心是不起诉行为，而英美法系则通过审查起诉权的分割以制约检察机关起诉行为。第三，对侦查、审判行为的监督职能。大陆法系以权力为主线的检察制度的一个重要特征，是不仅承担公诉职能，还承担对侦查行为和审判行为的监督职能。在德国，检察官被认为是客观的“法律守护人”，“检察官乃一剑两刃的客观官署，不单单要追诉犯罪，更要收集有利被告的事证，并注意被告诉讼上应有的程序权利。简言之，检察官不是也不该是片面追求打击罪犯的追诉狂，而是依法言法，客观公正的守护人，有利不利一律注意”。基于客观公正义务，检察官对警察的侦查活动有监督权，对侦查的合法性负责。在案件审理过程中，检察官对证据及其认定的合法性，对判决的合法、公正性负有监督义务。对一审判决，检察官认为不当的，有权提起上诉。

3. 检察机关的组织体制和检察官制度

大陆法系以权力为主线的检察制度中，尽管都奉行权力分立的宪政结构，但由于检察机关的特殊职责，往往在事实上被作为司法机关从一般行政机构中分离出来，建立起与法院组织机构相应的官僚体系，形成一体化的领导体制。与此相应，这种模式中的检察官和法官一样被作为司法官看待，在从业资格、培养途径、任职条件和特质、身份保障方面与法官一致。

从宪政的视野看，由于英美法系和大陆法系奉行的理念不同，因而检察机关的定位也不相同，大陆法系的检察机关职能更加广泛一些，并具有一定法律监督的性质。

（三）前苏联社会主义法系以监督权为主线的检察制度模式

以监督权为主线的检察制度模式有以下特征：（1）检察机关在国家宪政中具有独立的宪法地位，作为司法机关组成部分，其主要职责是为维护法制统一进行法律监督。（2）检察机关作为司法机关享有广泛的法律监督权。检察机关不仅具有在刑事诉讼中侦查监督、审判监督、执行监督权，在民事诉讼中也享有监督权。前苏联检察机关对决议、命令和措施是否合法，国家机关工作人员和公民是否遵守法律均负有监督权。（3）检察机关建立独立的组织系统并实行上下垂直的体制，以利于检察监督权的统一行使。检察官和法官一样作为国家司法官员，享有同等的待遇和保障，具有相同的任职要求。由此可见，前苏联等社会主义国家的检察机关职责非常广泛，其法律监督机关的性质非常明确。

第二编　检察制度研究

更加注重从制度上反腐败的深刻内涵

——从十七大报告看检察领导体制的重构

沈开举*

内容摘要：面对当下愈演愈烈的腐败行为，我们应当抛弃原有的以教育感化为主的反腐模式，更加注重从制度上了解反腐败所具有的重要意义和深刻内涵。然而，作为当下最为重要的反腐机构之一的人民检察院，却因为领导体制存在着严重的缺陷使得其应有的反腐功能无法得到充分有效的发挥，本文力图从党的十七大报告对于司法体制改革的论述出发，探讨中国检察领导体制重构的可能性，及其对于我国反腐工作的重要意义。同时，对新中国成立以来检察体制历史维度的考察将有助于我们进一步明确改革的方向。

关键词：腐败；制度反腐；体制异化；领导体制改革

自1978年实行改革开放以来，中国很快就进入了一个社会政治经济发生“数千年未有之大变局”的新时期。与此同时，各种形式的腐败也以前所未有的速度蜂拥而至。应当看到，这些年来，党和国家不断加大反腐力度，采取诸多反腐措施以遏制腐败的蔓延，并取得了一个又一个的胜利。但由于权力本身易受腐蚀的特性，以及转型时期社会不可避免地会出现某种程度上的“失序”，腐败“出生率”似乎总是会大于“死亡率”，甚至会出现“腐而不败”的现象。对此，我们不但要有所警示，而且要在认真总结国内外反腐的历史经验和教训的基础上，更加注重“制度反腐”的重要意义和深刻内涵。

---

* 沈开举，郑州大学法学院副院长、教授、博士生导师。

一、当前腐败的特点以及反腐的重要性

尽管对于腐败的定义，人们至今仍无法达成共识。① 但毫无疑问的是，腐败行为让人深恶痛绝，对民族和国家危害甚大。从近些年来已经查处的腐败案件来看，当前的腐败行为主要呈现出以下几个方面的特点：

（一）腐败活动呈现群体化、集团化甚至地区化的发展态势

从20世纪90年代开始，这一态势日益凸显并不断蔓延。近些年查处的腐败大案要案中，涉案人员从十几人，不断发展到几十人、上百人，甚至一个腐败案件的查处可能会导致某一地方“政治地震”。1999年，广东湛江特大走私案牵涉公务员达259人；2004年，黑龙江省绥化原市委书记马德卖官案牵涉265名官员，其中仅绥化市各部门的一把手就有50余人；2006年，湖南郴州原市委书记李大伦的落马牵涉当地158名党政干部和民营企业家。更令人震惊的是，作为社会公正最后一道防线的司法机关，不但出现了武汉中院、深圳中院这样的集体腐败案，而且连最高人民法院的副院长黄松有也因为腐败而被查处。② 腐败分子们如同《诗经》里所描写的“硕鼠”一般，一旦从某单位抓，挖一挖可能就是一窝。

（二）腐败行为越来越复杂化和隐蔽化

随着腐败的主体从个体行为逐渐发展成为一种集团行为，集体贪污、利用公款公物进行集体行贿以及法人犯罪不断增多，并且从本人作案发展到默许、暗中纵容甚至公然支持自己的亲友、情人等以自己的名义捞取好处；同时，腐败的方式也从单一的权钱交易发展到权钱、权色、权权之间相互交叉交易，且作案更加隐蔽诡秘。有些腐败分子逐渐形成对内实行“专业化”的分工合作，对外则步调一致互相庇护，并在关键时刻组成高度严密的攻守同盟，抵制法律的制裁。

---

① 美国政治学家米切尔·约翰斯顿教授曾经感叹“在反腐败问题的讨论中，没有哪一个问题能像腐败的定义这样长期争论不休，也没有哪个问题像腐败的定义这样在那些具有重要意义的讨论中经常占据优先的位置”。国际货币基金组织曾经对“腐败”下过一个简洁而明了的概念，认为腐败就是“滥用公共权力以谋取私人利益”。参见胡鞍钢：《中国：挑战腐败》，浙江人民出版社2001年版，第2页。

② 以上数据分别出自：《法制日报》1999年9月18日；《楚天金报》2005年3月22日；《华西都市报》2006年9月5日；中国知名律师网 http://www.114148.com/old/XX-LR1.ASP? ID=490；深圳新闻网 http://news.sznews.com/content/2007-03/21/content_962239.htm，最后访问日期均为2008-12-23。

（三）腐败职务级别越来越高、涉案金额越来越大

沈阳“慕马案”，涉及副省级干部1名，副厅级4名，正处级11名，县处级7名；成克杰案中，除了成本人以外，还有徐炳松、李恩潮两位省部级领导牵涉其中；马德案件牵涉原国土资源部部长田凤山、黑龙江省原政协主席韩桂芝；而2007年的“上海社保案”更是把陈良宇这样的高层干部拉下马，令中国最大金融城市一度地动山摇。① 最高人民检察院2003年的工作报告显示，从1998年至2002年5年间共查处县处级以上干部12830人，而到了2006年，全国检察机关全年共立案侦查涉嫌贪污、贿赂10万元以上和挪用公款百万元以上的国家工作人员就达8490人。而从涉案金额上来看，涉案金额越来越大，令人震惊。2001年全国检察机关查处100万元以上的特大案件1335件，2002年查处数额百万元以上的案件1319件，到2004年查处的仅涉案金额1000万元以上的就达到123件。②

（四）腐败具有广泛性和顽固性

当前的腐败正在向社会的各行各业渗透。腐败现象已经从一般的行政管理部门蔓延到国家的人事部门和组织部门，以及海关、司法等关乎社会安全和正义的“社会防护部门”，并开始向教育、医疗、媒体宣传等非行政管理部门渗透，形成屡禁不止，前“腐”后继之趋势。③

这些触目惊心的腐败行为，不但给国家和集体造成了巨大的经济损失，导致社会财富大量流失，而且严重败坏了党和政府在人民群众中的形象，腐化着党和政府纯洁的机体。古今中外的历史经验和教训告诉我们，腐败行为侵蚀着社会，让人们沉沦，最终将导致巨大的社会不公直至社会动荡，对此，我们不能不察。

二、现行检察领导体制异化及其带来的严重后果

不过，面对如此严峻的反腐形势，作为国家最为重要的反腐机构之一的检察机关却表现出了某种程度上的不适应——这集中表现在，尽管全国每年侦破

---

① 全国现有的省部级干部有2000多人，其中在一线工作的1000多人，过去3年中，省部级干部平均每年“落马”16—17人，比例在1%—2%之间。参见金凌云、孙展：《如何监督2000余省部官员？中央为高官反腐求解》，载 http：//www. gdnet. com. cn/hottopic/2004/0102/0826 - 02. htm，最后访问日期2008 - 12 - 23。

② 数据来源：最高人民检察院网站公布的2003年、2006年工作报告。

③ 2003年，河南省交通厅甚至出现了三任交通厅厅长接连落马的腐败丑闻。参见杨万洲、张惠君：《“前腐后继”的三个交通厅长》，载 http：//www. jxlz. com. cn/content. php? id = 36，最后访问日期2007 - 12 - 25。

了大量的贪污腐败案件，但如果对这些案件进行条分缕析的话，我们发现，这些案件的侦破大部分却并非由检察机关来完成的，特别是在大案和要案的侦破和查处上，似乎是纪委监察部门发挥着更大的作用。在现实中，检察机关所做的工作似乎更多的是对纪委监察部门侦结的案件进行公诉。根据我国《宪法》第129条规定："中华人民共和国人民检察院是国家的法律监督机关。"即检察机关拥有宪法赋予的对国家法律实施状况进行监督的权力，其中就包括对国家工作人员依法履行职权情况进行监督的权力，然而这项权力的行使却并不容人乐观。

在笔者看来，检察机关反腐职能和权力之所以没有能够得到很好的行使，并非是因为检察官们的素质或者能力的问题，而主要在于检察领导体制的不合理，即制度的因素，而非人的因素在阻碍着检察权力更好地行使。

（一）现行检察领导体制的异化及其原因分析

尽管为了维护法律的统一和法律监督的统一，我国现行《宪法》和《人民检察院组织法》都明确规定："最高人民检察院领导地方各级人民检察院和专门人民检察院的工作，上级人民检察院领导下级人民检察院的工作。"① 但是我国宪法和法律却同时确立了地方各级检察院向同级人大及其常委会负责制，即从法律上看我国是确立了检察机关双重领导制。应该说，这种领导体制的确立有其合理性，而且"用心良苦"——试图在国家法律的统一与地方特殊性、积极性之间寻找一种契合与平衡。

然而制度的现实运作结果却并不令人满意。当然，对此问题的深入分析首先需要对"领导"一词进行仔细界定。通常说来，所谓"领导"概指"统率、率领、统领"之权力，其实现方式大致有三种：其一是对人事的领导权，包括对人员的任免、考核、奖惩等权力；其二是财政保障权，包括对经费、装备、工资、保险、福利、奖励、补贴的配备和发放等权力；其三是对业务工作的领导，包括宪法和法律所确定的各项业务的领导权和指导权，对于检察机关而言，主要是指对侦查、批捕、反贪、公诉以及其他法律监督业务的领导。现行的双重领导体制首先将这三项权力中最为重要的人事权和财政权赋予了地方党政和人大，其次又通过地方党委的政法机构实际上分享了上级检察机关的业务指导权。这主要表现在以下三个方面：首先，将检察机关按行政区划设置，领导干部由地方党委和人大选任，人员编制由地方党政确定，经费来源由地方财政（主要是地方政府及其财政部门）供给。其次，地方检察机关党组作为各级地方党委向检察机关派出的组织机构，对检察机关进行领导，讨论和决定

---

① 参见现行《宪法》第132条、《人民检察院组织法》第10条第2款。

检察机关的重大问题。检察机关党组成员由地方党委指定，必须服从地方党委的领导。最后，地方党委又通过设立分管副书记、政法委，负责具体领导公、检、法、司、安等政法工作，对日常各种法律案件进行组织协调，甚至决定对个案的处理。有人曾经形象地将这种领导体制称为“上级（检察机关）管指标，党委管纱帽，政府管钱包，人大管选票”。法律所确认的“条块结合”双重领导体制实际上演变为“条块结合，以块为主”的双重领导体制，上级检察机关也仅仅就留下一个残缺不全的“业务领导”之虚名，于是国家设在地方的检察机关变成了“地方的检察机关”。

（二）体制异化所带来的严重后果和对反腐的不适应

“条块结合，以块为主”的双重领导体制带来了严重社会后果，不但导致了检察制度的“失效”和变异，而且使得其所应有的反腐功能无法发挥。

首先，虽然我国《宪法》和《人民检察院组织法》都明文规定：“人民检察院按照法律规定独立行使检察权，不受行政机关、社会团体和个人的干涉。”① 然而，由于地方检察机关的人事权、财产权基本掌握在地方领导手中，这使得检察机关反腐职能的发挥往往受到了来自地方权力的制约。一旦某些案件的查处涉及地方领导的利益或者政绩，地方检察机关往往不能或者不敢依法查办。而一些地方领导为了地方保护或者政绩的需要，则会通过一些成文规定或者不成文的“潜规则”来制约检察机关，形成“地方领导让查，不该查也得查；地方领导不让查，该查也不能查”的局面。②

其次，由于时下一些领导仍然认为法律和检察业务并不是一种需要专门学习和训练并具备一定职业技能、职业伦理、职业准入的要求之后才可以从事的职业，这就导致一些领导干部不但想方设法通过人事组织部门把自己的亲友、子女安排进入检察机关——这些人大多可能并不具备担任检察官的资格和能力，而且强行从其他部门调进领导干部，形成了不懂法律的领导却在领导检察官队伍，不懂检察业务的领导却在指导检察工作的尴尬局面，③ 也导致地方检察机关队伍良莠不齐，急需的法律人才进不了检察系统，进来的人却又往往不

---

① 参见现行《宪法》第131条、《人民检察院组织法》第9条。

② 例如，在查办职务犯罪中，许多地方形成了不成文“党内审批制度”，查办不同级别的领导，首先需要报请同级或上级党委领导同意。

③ 湖北省高级人民法院吕忠梅副院长曾经描绘这样一幅略带讽刺的图画，在当前的体制下“当法官要比当院长要难，因为法官必须从通过统一司法考试的人中遴选，院长则不受这个条件的限制……一些县长、书记在临退休前被安排到中院当院长，因为这样可以让他们在退休之前将行政级别提升半级”。这样的描述同样经常发生在检察机关。参见吕忠梅：《法眼观庭——穿行于教授和法官之间》，北京大学出版社2006年版，第70、第76页。

能胜任相应的业务工作，大大降低了检察系统工作的效率、公信力，并造成了很多司法不公和司法腐败的案件。①

再次，由于人事、财物权归于地方，所以一旦检察机关试图对某些人员进行立案侦查，涉案人就会千方百计拉关系托人情。而那些握有人事、财政大权的领导干部就首当其冲成为托请的最佳人选，有些人甚至乐此不疲，借以显示自己的能力或者捞取不正当的好处和利益，而法律的神圣、庄严以及统一就在这一次次的托请中被解构和消解。于是，我们居然看到了这样一幅有点讽刺的图景——“反腐未成，却为腐败分子制造了一次又一次的腐败机会”。当然，在理论上，检察机关应该为了维护法律而拒绝这些托请，然而在中国这样一个看重人情和关系的社会，我们不能总是把希望寄托在检察官的道德良知和职业操守上，也不能总是让他们为了维护法律的尊严义无反顾地“英勇献身”，因为这种体制违背人性，既不牢固，也不正义。

最后，在种种压力之下，为了能够争取地方党政领导的工作和财政支持，地方检察机关不得不参与地方一些非检察职能的行政事务，比如招商引资，比如“对点帮扶”、包村扶贫……其应有的权力和职能非但没有有效发挥，却一步步由独立法律监督机关被异化为政府的一个职能部门。②同时，一些基层和偏远地方的检察机关为了能够保障工作经费不得不开辟案源、争夺案源，一些司法腐败现象也由此滋生。

这些令人痛心的局面的产生，不禁让我们想起小平同志在《党和国家领导制度的改革》中所做的论述，“我们过去发生的各种错误，固然与某些领导人的思想、作风有关，但是组织制度、工作制度方面的问题更重要。这些方面

---

① 值得一提的是，在当下的这种体制下，由检察系统外部调进的检察长似乎更受地方检察机关内部人员的欢迎，因为这一类的检察长往往跟当地的党政领导关系比较亲密，而且在当地具有很强大的关系网和协调能力，更能为该机关内部人员谋取福利，因此也更容易获得本单位人员的拥护，尽管他可能并不具有相应的法律知识或者检察业务能力。然而，也正是因为这一点，国家的法律往往会被当地的社会关系和潜规则所代替。

② 十届全国人大代表、陕西省人民检察院检察长在2005年召开的全国人民代表大会上提案中指出，“很多地方的检察机关特别是基层检察院经费严重不足，检察机关的领导不得不花费大量精力专门‘跑经费’。尤其是基层检察院，跑经费就是最大的工作，最重要的工作，跑来经费也是最大的成绩，虽然费尽千辛万苦跑来的经费往往不过是‘杯水车薪’。为了跑经费，检察长整天身心交瘁，甚至不得不与财政等政府的‘强力部门’人员周旋于酒桌饭局之间”。一些基层和偏远地区的检察院因为经费不足甚至会出现被停水、停电、停电话的现象，尽管我们无法把这些现象跟法律的神圣和庄严联系在一起。参见新浪网 http：//finance. sina. com. cn/review/essay/20050310/11171419116. shtml，最后访问日期2009 - 8 - 24。

的制度好可以使坏人无法任意横行，制度不好可以使好人无法充分做好事，甚至会走向反面。即使像毛泽东同志这样伟大的人物，也受到一些不好的制度的严重影响，以致对党对国家对他个人都造成了很大的不幸”。[①] 他老人家认为，“领导制度、组织制度问题更带有根本性、全面性、稳定性和长期性”。[②] 今天人们越来越认识到，一个社会出现腐败问题既不可避免，也并不令人可怕，真正可怕的是社会制度本身非但不能预防和惩治腐败，却反过来成了滋生腐败的温床，出现“劣币驱逐良币”的恶果。

三、以十七大精神为指导，深化检察体制改革惩治腐败

对于腐败行为，我们党历来主张严厉打击和惩治，并且从治党治国的高度要求全党同志注意腐败的危害性，坚决同各种各样的腐败行为作斗争。2007年10月15日，胡锦涛总书记在十七大报告中指出“中国共产党的性质和宗旨，决定了党同各种消极腐败现象是水火不相容的。坚决惩治和有效预防腐败，关系人心向背和党的生死存亡，是党必须始终抓好的重大政治任务。全党同志一定要充分认识反腐败斗争的长期性、复杂性、艰巨性，把反腐倡廉建设放在更加突出的位置，旗帜鲜明地反对腐败”。同时，为了加强反腐力度，党和国家也更加注重司法机关的作用，胡锦涛总书记在十七大报告中指出，我们应该“深化司法体制改革，优化司法职权配置，规范司法行为，建设公正高效权威的社会主义司法制度，保证审判机关、检察机关依法独立公正地行使审判权、检察权”，并提出“要坚持用制度管权、管事、管人”。其中，“深化司法体制改革，优化司法职权配置，建设公正高效权威的社会主义司法制度”这一提法，在我党和国家的文件中是首次出现，预示着我国的司法体制改革在未来将会有大的发展，也让我们看到了对检察体制进行深化改革的希望和曙光。

那么，究竟应该如何深化检察体制改革，以建立公正、高效、权威的社会主义检察制度，从而加强对于腐败行为的预防和惩处呢？我们认为，应当改革以前以教育感化为主的反腐模式，更加注重在制度建设上下大工夫，从教育防腐转变为制度防腐，努力建立适合人性并符合权力运行规律的制度。而其中最为紧迫的任务之一就是要实现检察机关领导体制的垂直化管理，实现“检察一体化”，从而“激活”和改善当下在某种程度已经异化和失效的检察体制，

① 中共中央文献编辑委员会：《邓小平文选》（第2卷），人民出版社1994年版，第333页。

② 中共中央文献编辑委员会：《邓小平文选》（第3卷），人民出版社1993年版，第332页。

以充分发挥检察机关的反腐功能。

之所以进行这样的制度重构，是因为：首先，残酷的现实已经证明而且仍将证明，期望通过对官员进行道德教育来防止腐败，尽管并非不重要，但是往往收效甚微，当受党和国家教育多年的高级干部一个接一个地倒在“糖衣炮弹”中的时候，我们能做的只有面对现实，通过制度对他们的权力进行监督和制约；其次，我国宪法之所以要设立一个独立的检察机关体系并赋予其法律监督权，就是为了能够让其代表国家对破坏法制统一的行为进行监督和惩处，那么国家就必须给予其足够的权力和保障该项职能的行使；最后，新中国成立以来检察机关领导体制的变革已经为我们提供了一定的经验和教训。

新中国成立以来，我国检察机关的领导体制尽管曾经反复发生变化，但是问题主要集中在实行垂直领导还是双重领导的争论上。新中国成立初期，在苏联的影响下，我国首先确立的是垂直领导体制，1949 年 10 月，根据《中央人民政府组织法》的规定，中央人民政府之下设置最高人民检察署。1949 年 12 月中央人民政府主席批准的《中央人民政府最高人民检察署试行组织条例》中规定：“全国各级检察署均独立行使职权，不受地方机关（包括权力机关和党政机关——笔者注）干涉，只服从最高人民检察署之指挥”；到 1951 年，由于当时在干部配备、资金投入、办公条件、工作经验等方面均需得到地方支持，该年通过的《各级地方人民检察署组织通则》规定：“（一）各级地方人民检察署受上级人民检察署的领导。（二）各级地方人民检察署（包括最高人民检察署分署）为同级人民政府的组成部分，同时受同级人民政府委员会之领导……”从而将检察机关领导体制改为上级检察机关与地方人民政府委员会双重领导。①

不过，1954 年《宪法》又重新确立了检察机关的垂直领导体制，其规定“地方各级人民检察院和专门人民检察院在上级人民检察院的领导下，并且一律在最高人民检察院的统一领导下进行工作……地方各级人民检察院独立行使职权，不受地方国家机关的干涉”。② 同年颁布的《人民检察院组织法》进一步规定，省级人民检察院的检察长、副检察长、检察员、检察委员会委员由最高人民检察院提请全国人大常委会批准任免。省级以下各级人民检察院的检察长、副检察长、检察员、检察委员会委员均由省级人民检察院提请最高人民检察院批准任命，实行完全的垂直领导，并规定各级人民检察院的人员编制和办

---

① 参见 1951 年 9 月 3 日中央人民政府委员会第 12 次会议通过的《各级地方人民检察署组织通则》第 6 条相关规定。

② 参见 1954 年《宪法》第 81 条第 2 款、第 83 条。

公机构由最高人民检察院另行规定。[1] 然而，如同“五四宪法”的红颜薄命一般，随着1957年夏季开始的反右斗争扩大化，受“左”倾思想的错误指导，检察机关的垂直领导被批判为“不接受党的领导，向党闹独立，是将检察院凌驾于党政之上”。垂直领导由此被否定，到“文革”期间，甚至检察机关也被撤销了。

1978年检察机关恢复重建后，人民检察的工作开始走上正轨，虽然1978年《宪法》确立的是地方领导、上级检察机关监督的领导体制，但是1979年通过的《人民检察院组织法》（1983年修订）和1982年《宪法》很快就恢复了上级检察院对下级检察院的领导。然而却没能恢复“五四宪法”所确立的垂直领导体制。

或许我们今天已经到了必须重新审视曾有的那个担心的时候——是否对检察机关实行垂直领导就意味着要摆脱党的领导，向党闹独立呢？很显然不是。我们党完全可以通过最高人民检察院的党组织来对检察系统的党组织进行领导，而且还可以通过各级党委和纪委对检察机关进行监督——难道这不是党的领导的一种方式吗？如果说，改革开放以前检察机关的垂直领导体制与当时盛行的党委领导一元化政治体制确实存在冲突和矛盾的话，那么在改革开放这么多年的今天，面对中央和地方利益不断分化，[2] 面对一些地方党政领导为了自己的利益不断扭曲国家的法律和中央的政策，面对腐败的日益蔓延，面对国家的检察机关日益沦为地方的检察机关，甚至沦为地方保护主义的工具而无法维护国家法律的统一，难道我们还应该墨守成规，继续坚持检察机关的双重领导体制吗？清人蒲松龄曾经发出“覆盆之下多沉冤”的感叹，我们现行的体制

---

① 相关规定参见1954年9月21日第一届全国人大第一次全体会议通过的《中华人民共和国人民检察院组织法》，第3章第20—22条。

② 在计划经济时代，社会利益和资源主要通过指令性和指导性计划来管理和分配，中央与地方的利益具有高度统一性，采取垂直抑或双重领导体制对检察机关而言并没有太大的影响，也不会危及国家法制的统一——甚至在计划经济时代，实行双重领导体制在某种程度上可以减轻中央财政负担，对检察机关的创建、重建和发展能够起到一定的积极作用。然而，自从20世纪80年代中国财税制度的改革开始，中央和地方的利益就开始分化，地方逐步有了自身独立的利益需求，当国家法律和中央政策不符合地方利益的时候，其往往采取“上有政策，下有对策”的做法消极对抗。最为明显的表现，可能要属当下的固定资产投资和房地产开发领域。虽然中央“三令五申”并采取种种措施限制地方政府的“冲动”行为，但是效果并不是很理想，而这时候包括检察院在内地方政法机关却往往成为维护地方利益的工具。关于新中国成立后中央和地方关系的变化及其所带来的影响的相关研究，可以参见沈开举等：《国家与地方行政主体定位——一个中法行政主体比较的视角》，载《“中央与地方关系的法治化”国际学术研讨会的论文集》，第292页往下。

架构难道不是在不断强化着地方权力的“覆盆效应”吗？

四、结语

毫无疑问，如果我们认为人民检察制度是我们国家一项必须坚持的制度的话，① 那么现有的已经被异化的领导体制就应当得到改变，就应当“深化司法体制改革、优化司法职权配置”，让检察机关真正地担负其应有的职责，从而建设公正高效权威的社会主义检察制度。当下的中国“正处在一个伟大的变革时代，中国共产党作为这场变革的领导者，已经找到了一条符合中国实际的经济发展道路。我们也欣喜地看到，中国共产党已经并将进一步找到一条符合中国国情的政治文明之路”。② 如今，党的十七大已经吹响了进一步司法改革的号角，迎着这股春风，我们要做的就是深化检察体制的改革，③ 加强检察机关上下级领导关系，在总结历史经验和教训的基础上建立中国特色的“检察一体化”，使其真正成为预防和惩治腐败，维护国家法制统一的一把利剑。④

① 2007 年 11 月 23 日，刚刚上任的中共中央政治局常委、中央政法委书记周永康在最高人民检察院进行调研时强调应该“坚定不移地坚持和发展中国特色社会主义检察制度”。相关报道可以参见正义网 http：//www.jcrb.com/200711/ca656859.htm，最后访问日期 2009－8－25。

② 沈开举：《关键在于制度》，载《民主》2004 年第 10 期。

③ 在 2007 年 12 月 26 日召开的全国检察长会议上，最高人民检察院检察长贾春旺同志在大会报告中强调，下一步的检察体制改革要“为推进中国特色社会主义检察事业提供强大动力和体制保障”，要“落实宪法规定的检察机关领导体制，推进检察工作一体化机制建设，加强上级检察院对下级检察院工作的领导……探索进一步完善检察经费保障机制，保证依法独立公正行使检察权”。同时要“认真研究法律监督职权在各种诉讼之中、上下级检察院之间、各内设机构之间的优化配置，进一步健全上下一体、分工合理、权责明确、相互配合、相互制约、运行高效的检察体制”。这让我们对检察领导体制改革的前景充满希望。相关报道可参见杜萌：《全国检察长会议报告解读：新提法 新改变 新名词》；《贾春旺：今后要重点从五个方面深化检察改革》，载《法制日报》2007 年 12 月 26 日。

④ 当然，中国的政治体制改革应当积极稳妥地推进。鉴于我国幅员辽阔，各地情况差异较大，可以先由省级检察机关对其辖区内的下级检察机关实现人、财、物的垂直领导，然后不断总结经验，逐步过渡到由最高人民检察院进行统一的垂直领导。

论检察机关对行政权的法律监督

田　凯*

内容摘要：人类社会对权力制约的探索，存在权力分立与制衡以及独立设置监督权的两种路径。中国法律监督制度正是后者的一种现实体现，其诞生的历史背景和理论基础都呈现出制约权力的基本特征。从制度渊源看，中国古代言谏制度和御史制度、前苏联和现今俄罗斯法律监督制度、西方议会监察专员制度都与之息息相关。我国承担法律监督职能的检察机关应当恢复法律监督的本来含义，采取检察建议、行政公益诉讼和查办职务犯罪的形式，尝试对抽象行政行为、具体行政行为的合法性和合理性进行监督。

关键词：权力制约；检察机关；法律监督；行政权

和自然界存在众多普适性规律相反，人类社会发展很少有放之四海而皆准的真理，一致被共同认可的法治原则在每一个国家也有不同的表现形态。① 立足于权力，摸索控制权力的不同模式，分析法律监督的理性价值和固有意涵，以及在中国语境下对行政权开展法律监督的正当性和必要性，追溯法律监督制度渊源，研究人民检察院作为国家法律监督机关对行政权开展监督的现实路径，具有重要的理论价值和现实意义。

一、控制权力是法律监督之原始意涵

按照德国社会学家马克斯·韦伯（Marx Weber）的定义，权力的概念就

---

* 田凯，河南检察官学院副院长，宪法行政法学博士后，兼任最高人民检察院检察理论研究所兼职研究员，郑州大学硕士研究生导师，主要研究检察制度与行政法。

① 联合国教科文组织编写的《内源发展战略》中指出：每个社会应该根据自己的文化特征，根据本身的思想和行动结构，找出自己的发展类型和方式。有多少社会，就会有多少发展蓝图和发展模式。共同适用的统一模式是不存在的，任何真正的发展都应当是内源发展，以一个民族的文化为基础，以文明方案为目标和以人类本身为中心。参见王俊民：《对司法体制的和谐的追求和理论反思》，载张智辉、谢鹏程主编：《中国检察》（第3卷），中国检察出版社2003年版。

是一个行为者拥有的、置他人的反对于不顾、把自己的意愿强加于人的可能性。因此，权力是在某种社会关系内部决定行为者可以把自己的意志强加于另一个人的这一不平等现象的力量。显然，只要是权力或者权利，都包含迫使相对人不得不听从有权者的旨意的可能性。权力本性如此，权力必然要受到监督，并且也是可以制约和监督的，这已经成为人类社会发展的共同认知。

自人们开始设想制约权力以来，一直存在着种种不同的权力制约思路，社会权利对公共权力制约、公共权力与公共权力之间的制约、公共权力自我制约等路径相继提出。公民自治、政府自我规制、舆论媒体和选举制度完善等社会权利对公共权力约束显然是低成本而且高效益的选择。但是，社会权利的张扬并非朝夕之间的巨变性生成，它更多源于社会自我孕育和内生变量的自然积淀。于是人们把目光更多地投向公共权力对公共权力的约束和控制的路径上。在此路径下，分权与制衡始终是西方世界乃至全世界推崇的一种限制权力异化的方案，但是，如若承认权力制约的模式形态各异，抛开三权分立制约模式的大一统局面，在控制权力的思潮和实践中，始终存在着在人民主权之下，单独设置法律监督力量来控制权力的另外一种探索。法律是国家意志的制度化，法律监督是为了监督法律的制定和实施，其最终目的在于通过控制权力的异化而实现国家的意志，法律监督就是为了控制行政权和审判权而生，法律监督是国家权力需要监督的自然产物，是国家权力分配的一种必然结果。在人民主权之下，法律监督与行政权、司法权相平行而成为国家基本权力的一种，并对行政权、司法权进行监督，则是基于人类社会对权力本质强制性的认识，体现在社会制度自然变迁而走向成熟。

即使承认法律监督权是一种现实而又合理的权力监督模式，但对法律监督内涵的理解和把握，也始终存在着本质性的差异。广义监督论者认为，法律监督是指为保障宪法和法律统一正确的实施而进行察看并督促的活动。① 法律监督的主体包括国家机关、组织和个人，所有的主体对立法、执法和守法的监督活动均属法律监督的范畴。专门监督论者认为，法律监督是法定的机关对遵守和执行的情况实行的国家监督，② 监督的客体仅限于守法和执法。也有人认为法律监督在我国特指人民检察院通过运用法律赋予的职务犯罪侦查权、公诉权和诉讼监督权，追诉犯罪和法律使用中的违法行为来保障国家法律在全国范围内统一正确实施的专门工作。③ 其主体仅限于人民检察院。折中者则认为法律

---

① 张文显：《法的一般理论》，辽宁大学出版社 1988 年版，第 124 页。

② 王桂五：《中华人民共和国检察制度研究》，法律出版社 1991 年版，第 237 页。

③ 张智辉：《法律监督辨析》，载《人民检察》2000 年第 5 期。

监督有广义与狭义之分，广义上是指拥有法律监督权的国家机关、组织和个人作为监督主体对被监督对象的活动进行合宪性、合法性、合理性的评价，并对违法行为加以纠正的行为。狭义上是指专司法律监督权的国家机关对立法活动、执法活动、司法活动的监督。①

正确理解法律监督，关键在于选择宪政视角观察还是仅仅从刑事诉讼视角出发。如若从权力和宪政层面剖析法律监督，则能够看到法律监督为制约权力而生，是公共权力制约公共权力模式的一种实现形式。事实上，法律监督并不以哪个机关或官员为对象，而是以权力或权力的运用为对象，这才是理解法律监督含义的关键所在。为制约权力而生的法律监督是法律的守护神，其主要的精力在于维护行政权在规范和制度中运行。而中国检察机关在制度设计上则更加突出了其法律监督功能，其法律地位更加独立，可以说是全面而又专门监督的具体实现。这里所说的“全面”，是指无论权力性质，对行政权、审判权等都要开展监督，也指权力运行过程的全面监督。“专门”是指由专门的机关开展法律监督，而不是监督范围的限制。②

狭义上把法律监督等同于刑事公诉的部分刑事诉讼法学者，始终摆脱不了法律监督到底属于司法权或者行政权的权属之辨，原因就在于仅仅站在刑事诉讼的平台上，把法律监督者限制在刑事诉讼主体的范围内，自然没有国家权力观这种广阔的视野衡量法律监督权存在的正当性和必然性。仅仅把法律监督囿于刑事诉讼法学的研究领域，是对中国人民代表大会制度之下法律监督具有控制权力本性的错误理解，这种理解并不是因为法律监督思想和制度设计的先天缺陷，而与论者本人对中国当前宪政结构了解程度有关，也与法律监督者行为水平以及由此形成的制度惯性不无关系。专门监督论者从刑事法律条文规定和现行人民检察院职权范围出发，把法律监督限制于人民检察院的诉讼监督，局限于刑事诉讼监督，甚至连刑事诉讼监督都要放弃，仅仅从事刑事公诉，不但不能全面概括我国的法治实践，而且也会对认真理解法律监督的真正含义筑起樊篱。

当然，过于泛化的监督论并不足取。广义法律监督论者把法律监督过于泛化，泛化的必然结果是权力的虚化，现代社会的政党监督、新闻监督、公众监

---

① 汤唯、孙季萍：《法律监督论纲》，北京大学出版社2001年版，第4页。

② 对于审判权监督，其监督的形式和范围要以维护司法裁判权公正救济的权威性为度。良性运转社会中，审判权是维持公正和正义的最后保障，审判权运作是合法权益受到侵害公正的救济渠道，如若救济是永无休止的终点，社会的秩序则会陷入无法控制的紊乱。未来我们的社会也要发展至此，尽管目前尚需时日。

督等监督形式属于社会权利制约公共权力的力量，与法律监督属于并行不悖的范畴，各自以自己的形式发挥着监督作用，没有理由把前者纳入法律监督的范围。

二、对行政权开展法律监督的制度渊源

站在国家权力分立和制约角度理解法律监督，我们会注意到，无论是中国本土资源，还是西方政治制度，都有这种独立法律监督制度存在的身影，在制度设计方面自觉体现着法律监督权来实现权力控制的思想。

（一）中国古代言谏制度和监察御史制度——多形式监督行政权

我国监督行政权的相关制度的出现，正式建立可追溯到公元前221年甚至更早。秦始皇灭掉六国，统一了天下，中国政治也从贵族政治进入官僚政治时代。与之相适应，对官僚进行监督、控制的监督制度也产生了。这种制度在中国的不同历史时期呈现出不同的权力构建特点。应当说，我国古代行政监督制度有言谏制度和监察制度两大系统。专门的言谏机关——门下省正式建立于晋。言谏系统主要针对皇权的限制和约束，而晋代皇权衰微，门阀士族有较大的话语权，门下省于此时产生，也有其一定的历史必然性。门下省的设立，却从制度上确立了言谏系统独立于其他系统之外的地位。到了隋唐，门下省不仅是言谏机关，同时也是最高权力机关；不仅地位独立，而且权力广泛。比如，侍中可以通过献纳谏正，纠正皇帝过失，制约皇权；给事中可以驳正违失，像百司奏抄中有不妥的，可予以匡正；制敕有不当的，不仅封还诏书，还可以在敕令的黄纸上加批语，送还中书省重拟。

另外一种履行法律监督职责的制度体系——监察御史制度诞生于秦汉时期，秦朝在中央设有御史大夫，专门行使纠察百官、举劾违失的行政监督权力。在地位上，御史大夫与丞相、太尉并列三公。自东汉以后，中国历代的中央行政监督机构，如隋唐的御史台，明清的都察院，不论其地位如何，均独立于行政系统之外，履行对行政机构和百官行为失范的纠举职责。从职权上看，“立法、行政、司法监督三位合体是中国古代监察制度的核心”，① 我国隋唐时期就形成了大理寺、刑部和御史台三大司法机构。“唐朝以大理寺主审判，刑部主司法行政，御史台主监察。但刑部也直接干预审判……御史台‘掌以刑法典章纠正百官之罪恶’。不仅弹劾百官，也参与大狱。另外有的重大案件，则根据皇帝的命令由刑部、御史台和大理寺共同审理，谓之三司推事。”可见，我国古代监察御史制度不是现代法制意义上的行政监察机关，而是执行廉

---

① 彭勃、龚飞：《中国监察制度史》，中国方正出版社1997年版，第8页。

政监督和审判监督职能，同时也直接参与刑事审判的独立监督机关。

现行检察制度在纠举百官的职能上与古代的监察御史制度的本质相同，主要是指机构本身的设计目的就是约束和控制行政权的滥用。20 世纪初，孙中山先生主要也是吸收了西方三权分立的思想，结合中国古代的监察御史制度，确立了他的“五权宪法”思想，设计集察劾违法与纠举犯罪于一身的监察权，并且监察权应该有其独立性，是“五权宪法”的一个创新思想。在孙中山看来，只有五权才能更好地体现国家权力的职能，建立更为合理的国家权力结构。根据“五权宪法”组成的政府，既相互分立，又“连成一个很好的完璧”，不仅可以防止一切流弊，而且还能充分体现其效能。[①] 这样，中国古代的监察御史制度作为一种独立的监督制度的实质在民国时期一直延续下去。国民党政府根据孙中山“五权宪法”设立监察院，行使弹劾权和审计权，查处公务人员有违法失职之罪行，即进行弹劾和惩戒；对于总统和副总统，亦可提出弹劾案。[②] 尽管现代意义上的行政监察制度继承了不少古代监察御史制度的合理成分，但是，由于依附于行政权的运行，并且没有对职务犯罪的侦查权，应当说，对于古代监察制度的精髓，中国现代检察制度的设计吸收了更多。仅仅从公诉权的意义出发，“我国近代意义上的检察制度应当说开始于清朝末年的修宪改制，而非古代的御史监察制度，因为御史监察机关并不具有公诉机关的特点……说它类似于今天的行政监察制度好像更合适”。[③] 似乎有些失之偏颇。

（二）前苏联和俄罗斯法律监督制度——全面监督行政权

现代意义上的法律监督从制度上明确独立是从前苏联时期建立起来的。这种制度的建立得益于列宁的独立的法律监督思想。1918 年十月革命胜利后，为了保证法律得到执行，列宁强调：“第一，对法律的实行加以监督。第二，对不执行法律的加以惩办。”列宁在他的信《论“双重”领导与法制》中指出：“检察长的唯一职权和必须做的事情只是一件：监视整个共和国对法律有真正一致的了解，不管任何地方和差别，不受任何地方的影响。检察长的唯一职权是把案件提交到法院判决。”1921 年，列宁又说：“检察机关和任何行政机关不同，它丝毫没有行政权，对任何行政问题都没有表决权。”[④] 1922 年，

---

① 乔丛启：《孙中山法律思想体系研究》，法律出版社 1992 年版，第 124—126 页。

② 张晋藩：《中国法制史》，法律出版社 1995 年版，第 543 页。

③ 陈卫东：《我国检察权的反思与重构——以公诉权为核心的分析》，载《法学研究》2002 年第 2 期。

④ 《列宁全集》（第 43 卷），人民出版社 1987 年版，第 195 页。

苏俄在首先建立社会主义检察机关、颁发《检察监督条例》时，规定检察机关是“国家法制监督的机关、是法律的维护者”，是“国家的眼睛”。1997年前苏联正式颁布的《检察院组织法》中规定的更清楚。该法所规定的检察长监督，即“最高监督”共分为一般监督和执法监督两类，其中就是把提起并支持公诉作为对法院审理案件被告执法监督的一项职权来规定的，一般监督和执法监督被告的各种职权的规定，包括了前苏联检察机关在所有诉讼和诉讼的所有阶段上的作用和性能。我国的检察制度的起源之一就是前苏联的检察制度，经过了中国本土化的改造，中国的检察制度逐渐具有了自己的特色。

前苏联解体后，俄罗斯选择了休克疗法，在经济上进行激进式的资本主义改造，当然，在司法制度上，叶利钦时期，俄罗斯国内曾经涌起过取消检察院的法律监督权，全面学习英美法律制度的潮流，然而，经过思索和争论，从俄罗斯的国情出发，1999年2月修订的《俄罗斯联邦检察院组织法》还是保留了检察机关的法律监督地位。根据这一法律第三章的规定，俄罗斯联邦检察机关的监督共分四大监督：一是执法监督，《俄罗斯联邦检察院组织法》第21条第1款规定：执法监督“监督的对象是俄罗斯联邦各部、国家各委员会、局和联邦其他权力执行机关、俄罗斯联邦主体国家权力的代表机关（立法机关）和执行机关、地方自治机关、军事管理机关、检察机关及其公职人员，以及企事业组织的管理机关和领导人员遵守俄罗斯宪法和执行俄罗斯联邦现行法律情况，以及上述机关和公职人员作出的决定是否符合法律规定”。二是对遵守人权、公民权和自由的监督，《俄罗斯联邦检察院组织法》第26条第1款规定：“监督的对象是俄罗斯联邦各部、国家各委员会、局和联邦其他权力执行机关、俄罗斯联邦主体国家权力的代表机关（立法机关）和执行机关、地方自治机关、军事管理机关、检察机关及其公职人员，以及企事业组织的管理机关和领导人员遵守人权、公民权和自由的情况。”三是对侦查机关、预审机关和预侦机关的执法活动实施监督，《俄罗斯联邦检察院组织法》第29条规定：“对侦查机关、预审机关和预侦机关是否按法定程序进行侦查，对违反人权和公民权和自由的既遂犯罪和预备犯罪的控告、申诉和举报所采取的侦查措施和作出的决定是否合法，进行监督。”四是对监管场所行政机关执法的监督，《俄罗斯联邦检察院组织法》第30条规定：“对劳改、劳教、看守所及执行法院决定的强制措施的其他机关监禁人员的合法性，实施监督；对遵守俄罗斯联邦法律规定的被监管人员的权利和义务的情况、监管秩序的合法性即提供的监管条件进行监督；监督执行非剥夺自由处罚的合法性。”①

① 周志放译：《俄罗斯联邦检察院组织法》，载《中国刑事法杂志》2002年第6期。

和前苏联时期的法律监督制度相比，俄罗斯联邦的法律监督制度发生了以下三大变化：一是强化了对行政权的监督。前苏联时期，检察机关行使“一般监督权”。其监督范围包括国家机关、企业、集体农庄以及各种其他组织所有公职人员、公民遵守宪法和法律情况。而俄罗斯的检察机关只是对国家各类机关和公职人员执行宪法和法律的情况进行监督。监督的对象收缩为涉及权力运作的人员和行为。这一变化有助于集中监督力量，提升监督质量。二是强化了对人权和自由保障的监督。这一变化体现了俄罗斯改革后接受西方的政治理念，同时也体现了更加重视发挥检察机关在保障人权中的独立监督作用。三是弱化了对审判权的监督。出于尊重司法权是社会公正的最后保障的理念，虽然《俄罗斯联邦检察院组织法》第 36 条第 1 款仍然规定了检察长可以在自己职权范围内依照审判监督程序向上一级法院提出抗诉，但是该法没有明文规定检察机关对法院实施法律监督，而且也取消了检察机关有权依照上诉审程序抗诉的规定。这样，和前苏联检察监督范围不仅仅局限于追诉犯罪和刑事、民事诉讼程序中，而是包括最高权力机关颁布的全部法律实施的法律监督相比较，现在俄罗斯联邦的检察机关则把监督的主要力量转向了行政权运作过程，由一般法律监督走向了专业的法律监督之路。

（三）西方议会监察专员制度——非刚性监督行政权

按照权力的分立和制衡的基本思路设计的西方政治制度，权力的监督主要通过权力的相互制约和均衡。然而，在权力的所有者和代表者相分离，个人利益和公共利益相分离的情况下，权力的制衡不能覆盖权力的所有运行角落，监督的空白触手可及，加上没有特定的权力作后盾，权力的滥用走向必然。西方的议会监督专员制度诞生在这样的背景之下。1809 年瑞典议会通过宪法规定了设置由议会选举并对议会负责的内政监察专员（Ombadsman for civil affairs），其职责是以议会代表的身份监督所有行政官员和法官对法律、法令的遵守。瑞典议会监察专员公署，由议会根据宪法和法律选举产生，设立于政府系统之外。起初，专员的主要职责是对行政和司法机构进行监督，在当代则侧重于监视法律法令在公共事务中的执行及受理公民对于行政机关及公务员在公权力行使过程中所出现的不合法、不公平行政行为的申诉案件，并有权展开独立调查。根据瑞典 1974 年的宪法规定，监察专员监督政府、法院所有公务人员是否切实执行法律，但不得直接控制公务人员的行为，亦不得发布命令或更改其认为不适当的行政措施；专员对公务人员的违法失职行为可向有关机关提出补救性或惩戒性的建议；专员为行使职权可以调阅政府档案或记录，调查公民提出的申诉案件。西方的议会监察专员是代表议会监督行政职权的运行，监察范围一般涉及政府首脑、部长、大法官、议会议员以外的一切公共权力机关及行使公共权力的人员。任何公民如果认为“由于弊政而受到不公正的待遇”，都可以向行政专员提出控告。行政专员可受理控告，依据法律行使监督权限。其监督权限是监督法律、法令在公共事务中的执行，保证行政当局公平、合法地行事。

“二战”前后，西方国家逐渐修正了政府只是充当“守夜人”角色的理论，行政权对社会的干预逐渐增多，在积极主动调控社会的过程中，行政权越界干预私权利的现象也有增加。此时，西方国家逐渐注意到，控制行政权的具体运作，远远不是权力制衡所能达到的。瑞典和北欧国家单独设立监察专员制度对行政权独特的监督功效，在“二战”后遍及西欧，英联邦各国、美国的若干州，甚至非英语国家，如日本也相继仿行。“Ombadsman”（监察专员）现已成为国际性名词。这种独立监督力量在三权分立制度之中扩展的大趋势，一是适应了现代社会“行政国”的出现，能够补救议会对行政事务的日趋复杂化和专门化监督控制不足的困境。二是适应了现代社会立法专门性和技术性愈来愈强，议会和议员摆脱具体的监督事务，专心立法的需要。三是符合为行政权日益扩张背景下公民合法权益遭到损害提供一条便捷、经济的救济渠道的需要。

虽然每一个实行行政监察专员制度的国家对行政权监督的方式和范围有所不同，但是，在三权分立之外，强化一种独立的监督权已经是一种发展的趋势，并且这种制度的设立为法律的统一实施和约束控制行政权发挥显著的作用，尽管这种发展的趋势曾经遭到了行政权的强烈抵抗。在澳大利亚，联邦政府对于建立监察专员制度一直持冷淡甚至反对态度。联邦政府不愿意将自己的行政权力置于监察专员的监控之下。经历了十多年的酝酿之后，1976 年《联邦监察专员法》才得以通过。当监察专员设立后，每年处理有关行政权申诉和请愿的数量不断增加。1978—1979 年处理的申诉和请愿 500 件；1980—1981 年间的工作量猛增为 11000 多件。在芬兰，监察专员包括司法总监和议会司法代表，二者均被称为法律的保护人。由于芬兰实行强总统制，作为法律卫士的司法总监和司法代表对行政权力的制约作用就显得非常必要和明显。设立后，这两位监察专员承办案件的数量逐年上升。20 世纪 70 年代初司法代表年办案数约 1100 件；司法总监年办案数约 1000 件。到 80 年代初，司法代表年办案数达 2000 余件，而司法总监年办案数达 4000 余件。芬兰的监察专员制度在反腐败和维护公民权益方面发挥着越来越重要的作用。①

---

① 参见杜刚建：《人权与宪政的卫士制度——国外行政监察官制度系列报道》，载正义网法律学术—法律学人—杜刚建—代表论文网页。

三、中国检察机关对行政权开展法律监督的制度设计

无论思想还是创建具体制度，强化行政权的监督制约早已为世界各国和中国历朝历代所重视。进入现代以来，前苏联首先创建了社会主义的检察制度，并将检察机关界定为专门的法律监督机关，专司法律监督职责，俄罗斯把这一种制度继承了下来。在法国，最高检察长的主要职责是："对国家整体执法活动进行监督"，① 法国检察机关除行使侦查、起诉、支持公诉等职能外，还行使监督司法辅助人员、检察书记员、监督户政官员和对司法救助制度的营运监督、对私立教育机构监督等职责。② 德国检察机关也具有一定的法律监督和保证国家法律统一实施的职能。③ 葡萄牙检察机关也具有比较广泛的监督职能，如"监督司法官员的工作；在自身权限内，维护法庭的独立，并监督司法职能依照宪法和法律运行"，等等。④

中国根本政治制度是议行合一的人民代表大会制度。按照马克思主义的国家权力理论，国家的一切权力属于人民。全国人民代表大会和地方各级人民代表大会代表人民行使国家权力。国家行政机关、检察机关、审判机关都由人民代表大会产生，对它负责，受它监督。中国并不是将公共权力划分为相互平衡的立法、行政、司法三权，而是以人民代表大会作为权力机关产生行政机关、审判机关、检察机关，分别行使行政权、审判权和检察权。人民代表大会监督其他机关的工作，强调权力机关的优位。如果说资本主义国家建立在分权制衡理论基础上的三权分立制对封建专制是一个否定的话，那么社会主义国家建立在民主集中制基础上的人民代表大会制度，则是对三权分立否定之否定。尽管中西方权力运行机制不同，但目的都是防止因权力遭滥用而危及公民权利，从而设计了权力间的监督制约机制。

在中国根本政治制度下，人民代表大会具有立法权和监督权，检察机关作为人民代表大会授权的专门监督机关，理应承担起对行政权的监督作用。这既是对中国本土资源的继承，也是对国外人类政治文明优秀成果的吸收，既是中国当前宪政体制的实际落实，也是法律监督本意的回归。

---

① 中国检察考察团：《法国的检察制度》，载《人民检察》1994 年第 12 期。

② 王然冀：《当代中国检察学》，法律出版社 1989 年版，第 70 页。

③ 中国检察考察团：《德国的检察制度》，载《人民检察》1999 年第 11 期。

④ 中国检察考察团：《葡萄牙〈检察署组织法〉简介》，载《人民检察》1996 年第 4 期。

（一）对抽象行政行为①的法律监督

抽象行政行为是行政机关针对不特定的人和不特定的事制定具有普遍约束力的行为规则，是行政权运行的一种主要方式。规则具有普遍约束力和强制执行力，一旦它们违法或不适当，将会对公民、有关组织的权益造成广泛的和严重的损害。由于行政主体和行政相对方处于不对等地位，即行政主体处于绝对优势地位，而行政相对方处于弱势地位，因此行政立法一旦存在缺陷，将直接损害行政相对方的权益。另外，包括行政规章制度、行政工作流程在内的行政规范性文件的制定和设置不当，也会损害公民、组织和公职人员自身利益，更重要的是增加行政腐败的机会，甚至诱使职务犯罪的发生。

政府的产生源于权力机关的选举，人民代表大会有权代表人民对政府的行政行为进行监督，自然，行政立法、行政规范性文件也应当受到权力机关的监督。依据宪法关于人民检察院是国家的法律监督机关的规定，检察机关是人民代表大会授权的专门法律机关，检察机关有权代表人民对抽象行政行为开展监督。但从监督的总体格局看，检察机关的法律监督只是社会各界力量对抽象行政行为监督的一支力量。② 其监督的内容和形式有：

1. 对行政立法合宪性和合法性监督

检察机关可以主动，也可以根据公民、法人或者其他组织的控告申请启动这种监督。从监督的内容上看，主要审查一是行政机关是否具备行政立法主体资格。只有具备行政立法主体资格，才能进行相应的行政立法活动。二是是否在立法权限范围内行使立法权。行政机关行使行政立法权，必须是在授权范围内进行，不能超越法律所规定的权限范围。三是是否遵循相应的立法程序。严格的立法程序是正确进行行政立法的有效保障。按照立法程序进行立法，既能防止受领导者个人意志的影响，又可使立法程序规范化。四是内容是否违背宪法和法律。行政立法属授权立法，以宪法和法律为依据，因而其内容不得有与

---

① 抽象行政行为是指针对非具体的、不特定对象而作出的具有普遍法律效力的行政活动，又称规范性行为。行为的具体和抽象之分，不在于行为本身，主要在于行为的效力对象是否普遍。（参见孙笑侠：《法律对行政的控制》，山东人民出版社 1999 年版，第 226 页）抽象行政行为一般包括行政立法、行政规范性文件的制定。尽管行政诉讼的依据只限于法律、行政法规和地方性法规，但是部门规章、地方规章和行政规范性文件在行政过程中作为行政行为的合法性依据出现的频率会远远大于法律、行政法规和地方性法规。所以，对抽象行政行为的法律监督应包括行政立法、行政规范性文件（包括行政工作制度和行政工作流程）制定的审查。

② 在中国当前法律的规定下，包括公民在内，行政机关内部的法制部门、审判机关和权力机关本身都有监督行政立法和行政规范性文件的权力。

宪法和法律相抵触之处，否则无效。行政规范性文件的内容也必须在宪法和上位法的规定范围之内。这是行政立法制定过程中最易出现问题的地方，特别是地方政府在立法过程中易出现此类情况，一旦出现则属实质违法，因而无效。五是是否存在行政立法之间的冲突。在我国，地方行政所立之法不得与国务院所立之法相抵触，否则无效。

通过书面审查，抑或必要的调查，如果行政立法的内容违宪或者立法主体、立法权限、立法程序、立法内容违法或者行政立法之间存在法律冲突，检察机关有权通过检察建议的形式建议制定部门撤销或者修改违宪或者违法的行政立法，如果建议得不到回应，检察机关可以提请全国人大常委会和地方各级人大常委会，要求权力机关对违宪和违法的行政立法进行审查。这种非刚性、程序型的监督模式能够保障行政权的独立，也保障了违宪审查的最终决定权仍然保留在权力机关手中，同时，监督也易于为被监督对象所接受。

2. 对行政规范性文件的合宪性和合法性监督

行政规范性文件是指各级各类国家行政机关为实施法律、执行政策，在法定权限内制定的，除行政法规和规章以外具有普遍约束力的决定、命令及行政措施等。在行政实践中，行政规范性文件的数量大大超过行政法规和行政规章，更多的行政行为是依据行政抽象性文件进行；规范性文件对于法律、行政法规和行政规章起到有效的执行作用，关于行政行为的程序性规定的行政工作制度和行政工作流程对规范行政行为也起到关键作用。但在浩如烟海的行政规范性文件中，行政抽象性文件的制定宏观上越权情况严重，其内容与上一级规范性文件不相符合甚至出现抵触的情况屡见不鲜，从而使得行政法规、行政规章在实施中变形；在制定依据方面，不以法律、法规、规章为依据；在制定程序上，没有遵循必要的程序规则。直接侵害公民和法人的合法利益，也导致职务犯罪的发生。

如果说行政立法还在法律的监督视野之内的话，行政规范性文件的制定则游离于几乎所有的监督力量之外。政府法制部门正在采取行政规范性文件的备案审查制度，尽管迈开了监督的步伐，但限于监督的力量源于内部，其公正性、独立性、权威性还有待观察。检察机关对这类文件的监督，主要目的是维护法律的统一正确实施，保护公民和法人的合法权益，同时，也预防职务犯罪的发生。这种监督有四个介入的途径：一是依职权主动介入；二是经公民、法人和其他组织的控告介入；三是通过办理职务犯罪案件之后介入，对于存在的规章制度和工作流程上的问题，举一反三，开展对行政规范性文件的审查；四是受行政机关的邀请介入。在香港，廉政公署防止贪污处审查行政制度及工作程序的审查研究范围广泛，涉及所有公共服务，包括执法、采购及合约管理。

防贪处经常与各政府部门及公共机构的高层管理人员紧密合作，确保所提出的建议得以有效推行。2002 年，该组织共完成 105 宗对公共权力机构和公营组织工作制度和工作流程的审查。[①] 检察机关对行政规范性文件的监督，一是要审查其内容是否合法，看是否存在越权制定行为和法律冲突的情况。二是要审查其制定是否符合法定程序。三是要审查其是否符合国家政策。四是看是否符合客观实际，是否具有客观实在的可行性。当然，特别是行政工作制度和行政工作流程文件是否细致具体、是否全面、是否具有程序的严密性，也是检察机关法律监督的范围。

检察机关对行政规范性文件的监督应当是书面审查和调查相结合，对于审查的结果，如果发现文件违法或者不当，可以采取检察建议的形式向制定部门发出撤销和补充、修改和完善的建议。建议可以要求回复，如无正当理由的情况下制定部门没有作为，检察机关可以提请权力机关，也可以向其上级部门建议，督促行政机关实施整改。

（二）对具体行政行为的法律监督

具体行政行为涉及社会生活的方方面面，直接和公民、法人和其他组织的切身利益息息相关，司法实践中存在的问题也最为繁多。当前，我国对具体行政行为的监督途径，一是公民可以通过法院提起行政诉讼，通过对具体行政行为的合法性审查开展监督。二是公民也可以通过向上级行政机关申请行政复议，上级行政机关也可以主动监督下级的行政行为。三是违法行政行为构成职务犯罪时，由检察机关进行侦查。但是，由于行政诉讼存在诉讼范围狭窄，诉讼时间长，诉讼费用高，诉讼过程受干扰大等弊病，并没有成为行政相对方权益受到行政主体不法侵害时的主要救济途径。同样，行政复议还是一种内部监督行为，难以切除“医不自治”的流弊。而检察机关通过查办职务犯罪的监督仅仅限于构成犯罪的具体行为，而大多数具体行为则失去了监督的樊篱。检察机关作为法律监督机关，应当切合形势的需要，承担起对具体行政行为监督的职责。对具体行政行为的监督，检察机关应当针对不同类型采取不同的监督方式和途径。

1. 以检察建议形式审查具体行政行为的合法性和合理性

检察机关对具体行政行为审查的介入方式应当以受理公民、法人和其他组

① 香港廉政公署：《防止贪污处职责与组织》，载香港廉政公署网页—防止贪污处—职责与组织，http：//www. icac. org. hk/big5/prev/prev_ dept_ 2. html 访问日期 2004 - 12 - 21；参见黄鸿超：《香港特别行政区廉政专员 2002 年年报》，香港印务局 2003 年版，第 72 页。

织的控告和申诉为原则，以主动介入为例外，这是因为具体行政行为数量浩大，难以实现随时随地的全程监督，除了公益诉讼和查办职务犯罪行为外，对于没有侵犯公民合法权益的行政行为，也无监督的必要。对具体行政行为合法性的审查标准，主要看具体行政行为主要证据是否确凿、充分；适用法律、法规是否正确；是否符合法定程序；是否超越职权；是否不履行或拖延履行法定职责。对具体行政行为合理性的审查，主要看自由裁量行为是否公平、适当，是否符合理性。当然，具体审查时一要看行为是否违反比例性、适度性和必要性原则。看实施裁量时对相对人个人的损害是否超过了所保护的社会利益，是否选择最适当的方法去实现行政目的，是否选择了对相对人造成损失最小的方法。二要看行政机关在自由裁量时，所使用的手段是否违背了依法授权的目的。三要看行政机关运用自由裁量权作出的某项行政决定是否考虑了不相关的因素或者没有考虑相关的因素作出的。四要看自由裁量权的运用是否考虑到不与法律相冲突的客观规律、社会道德、惯例和常理的客观存在。

尽管人民法院受理关于对具体行政行为合法性审查的诉讼，但是检察机关实施对具体行政行为的审查仍然和法院区别很多，检察机关的审查有自己的特点，检察机关的审查范围可以扩宽，不但对合法性审查，还可以对合理性进行审查；检察机关的审查时效快，程序简便，节省费用；检察机关的审查不具有强制力，只是一种提议行政主体改正的建议；检察机关的审查是一种程序型审查，不是最终决定的结论。对于检察机关审查的结论有不同意见，仍然可以就原具体行政行为提起行政复议或者提起行政诉讼。

2. 对违法行政行为提起行政公诉

行政公诉是指特定国家机关根据法律授权，对行政机关违反法律法规，侵犯国家利益、社会公共利益的行为，向法院提起诉讼，由法院依法追究其法律责任的活动。根据传统“诉讼利益”理论，原告起诉只能限于与自己权利或法律上利益有直接关系。但是在社会公共利益遭受侵害的情况下，与行政行为有直接利害关系的人可能是受益者，不会提起诉讼。而且在某一特定问题上有直接利害关系的人，并不一定代表全社会的利益。所以，为了维护社会公共利益，应允许与自己权利无直接法律利害关系的组织，[①] 可以就行政机关的违法

---

① 美国《国家环境政策法》要求所有的联邦机关在对“一切对人类环境有影响的联邦行动”中应充分考虑环境利益。20 世纪 70 年代以来，《清洁空气法》、《水法》等 12 部联邦环境资源法律都通过“公民诉讼条款”赋予公民以提起司法复审资格，认可公民可以像司法部长和政府一样起诉环境不法行为，为公民或公众团体就环境公益提起行政诉讼提供了强有力的保障，这就是美国著名的“私人检察长制度”。

行为提起行政诉讼。

检察机关是一个完整立足于公平和正义的机关，这也是检察机关在刑事、民事、行政三大诉讼中拥有公诉权的根据。公诉权的本质属性是一种司法请求权，一般不具有确认实体权利和义务的权能。这一特性明显区别于审判权和行政权，从而成为检察机关最具特色的职能。检察机关有权代表国家提请法院追究犯罪嫌疑人的刑事责任、提请法院确认某一民事法律关系的效力、提请法院确认某一行政法律关系的效力，追究违法公民、法人和其他组织的刑事责任、民事责任和行政责任。这一程序的设置基础就是国家和社会公共利益。

出于兼顾效率和公平的目的，在中国应当由检察机关出于监督行政权的目的，担负起行政公益诉讼的任务。从本源上看公益诉讼的最初启动仍然在于普通公民，普通公民可以通过向检察机关检举、告发的形式要求提起公益诉讼，检察机关再据此决定是否有必要提起公益诉讼。根据公民的要求，也可以根据主动发现，检察机关可以提起行政公益诉讼，其直接目的在于维护公共利益的需要，但是这一诉讼关系更显示了检察机关对行政权的制约和监督。① 检察机关提起行政公益诉讼的范围应当仅限于公共利益受到违法的行政作为或者不作为行为引起的行政争议。一是行政机关不主动履行法定职责，损害社会公共利益而无人起诉的行为。二是只有受益人没有特定受害人的具体行政行为。如果将这类案件纳入公益诉讼案件的范围，由特定机关向法院提起诉讼，将会使违法行政得以及时纠正。三是受害人为不特定多数人的具体行政行为。行政公诉的受案范围，其本质是在限制行政权和保障行政权有效行使之间找到一种均衡。例如具体可以包括以下案件：造成环境严重污染的行政行为和不作为，破坏自然资源的违法行为和不作为，影响国家经济运行的行政行为和不作为（行政垄断）等。

---

① 事实上，建立行政公诉制度已经得到了中国法学界的普遍认可。2005 年 6 月，中国行政法研究会出台的《行政诉讼法》（修改建议稿）中，已经把行政公诉制度列入其中，并且还在条文中设置了一个前置程序，即检察机关可以就发现的违法行政行为提出法律意见要求改进，如果行政机关在一定期限内没有改进，检察机关可以直接诉讼。详见《行政诉讼法》（修改建议稿）第 29 条："人民检察院认为行政行为侵害国家利益和社会公共利益的，可以向作出行政行为的行政机关提出要求予以纠正的法律意见或建议，行政机关应当在一个月内予以纠正或者予以书面答复，逾期未按要求纠正、不纠正或者不予答复的，人民检察院可以提起公益行政诉讼。"

（三）对公务人员职务犯罪的法律监督

职务犯罪①是一种严重破坏国家的正常管理活动和职务的廉洁性、正当性的行为，是滥用行政权的一种极端形态。法律监督的目标，是将权力置于法律规则的控制之下，国家通过加大对于国家公职人员贪污、贿赂、挪用、豪赌等腐败行为的惩治力度，并使刑法责任成为腐败行为所支付的最大成本。这种控制和惩罚，主要来自于外部的外力，它犹如一种动力，能够推动政府及其官员的行为合法正当，但它更多的是一种威慑力，如同悬在头上的一把利剑，时刻警示着企图越轨者。

检察机关对行政权法律监督体现在职务犯罪的侦查，符合法律监督刚性的需要，也是设置独立于行政机关之外的监督权的需要，更有利于对行政权的监督、约束和控制。查办职务犯罪，由于使用国家暴力对职务犯罪人员的财产、自由乃至生命予以剥夺，因而是对行政权非规范运用的最为粗暴的监督方法，当然也是一种亡羊补牢式的事后补救方法。但是，由于对职务犯罪的严厉惩治，起到了特殊预防的作用，也是最为有效的、最为直观的监督方法。

---

① 由于贪污腐败现象是一个全球性问题，因此关于职务犯罪的研究，早已成为一个世界性的课题。而职务犯罪的概念，世界各国都有自己的解释与定义。如泰国把职务犯罪称为渎职罪，并把它分为“行政渎职罪”和“司法渎职罪”两大类；罗马尼亚把职务犯罪称为“职务上的犯罪”或“与职务有关的犯罪”；西班牙把职务犯罪称为“公务员执行职务时所触犯之罪”和“公务员侵犯个人行使法律所承认之权利之罪”；意大利把职务犯罪称为“公务人员侵害公共行政之罪”；瑞士把职务犯罪叫做“违反职务与职业之罪”。

我国铁路运输检察制度的改革与完善

张汉昌　胡晓涛*

内容摘要：铁路运输检察制度是我国司法制度的重要组成部分，铁路运输检察机关是国家设置在铁路运输企业的专门法律监督机关，在维护铁路运输秩序、铁路交通运输安全生产方面发挥着不可替代的作用。然而，随着我国政治经济体制改革的深入，现行的铁路运输检察制度日益显现出不能适应国家政治、经济、社会的发展，需要对铁路运输检察制度进行改革和完善。同时，我国司法体制改革的逐步推进，也为我国铁路运输检察体制改革与完善带来新的契机。

关键词：司法制度；检察制度；铁路运输；司法改革

在改革开放和经济建设中，铁路运输检察院作为专门司法机关，为我国的经济建设和铁路运输生产安全作出了重大的贡献。然而，随着我国政治、经济体制改革的不断深入，这种设置已经暴露出越来越多的弊端，逐渐不适应国家政治、经济和社会发展的需求。党的十七大报告明确指出“深化司法体制改革，保证审判机关、检察机关依法独立公正地行使审判权、检察权。尊重和保障人权，依法保证全体社会成员平等参与、平等发展的权利”。这为我国司法体制改革指明了方向，也为我国铁路运输检察体制改革与完善带来新的契机。

一、铁路运输检察制度的历史发展

（一）国外铁路运输检察制度的历史发展

铁路运输检察制度的历史可以追溯到20世纪20年代，1922年苏俄通过的《检察监督条例》中规定了对铁路、水路及空中运输工具上法律执行监督的专门化。1930年苏联中央执行委员会和人民委员会颁布《关于铁路运输线法院和专门检察机关的决议》，依照该决议，设立了专门的铁路运输检察机关，以

* 张汉昌，南阳师范学院法学院教授；胡晓涛，南阳师范学院法学院讲师。

加强与威胁运输工作的犯罪行为作斗争。1933年苏联中央执行委员会和人民委员会颁布决议将运输检察机关从各共和国的司法人民委员会部转交给苏联检察院，在苏联检察院里设立了运输检察机关处，后又改组为运输总检察院。1960年交通运输检察机关在改革中被撤销，其职能被转交给区域性检察机关。交通运输检察机关被撤销后，运输领域内的法治状况不断恶化，导致必须重建运输检察机关，1977年苏联总检察长签署命令，决定重新建立运输检察机关。苏联解体后，相关国家的政治体制、司法体制均发生一些变化，但是俄罗斯、哈萨克斯坦等一些国家仍然保留设置运输专门检察制度。2001年，俄罗斯着手对交通运输检察院体制再次改革，将中间一级交通运输检察院撤销，保留了交通运输基层检察院，并将这些基层院统一划归其所在地方的州检察院领导，其工作范围未发生变动。在此后的五年间，这项改革的很多弊端逐渐显露出来。随着社会的发展，交通领域的犯罪问题日益突出，而由于中间一级交通运输检察机关的撤销，使得专门检察机关的专业优势和上下联动的优势无法体现，打击交通领域犯罪很难形成合力，办案效率低下，相关各类犯罪日益猖獗。此后，俄罗斯总检察长就此问题进行了大量的调查研究并提出意见，经过批准，从2006年开始，俄罗斯重新组建中间一级的交通运输检察机构，再次形成了在总检察院直接领导下的两级交通运输检察院垂直领导体制。目前，全俄罗斯共设立8个中间一级的交通运输检察院，基本与俄罗斯全国的7个联邦州相对应，只是西伯利亚地区由于地域广阔，设立了两个中间一级交通运输检察院。

（二）我国铁路运输检察制度的历史发展

我国的铁路运输检察制度是新中国成立初期直接模仿前苏联建制而设置的。1953年，全国第二届司法会议决定在铁路、水运系统试建运输法院和运输检察署。经过一年多的实践，1954年第一届全国人大第一次会议通过的《人民检察院组织法》，首次设立专门人民检察院，即军事人民检察院和铁路、水上运输人民检察院。新中国成立初期我国陆续建立了最高人民检察署铁路、水上运输检察院，以及各铁路检察分院、基层铁路检察院。1957年由于“左”的思潮对国家政法工作的影响，检察权被严重削弱，铁路检察业务交由地方检察院管辖，铁路运输检察机关也随之撤销。这样，铁路运输检察院就经历了第一次成立和第一次撤销。“文革”十年动乱结束后，根据中央决定和《人民检察院组织法》的规定，1979年开始恢复重建铁路运输检察院。恢复之初，全国有20个分院及64个基层院，其设置体系是三级铁路运输检察体系，在铁道部设置全国铁路运输检察院，在各铁路局内设置铁路运输检察分院，在各铁路分局内设置基层铁路运输检察院。全国铁路运输检察院受最高人民检察院的统一领导，下级铁路运输检察院在上级铁路运输检察院领导下工作，各级铁路运输检察院还受同级铁路党委的领导。随着我国铁路管理体制的改革，铁路运输检察体制也随之发生变化。1987 年最高人民检察院发出通知，决定撤销全国铁路运输检察院，铁检分院、基层院检察业务归属所在省级人民检察院领导。另外在最高人民检察院内增设铁路运输检察厅，对两级铁路运输检察院的工作进行业务指导。2005 年，我国在原设置 14 个铁检分院的基础上，增设太原、西安、武汉三个铁检分院，目前全国共在铁路枢纽设有 17 个铁检分院、59 个铁检基层院，分布在全国（除西藏、台湾地区、海南）28 个省、自治区、直辖市内。自 1987 年以来，铁路检察机关分为铁路运输检察分院和基层铁路运输检察院两级，按照铁路局和铁路分局地域分布设置，铁路分局下设政法委员会，主管铁路公安、检察院、法院工作。从行政管理角度看，铁路运输检察院是铁路分局下设的一个单位，在人事、劳资、经费等方面全部挂靠铁路分局。在检察业务方面，铁路运输检察分院领导基层院工作，分院受铁路局所在地的省级人民检察院领导，最高人民检察院下设铁路运输检察厅领导全国铁路运输检察机关的业务工作。

我国铁路运输检察机关成立以来，在打击犯罪、保障铁路运输生产安全和维护社会治安稳定方面，均起到了不可替代的作用。近 30 年来，铁检依法批准逮捕各类犯罪嫌疑人累计 23 万多人，提起公诉 24 万多人；立案查办贪污贿赂、渎职等职务犯罪案件 1.5 万人，挽回经济损失近 26 亿元。①

二、我国现行铁路运输检察体制存在的问题

（一）现行铁路运输检察管理体制影响司法的权威性

《宪法》第 129 条规定：“中华人民共和国人民检察院是国家的法律监督机关”，明确规定了人民检察院是国家机构的重要组成部分之一，属于国家司法机关。无论《宪法》还是《人民检察院组织法》都没有规定可以在企业内部设立司法机关。从法制建设的角度讲，国家可以就某一方面的法律事务设立专门的司法机关，但这种司法机关应当是国家统一司法体系的组成部分，是国家的司法机关，而不应当是隶属于某一企业内部，在企业管理和领导下的司法机关。最高人民检察院联合最高人民法院、公安部、司法部、铁道部于 1982 年 7 月 9 日下发的《关于铁路运输法院、检察院办案中有关问题的联合通知》第 2 条中明确指出“铁路运输法院、检察院审判人员、检察人员的任免，党内由有关铁路党组（常委）按中央规定的干部任免权限审批”。而第 8 条规

① 阎敏才：《铁路运输检察：现代检察制度之果》，载《人民检察》2008 年第 18 期。

定："铁路运输法院、检察院工作人员的待遇，按铁路现行制度规定，享受与铁路职工相当人员的待遇。"以此可见铁路检察机关工作人员的收入待遇与铁路职工一样，由铁路部门拨付。由此确立了铁路检察机关的人事、待遇由其所处铁路企业管理的体制。这种在企业内部设立受企业管理和领导的检察机关、审判机关，与法制建设的基本原理不相符。与此同时，审判机关和检察机关的权威性也在不断地受到人们的质疑。

（二）现行体制与我国体制改革的总要求相悖

铁路检察机关作为我国司法机关的重要组成部分，是国家设立在铁路运输部门的法律监督机关，代表国家行使法律监督权。目前，除铁道部以外，各铁路局、分局都在向运输企业方向迈进。《铁路法》业已以法律的形式明确了铁路局、分局是运输企业，不再具有国家在铁路运输行政管理方面的职能，但受其领导的铁路检察机关的体制却没有改变。这样形成了一个令人十分尴尬的场面：一个企业领导并指挥着国家的法律监督机关——铁路检察机关。这种境况违背了我国宪法及其他法律、法规等规定的法律原则和规范。

（三）现行铁路运输检察体制影响司法的独立性、中立性和公正性

我国检察机关是国家的法律监督机关，检察权是国家专属的司法职权的重要组成部分。目前，铁路企业管理下的两级铁路运输检察机关，其人、财、物完全受制于铁路运输企业，代表国家执法的检察官却是企业编制人员，不能像地方检察院的检察官一样具有国家公务员身份，其执法的独立性、中立性和公正性均受到社会的广泛质疑。

（四）现行铁路运输检察体制不利于党对铁路政法工作的集中统一领导

第一，由于没有全国一级的铁路检、法领导机构，铁道部党组无法设立自己的工作机构政法委员会，也不能掌握全路检、法机关的具体情况，因而对全路政法工作的部署难以整体同步贯彻。第二，不便于党对全路政法机关打击犯罪活动的统一指挥。由于没有全国一级的铁路检、法领导机构，铁道部公安局对全路突出犯罪的专项打击往往得不到检、法机关同步有力的配合，削弱了打击犯罪的强度。第三，不便于党对全路惩治腐败，加强廉政建设的统一领导。由于没有全国一级的铁路检、法领导机构，铁道部党组难以对全路反贪污贿赂斗争进行整体上的专门研究、专门部署，缺乏有效的惩处和专项治理。

（五）现行铁路运输检察制度不利于全国铁路检察机关的队伍建设

第一，上下难以衔接。由于没有全国一级的铁检领导机构，因此对全路检察干部的系统培训、整体教育与专门管理等都无法进行。同时，现有两级铁检院的内部机构设置、定员编制也没有一个部门统一规划管理。第二，业务难以交流。由于现行体制的两级铁检机关分属于17个省级院领导，致使各级铁检

院一些富有成效的做法、经验、研究成果等无法进行正常的交流与推广，既不利于互相学习，推动工作，又不利于提高干部的业务素质。第三，经费难以保证。由于各省级院对铁检分院只是业务领导，因此两级铁检院的经费无法与铁道部共同研究、协商并制定具体的管理办法，致使铁检院的经费难以得到有效的保障。

（六）现行铁路运输检察制度导致法律适用上的部门本位，破坏国家法制统一

由于专门检察机关一般都与特定的政府部门相对应，如铁路检察机关就对应铁道部，这些特定的政府部门可根据《立法法》制定行政规章，形成所谓的“专门法”。为了贯彻其主管部门的意志，铁路检察机关在行使职权时，就多采用与铁路系统相关的行政规章，固然有其正当理由：因为这样针对性更强，符合铁路系统的案件特征，也利于铁路检察机关独立行使职权。然而行政规章在法律适用中只能作为参照，这就引发了铁路系统行政规章与一般法律规范规定不一致时如何适用法律依据的问题。实践中往往出于部门保护利益，铁路检察机关在行使职权时过分依赖部门颁布的行政规章这种“特殊法”作为法律适用依据，意图获得完全独立于普通法律体系以外的地位，让其具有大量自由裁量空间，甚至有超越法律的权力，从而实现部门利益。这明显维护铁路部门的利益，势必造成法律适用上的不统一。

三、改革和完善我国铁路运输检察制度的途径

铁路运输检察制度作为中国检察制度的重要组成部分，其体制的改革，在理论界和实践界探讨已久，但始终没有形成一个统一的认识。目前主要存有四种观点：第一种观点认为，铁路检察机关不应作为专门检察机关设置，而应作为省级检察机关的派出机构，实现铁路运输检察机关属地化；第二种观点认为已经没有设立专门铁路检察机关的必要，从建立国家统一司法体系的角度出发，应当将其纳入地方；第三种观点认为，应建立直属最高人民检察院的，领导铁路检察分院和铁路基层检察院的全国铁路运输检察院；第四种观点认为应当借鉴俄罗斯的模式建立包括铁路运输、公路运输、航空运输、海关等统一的交通运输检察体制。我们认为应当坚持以科学发展观为指导方针，尊重社会主义法治建设规律，顺应我国司法改革的方向，立足我国国情的同时借鉴俄罗斯和哈萨克斯坦两国的经验来构建铁路运输检察制度。

（一）管理体制上纳入国家统一司法体系，建立铁路运输专门检察制度

从有利于法制统一和更好地促进司法运行的角度出发，把铁路运输检察院从铁路企业中分离出来，纳入国家统一的司法体系，作为国家检察机关体系中

专门管辖铁路系统内发生的案件的检察机关。同时，对《人民检察院组织法》进行修改，明确铁路运输检察院的组织形式与职权，确立其在法律上的地位，使其存在和发展有明确的法律依据。在新的体制下，铁路运输检察院尽管依然与铁路有关，但与铁路企业之间不再存在任何管理或者隶属关系，而与其他普通检察院一样同属于国家的司法机关。这样既保持铁路运输检察队伍稳定又保持了检察工作连续性，同时也解决了铁路运输检察人员的身份问题，他们不再是铁路运输企业的职工，而是我国司法机关的司法人员，进一步确立了铁路运输检察主体的合法性。由于铁路运输检察院有跨行政区划设置和案件跨区域性等方面的特性，铁路运输检察院从铁路部门企业管理分离时，采取一次性整体划至最高人民检察院的方法更为适宜，建立最高人民检察院直接领导下的统一的全国铁路检察体制。

（二）机构设置上铁路系统建立最高人民检察院统一领导下的三级垂直检察体制

在最高人民检察院的领导下，设立全国铁路检察院。根据对应的铁路网设立相应的铁路检察分院，根据具体情况一个铁路局可设置一个检察分院，也可几个铁路局设置一个检察分院。对于基层铁路检察院的设置，应考虑每一铁路局所属不同分局所处地区的经济发展状况、铁路企业数量情况等因素，相应地设立一个或数个基层铁路运输检察院。同时，可以借鉴俄罗斯的交通运输检察体制，铁路运输检察院与公安的设置应基本对应，但不一定与法院对应设置。在我国，涉铁犯罪大多跨地区流动，治安情况复杂，必须保持一支庞大的、跨行政区域、遍布全国路网的铁路公安队伍的情况下，设立专门检察机关体系，显然有利于打击涉铁刑事犯罪，也有利于检察机关行使法律监督职能。在公安机关和检察机关的具体设置上，保持一定的灵活性，因地、因时、因工作量的不同，可以一个检察院同时对应几个公安机关，体现高效、简约的原则。

（三）人事任免上与铁路运输部门脱钩

根据《人民检察院组织法》的规定，人民检察院检察长由本级人民代表大会选举和罢免，副检察长、检察委员会委员和检察员由检察长提请本级人大常委会任免。然而，目前我国铁路运输检察机关的人事安排均由铁路人事组织部门按照铁路正式职工序列予以任免，甚至有的检察院检察长并未经过同级人大的任免程序，这种现象基层更为普遍。这种人事制度一方面与现行法律规定的司法人员任免程序严重相悖，另一方面也造成了铁路运输检察机关与铁路企业尤其是铁路局党委之间形成严重的“人身依附性”关系，不利于铁路运输检察机关独立开展检察工作。如果将铁路运输检察机关纳入国家统一司法体系，铁路运输检察机关现行的人事制度也必须进行相应改革。根据我国的具体情况，铁路系统检察机关人员的任命可由全国人大常委会授权最高人民检察院统一任免。依据《人民检察院组织法》、《检察官法》的有关规定，全国铁路专门人民检察院、分院以上检察长可以由最高人民检察院检察长提请全国人大常委会任免，基层院检察长由最高人民检察院任免。

（四）财政管理上国家统一负担

铁路运输检察机关作为国家检察系统的组成部分，履行国家司法机关的职能，只不过它专门负责办理发生在铁路这一特定的范围内的案件，从国家法制建设和政企分开的原理上讲，其财政管理自然应由国家负担。我国目前铁路运输检察机关的财政支出由铁路企业负担的体制，是导致铁路运输检察机关独立性不强的重要原因。如果铁路运输检察机关从铁路企业真正剥离出去，真正能够独立行使检察权，不受制于铁路企业，就需要消除铁路运输检察机关对铁路企业的财政依赖性。具体来讲，由最高人民检察院制作铁路系统检察机关的财政预算上报中央，由中央从铁路上缴的利税中设立铁路专门检察机关财政专项基金拨付最高人民检察院，再由最高人民检察院下发各级铁路运输专门检察机关。财政的拨款应由最高人民检察院直接下发到各个铁路运输检察机关，尽可能不要中间环节，以免有可能出现问题。

（五）法律适用上规范铁路检察机关的法律适用

既要考虑到铁路系统和铁路检察机关所具有的自身特征和铁路案件的特点，允许其在行使职权中引用专门性的铁路规章；另外，也必须明确在法律位阶上，专门法要符合普通法的相关规定和法律精神，不可以以“部门专门性”为由，把“专门性”理解为适用法律的专门性或排他性，而用专门法对抗和排挤普通法。要使铁路检察机关在不违反普通法的大前提下，结合案件实际情况，适用铁路部门的行政规章，以实现法律适用的和谐与统一。

铁路检察机关有其自身特点，但这绝不能成为妨碍我们推进铁路检察体制改革的理由和借口。对铁路检察体制的改革不能仅从其体制本身出发，或只立足于体制内，还要做好与铁路检察司法体制相关的系列制度的配套协调，加快国家民主宪政的进程，形成良好的改革氛围，确保铁路检察司法体制改革的顺利推进。

双重领导还是垂直领导？

姜新国　赵梓楠*

内容摘要：本文试图从我国检察机关领导体制的应然和实然、理想与现实之间进行理性的反思，从中发现问题的真正症结，进而获取我国检察机关领导体制改革时可资利用的知识资源。

关键词：检察机关；领导体制；垂直领导；双重领导

引言

长期以来，我国的检察制度一直就处于争议的旋涡之中。作为检察制度重要内容的检察机关的领导体制，① 也一直处于不断的调适过程之中，直至现行宪法确立的双重领导体制才保持了相当的稳定性。② 尽管如此，现行的双重领导体制仍然一直饱受包括从事检察工作在内的诸多学者的批评。③学者们纷纷将批评的矛头指向在现行的双重领导体制下因检察机关的人、财、物主要依赖地方而无力有效抵御来自地方政权的干预和检察机关的活动经费无法得到有效

---

* 姜新国，河南省人民检察院郑州铁路运输分院法律政策研究室主任，法律硕士；赵梓楠，河南省人民检察院郑州铁路运输分院助理检察员，法学硕士。

① 检察机关领导体制有狭义和广义之分，狭义上的领导体制仅指外部领导体制，本文在狭义上使用。这种意义上的检察机关领导体制包括对检察机关检察业务、人事、财政等方面的领导。

② 学界关于双重领导体制的具体内涵存在一定的争议。一重领导是指最高人民检察院领导全国各级人民检察院和专门人民检察院的工作，上级人民检察院领导下级人民检察院，在这一点上的认识是一致的；另一重领导关系是地方人大还是地方党委对同级人民检察院的领导，存有争议。我们认为，无论是地方人大以监督为主要内容的领导还是地方党委的政治、思想、组织领导，两者可以归结为地方政权的领导。本文中的双重领导体制也是在这个意义上使用的。

③ 参见宋识径：《代表热议之六：经费保障期待上新台阶》，载《检察日报》2008 年 3 月 17 日第 1 版。

保障等严重弊病。[①] 学者们的批评不无道理，但在我们看来，这种批评显得有些肤浅，甚至有些“委屈”了地方政权，因为这种批评没有准确地认识到产生这些弊病的真正根源，而将责任一揽子地全部归结到地方政权身上有失客观公正。

一、应然：以公共产品理论为分析进路

在我们看来，在宪政的知识谱系中，公共产品理论为科学处理中央与地方关系问题提供了最重要的知识资源。同样，公共产品理论也适用于检察机关的领导体制问题上，因为从根本上而言检察机关的领导体制问题与中央与地方关系乃同一个命题，或者更准确地说，前者是后者在检察制度上的一种集中体现或缩影。

公共产品理论认为，社会产品可以分为私人产品和公共产品。其划分标准是产品是否具有排他性、竞争性。私人产品具有排他性、竞争性，完全可以依靠市场提供，公共产品则具有非排他性和非竞争性，因而只能靠政权机关提供。由于公共产品之间的性质不同，受益范围也就不同，因此提供公共产品的主体也就不同。有些公共产品，各社会成员均可享用，受益范围是全国性的，如国防等，这样的公共产品应当由中央政权提供。有些公共产品只能由某一区域内的居民享用，受益范围具有地域性，如公园等，这样的公共产品应由地方政权提供。因此，根据不同公共产品的受益范围，将供给不同性质的公共产品的任务在中央政权与地方政权实现合理分工，使二者各司其职，互相配合，最大限度地满足人民对公共产品的需求。

判断我国检察机关从应然意义上应实行什么样的领导体制，我们必须首先准确把握我国创设检察机关试图给人民提供一个什么样的公共产品以及该公共产品的受益范围，进而明确供给该公共产品的责任主体。我们可以通过对我国检察制度理论基础和我国检察机关的职能定位的考察中得出答案。由于历史的原因，我国的检察制度深受前苏联的影响。列宁的法律监督思想构成了我国检察制度的重要的理论基础。列宁的法律监督思想主要包括：社会主义国家的法制应当是统一的；为了维护法制的统一，必须有专门的法律监督机关；检察机关必须独立行使检察权，不受地方的干涉与影响；为了保证检察权的独立行使，检察机关必须实行自上而下的集中领导即垂直领导的体制。[②]从上述我国检察机关赖以存在的理论基础来看，我国之所以创建检察机关，也希望通过检

① 参见张智辉：《检察权研究》，中国检察出版社2007年版，第341—342页。

② 张穹、谭世贵：《检察制度比较研究》，中国检察出版社1990年版，第16—18页。

察机关行使检察权来维护国家法制的统一。从新中国历部宪法和检察院组织法的关于检察机关的职能定位上来看，也能够得出相同的认识。① 根据公共产品的理论，维护国家法制统一这一公共产品的受益范围是全国性的，供给者应是中央政权而非地方政权。因此，我国检察机关应隶属于中央政权而非地方政权。因此，我国中央政权应对各级检察机关的检察业务、人事、财政等方面实行自上而下的垂直领导和管理。

二、实然：以历史角度为叙述方式

尽管公共产品理论为我们科学认识检察机关的领导体制提供了在我们看来最为重要的可资利用的知识资源，但我们依然清醒地认识到即使是无懈可击的理论在冷酷的现实面前也可能会被击打得手足无措。我们的问题是，我国检察机关领导体制在现实中是否也会偏离最初创建检察机关的本意。因此，我们必须回到现实中去，通过考察检察机关领导体制的历史发展轨迹，来回答我们自己提出的疑问。

为更好地将我国检察机关领导体制的演变历史展现给大家，我们按照历史发展的先后顺序将检察机关领导体制的演变过程分为六个阶段：

第一阶段（1949—1951）：垂直领导体制。1949 年 10 月，根据《中央人民政府组织法》的规定，中央人民政府之下设置最高人民检察署。1949 年 12 月中央人民政府主席批准的《中央人民政府最高人民检察署试行组织条例》第 2 条规定："全国各级检察署均独立行使职权，不受地方机关干涉，只服从最高人民检察署之指挥。"这一阶段的检察机关领导体制，是我国检察制度发展史上最严格意义上的垂直领导体制：检察机关不仅不受地方国家机关的领

① 如《中央人民政府组织法》（1949）第 28 条、《中央人民政府最高人民检察署试行组织条例》（1949）第 2 条和《中央人民政府最高人民检察署暂行组织条例》（1951）同时规定最高人民检察署"对政府机关、公务人员和全国国民之严格遵守法律，负最高的检察责任"。《各级地方人民检察署组织通则》（1951）第 2 条规定各级地方人民检察署"检察各级政府机关、公务人员和国民是否严格遵守中国人民政治协商会议共同纲领、人民政府的政策方针和法律法令"。《人民检察院组织法》（1954）第 3 条规定"最高人民检察院对于国务院所属各部门、地方各级国家机关、国家机关工作人员和公民是否遵守法律，行使检察权"；第 4 条规定地方各级人民检察院"对于地方国家机关的决议、命令和措施是否合法，国家机关工作人员是否遵守法律，实行监督"。《宪法》（1978）第 43 条规定"最高人民检察院对于国务院所属部门、地方各级国家机关、国家机关工作人员和公民是否遵守宪法和法律，行使检察权"。《宪法》（1982）第 129 条规定人民检察院是国家的法律监督机关。

导，而且不受地方党委的领导；各级检察机关均只服从最高人民检察署的指挥。当时选择这种体制主要是受到前苏联检察制度模式尤其是列宁关于检察机关实行垂直领导思想的深刻影响。①

第二阶段（1951—1954）：双重领导体制。1951 年 9 月 3 日通过的《各级地方人民检察署组织通则》第 6 条规定："（一）各级地方人民检察署受上级人民检察署的领导。（二）各级地方人民检察署（包括最高人民检察署分署）为同级人民政府的组成部分，同时受同级人民政府委员会之领导。在这种体制下，基于地方党委与同级人民政府的关系，检察机关实际上当然接受同级党委的领导。"

第三阶段（1954—1957）：垂直领导体制。1954 年《宪法》第 81 条规定，"地方各级人民检察院和专门人民检察院在上级人民检察院的领导下，并且一律在最高人民检察院的统一领导下，进行工作"。第 83 条规定，"地方各级人民检察院独立行使职权，不受地方国家机关的干涉"。

第四阶段（1957—1978）：无序领导和检察机关被砸烂。从 1957 年开始反"右"扩大化，检察机关行使法律监督职能被说成是专政矛头对内，实行垂直领导被歪曲为以法抗党。"文化大革命"开始后到 1968 年，全国检察机关大部分被砸烂。1968 年 12 月，最高人民检察院被撤销。1975 年《宪法》规定："检察机关的职权由公安机关行使。"检察制度被完全破坏。

第五阶段（1978—1979）：一重监督、一重领导体制。1978 年 3 月，第五届全国人民代表大会第一次会议决定重建人民检察院。1978 年《宪法》规定："最高人民检察院监督地方各级人民检察院和专门人民检察院的检察工作，上级人民检察院监督下级人民检察院的检察工作。"

第六阶段（1979—）：双重领导体制。1979 年通过的新的《人民检察院组织法》第 10 条规定："最高人民检察院对全国人民代表大会和全国人民代表大会常务委员会负责并报告工作。地方各级人民检察院对本级人民代表大会和本级人民代表大会常务委员会负责并报告工作。最高人民检察院领导各级人民检察院和专门检察院的工作，上级人民检察院领导下级人民检察院的工作。"1982 年《宪法》确认了这种双重领导体制。在这种双重领导体制之下，在人事方面，地方各级检察机关的人事任免基本上由地方党委提名经本级人大及其常委会决定，不过地方各级检察机关的检察长还需上一级检察机关的检察长提请该级人大常委会批准；在财政方面，地方各级检察机关的办案经费及工作人

① 童建明、张步洪、孟鸿志：《上级检察机关下级检察机关的范围和程序》，载张智辉主编：《中国检察》（第 11 卷），北京大学出版社 2006 年版，第 58 页。

员的工资福利列入同级政府财政预算；在业务方面，地方各级检察机关接受上级检察机关的领导。

通过对我国检察机关领导体制的变迁过程进行的初步考察，可以得出这样的一个基本认识：从总体上而言，我国检察机关的领导体制经历了从垂直领导体制到双重领导体制再到垂直领导体制最终回归到在目前的双重领导体制这样一个反复的历史过程。同时，这也回答了我们在上文中提出的问题：作为舶来品的检察制度必须从本土资源中汲取支持才能维持生存和获得成长，在适应本土资源的过程中不可避免地发生某种程度上的变异，甚至是质变。

三、反思：在实然和应然的差异之间

我国检察机关领导体制实然状态和应然状态之间存在的巨大差异，给我们提出了一个更为深刻的问题：造成这种巨大差异的根本原因是什么？准确回答这一问题，其意义非同寻常，实乃因为这一问题的答案构成了我们改革我国检察机关领导体制时必须予以认真考虑的社会因素。

在这里，我们的反思已经开始，我们必须从历史中寻找答案。或许由于检察制度与政治的关系过于密切，以至于我们在现有的条件下能够查询到的与之有关的历史资料颇为有限，我们并不清楚我们的反思在多大程度上受到了制约。尽管如此，我们仍然惊喜地发现，有限的历史资料“泄露”了或许是最重要的“天机”。

其一，检察机关实行什么样的领导体制与国家面临的主要社会问题有很大关系。当年，列宁之所以强烈反对检察机关实行双重领导体制力排众议主张实行高度集中的垂直领导体制，其目的就在于排除地方主义的干扰，以维护社会主义国家法制的统一。正如列宁所言，“我们无疑是生活在违法乱纪的汪洋大海里，地方影响对于确立法律制度和文明性说来，即令不是唯一有害的障碍，也是最有害的障碍之一”。[①] 由此看来，解决当时严重的地方主义问题是前苏联检察机关实行垂直领导体制最重要的原因之一。我国与前苏联不同，我国实行单一制而非联邦制，地方的独立性及其倾向一直都比较弱。自新中国成立至今，打击犯罪、维护社会稳定始终是我国检察机关面临的首要任务。同样，维护社会稳定也是中央政权和地方政权的共同职责，甚至可以说这种职责主要是由地方政权来担负。检察机关和地方政权在职责上的一致性，决定了国家设置在地方的各级检察机关只有在地方政权的领导、支持、配合下才能更好地开展工作。在这种情况下，我国检察机关实行双重领导体制也就是不错的选择。

① 《列宁全集》（第33卷），人民出版社1962年版，第455页。

其二，检察机关实行什么样的领导体制与一国法治发展水平的高低有很大的关系。如何维护国家统一是世界上所有国家都面临的重大社会问题，世界各国的做法大致可以归纳为两种模式：一是人治模式，这种模式偏重于用行政命令（特别是人事命令）的方式来维护国家统一；二是法治模式，这种模式主要通过法律手段来维护国家统一。由于我国长期处于封建专制社会，造成我国缺乏深厚的法治传统。新中国成立以来在一个相当长的时间内，整个国家法治意识淡漠，甚至法律虚无主义一度盛行，不注重或忽视用法律手段维护国家统一。我国检察机关原有的主要致力于国家法制统一的“一般监督”职权长期“备而不用”，直至现行检察院组织法将其取消，这一事实充分地证明了上述论点。由于中国共产党始终是维护国家统一的核心力量，我国长期主要依靠各级党组织贯彻落实党的路线方针政策来维系国家统一。因此，各级检察机关作为党领导下的人民民主专政的有力工具，不仅要接受上级检察机关的领导，还必须接受上级和同级党组织的政治、思想和组织上的领导。

其三，在特定时期，检察机关实行什么样的领导体制与中央政权与地方政权的实力的博弈结果有很大关系。新中国成立初期检察机关从垂直领导改为双重领导体制证明了这一点。1951 年 9 月 3 日最高人民检察署副检察长李六如在《关于〈最高人民检察署暂行组织条例〉和〈各级地方人民检察署组织通则〉的说明》中指出：“在原来的《最高人民检察署试行组织条例》中是采取垂直领导原则的，但因试行一年多的经验，有些窒碍难行之处，故修正案改为双重领导……所以作如此的修正，因为我国过去曾经是半封建半殖民地的社会，经济发展极不平衡，各地情况悬殊不一，地区辽阔，交通不便，而各级人民检察署，目前又多不健全或尚未建立，因此暂时还只能在中央统一的政策方针下，授权于地方人民政府，使其发挥机动性和积极性。……关于各地的一些具体问题，地方政权领导强，经验多，易于了解本地情况；各级人民检察署是一个新建立的机构，干部弱，经验少，尚需当地政府根据中央的方针计划，就近予以指导和协助。故此是将垂直领导改为双重领导，是切合目前实际情况的。”① 从中我们可以得出这样的认识，在检察机关领导体制从最初的短暂的垂直领导体制改为双重领导体制实乃中央与地方博弈的结果。当时，新中国刚刚成立，镇压反革命活动，保卫新生的人民政权是当时的主要政治任务，检察机关成为实行专政的有力工具。而中央政权仅仅依靠自己的力量不能很快地从上到下建立一套完整的检察体制，以适应当时政治任务的需要。因此，需要来自地方政权的大力支持。而原有的垂直领导体制无法很好地获得地方政权的配

① 最高人民检察院研究室编：《中国检察制度史料汇编》（内部资料），第 209 页。

合。因此，双重领导体制就成为必然的选择。

其四，检察机关实行什么样的领导体制通常会受到国家政治形势的重大变化的深刻影响。1954年《宪法》明文规定的垂直管理体制很快被实际上的双重领导体制所取代的历史事实构成了这一观点的有力支持。一如我们上文所述，从1957年上半年开始反“右”扩大化，检察机关行使“一般监督”职能被说成是专政矛头对内，实行垂直领导被歪曲为以法抗党。为此，在检察机关内部展开了一场旨在加强党对检察机关的绝对领导的政治和思想斗争活动。最高人民检察院原检察长张鼎丞同志在中共八大二次会议上所作的《坚决贯彻党对检察机关的绝对领导》的发言中强调：“各级检察机关，必须严格服从各级党委的绝对领导。坚决贯彻执行党委的决议和指示。经常向党委汇报情况，请示工作。并定期向同级人民委员会作报告。”① 1958年8月16日张鼎丞在第四次全国检察会议上的总结讲话中指出：“过去高检对各地工作的指导不够，这是一个缺点，今后应当积极改进。但是各地的工作，主要应当在当地党委统一领导下，依靠各省、市、自治区检察院认真分析情况，提出计划措施，请示党委批准执行。当然，这并不是说，上级业务部门可以放松自己应负的领导责任。”②

其五，检察机关实行什么样的领导体制与中央与地方利益的分化程度有很大关系。一般而言，实行垂直领导体制的可能性与中央与地方利益的分化程度的高低成正比。过去我国长期处于高度集中的计划经济体制之下。在这种体制之下，中央利益与地方利益高度契合，国家空前统一，因此旨在维护国家法制统一的检察机关实行垂直领导体制还是双重领导体制也就无足轻重了。而随着改革开放以来特别是市场经济的发展，中央与地方利益开始分化，逐渐成为相对独立的利益主体，要求检察机关实行垂直领导体制的呼声渐起。在新的时代语境之下，要求检察机关实现检察一体化这一更具时代气息的主张即为明证。③ 2007年我国检察事业发展的一大看点就是中央加强了省级人民检察院检察长的异地交流，这也在一定意义上说明了检察机关的领导体制正在朝垂直领导的方向上发展。

在上文中，我们从历史中探寻造成检察机关领导体制的实然和应然之间的巨大差异的社会因素，并得出若干不乏深刻的认识。我们深信，这些认识构成了我们改革和完善我国检察机关领导体制时需要认真考量的知识资源。尽管如

---

① 最高人民检察院研究室编：《中国检察制度史料汇编》（内部资料），第273页。

② 最高人民检察院研究室编：《中国检察制度史料汇编》（内部资料），第358页。

③ 参见甄贞：《法律监督原论》，法律出版社2007年版，第89—100页。

此，我们的认识仍需回到检察实践中去，在检察实践中接受检验，因为“实践是检验真理的唯一标准”。

四、改革：在理想和现实的差距之间

一如上述所言，自改革开放以来，尤其是随着市场经济的深入发展，中央与地方利益开始分化，逐渐成为相对独立的利益主体，中央和地方虽然在政治上能够始终保持一致，但在涉及经济利益分配问题时很难做到“上下一心”。因此，如何在新的历史条件下实现和维护国家的统一，就成为我们这个时代面临的需要认真对待和回应的重大社会课题。我国传统惯用的维护国家统一的主要手段是中央控制地方的人事任命。这种传统的做法不仅不能够适应我国民主法治的发展，而且即便如此，也无法避免中央任命的人员被地方利益所“俘虏”。

“依法治国，建设社会主义法治国家”的庄严承诺已载入宪法，要求我们今后要更加注重运用法律手段来维护国家统一。显然，旨在维护国家统一的检察机关的法律监督职能符合这一时代要求。

那么，现行的检察领导体制能否有效地保障检察机关很好地完成这一神圣使命，这就需要我们对现行检察领导体制进行仔细的审视，从中发现存在的问题和分析其症结所在。在现行双重领导体制之下，一是因检察机关的人、财、物主要受制于地方，在一定程度上导致检察权地方化，严重影响了检察机关依法独立公正行使检察权；二是管人与管事相脱节，事权与财权不统一，使检察机关的上下级领导关系受到削弱，领导体制的作用得不到有效发挥，造成检令不畅，上级检察院的工作部署难以落实到基层；三是在经费保障方面，由于目前实行的是“分级财政、分灶吃饭”的财政管理体制，尽管中央近年来逐步加大了转移支付的力度，但由于经费保障体制还没有建立起来，经费问题始终是制约检察工作发展的重要因素，造成许多经济不发达地区的检察机关经费困难问题特别突出。双重领导体制产生的这些弊病，已经严重影响检察机关履行维护国家法制统一的神圣职责。依据我们上文的公共产品理论，问题的症结已经昭然若揭：由于我国中央政权和地方政权事权划分不清，事权与财权不统一，本应由中央政权承担供给国家法制统一这一公共产品的生产成本，却由地方政权承担。因此，从业务、人事、财政等方面加强检察机关自上而下的垂直领导和管理是今后检察机关领导体制的改革方向。

我们认为检察机关领导体制较为理想的模式是：在业务方面：（1）最高人民检察院领导地方各级人民检察院和专门人民检察院的工作，上级人民检察院领导下级人民检察院的工作，下级人民检察院向上级人民检察院报告工作。

（2）最高人民检察院的决定，地方各级人民检察院和专门人民检察院必须执行；上级人民检察院的决定，下级人民检察院必须执行。最高人民检察院可以撤销或者变更地方各级人民检察院和专门人民检察院的决定；上级人民检察院可以撤销或者变更下级人民检察院的决定。（3）上级人民检察院在必要的时候，可以处理下级人民检察院管辖的案件，上级人民检察院可以指定下级人民检察院将案件移送其他下级人民检察院办理。① 在人事任免方面：（1）最高人民检察院检察长由全国人民代表大会选举产生，最高人民检察院副检察长、检察员、检察委员会委员由最高人民检察院检察长提请全国人大常务委员会任免。（2）省、自治区和直辖市的人民检察院的检察长，由最高人民检察院检察长提请全国人大常务委员会任免；省、自治区、直辖市的人民检察院的副检察长、检察员、检察委员会委员由省、自治区、直辖市的人民检察院的检察长提请最高人民检察院检察长任免。（3）省、自治区、直辖市的人民检察院分院和设区市、州的人民检察院的检察长由省、自治区、直辖市的人民检察院提请最高人民检察院检察长任免；省、自治区、直辖市的人民检察院分院和设区市、自治州的人民检察院的副检察长、检察员、检察委员会委员由本级人民检察院检察长提请省、自治区、直辖市的人民检察院检察长任免。（4）县（自治县）、不设区的市、区的人民检察院检察长由省、自治区、直辖市的人民检察院分院和设区市、自治州的人民检察院提请省、自治区、直辖市的人民检察院检察长任免；县（自治县）、不设区的市、区的人民检察院的副检察长、检察员、检察委员会委员由本院检察长提请省、自治区、直辖市的人民检察院分院和设区市、自治州的人民检察院检察长任免。（5）各级人民检察院的编制由最高人民检察院会同国家人事等部门确定。在活动经费方面：由最高人民检察院根据地方各级人民检察院的具体情况统一编制财政预算报中央批准并分级拨付。

需要特别指出的是，检察机关并非不愿接受党的领导和人大的监督，而是为使检察机关彻底摆脱来自地方的干预，在接受党的领导方面主要体现为各级人民检察院在政治上、思想上、组织上接受该院党组的领导；地方各级人民检察院党组受上一级人民检察院党组和最高人民检察院党组的领导；最高人民检察院党组受中共中央的领导。在接受人大的监督方面，由最高人民检察院每年向全国人大报告全国检察机关的工作，接受人大的监督。

然而，我们也清醒地认识到，在目前的情况下，检察机关实行全国统一的垂直领导体制面临着一些实际的重大困难。一是在如何处理地方各级检察机关

① 参见耿鹏：《从三个方面健全检察一体化》，载《检察日报》2003年1月29日。

与同级地方人民代表大会及其常委会的关系问题上。按照现行宪法的规定，地方各级检察机关由同级地方人大选举产生，向其负责，受其监督。检察机关的这种产生方式不可能在短期内得到改变。二是在如何处理地方各级检察机关与同级地方党委的关系问题上。从实践情况来看，自现行双重领导体制确立二十多年来，地方各级党委对检察机关的领导地位从来没有动摇过，即使没有宪法和检察院组织法上的明文规定，也早已成为一种客观事实。在今后检察机关领导体制的改革中，取消地方各级党委对检察机关的领导地位会遇到很大的困难和阻力。因此，我们必须采取审慎的态度，以一种渐进稳妥的改革方式来进行，正如柏克所言“在缓慢，但很稳妥的前进中，每一步骤的效果都能受到关注，前一步的成败可以给下一步带来指路的灯光。如此，从灯光到灯光，我们可以被指引着安全地走完整个过程”。①

我们认为，在今后的检察改革过程中，应积极采取措施逐步促使检察机关的领导体制沿着垂直领导的方向发展。

在人事管理体制上，强化上级检察院对下级检察院的组织领导。具体来说，检察长人选，由上一级检察院党组提名，但须征得同级党委同意。双方意见不一致时，由上一级检察院党组报本级党委决定。党内程序确定后，按照现行法律规定的程序办理。目前上海、江西已实行检察长由上级检察院党组提名。实践证明，这项制度，既坚持了党管干部的原则，又符合宪法有关人大制度的基本规定；既强化了上级检察机关对下级检察院的组织领导，又能继续发挥地方党委在人事管理上的积极作用。

在经费管理体制上，在现行财政体制之下，考虑到全国各地经济发展水平的巨大差异，由中央财政统一负担全国检察机关的所有经费在目前看来还不现实，建议实行“业务经费省级统筹，其他经费分级负担”的检察经费管理体制。中央财政应进一步加大贫困地区检察经费的转移支付力度。目前，上海、天津对检察经费实行市级统筹，实际效果很不错。实践证明，这种体制，既有利于增强市县两级检察院行使检察权的独立性和公正性，减少地方保护主义的影响，又照顾了各地经济发展不平衡的现实；既没有从根本上改变“分级管理、分级负担”的现行财政体制，又进一步提高了检察经费的保障水平。

结语

我国检察机关领导体制改革是一个重大的宪政工程，不仅需要我们用高超的技艺和充分的知识使其中错综复杂的各种利益达致平衡，而且还需要我们始

---

① 柏克：《自由与传统》，蒋庆译，商务印书馆2001年版，第128页。

终以战略的高度把检察机关领导体制的改革纳入到中国特色社会主义事业的全局中通盘考虑。站在新世纪新时期，随着市场经济的发展和民主政治的深化，我国检察机关领导体制改革既面临着难得的发展机遇，也面临着严峻的重大挑战。我们有充分的理由相信，我国检察机关领导体制的改革定会冲破重重的阴霾，为我国法制统一的伟大事业支撑起一片晴朗的天空。

和谐社会语境下铁路检察管理体制改革的几个问题

姜新国*

内容摘要：构建社会主义和谐社会要求我们必须挖掘现有的制度资源以解决社会、政治、经济中存在的各种矛盾和问题，促进社会协调、可持续发展。我国铁路检察体制是社会主义司法制度的重要内容，符合我国国情，具有中国特色。铁路检察体制存在管理体制、主体身份等不符合司法规律要求的问题，应当改革和完善。改革当前铁路检察体制的基本点是保留该体制，完善管理体制，明确法律地位，厘清管辖范围。通过改革完善铁路检察体制，更充分发挥我国铁路司法体制的制度优势，为促进社会主义和谐社会建设和社会主义司法制度的发展与完善提供制度和实践支持。

关键词：社会主义和谐社会；铁路检察；管理体制；专业化；专门司法机关；改革模式

构建和谐社会从实践层面上讲，就是理顺社会结构中的基本关系，使之协调有序，合乎社会公平正义之原则。社会和谐的一个重要方面是公权力之间的和谐，即指各公权力来源于法定、运行合规律，公权力部门各司其职又相互监督，在国家政治体制内高效公正地行使公权力，确保充分实现国家的政治、经济和社会目标。在这种范式下，社会主义和谐社会要求我们必须充分挖掘现有的制度资源以解决目前社会、政治、经济和法律实践中存在的各种矛盾和问题。正是着眼于这种考量，笔者对我国当下的铁路检察管理体制改革进行如下讨论，以期引起理论与实务界的充分重视。

在谈到铁路检察管理体制改革问题时，论者普遍提出，现行铁路检察管理体制属企业管理司法，不符合司法属性和司法规律，应当予以解决。该观点看

* 姜新国，河南省人民检察院郑州铁路运输分院法律政策研究室主任，法律硕士。

到了问题的症结，无疑是正确的。但究竟如何解决这一问题，有两种观点，一种是“撤销论”，一种是“改革论”。笔者认为，我国铁路检察体制应当改革。

一、当下我国铁路检察体制存在诟病，必须进行改革，但这些诟病并非制度本身价值所系，而是制度设计形式问题，改革应有针对性

检视我国现行铁路检察体制，其存在的主要问题有：

1. 铁路检察体制属企业管理司法权，与国家司法权属性相悖。我国现行铁路检察机关的管理体制分为两级，即铁路检察分院和铁路运输检察院，分别设在铁路局和原分局中。铁路检察机关的经费由所属铁路企业拨付，检察人员属铁路职工，不是政法编制。既然铁路检察机关的人、财、物都不独立，且都隶属于铁路运输企业，故有人称我国现行铁路检察机关的性质是“企业司法”。[①] 从司法行为和司法目的上看，现行铁路检察机关也都带有企业化色彩。由铁路检察机关的管理体制所决定，铁路检察机关的司法者之生存利益是与铁路运输企业的效益挂钩的，铁路检察人员的行为选择必然会将个人利益和与之紧密关联的铁路运输企业的利益作为重要的考量因素。作为企业权力庇护下的铁路检察机关，其司法目的也必然受制于企业的整体利益，从而导致其司法目的的企业化。

在现代分权原理上，国家司法权同立法权、行政权等在性质上是决然不同的、独立的权力，司法权与行政权等只能由不同的国家机关分别行使，相互独立，互不隶属。司法权与企业经营权更不能有利益关系。而我国现行铁路检察体制设于铁路运输企业之中，隶属于企业经营权（或企业行政权）之下，形成了企业经营权干预国家司法权的局面，人们曾嘲讽这种局面为“路徽管国徽”，这显然与国家司法权的属性相悖。

2. 司法公正受到质疑。法律的正当程序，乃是司法正义的前提，而司法正义是司法的生命。法律正当程序的根本要求是，任何人不能充当自己案件的法官。“没有任何事情能比保持日常司法工作的纯洁性更为重要了，据此，当事人才能保持其自身和名誉不受无端的侵害。”[②] 铁路检察机关管辖的案件都是与“铁路运输有关”的刑事和民事经济案件，其当事人必然有一方系铁路运输企业或者与之有关的其他当事人。根据程序主体性原则和程序保障原理的

---

① 彭世忠：《铁路运输司法机构存废论》，载《现代法学》2007年5月第29卷第153期。

② 丹宁：《法律的正当程序》，法律出版社1999年版，第1—2页。

要求，诉讼中双方当事人地位的平等和裁判者地位的中立是其基本要求，[①] 否则其裁决判断的公正性自然没有保障。由于铁路检察机关受制于铁路企业，破坏了铁路检察机关司法权的中立性、独立性、统一性、公开性和权威性，其司法公正性受到广泛质疑。即使是包括铁路法院在内的铁路司法机关的审查、审判百分之百的公正，也难以得到社会的普遍认同，因为其本身就违反了法律的正当程序原则。[②]

3. 铁路检察机关人员的司法主体资格处于尴尬境地。诚然，铁路检察机关作为专门的司法机关不容置疑。但是，我国铁路检察机关人员的司法主体资格却处于尴尬境地，严重影响了铁路检察机关和铁路检察人员在社会中的形象。在我国现行铁路检察体制下，我国铁路检察人员是铁路人事、组织部门按铁路正式职工序列予以任免的，也就是说，铁路检察人员同时也是铁路正式企业职工。铁路检察人员的双重身份不仅与我国现行法律（如《公务员法》）不符，而且导致铁路检察人员的司法主体资格处于尴尬的境地。根据我国现行《公务员法》第 2 条的规定，公务员是指“依法履行公职、纳入国家行政编制，由国家财政负担工资福利的工作人员”。检察官和法官分别履行国家法律监督和审判的职责，具有公务员的身份，其工资福利由国家财政负担。铁路检察人员具有检察官资格，却不具有公务员身份，其工资福利由铁路企业负担。这种状况显然与《公务员法》相违背。而且，一方面铁路检察人员尽管履行着国家法律监督的职责，却得不到其应有的身份待遇，使铁路检察人员处于尴尬的境地；另一方面不仅加重了铁路企业的负担，而且也有损了铁路检察人员的公平正义的形象。在实践中出现了许多令铁路司法机关和司法人员尴尬的实践，如在北京、成都等铁路运输中级法院及基层法院甚至出现过一方当事人要求全体审判人员回避的现象，理由是全体审判人员均与另一方当事人—— 铁路企业有利害关系。因此，铁路检察人员的身份问题亟待解决。

笔者以为，上述问题只是制度形式设计缺陷，并非制度本身价值的质疑性。随着案件数量不断增长问题的发展，一种潜在的解决方式是司法机关的专门化，针对特殊领域设立专门司法机关，以高效率、专业技术和司法权威等解决各类纠纷，是多数国家司法制度的重要内容。目前，世界上许多国家拥有自己独特的司法机制，如加拿大的税务法院、墨西哥的特别法院（从正规的观点看它们应合并于行政系统）以及古巴的审计法院等。在英美法系的代表性

---

① 刘荣军：《程序保障的理论视角》，法律出版社 1999 年版，第 102 页。

② 彭世忠：《铁路运输司法机构存废论》，载《现代法学》2007 年 5 月第 29 卷第 153 期。

国家——美国，其专门法院数量多得让人发晕，包括铁路重组法院、税务和经济法院、情报监视法院及家庭和青少年法院，等等。① 大陆法系的代表性国家——法国，也有基于犯罪者的类型或犯罪行为的性质的特定司法管辖权的专门法院，如专门重罪法院、儿童法院、海事商务法院等，或民事行政专门法院，如审计法院、预算与财务处分法院等。② 这些国家已经积累成熟的司法历史经验证明，专门司法机关对专业性、复杂性和价值观念的冲突等领域的诉讼会更加有效、公正和可预见的结果。问题的症结不在于设立多少这样的专门司法机关，而在于无论设有多少这样的专门司法机关，都必须适应地方性知识的积累，必须符合地方发展实际和需要，必须具有统一司法管辖权。我们应该借鉴上述国家的统一司法模式，对于我国的铁路检察体制，应当强化其专门性，改革其管理体制，明确法律地位，厘清管辖范围，而不是彻底撤销。

二、我国铁路在国家发展中具有特殊地位，专门铁路检察机关适应中国国情，对铁路检察体制改革不应是“革命式”的废的改革，而应是从地方性知识上进行管理体制上的建设与发展

1. 由于铁路在我国国民经济中具有特殊的举足轻重的地位，设立专门铁路司法机关适应了铁路在国家发展地位的需要，符合中国国情。铁路是中国国民经济和社会发展的大动脉，在国民经济中占有特殊重要的地位，在我国司法体系中保留铁路司法机关有利于更有效地维护社会稳定，促进经济社会又好又快地发展。目前，我国铁路营业里程达 8 万余公里，居亚洲第一位。一个横贯东西、沟通南北、干支结合的具有相当规模的铁路运输网已经形成并加快完善发展。根据《中长期铁路网规划》，到 2020 年我国铁路营业里程将达 10 万公里，新建客运专线 11 条共计 1.2 万公里。仅 2005 年全国铁路货运量达 269296 万吨，客运量 115583 万人，客货运量均占全国运量的 1/5。随着国民经济的持续高速发展，这个数字还会继续增长。可以说，铁路已经成为一种大众化的运输方式。“铁路在全面建设小康社会的关键时期，在国民经济发展中，具有特殊的关键性作用。”③

---

① 最高人民法院司法改革小组编：《美英德法四国司法制度概况》，韩苏琳编译，人民法院出版社 2002 年版，第 22、47—49 页。

② 最高人民法院司法改革小组编：《美英德法四国司法制度概况》，韩苏琳编译，人民法院出版社 2002 年版，第 526—529、551—552 页。

③ 黄菊：《在全国铁路工作会议上的讲话》（2006 年 1 月 7 日），载铁道部档案史志中心：《中国铁道年鉴》（2006 年），第 4 页。

我国是世界上最大的发展中国家，国民经济连续10余年均以10%以上的速度增长。在我国经济持续快速增长的背景下，铁路客货运输量呈现出快速增长的态势。尤其是2004年以后，铁路每年旅客周转量约5700亿人/公里以上，货物周转量约20000亿吨。我国铁路旅客周转量、货物发送量、货运密度和换算周转量均位居世界第一。

我国是一个经济高速增长的发展中大国，主要运输指标均依靠铁路，铁路是世界上最繁忙的铁路；我国是世界上人口最多的国家，人们日常生活都离不开铁路；构建社会主义和谐社会，贯彻落实科学发展观，铁路的和谐发展是社会和谐的重要方面，而铁路专门司法机关可以更方便、更快捷地解决与铁路运输有关的社会矛盾，促进铁路和谐发展。这就是我国的国情，在这种背景下，专门铁路检察体制的存在是我国国情的现实需要。

2. 我国铁路检察体制存续了50余年，为维护铁路稳定、促进社会经济发展发挥了重要作用，为发展社会主义司法制度提供了经验和理论基础，具有中国特色。我国铁路检察机关经过50多年建设、发展和不断完善，已经积累了比较成熟的经验，在维护铁路稳定、促进社会经济发展中具有重要作用：其一，严格公正执法，有力地维护了社会稳定。长期以来涉铁各类犯罪居高不下，铁路检察机关在打击犯罪、维护稳定中积累了绝对性经验和发挥了不可替代性作用。仅2006年全国铁路检察机关受理审查批捕案件就达9746人，经审查批捕8942人，其中批捕破坏铁路设施等危害公共安全类犯罪嫌疑人309人，毒品犯罪1812人，立案侦查贪污贿赂案件299件、333人，其中大案182件。通过查办职务犯罪案件为国家挽回经济损失16亿元。铁路法院在民商审判活动中公正执法，化解矛盾，为促进平安铁路建设发挥了积极作用。2006年共受理民商事案件7288件，诉讼标的222477.2127万元，执行标的金额337589.5457万元。其二，契合了交通运输领域案件的特殊性，提高了司法效率，保证了司法公正。交通运输领域案件具有明显的跨地域特征，正是这一特征使地方司法机关不便行使管辖权，因为它往往超出某一地方司法机关的管辖范围，例如哈尔滨开往汉口的旅客列车在河南省管内行驶时发生盗窃案，由黑龙江、河南、湖北中的哪一个司法机关管辖？如果没有铁路运输司法机关，这一问题将难以解决。跨地域性还决定了地方司法机关无法摆脱“地方保护主义”的樊篱。跨地域性还使地方司法机关打击铁路运输领域刑事犯罪难以形成合力，不利于节约司法成本，提高司法效率。其三，由于铁路交通运输法律适用的专业性，铁路司法队伍专业化模式为我国司法队伍专业化建设积累了充分经验。铁路交通运输领域法律适用的专业性首先体现在所适用的法律法规具有专业性。在民商法律方面，除了我国《合同法》分则第十七章“运输合同”、第二十章“仓储合同”外，还涉及《铁路法》这样专业性集中的部门法及《铁路运输安全保护条例》等行政法规。在刑事法律方面，有“两高”针对铁路司法工作作出的专门司法解释，如《关于铁路运输过程中盗窃罪数额认定标准问题的规定》。其次是铁路案件的查处需要高度集中的铁路行业知识，如破坏铁路交通设施案件，需要掌握铁路信号、线路等专业知识；查处铁路行业的职务犯罪，需要掌握铁路行业特点、专业技能等。其四，社会分工的细化，铁路司法体制为我国司法工作专业化提供了制度模式。在司法机关发展进程中，根据社会和司法工作的需要，设立专门法院、专门检察院，使司法工作专业化、分工化，是一个重要的发展趋势。正因如此，最高法院主要以案件性质划分四个民事审判庭的分工。在国外亦有专业化司法机关的先例，例如美国的税务法院等。专门司法机关的设立不但使社会分工的专门化反映到司法领域中来，使司法工作更加专业化，而且为不同类型的案件适用不同的诉讼程序和解决方法提供了条件。

“法律就是地方性知识；地方在此处不只是指空间、时间、阶级和各种问题，而且也指特色，即把对所发生事件的本地认识与对可能发生的事件的本地想象联系在一起。”① 这种地方性更多的是从知识的生成和被同化为内心信仰的特定情景而言的，也即这种知识的生成过程总是受到传统文化、风俗习惯、集体信仰乃至生存环境的影响。作为制度性知识，我国铁路检察体制无疑是在传统文化、集体信仰等本土因素作用下借鉴、吸收能够与这种本土因素契合的优秀文明成果而发展起来的。

布拉莱姆曾说，法律无非是“隐蔽在法律理论和法律实践中的一系列政治、社会和经济生活的不断重现或地方志。用同一种方式来说，法律以各种形式依赖于有关历史的主张，所以它既界定又依赖一系列的地方志和区域理解”。而我国铁路检察体制正是坚持实事求是，遵循我国国情，“隐蔽在法律理论和法律实践中的一系列政治、社会和经济生活的不断重现或地方志”，具有中国特色。

司法机关是社会争端的裁决机关，是社会公平正义的维护机关，担负着极为重要的社会责任，改革司法体制的目的就是要保障实现公平正义，从而为社会和谐提供深厚的基础与良好的保障。只有矛盾纠纷通过司法得以良好解决，违法犯罪通过司法得到有效控制，我们才能建立起真正的和谐社会。而从发展观意义上看，改革首先就应当改变“头痛医头、脚痛医脚”的应急改革观念，

---

① ［美］吉尔兹：《地方性知识：事实与法律的比较透视》，载梁治平主编：《法律文化的解释》，三联书店 1998 年版，第 126 页。

树立起自身协调发展与社会经济发展相协调的科学发展观。对铁路检察体制改革尤其要如此。一方面，要看到我国目前的铁路检察体制是在我国本土因素作用下司法体制的重要组成部分，对丰富和发展社会主义司法实践具有积极促进作用，是适合中国国情的司法体制。另一方面，这一体制尚存在需要完善的地方。改革的目的不是彻底消灭这一制度，而是发展完善这一制度。笔者以为，对于一项制度是摒弃性的改革还是完善性的改革，关键要看它是否阻碍了生产力的发展或文明多样化进程，而绝不能因形式上的瑕疵使改革误入“将孩子连同洗澡水一起倒掉”的误区。

三、关于我国铁路检察机关管理体制改革模式探讨及其评价

目前，关于司法体制的深入改革已经全面推进，有些已经完成，而铁路检察体制改革已经酝酿了近 10 年。据悉，取消企业检察院的改革正在解决，[①]并已提上日程。鉴于司法在构建社会主义和谐社会中的重要作用，笔者以为，应加快铁路检察机关管理体制改革，以适应社会发展需要。

对我国铁路检察管理体制改革，首要的是继续肯定其专门司法机关模式。[②] 在这一模式下，有三种方案可供选择。

一是“组建全铁检、区际分院、局际基层院、垂直管理”模式。即按照全国铁路专门人民检察院—铁路运输分院—铁路运输基层院三级管理模式，实行上下垂直领导。在北京设立全国铁路专门人民检察院，领导全国各铁路检察机关的工作。铁检分院的设置根据全国各地经济发展水平、各铁路局地理位置等因素，可以采取大区划模式，在东北、西北、华北、华东、中南、华南、西南、东南地区分别设置八个区际分院，每个分院以本区划内的几个铁路局为管辖区域，跨区划的铁路局以其主要地域所在地划归管辖权。基层院可依铁路运输布局一个基层院来设置。

财政经费保障上，由最高人民检察院向中央报财政预算，中央财政拨付最高检后分别下拨各级铁路检察机关；人事任免上，由最高检会同相关部委根据实际需要统一制定铁路检察机关人员编制计划，将符合现行司法人员资格的部分铁路检察人员直接转为国家司法人员，今后铁路检察机关人员的录用纳入国家统一的司法人员录用范围与程序中。铁路检察机关的干部任免由全国人大常委会授权最高人民检察院统一任免。全国铁路专门人民检察院检察长由最高检

① 王丽丽：《落实检察官法配套规定工作已启动》，载《检察日报》2007 年 10 月 29 日。

② 张柏峰主编：《中国当代司法制度》，法律出版社 2006 年版，第 12、229 页。

提请全国人大常委会任免，铁路检察分院主要负责人的任免由全国铁路专门人民检察院报至最高检任免，基层院主要负责人的任免由分院报至全国铁路人民检察院任免。

领导体制上，铁路检察机关对最高人民检察院负责并报告工作，下级铁路检察机关对上级铁路检察机关负责并报告工作。最高检向全国人大报告工作时应有铁路司法工作情况。全国人大常委会可派出检查组巡视铁路检察工作，听取工作报告，监督检查司法情况等。

该方案体制顺畅，但改革力度较大，涉及现有机构面较广，实行起来难度很大。而且，1979 年最高检在首都北京设立全国铁路运输检察院，但在 1987 年 4 月，全国铁路运输检察院被撤销，铁检机构变为二级建制。各铁检分院归为分院所在地省级人民检察院的派出机构。若再恢复全国铁路运输检察院体制，与改革的基本功能和改革的目的都相符合。

二是保持现有机构设置，改变管理体制，实行分级管理。人、财、物由最高人民检察院管理，业务工作整体性移交省人民检察院管理。

具体执行上鉴于干部任用、管理政策等已纳入国家司法体制改革框架，铁路检察机关管理体制改革时，人事任免可由最高检按改革思路直接管理；财政经费保障上，可由最高检编制财政预算上报中央，由中央从铁路上缴的财政中设立的铁路专门司法机关专项基金中拨付于省财政，由省财政分别拨付省检察院下拨各铁路检察机关。铁路检察机关的业务工作由省人民检察院直接管理。

领导体制上，铁路检察机关对省人民检察院汇报工作的同时，对最高检负责并报告工作，下级铁路检察机关对上级铁路司法机关负责并报告工作。最高检向全国人大报告工作时应有铁路检察工作情况。全国人大常委会可派出检查组到省级检察机关听取铁路检察机关工作情况，也可直接巡视铁路检察工作，听取工作报告，监督检查司法情况等。

这种设计方案，同时解决了最高司法机关领导专门司法机关的工作和省级检察机关拿地方财政办域外案件的问题，而且直接解决了不能在全国设铁路专门检察机关时司法管辖权之审级问题，又符合现行宪法和法律规定，而且改革难度和对现有机构调整力度都不大。

但该方案最大的问题在于管事与管人分离，导致省级人民检察院只管事，承担责任风险，而无法实行有效问责。不符合责权利一致原则。

三是保持现有机构设置，改变管理体制，将现有铁路检察机关整体属地化，直接移交分院所在地省级人民检察院管理。

具体执行上，直接将现有铁路检察机关人、财、物剥离铁路企业，整建制移交所在地的省、自治区、直辖市人民检察院管理。

该方案实行难度最小，涉及面最少，最利于保持稳定，改革成本最低，而且有效解决了管人与管事的统一，当属最优路径。

但该模式也存在无法回避的问题，最为突出的是：

（1）铁路检察机关是国家设在铁路运输系统的法律监督机关，属于专门检察机关。将专门检察机关归省、自治区、直辖市人民检察院管理，与我国《宪法》第132条和《人民检察院组织法》第10条的规定相悖，缺乏法律依据。

（2）该模式下基层铁路检察院和分院均在同一省域范围内好解决，如郑州铁检分院及所辖的郑州铁路运输检察院和洛阳铁路运输检察院，都在河南省内，两级三院整建制移交河南省人民检察院管理。但基层铁路检察院与分院不在同一省域内，如何解决？如石家庄铁路运输检察院归北京铁路运输检察分院管理，按该方案北京铁检分院应直接划归北京市人民检察院管理，石家庄铁路运输检察院直接划归河北省人民检察院管理。再如吉林省内有五个基层铁路运输检察院，而无分院。这样将出现省人民检察院直接管理基层铁路检察院的局面，其导致的最终法律问题是这些省内的铁路二审案件如何管辖？

基于该方案具有的突出优势，笔者明显赞同该方案。对于上述突出问题，笔者认为：一是将铁路检察机关的名称统一变更为交通运输检察院，修订现行《宪法》和《人民检察院组织法》的相关规定，赋予省、自治区、直辖市人民检察院领导交通专门人民检察院的权力，或者是赋予省、自治区、直辖市人民检察院在交通领域设立派出专门检察院的权力。二是为了解决无铁路分院的省内铁路二审案件管辖权问题，建议在该省级人民检察院内增设交通运输检察处，作为协调案件管辖的省检察院内设机构，协调交通领域内的二审案件，如河北省的交通二审案件由河北省人民检察院内设的交通运输检察处协调石家庄市人民检察院办理。也有论者建议，类似这样的情况在省会所在地增设交通运输分院有效解决二审问题。这种解决方案，确实能很好地解决法律上的问题，但这样下来全国将新增副厅级单位10余个，也不符合改革的效能原则。三是对目前铁路检察机关的管辖范围进行调整，根据省财政用于本省的原则，各省交通运输检察院管辖本省内的铁路案件，各省人民检察院可根据情况再调整、补充交通运输检察院的案件管辖范围，如将公路、航空等领域的案件划归交通运输检察院管辖。

上述三种模式选择，都继承和发展了我国铁路司法体制的制度经验和优势，改革了该制度中与司法规律不相符合的内容，充分体现了具有中国特色社会主义司法制度特点，符合我国国情，与科学发展观和构建和谐社会的要求相适应，也更能充分发挥我国铁路司法体制的专门化优势，为促进社会主义和谐社会建设和社会主义司法制度的发展与完善提供了制度和实践支持。从改革的综合效果来看，相比较而言，第三种方案是最为可取的。

宪政视角下的中国专门检察制度改革

谭　波*

内容摘要：专门检察制度是我国特定历史时期的产物，其制度沿革依托于特定时期法制的建立与健全，也深刻反映了国家建设的政治形势与需要。但是，在现阶段，专门检察机构的设置相对混杂，对专门检察制度与检察权的认识，也难有定论。基于实证的分析和经验的总结，我国专门检察制度的改革应注重内部区分式的改革，并需要有相关的宪政改革措施与之联动，以期制度改革之最大化效果。

关键词：专门检察；沿革；问题；宪政；改革

从制度建设的角度看，我国的检察改革历经了中国特色社会主义检察制度的基本框架和主要内容的确立及检察职能和职权的完善两个阶段，过渡到了一个新的发展时期，即检察组织制度的改革作为司法体制改革的重要内容被提上日程。① 而素有制度外来移植与本土定型特色的专门检察制度便是其中一项重要议程。作为主要渊源于前苏联的特色制度，我国专门检察制度设置的初衷在于，在特定的组织系统内设置检察机关，以其专属的管辖权来保护特定领域（如铁路系统、军事领域）的社会关系及相应权益。

一、我国专门检察制度的历史沿革

在新中国成立初期，考虑到铁路在国民经济中的特殊地位，其本身具有跨区域性以及社会治安等因素，另外，其“具有高度集中性、大联动的小社会、半军事化管理的特点”，② 我国就模仿前苏联建制设置了铁路公检法系统。而

---

* 谭波，河南工业大学法学院讲师，中国政法大学研究生院 2007 级博士研究生。

① 徐鹤喃、张步洪：《检察机关内设机构设置的改革与立法完善》，载张智辉主编：《中国检察——法律监督与检察工作机制》，北京大学出版社 2007 年版，第 350 页。

② 赵凌、王存福：《铁路自有司法系统即将终结》，载《南方周末》2009 年 8 月 6 日第 A5 版。

军队则既高度集中又分驻各地或随时换防，具有高度机密性，所以在军队系统内就分设各级军事检察院。

1950 年 9 月 4 日中共中央决定，建立各级人民检察署，并指出："苏联的检察是法律监督机关，对于保障各项法律、法令、决议等贯彻实行，是起了重大作用的。我们则自中华人民共和国成立以后，才开始建立这种检察制度，正因为它是不同于旧检察的新工作，很容易被人模糊。但因为它是人民民主专政的重要武器，故必须加以重视。" 1954 年 9 月，《中华人民共和国宪法》和《中华人民共和国人民检察院组织法》获通过，同时各级人民检察署也正式更改为人民检察院，1954 年《宪法》第 81 条规定，"中华人民共和国最高人民检察院对于国务院所属各部门、地方各级国家机关、国家机关工作人员和公民是否遵守法律，行使检察权。地方各级人民检察院和专门人民检察院，依照法律规定的范围行使检察权。地方各级人民检察院和专门人民检察院在上级人民检察院的领导下，并且一律在最高人民检察院的统一领导下，进行工作"。当时的《人民检察院组织法》（1980 年 1 月失效）第 1 条规定，"中华人民共和国设立最高人民检察院、地方各级人民检察院和专门人民检察院"。"专门人民检察院的组织由全国人民代表大会常务委员会另行规定。"① 这是我国最早的有关专门检察制度的法律依据。到 1956 年初，全国铁路司法系统已基本建成。但是当时的铁路司法系统只存在了相当短的时间，到了 1957 年，由于"左"的思潮对国家政法工作的影响，检察机关的一般监督和其他监督职能受到直接批判，经有关部门研究决定撤销这一系统，到 9 月底，铁路检察业务交由地方检察院管辖，铁路司法系统便被废除。水上运输检察院与水上运输法院一同被撤销，其业务也由相应的地方检察院承担。

从 1968 年开始，全国各级检察机关自上而下被彻底"砸烂"，至当年年底最高人民检察院被撤销，各级军事检察院于 1970 年初被全部取消。1975 年《宪法》第 25 条第 2 款规定，"检察机关的职权由各级公安机关行使"。专门检察制度的宪法依托也彻底失去。1978 年随着十年动乱的结束，国家各项制度设置纷纷恢复。"七八宪法"第 43 条前两款规定，"最高人民检察院对于国

---

① 1995 年出台的《检察官法》第 12 条也同样规定，"军事检察院等专门人民检察院检察长、副检察长、检察委员会委员和检察员的任免办法，由全国人民代表大会常务委员会另行规定"。但就上述规定的补充规定来看，在现行法律体系中我们无法找到全国人大常委会针对专门人民检察院尤其是铁路检察院的"另行规定"。能够找到的仅是 1996 年 5 月中央军委批复的《关于中国人民武装警察部队组建军事法院、军事检察院问题》，武警部队在武警总部及沈阳、北京、西安、济南、上海、广州、成都、乌鲁木齐、拉萨设立了直属和地区军事法院、军事检察院。

务院所属各部门、地方各级国家机关、国家机关工作人员和公民是否遵守宪法和法律，行使检察权。地方各级人民检察院和专门人民检察院，依照法律规定的范围行使检察权。人民检察院的组织由法律规定。最高人民检察院监督地方各级人民检察院和专门人民检察院的检察工作，上级人民检察院监督下级人民检察院的检察工作”。1978 年 12 月至 1979 年底，经中国共产党中央军事委员会批准，先后恢复了中国人民解放军军事检察院，军区级单位的军事检察院，兵团和军级单位的军事检察院。1979 年《人民检察院组织法》出台，专门检察制度的建设也有了具体的法律依据。其第 2 条第 1 款规定，“中华人民共和国设立最高人民检察院、地方各级人民检察院和专门人民检察院”。第 4 款规定“专门人民检察院包括：军事检察院、铁路运输检察院、水上运输检察院、其他专门检察院”。该条最后一款同时规定，“专门人民检察院的设置、组织和职权由全国人民代表大会常务委员会另行规定”。1979 年，中国人民解放军军事检察院和所属各级军事检察院也随之恢复建立。1980 年 4 月，成立了全国铁路运输检察院筹备组，1982 年 5 月全国铁路运输检察院及所辖分院建立并开始办公。①

1983 年该法被修改，上述表述中第 2 条第 1 款被修改为：“中华人民共和国设立最高人民检察院、地方各级人民检察院和军事检察院等专门人民检察院。”第 4 款被删去，即专门人民检察院从此仅限于军事检察院和铁路检察院。同法第 20 条涉及专门检察院的表述也被删除，即将“地方各级人民检察院和专门人民检察院可以设置相应的业务机构。”修改为：“地方各级人民检察院可以分别设立相应的检察处、科和其他业务机构。”《人民检察院组织法》修改的很重要的原因之一就是为保持其与 1982 年《宪法》在内容与精神上关于专门检察制度的一致。现行《宪法》在第三章第七节“人民法院和人民检察院”中明确规定了我国的专门检察制度：“中华人民共和国设立最高人民检察院、地方各级人民检察院和军事检察院等专门人民检察院”，“人民检察院的组织由法律规定”，“最高人民检察院领导地方各级人民检察院和专门人民检察院的工作”。这次立法确定的专门检察制度的宪法依据和次年修改的《人

① 1981 年最高人民法院院长江华在当年的工作报告中提到，“经过两年的筹备工作，全国铁路系统已建立了铁路运输高级法院和 20 个铁路运输中级法院、62 个铁路运输基层法院，配备了 1880 名干部。目前，他们正在积极开展工作。随着水上运输特别是海运事业的发展，危害水上运输的刑事案件和海事等经济纠纷案件日益增多。为了有效地审判这类案件，根据人民法院组织法的规定，水上运输法院也正在积极筹建中”。但当年最高人民检察院检察长黄火青的工作报告中没有提到专门人民检察院的筹备情况。

民检察院组织法》在接下来的20多年得以稳定，没有再从制度上被大改。

我国的铁路运输检察院曾经设置三级：全国铁路运输检察院、铁路运输检察院和铁路运输基层检察院。1987年经中央批准，撤销了全国铁路运输检察院，现在铁路运输检察院仅设置铁路运输检察分院和铁路运输基层检察院两级，作为铁路运输检察院所在地的省级人民检察院的派出机构。而军事检察院的设置，初期采取的是基本三级设置和个别陆军部队及海、空军四级设置相结合的组织系列。1985年后改为单一的三级设置体系，分为：（1）中国人民解放军军事检察院；（2）大军区军事检察院、海军军事检察院、空军军事检察院；（3）地区军事检察院、空军军一级军事检察院和海军舰队检察院。军事检察院内部设置检察委员会。除此以外，另有前文提到的1996年设置的武警序列的军事检察院。军事检察院列入军队建制实行双重领导的体制，即中国人民解放军军事检察院在中华人民共和国中央军事委员会总政治部和最高人民检察院的领导下进行工作。

总体来说，我国专门检察制度历经50多年的发展，至今业已成为颇具中国特色的国家制度与司法举措，在与其他制度契合的基础上构成了我国社会主义法治建设上的重要一环。但是，不容否认的是，专门检察制度明确的法律移植与改造，仍然对我国的法治土壤有着诸多的不适，这种不适虽不能对制度存活本身形成致命的打击，却也会不断影响着专门检察制度的长远、健康发展，因此，明确问题存在并指明问题实质是我们对待此种制度瑕疵与缺失的客观态度。纵观我国专门检察制度的沿革，不难发现其中的政治因素或是形势需要大于法治要求，为保障国家专政职能实现的便利甚至舍弃了法制本身建设的需求。如此以来，专门检察制度才不至于在终极的发展过程中遭遇失败，并可能被劣而汰之。

二、我国专门检察制度存在的问题

细加分析，按照问题的由小及大，笔者试将专门检察制度面临的制度发展风险分列于下：

（一）专门检察制度内部包容庞杂，各类检察院设置因行业、领域所及不同，不一而足

专门检察制度产生的初期制度背景，其实是社会主义计划经济对专业管理部门区分过细产生的结果。这类问题的出现，源于我们在学习苏联的专门检察制度，进行制度创设时，没有进行细致的规划，缺少通盘考量，因此，导致的最终结果是，“东一榔头，西一棒槌”，各种专门检察院因时而立，而未有性质上的归类与改革思路上的统一并举。这一点在我国行政机构设置效仿苏联的

彼时表现得非常明显。铁路系统与军事系统虽然都有相对独立之性质，但究其根本性质与地位而言，两者差别甚大，而这种专业差别与性质区分并未在实际的制度设置中得以彰显，以至于长久以来，我们都把铁路这类本不该过于特殊的行业附上了类似军事领域的特殊待遇。这种做法不仅违反了“具体问题具体分析”的哲学处事规律，更是我们在专门检察制度甚至更多国家政治制度中改革相对滞后的表现。在很多制度移植的领域，我们仅仅是重视了制度产生的优势与积极效用，而绝少看及制度照搬所带来的消极因应，从而，我们的制度改革带来的是自身都意想不到的病症，这种病症在市场经济取代计划经济的国家经济体制转型过程中，表现尤为明显。

（二）缺少对制度改革的内涵分析与长远定位，是我国专门检察制度改革停步不前的根本原因和障碍

对专门检察制度本身，我们缺乏从性质定位上进行细心归类思考。长期以来乃至如今，对检察制度的性质，我们习惯于其属于司法制度的归类，因此，司法改革的思路与对策就将检察改革纳于其中。但是，如果从宪法法条以及我国的权力配置体制来分析，不难得出的结论是检察制度其实更是一项宪法制度。所以，“那种简单地将检察制度改革作为司法制度改革的一个方面的观点”，其中存在的最大的法理问题就在于忽视了检察权的宪法权力以及检察制度的宪法制度地位。① 在我国的权力运行机制中，一切权力属于人民，这也是第一层次的权力范畴，属于主权的领域。而其次，是作为民主集中体现的全国人大对人民权力的代理行使，包括对最高立法权、最高决定权、最高任免权和最高监督权的行使。在第三层次，才是包括行政权、审判权、检察权和审计权在内的各项具体执法和司法权力。② 所以，作为同一层次的行政改革与审判改革并不一定能够导致检察制度的改革，而只有作为上一层次的人大制度的改革才会对检察制度改革产生直接影响。就其实质而言，检察改革应该是一个宪政问题。

（三）就检察权本身的权力性质分析来看，我国目前也存在着实际争论

区别于传统的司法权性质说，有学者主张检察权属于行政权，在西方，检察权被认为是行政权的一部分，而检察官是行政部门派往各级法院的代理

---

① 莫纪宏：《论检察权的宪法地位》，载张智辉、谢鹏程主编：《中国检察》（第三卷），中国检察出版社 2003 年版，第 121 页。

② 关于这一点，也如有学者所主张的行政权、司法权、法律监督权、军事权都在人大制度之下。参见孙谦：《检察：理念、制度与改革》，法律出版社 2004 年版，第 111 页。

人;[1] 也有学者依据宪法对检察机关国家法律监督机关的性质定位而认为检察权是一种法律监督权；更有人认为检察权具有行政权和司法权的双重属性，也不是所谓的法律监督权;[2] 还有比较折中的看法，即认为检察权兼有法律监督权和检察权的双重角色，法律监督权主要是就性质与功能而言，而检察权则突出的是具体权能和实际行使的角度。[3] 这种性质上的辩驳不清使我国检察制度的改革方向也受到直接影响，我国专门检察制度的改革也因此无法廓清自己的改革方向与力度。以铁路运输检察系统的设置为例，如果从法律监督权的角度来考量，则目前该种专门检察权的设置明显失之过窄，失却了很多原本应在一般检察权领域中发挥的功能。

三、我国专门检察制度的改革对策

（一）内部的区分式的改革

专门检察制度的改革涉及特殊部门的特殊情况，必须区别对待，不能强求一致。军事检察制度由于涉及国家军事机密，具有较大的敏感性，因此，其改革需要单独进行，而且参照各国通例，军事检察院系统保留的必要性和可行性也比较明显。至于铁路检察院，根据 1990 年通过的《中华人民共和国铁路法》第 72 条的规定，铁路局和铁路分局均是国家铁路运输企业，而作为企业系统内部设置司法机关的做法本身就违反了“自然正义”中“任何人不得做自己案件的法官”的基本原理，因此，当务之急就是将铁路司法系统按照“去企业化”的思路来加以改革，使其与企业本身的联络与瓜葛渐行渐远，打破其内部那种千丝万缕的联系，成为非专属于铁路系统的国家机构。

（二）相关宪政改革措施的联动

专门检察制度的改革必须有相应的宪政制度改革作联动，才能保证制度改革的彻底与高效。

首先，如前文所言及，不能把检察制度的改革看做纯粹的司法体制改革问题，而应该从宪政改革的大角度着眼，廓清检察制度改革的宪政氛围。法律调整机制的关键点就在于对法律关系主体权利和义务机制的确定，通过该种机制来实现各类主体的法律角色，进而实现制度的法律价值。有鉴于此，就有必要在宪法和人民检察院组织法中明确检察权的性质，在确立专门检察院机构性质

---

① 参见洪浩：《检察权论》，武汉大学出版社 2001 年版，第 16 页。

② 李明蓉：《从检察权的性质看检察机关的宪法地位》，载孙谦、张智辉主编：《检察论丛》（第 6 卷），法律出版社 2003 年版，第 91—92 页。

③ 张智辉：《论检察权的性质》，载《检察日报》2000 年 3 月 9 日。

的同时，有必要对其机构职能也予以强化、细化，指明其一般职责所向，定明其对具体案件的管辖范围，在检察官法中明确专门检察院检察人员所担负的共性化及个性化的具体检察职责。而且，专门检察制度的改革需要制度配套，财政制度和人事制度的改革是前提，也是基础。检察院本身的上下级领导关系虽然有助于其防止地方干预，但在人、财、物上的垂直才真正有利于检察院依法独立行使职权。

其次，我国宪政框架内的司法体制也在经历着大变革，“去地方化”和司法独立的呼声甚高，这使我们不得不考虑在对专门检察制度进行改革时必须结合当前司法宏观改革甚至宪政改革的大环境，以免二次返工，增大改革的难度。以铁路运输检察制度的改革为例，其制度改革不仅要涉及与相关机构（如铁路公安、法院）改革的呼应，而且这种改革从更大程度上决定着我国整个铁路系统的生存模式与改革路径。以铁路检察系统的改革为例，由于市场化是其大趋势，因此，如何稳步应对市场化就成为改革过程所面对的关键问题。这类改革问题可依实际需要而定，不强求一致。依俄罗斯的经验论，即使在铁路系统选择设置专门检察机构，其与铁路专门审判机构也并非绝对的一一对应之设置。所以，在实际的铁路“公检法”的改革过程中，对于检察院与法院的分立改革思路尤其重要，并不存在“一荣俱荣，一损俱损”的联动关系。另外，铁路检察体系的存在，显然有利于实现国有资产维护过程中的专政职能，也有利于检察机关行使法律监督职能。但是，需要提防的是不能就此盲目扩张铁路检察机关的职权，所谓的“涉铁”必须受到严格限定。1982 年最高人民法院、最高人民检察院、公安部、司法部、铁道部《关于铁路运输法院、检察院办案中有关问题的联合通知》曾规定，“铁路运输法院、检察院的案件管辖，应从保护铁路运输的任务出发，体现其专门性”。对于这一原则性的成文规定，我们必须结合人民检察院组织法的相关规定，进一步解释推敲。2007 年发生在上海的“刘波涉嫌受贿案”就说明了细化此原则规定的必要性。①

第三，我国目前正在进行的如火如荼的行政体制改革即有关铁路的“大部制”改革由于涉及铁路公安的归属，须作为相关因素来考虑。2008 年我国行政领域的“大部制”改革已经涉及了民航、水运、公路的归并，而铁路管理的体制从长远看必然要与其他运输的管理体制相契合而归一。俄罗斯交通运输检察院 2001 年之前就按照管理内容确定，当时有专门的铁路运输检察院等。2006 年俄罗斯通盘筹划，将所有相关检察院统一改名为交通运输检察院。俄罗斯交通运输检察院主要管辖铁路、水上、航空和海关四个经济领域。这足以

① 赵凌：《铁路司法到底管多宽?》，载《南方周末》2009 年 8 月 6 日第 A5 版。

说明专门检察权管辖范围的设定是主导该项制度完备发挥职能的关键。而这种管辖范围的设定又绝非仅仅通过检察制度本身的改革就可一劳永逸，更应结合其他宏观体制改革的成果与背景，做到整体而动，减少改革的成本与阻力。

结语

我国专门检察制度存活至市场经济体制发展的今天，其机构设置之必要性一览无余，然而，问题彰显的制度现状又不断提示着改革之迫切。崭露于宪政改革大环境的专门检察制度改革，当然也必须汲取养分于中国宪政与法治，增强改革的后劲。唯有如此，改革后的专门检察制度方显制度亮点与长久功效。

设立未成年人专门检察机构的思考

江国栋*

内容摘要：当前，未成年人犯罪问题在社会上已引起广泛重视，建立完善的未成年人司法制度以遏制未成年人犯罪已成为当务之急。我国未成年人刑事检察制度，在20多年的实践和探索中，积累了丰富的实践经验也培养了一批专业性人才，对我国设立未成年人专门检察机构，起到了基础性作用。本文以设立未成年人专门检察机构的必要性为切入点，论述了我国设立未成年人专门检察机构的可行性和模式，为我国的未成年人检察制度建设提出一点肤浅的建言。

关键词：未成年人；专门检察机构；必要性；可行性；模式

一、引言

根据未成年保护组织公布的资料显示，当今世界许多国家深受青少年犯罪率高居不下的困扰。我国也不例外，青少年犯罪问题已在社会上引起广泛重视，2006年召开的全国“两会”上，有代表公开呼吁：建立和完善中国的青少年司法制度以遏制未成年人犯罪。①

检察机关作为国家的法律监督机关，本应当在我国的未成年人司法制度中，发挥出对未成年人保护的作用。但现行的未成年人刑事检察制度，虽然确立了区别对待、教育感化、快速办理等人性化办案方式对未成年人进行保护，但真正做到的又有几何？又为何不能做到？检察机关是否发挥了法律监督作用？这些问题，作为一名法律工作者不得不去思考。

2007年高检院修订了《人民检察院办理未成年人刑事案件的规定》，提出了在条件成熟的地方设立未成年人专门工作机构的构想。笔者认为，设立未成

---

* 江国栋，云南昆明市人民检察院检察员、法律硕士。

① 《青少年犯罪大幅上升代表呼吁建立少年司法制度》，载《羊城晚报》2006年3月10日。

年人专门检察机构，将是加强对未成年人的保护、遏制未成年人犯罪、解决现实中司法保护乏力的较好方法。

二、设立未成年人专门检察机构的必要性

（一）设立未成年人专门检察机构是未成年人司法制度改革的需要

未成年人的特殊需要，是建立未成年人检察制度的基础。[①] 当前，检察机关审查未成年人犯罪案件，一直参照着成年人犯罪案件的审查标准，而这种审查标准已不能适应对未成年人的保护和“强化法律监督、维护公平正义”的检察主题。这就需要在现行法律、制度的基础上，构建符合当代未成年人身心特点的检察制度。

中共中央关于司法体制和工作机制改革的工作部署提出，以适应未成年人司法工作的特殊需要，改革完善未成年人司法制度。在这样的背景下，检察机关建立办理未成年人案件的专门机构、完善适合未成年人特点的工作机制和办案方式，成为检察机关积极贯彻落实中央关于改革和完善未成年人司法制度精神的两大具体目标。事实上，早在2005年9月，最高检发布的《关于进一步深化检察改革的三年实施意见》，就对未成年人检察制度改革做出了重要的规划：“在检察机关实行未成年人犯罪案件专人负责制，有条件的地方逐步设立办理未成年人犯罪案件工作机构。”

（二）设立未成年人专门检察机构是预防未成年人犯罪的需要

未成年人犯罪是少年司法制度产生和发展的内在驱动力，世界各国少年司法体制的建立和发展无不与少年犯罪的严重程度密切相关，无不以严重的少年犯罪为背景，当然，我国也不例外。[②] 从近年来检察机关批准逮捕和审查起诉未成年人犯罪案件数字看，我国未成年人犯罪呈上升和高位态势。2001年，全国检察机关共审查批准逮捕、起诉未成年犯罪嫌疑人、被告人占逮捕、起诉总人数的7%和6.3%；2004年占10.7%和9.5%；2006年占10.38%和10.12%；2008年占9.13%和8.66%。[③] 这些数字说明：我国未成年人犯罪数量逐年上升且占犯罪总量较大比重，近年来未成年人犯罪的增长幅度远大于同

---

① 黄一超：《未成年人案件刑事检察工作的战略思考》，载《青少年犯罪问题》2003年第4期。

② 肖建国主编：《发展中的少年司法制度》，上海社会科学院出版社1997年版，第4—6页。

③ 孙昌军、周亮：《我国未成年人犯罪率统计分析》，载《犯罪与改造研究》2008年第9期，第34—35页。

期成年人犯罪的增长幅度。而且，目前的未成年人犯罪还出现了暴力化、成人化、低龄化、智能化、团伙化等特征，社会危害性十分严重。① 未成年人犯罪的发展变化，要求未成年人司法制度也应发展变化，趋向严重的未成年人犯罪对未成年人司法制度的专业性提出了更高的要求。检察机关作为国家法律监督机关，应当充分发挥法律监督职能，积极履行预防和减少未成年人违法犯罪的职责，设立未成年专门检察机构将有利于检察机关发挥其职能作用，预防并减少未成年人的违法犯罪行为。

（三）设立未成年人专门检察机构是对未成年人司法保护的需要

当前我国虽然形成了集家庭、学校、社会、司法四位一体的未成年人综合保护网络，但这一综合保护网络中的一个突出问题是司法保护乏力。就检察机关而言，关于未成年人犯罪检察制度的立法散见于《宪法》、《刑法》、《刑事诉讼法》、《未成年人保护法》、《预防未成年人犯罪法》、《人民检察院办理未成年人刑事案件的规定》等法律法规，但这些立法及司法解释只是原则性规定，可操作性不强。实践中，由于缺乏专门的实体法和程序法，检察机关在未成年人犯罪案件诉讼过程中，只能比照成年人案件来办理，对未成年人犯罪，法律适用成人化，这不仅没体现出对未成年人的特殊保护，反而加重了对未成年人的处罚。青少年维权工作方面，虽然对未成年人的教育、管理、帮助等方面存在的问题，向有关单位、学校、居民委员会发出检察建议，但缺乏检察建议的落实措施和检察建议不落实的惩罚措施，所以，很多检察建议没能发挥保护未成年人权益的作用。

设立未成年人专门检察机构的必要性是由社会各种因素决定的，而在各种因素中居主导地位的是社会需要，正是当前对未成年人保护的社会需要才促使专门检察机构的设立，使对未成年人的保护走向专业化、职业化道路。

三、设立未成年人专门检察机构的可行性

（一）设立未成年人专门检察机构的法律依据

《中华人民共和国宪法》、《中华人民共和国人民检察院组织法》和近年来最高人民检察院相继下发的《关于在检察工作中贯彻宽严相济刑事司法政策的若干意见》、《人民检察院办理未成年人刑事案件的规定》、《关于依法快速办理轻微刑事案件的意见》等文件，这些对设立未成年人专门检察机构提供了法律上的依据：

---

① 邢丽丽：《未成年人刑事检察制度研究》，中国优秀博硕士学位论文全文数据库（硕士），2006（12）。

1. 最高检2005年9月发布的《关于进一步深化检察改革的三年实施意见》，就对未成年人检察改革做出了重要的规划："在检察机关实行未成年人犯罪案件专人负责制，有条件的地方逐步设立办理未成年人犯罪案件工作机构。"

2. 2007年1月，高检院发布了修订的《人民检察院办理未成年人刑事案件的规定》，对于建立专门机构问题做出规定："人民检察院一般应当设立专门工作机构或者专门工作小组办理未成年人刑事案件，不具备条件的，应当指定熟悉未成年人身心发展特点、善于做未成年人思想教育工作的专人办理。"按照这一规定，确属工作需要而有必要设立专门机构的，应当设立未成年人专门检察机构。

3. 《中华人民共和国宪法》第131条规定：" 中华人民共和国设立最高人民检察院、地方各级人民检察院和军事检察院等专门人民检察院。"

4. 《中华人民共和国人民检察院组织法》第2条第1款规定："中华人民共和国设立最高人民检察院、地方各级人民检察院和军事检察院等专门人民检察院。"

5. 《中华人民共和国未成年人保护法》第55条规定："公安机关、人民检察院、人民法院办理未成年人犯罪案件和涉及未成年人权益保护案件，应当照顾未成年人身心发展特点，尊重他们的人格尊严，保障他们的合法权益，并根据需要设立专门机构或者指定专人办理。"

6. 《联合国少年司法最低限度标准规则》第2.3条规定："应努力在每个国家司法管辖权范围内制定一套专门适用于少年犯的法律、规则和规定，并建立授权实施少年司法的机构和机关。"

（二）设立未成年人专门检察机构的实践基础

1986年上海市长宁区人民检察院在起诉科成立的"少年案件起诉组"，是我国未成年人检察机构建设的起点，在我国未成年人检察制度建设史上具有标志性的意义。1991年，该院率先将少年案件起诉组从起诉科剥离出来，成立了具有独立建制的少年案件起诉科；1994年又正式成立集未成年人刑事案件的批捕、起诉、考察、预防等工作于一体的未成年人案件刑事检察科。上海市长宁区人民检察院在对未成年人的保护方面，起到了示范性作用。尤其是1992年《最高人民检察院关于认真开展未成年人犯罪案件检察工作的通知》下发以来，各地基层检察院纷纷成立了未成年人刑事检察专门机构，主要是设立未成年人刑事检察科，或者在起诉部门设立未成年人刑事起诉组，逐步将未成年人刑事诉讼的不同程序和阶段集中于一个专业部门，形成了将惩罚犯罪与教育挽救结合在一起的捕、诉、防一体化的格局。

近些年的未成年人刑事检察制度的探索，培养出一大批具有较丰富的教育学、心理学、犯罪学知识，熟悉未成年人生理心理特点的专业人员，并在实践中积累了丰富办案经验，这些专业性人才正好是设立未成年人专门检察机构的人才基础，而且，未成年人专门检察机构的设立也正好能够把这些专业性人才稳定住并充分发挥其优势，达到人尽其才的作用。

（三）设立未成年人专门检察机构的社会条件

我国自改革开放以来，经济建设发展迅速，国家综合实力显著提高，这为未成年人专门检察机构的设立提供了必要的物质基础，在那些经济条件较好、少年司法制度发展较先进、未成年人犯罪率较高的地方先行试点设立未成年人专门检察机构，探索和积累经验后再逐步推广。

少年司法制度的理念转变也是设立未成年人专门检察机构的有利契机。当前，少年司法制度的理念正从治理青少年犯罪向保护青少年权益进行转变，理念的转变要求司法体制也要作出相应的变化。少年司法制度理念的转变要求少年司法模式要显现出少年司法的独立性与特殊性。① 设立未成年人专门检察机构正好是少年司法的独立性与特殊性的体现。

现代社会，社会舆论是不容忽视的力量，设立未成年人专门检察机构也需要社会舆论的支持。中国自古就有恤幼的传统思想，古代法律中，刑事责任年龄的立法，最能体现恤幼理念，它体现了我国古代对未成年犯罪人刑事诉讼权利的保护。② 19 世纪末，随着自然科学、人文科学的全面繁荣，刑罚的惩罚性功能开始动摇，兼之以警示性和威慑性的预防功能。尤其是对未成年人犯罪，各国普遍采用“宽松的刑事政策”，确立了“少年犯罪保护主义优先原则”。在刑法的谦抑性原则的影响和推动下，刑罚观念也发生了重大变化，刑罚人道化已经成为历史发展的必然趋势，并成为国际社会的共识。③ 在以人为本的宽松的刑事政策下，以提高对未成年人保护力度、广度和水平为目的而设立未成年人专门检察机构，势必得到社会舆论的广泛支持。

四、未成年人专门检察机构的模式

（一）未成年人专门检察机构的司法模式

世界主要国家的少年司法制度，传统上可以划分为两大模式，即刑事模式

---

① 姚建龙：《从少年法庭到少年法院》，载《中国青年研究》2001 年第 6 期。

② 雷海峰：《我国古代未成年人犯罪刑事政策初探》，载《青少年问题研究》2005 年第 4 期。

③ 崔永东：《沈家本论法制与道德之关系评析》，载《清华大学学报》2001 年第 3 期。

和福利模式。近年来，在传统的刑事模式和福利模式之外，一些国家开始探索第三条道路，即修复性司法模式。现代意义上的修复性司法模式源于加拿大在少年犯罪案件中引入调解机制的试验。① 修复性司法模式的指导思想认为，少年司法制度应当兼顾社会防卫、加害人补偿被害人以及发展少年负责能力三项功能，少年司法的目的不在于惩罚少年的违法行为，而在于修复该行为对被害人、少年及社会造成的创伤。② 修复性司法模式被我国部分学者称为刑事和解，其基本内涵是在犯罪发生之后，由调停人帮助，使被害人与加害人直接商谈，解决刑事纠纷；其目的是恢复被加害人所破坏的社会关系，弥补被害人所受到的伤害，以及恢复加害人与被加害者之间的和睦关系，并使加害人改过自新、复归社会。③ 修复性司法模式的出现，代表了少年司法制度发展的一个趋势，就是减少司法介入，突出对未成年人利益、被害人利益与社会利益三者并重保护的倾向。我国未成年人专门检察机构制度的设立也应当符合当今社会少年司法制度发展的趋势，采用修复性司法模式。虽然修复性司法模式与我国传统的思想有一些暗合之处，但也不能现成照搬。④ 应当根据我国国情，在现有未成年刑事检察制度基础上，进行发展和完善。

（二）未成年人专门检察机构的设置模式

未成年人专门检察机构的设置模式是在现有的检察机构的基础上，在未成年人犯罪率较高地区设置少年检察院。少年检察院的体制设置可以借鉴俄罗斯交通运输检察院和我国的军事检察院的三级检察体制设置，设置应突破行政区域划分的限制。具体设想是：在最高人民检察院设置少年检察厅，领导全国的少年检察工作；在全国按照自然地理区划，设置七个区少年检察院，如：华中区少年检察院；在区少年检察院的区域管辖内根据实际情况设置若干基层少年检察院，如华中区某某基层少年检察院。全国所有少年检察院的经费由中央财政负担，区少年检察院的检察长由最高人民检察院检察长任命，基层少年检察院检察长由区少年检察院检察长任命，突破现行的双重领导体制。基层少年检察院根据就近便利原则向基层法院提起诉讼，区少年检察院出庭支持未成年人犯罪上诉案件。这样设置的好处是：（1）可以减少外界干预，保持司法独立；

---

① 温小洁：《我国未成年人刑事案件诉讼程序研究》，中国人民公安大学出版社 2003 年版，第 54—55 页。

② 施慧玲：《家庭 法律 福利国家》，台湾元照出版公司 2000 年版，第 295—296 页。

③ 刘凌梅：《西方国家刑事和解理论与实践评价》，载《现代法学》2001 年第 1 期。

④ 姚建龙：《长大成人：少年司法制度的建构》，中国人民公安大学出版社 2003 年版，第 323 页。

(2) 可以集中和培养专职人才；(3) 有利于少年司法的法律适用统一；(4) 不设置对应关系的公安、法院有利于现阶段国家财政负担，在国家财政许可的情况下，再设置专门的少年警察机构和少年法院。会不会出现区少年检察院设置过少而监督不力的问题？笔者认为：(1) 在修复性司法模式的保护主导思想下，大量的未成年犯罪案件和解结案；(2) 在少年检察院预防为主的工作机制下未成年犯罪案件会逐渐减少；(3) 基层少年检察院的设置是灵活的，根据本区的实际情况，设置达到预防、监督的目的。在少年检察院的人员组成上，笔者认为可以从以下渠道完成：(1) 把检察院中具有办理未成年犯罪案件经验的专业人才分流过来。(2) 从心理教师、心理医生等职业中招聘一些掌握未成年人心理学方面的专业人才。(3) 从学校、社区、社团等职业中招聘一些兼职从事未成年保护工作的人员，这些人员受少年检察院的领导和管理。而且，在修复性司法模式下，这种兼职人员会大量的使用，并将发挥出方便、灵活、到位的作用，这部分人的使用不仅节省国家财政的负担，还将在法律效果与社会效果的统一中发挥出特别的作用，这部分兼职人员将成为少年检察院的一个重要组成部分。(4) 在媒体、网络、出版、娱乐等行业中聘请一些信息联络员，对本行业中不利于未成年人成长的现象进行信息反馈。

(三) 未成年人专门检察机构的工作机制

未成年人专门检察机构的检察官应当淡化其追诉犯罪的“国家公诉人”身份，突出其“国家监护人”的身份，突出其作为未成年犯罪人以及其他风险未成年人的保护者、教育者的角色。① 因此，未成年人专门检察机构的受案范围要突破传统的未成年人刑事检察制度受案范围，不仅包括所有未成年人的刑事案件，而且还要包括涉及未成年人权益保护的民事、行政案件，以及对风险未成年人的教育和监督。有学者认为，社会管理体制缺失是未成年犯罪的主要原因，检察机关作为国家法律监督机关，对未成年人的社会管理体制的监督也是其工作中的重中之重。另外，未成年人专门检察机构应更广泛地与社区、学校、社团以及其他具有维权职能的机构和组织联系，努力建成社区范围的未成年人教育保护网络和维权网络，加快社区矫治建设速度，以利于更多的非刑事矫治措施得以实施和发展。

未成年人专门检察机构在办理案件中，应当采用符合未成年人身心特点的工作机制。用宽容的心态、柔性的方式、专业的技能帮助和保护未成年人。在制度设计上，应当对现行的制度进行完善和改进。现行的未成年人犯罪案件进展情况告知制度、快速办理轻微刑事案件制度、亲情会见制度、分案起诉制度

---

① 姚建龙：《理解未成年人检察制度》，载《青少年犯罪问题》2007 年第 2 期。

和不起诉制度、社会调查制度、法庭教育制度、缓刑建议制度在对未成年人的保护上，发挥了较好的保护作用，但仅仅这些还是不够的，笔者认为，还应当引进和增设暂缓起诉制度、附条件不起诉制度、赔偿和解制度、取保考察制度、跟踪回访考察制度、合适成年人参与制度、批捕听证制度、未成年人非羁押措施风险评估制度、不捕帮教制度、档案不记录制度、保留学籍制度、风险少年发现制度、风险少年转化制度等适合未成年人身心特点的保护制度。总之，任何可能加重未成年人心理负担、对未成年人造成伤害的做法都应尽量避免。

结语

目前我国未成年人约有3.41亿，约占全国总人口的26.1%，他们生理和心理都尚未成熟，具有极大的可塑性，特殊的生理和心理特征，更需要国家、社会、学校和家庭给予特别的关心和爱护。而且，未成年人的健康成长不仅仅是亿万家庭的期盼，也是我国社会主义现代化建设事业兴旺发达、后继有人的根本保障。因此说，对未成年人的保护是功在当代、利在千秋的大事，从这个层面上讲，未成年人专门检察机构的设立意义重大。在此想起英国思想家庞德所说过的一句话，并为他的伟大思想深深折服。庞德说："少年司法制度是英国大宪章以来，司法史上最伟大的发明，少年司法制度的设立对整个人类法制文明具有引领作用的提法并不为过。"我们有理由相信，在宽容和关爱中成长起来的未成年人，他们的心中必定装满了爱心种子，伴随着他们长大成人，爱心种子也必将发芽、结果，社会将在爱心的包容中更加和谐。我国未成年人专门检察机构肩负着播撒爱心种子的重任，未成年人专门检察机构的设立对我国未成年人的保护、少年司法制度的改革和完善、我国法制文明的建设、和谐社会的构建将起到不可估量的引领作用。

监所检察制度的建设与改革

李彩云　许银莉*

内容摘要： 监所检察是国家法律赋予检察机关的一项重要法律监督职责，是刑事诉讼监督的重要组成部分。既具有刑事诉讼监督职责，也具有对行政强制性改造的措施实行监督的职责，分为监狱检察、看守所检察、劳教检察、监外执行检察，按照检察机关内部分工，办理罪犯重新犯罪案件的批捕公诉、侦查监督、审判监督工作，立案侦查监管场所发生或发现的属于检察机关管辖的案件，受理在押人员、罪犯及其家属的控告申诉案件等。本文主要结合登封市人民检察院监所工作5年来的实践经验，对检务公开制度、预防和纠正超期羁押、侦查一体化体制的建设、一级规范化检察室的建设四个检察制度的改革与发展作以介绍，希望对我国检察制度的发展进步起到一定的作用。

关键词： 监所检察；制度建设；改革

一、检务公开制度的建立

查办和预防刑罚执行和监管活动中的职务犯罪案件，加强刑罚变更执行监督，防止和纠正超期羁押，保护在押人员合法权益，维护司法公正和监管场所的安全稳定，保障刑罚的正确执行，是监所检察工作的重要工作。为有效履行监所检察工作，让公开与“阳光”同在，登封市人民检察院依据《刑事诉讼法》、《人民检察院组织法》以及最高人民检察院有关监所检察工作的规定，对在刑罚执行和监管管理环节应当公开和可以公开的信息和监督程序予以公开，通过建立谈话制度、检察官约见接待制度、联席会议制度和检务公开栏宣传制度四项机制，围绕“阳光检察”的执法理念，让监管干警、在押人员及亲属充分了解监所检察工作职责任务、监督程序，以增加驻所检察工作透明

---

* 李彩云，河南省登封市人民检察院副检察长；许银莉，河南省登封市人民检察院检察员。

度，从而全面保障在押人员的合法权益。

（一）通过建立“出入所”谈话制度，公开检察内容，实现“阳光检察”，促进在押人员认罪服法，思想转化

针对新入所人员缺乏对监管规定、所犯违法犯罪行为的认识及对各办案单位部门办案期限规定、检察机关驻所检察工作的职责范围等不了解，通过面对面谈话，并针对新入所或初犯的特点，讲解有关法律法规、所涉嫌犯罪的法律规定、告知法定办案期限、公开办案程序及其应享有的合法权益，对关押人员进行法制宣传教育，形成个别谈话与集中上法制课的工作制度，帮助其认罪服法，自觉接受改造，尽早成为新人。每年谈话教育达2000余次，受教育面达90%以上，取得了明显的法制宣传教育效果。

（二）建立和规范检察官约见和接待制度，维护在押人员合法权益，拓宽查办案件线索

为了保障国家法律的统一正确实施，促进看守所严格执法、公正执法、文明执法、廉洁执法，维护监管场所的秩序，保护在押人员的合法权益，保障刑事诉讼活动的顺利进行，建立了包括对看守所民警、各办案单位人员、在押人员及亲属等来访接待和在押人员约见制度等内容的检察官约见和接待制度。如为来访者提供法律咨询服务；提供法律援助和司法救济；受理刑事申诉、控告和举报；公开检务内容；受理在押人员控告、申诉，接收所交材料；受理在押人员检举揭发其他案件线索；听取在押人员反映的意见，维护在押人员合法权利；当面对在押人员进行规劝教育，提供法律咨询服务等。通过建立和规范检察官接待制度，为在押人员及亲属提供一个了解检务内容，寻求维护自身合法权益的有效窗口。检察官对来访人员反映的问题，根据不同情况分类处理，及时作出回复。属管辖业务范围外的，及时将材料转有管辖权的相关部门处理，最大限度地维护其合法权益。

（三）建立与看守所的联席会议制度，互通情况，切实维护监管场所安全稳定

为保障刑事诉讼活动的顺利进行，减少、杜绝监管责任事故和各类安全事故的发生，保护在押人员的合法权益，维护正常的监管秩序，进一步加强与看守所协调配合，建立了定期通报情况的联席会议制度。每月与看守所召开一次联席会议，互通情况，交换意见，公开监督情况和纠正情况，促进公开公正执行。通过联席会议通报监管秩序状况及监管工作中发现的新情况、新问题；在押人员羁押期限情况，发现超期羁押的是否立即督促办案单位纠正并报告驻所检察室；分析在押人员近期思想动态，排查监管工作中存在的问题；检察室对监管工作中存在的问题或发生的轻微违法，口头提出检察建议或纠正意见；共

同研究相关监管对策和制定相应的安全防范措施；通过信息互通，及时消除监管场所安全隐患，维护监管场所的安全稳定。

（四）设置检务公开宣传栏，开展宣传活动，公开检务内容，实现“阳光检察”

在看守所内设置专用“检务公开”宣传栏，大力宣传有关法律知识、检察职责、驻所检察工作流程、公开重点开展的检察工作。在每个监室放置办案期限、监所工作职责和检察流程的小册子，使在押人员更加方便了解检察工作，使自身维护合法权益得到更加有效保障，对检察工作也起到监督促进作用。

通过四项机制的建立和落实，保证了登封市人民检察院驻所检察工作的透明、公开、公平、公正，使检察流程规范有序，驻所检察工作置于社会和人民的监督下，使驻所检察工作更加透明，切实维护了当事人的合法权益，维护了法律的权威性。

二、建立预防和纠正超期羁押机制实现人权保障的终极目标

看守所是羁押依法被刑事拘留、逮捕的犯罪嫌疑人、被告人的机关。被判处有期徒刑一年以下或者余刑在一年以下不便送往劳动改造场所执行的罪犯，也由看守所监管。因此被称为司法实践中三大顽症问题之一的超期羁押问题在看守所检察中也不乏存在。

在司法实践中，看守所存在的超期羁押现象，不仅成为刑事诉讼程序中的难点问题，也成为广大人民群众关注的热点问题，最高人民检察院于2003年开展了清理超期羁押专项检查活动，该活动的开展在一定程度上遏制了超期羁押现象的泛滥，但由于缺乏良好的运行机制而无法从根本上解决问题，从而出现了“前清后超”、“边清边超”的反弹现象。如在办案过程中，办案单位制造种种借口拖延办案时效，一是相互拆借办案期限，以表面的合法手段掩盖某一方面事实上的超期，或者让法定期限内能办结的案件随意提请延长办案期限或者重新计算羁押期限；二是以押代侦而超期羁押，或者是在共同犯罪案件中，同案犯逮捕时间有先有后，不断以后羁押者的办案期限来计算致使先羁押者期限被无限延长；三是部分争议案件在协调统一认识、专题汇报请示过程中超期审理；四是个别办案人员责任心不强，作风拖拉，以致造成超期羁押，或者个别办案单位负责人明知超越权限仍违法签批，以“合法”形式掩盖超期等。超期羁押严重侵害了被羁押人的合法权益，浪费司法资源，加大司法成本；严重违反了法律规定，与社会主义法治建设进程背道而驰，损害了法律的严肃性；还造成审判人员面对超期而不得不在量刑时予以“补救”，人为地

“拔高”或者“降低”量刑幅度，从而出现量刑畸轻畸重、司法不公等现象，违反了罪刑相适应原则，破坏了社会的公平与正义。登封市人民检察院对超期羁押现象进行了深入的调查和研究，对超期羁押表现形式和严重危害进行了认真分析，发现造成超期羁押现象的原因是多方面的：一是个别办案人员法制观念淡薄，从治思想严重，总认为只要案件办成功，超期不超期无所谓；二是重实体、轻程序的观念根深蒂固、重打击轻权利保护，特权思想严重，没有树立起打击犯罪与保护人权并重的意识；三是刑事立法对超期羁押等程序违法现象没有强有力的约束；四是检察实际操作中对超期羁押没有具体的详细的可操作性强的法律规定，仅仅停留在送发纠正违法通知书的层面上而起到的只是治标不治本的效果。

为了保障在押人员合法权益，防止和纠正超期羁押工作，登封市人民检察院在强化监督中不断完善各种制度，率先探索出了以下预防和纠正超期羁押的长效机制。先是“正人先正己”，纠正检察机关超期羁押。建立了刑检部门正在办理的三道工序案件实行“三线联动制度”、自侦案件实行“自侦案件联席协调会议制度”、“检察环节超期羁押的预警制度”三项制度。对刑检部门正在办理的三道工序案件，由监所部门牵头，侦查监督和公诉部门通力配合，实现监所、侦监、公诉“三线联动”，要求侦监部门在决定批捕或不批捕后、公诉部门受理每一次变更办案单位后 24 小时以内都要通知监所部门，监所部门实行逐案逐人的监督。对自侦案件实行各业务科室参加每月一次的案件联席协调会议制度，由各业务科室通报自侦案件在侦查、批捕、起诉和审判环节的超期羁押情况和主要原因，提出需要解决协调的问题，由检察长和主管副检察长协调解决，监所部门予以督促。监所检察部门充分利用羁押信息，在每个承办单位办案期满前 3 日内，向各单位发出案件到期通知书，进行警示督办，达到提前预防超期羁押的目的。2002 年实施这三项制度以来，检察机关所办理和审查的案件没有发生一起超期羁押现象，在检察环节首先实现了“零超期”的目标。其次是和公安、法院合力纠超，建立预防超期羁押的长效机制。在实现了检察环节超期羁押的零目标以后，登封市检察院把目光投向怎样实现侦查、审判环节超期羁押为零的目标上。他们认为，再走过去那种检察机关耗费了大量的人力、财力，发发纠正违法通知书、定期搞搞通报来治理超期羁押但收效甚微的老路子，已经不能适应新时期司法工作的实际需要了，必须审时度势、反弹琵琶，创新监督工作新机制，走出一条从根本上解决超期羁押问题的新路子来。根据当前超期羁押问题的现状，结合当前司法机关的办案实际，经过深入思考和充分酝酿，他们决定从限制提审的时效上来做好这篇文章。为此登封市检察院草拟了《加强换押证及提审证时效专用章使用的有关规定》，在登封市政法委的支持下，商请公安机关和法院将该规定予以正式会签，在预防和纠正超期羁押问题上，建立了四项制度，即提审方面建立了换押证和提审时效专用章的使用制度、十二类与计算羁押期限密切相关的诉讼文书送达监所检察部门或看守所制度、羁押期限同步监督、信息反馈制度和强化责任追究制度，实现了由“事后监督”到“事前防范”的转变。

通过上述“送达—监督—反馈—纠正—查处”的工作新机制，登封市有效地解决了超期羁押这一困扰司法工作的难点和顽疾。预防超期羁押新机制运行以来，由于该机制以治本为重、科学合理，且在司法实践中可操作性强，所以从一开始该机制就显示出强大的生命力。2003 年 1 月 1 日新的工作机制运行以来，至今全市公、检、法新办案件再没有发生一起超期羁押案件，实现了超期羁押的零目标。同时该经验也引起了高检院监所检察厅的重视，得到了高检院监所检察厅的充分肯定，并加以推广。2003 年 8 月，最高人民检察院检察理论研究所和登封市人民检察院联合在登封召开了“预防超期羁押与人权保障研讨会”，研究解决超期羁押问题的途径和方法，曲新久等 10 余名法学家和 40 余名检察机关代表到会，对登封市预防和纠正超期羁押的长效机制的价值等问题进行了深入探讨，这对于司法部门转变司法理念，推进司法体制改革，进一步做好预防和纠正超期羁押工作都有一定的教育和引导作用。

三、运用侦查一体化机制办理职务犯罪案件

法律监督是检察机关的工作职能，狠抓办案是履行这一职能最有效的方法，而查办刑罚执行和监管活动中职务犯罪工作是监所检察部门各项执法监督中的重中之重。登封市人民检察院监所检察部门立足于看守所检察这个阵地，注重在日常工作中，从一般的违法现象背后深纠隐藏的犯罪问题，善于利用侦查一体化优势，走出了“在监管场所发生和发现的职务犯罪线索，及时报请检察长决定进行初查和立案”的新路子。2006 年以来，登封市人民检察院监所部门共初查各类职务犯罪案件线索 30 余件，立案 13 起（其中 11 案 11 人为司法工作人员职务犯罪案件），除 3 案做不诉处理，1 件移交外地检察机关外，其余 9 件 9 人均作出了有罪判决，办案数量和质量在河南省监所系统处于第一名。通过办案，有力地推动了监管场所和司法机关严格执法，收到了良好的法律效果和社会效果，打出了监所检察的声威。主要做法是：

（一）把好入所关方面发现案件线索：清清楚楚走进来

刚入所的犯罪嫌疑人的主要犯罪事实已得到初步证实，心理比较矛盾，我院的干警们紧紧把握这个时机，坚持在犯罪嫌疑人入所的 24 小时内进行谈话，通过谈话通常可发现以下三种线索：（1）刑讯逼供案件线索。刚入所的犯罪

嫌疑人如果受到刑讯逼供，其记忆清晰，伤情便于固定，又可排除是被同监号的犯人殴打致伤的可能性。所以这时是发现和查处刑讯逼供案件的最好时机，例如，在曹源刑讯逼供案中，我们在接到控告不到 12 小时，就将该案破获。(2) 冤假错案案件线索。在谈话过程中，如果犯罪嫌疑人喊冤的同时能够找出证据证明自己是无辜的，这时的辩解往往是可信的，一般情况下这些喊冤的人大都受到过刑讯逼供。这样，一些蒙受不白之冤的公民便可从这个环节得到法律的救济，为维护法律的正义和尊严迈出有力的一步。(3) 从前科方面发现违法变更强制措施、以罚代刑案件线索。在了解刚入所的犯罪嫌疑人的前科时，一般他们都没有隐瞒的意识。从这些前科方面的处理情况深究下去，往往可以发现违法变更强制措施、以罚代刑的职务犯罪案件线索，达到“明修栈道，暗度陈仓”之功效。

（二）把好出所关方面发现案件线索：明明白白走出去

强制措施的变更、无罪释放及留所服刑犯的刑满释放、保外就医、减刑、假释这些往往是职务犯罪易发多发的环节。因此一方面对在押人员出所时进行谈话，可以发现看守所内诸多不正常的现象；另一方面对出所手续进行仔细的查核，对于出所原因不正常和疑点较多的问题抓住不放，也可追究出隐藏在背后的犯罪问题。

（三）加强监管场所监室内特情建设方面发现线索：特情建设也重要

监管场所监室内特情建设是我们发现监管场所违法现象的重要途径。多年来我市监管场所没有出现过脱逃、自残、自杀等事故，保持了监管场所的稳定，同时还发现了多起监管人员内外串供、体罚虐待被监管人的案件线索。

（四）通过专项检查活动发现案件线索：以点带面促进步

近年来，我们按照高检院和省院的部署，结合我市的实际情况，深入开展了多项专项检查活动，发现了一批案件线索。如在减刑、假释、保外就医专项检查活动中，我们发现原被判处 8 年有期徒刑的王书平在解押到监狱服刑时，王父通过医生出具假诊断证明书，骗取监狱工作人员的信任并保外就医。发现此情况后，该院立即发出检察建议，敦促看守所将其收监执行，并以涉嫌玩忽职守将严重不负责任、出具假诊断证明的医生张国典立案侦查。在对超期羁押专项检查活动中，我们对造成超期羁押严重后果的公安干警王健康立案侦查等，这些典型案件都有力地扭转了我市超期羁押严重的局面。

（五）在受理在押人员及亲属以及其他方面举报控告中发现案件线索：真情感动你我他

在押人员的亲属朋友中，存在着不少知悉在押人员违法犯罪情况，甚至了解与案件相关的台前幕后活动的情况。因此当这些人员来监管场所探视、打听案情时，有意同他们交谈，介绍监所检察的职责，尽最大可能取得在押人员及其亲属的信任，同时在监室内和大墙内外都设立举报信箱，公开举报电话，鼓励他们申诉、控告、举报，有利于从中发现线索。

监所检察部门办理职务犯罪案件的主体大都是司法工作人员，深谙侦破案件的方法和技巧，具有很强的反侦查能力，办案时取证困难，干扰多。登封市人民检察院监所科的全体干警在省市院的大力支持下，通过强有力的组织措施，运用侦查一体化机制排除干扰，突破案件。如在办理省、市院指定管辖的禹州市检察院检察员李西海、禹州市法院审判员刘伯强玩忽职守案、内乡县公安局干警梁红党、李杰徇私枉法案、南阳师范学院党办主任杨铁军行贿案、封丘县公安局民警杨文国、郭金星、郑军昌、鹿志同徇私枉法案中，他们在省市院的领导下，克服异地办案的种种困难，不怕苦、不怕累，想方设法，突破了案件。

几年来登封市人民检察院紧紧围绕高检院的“强化法律监督，维护公平正义”的检察工作主题，始终坚持“抓办案、促监督、求发展”的指导思想不动摇，努力探索监察监督工作的新方法、新思路，不断求实创新，向着更高的目标挺进。一路艰辛一路汗水，一路付出一路硕果，其办案数量和质量在河南省监所系统始终处于领先地位。

四、一级规范化检察室的建设与实践

为使驻所检察走上规范化，登封市人民检察院积极响应高检院的号召，严格按照国家一级规范检察室建设的条件，高标准、严要求，开拓进取，真抓实干，依法履行监督职责，以办案为龙头，不断强化软、硬件监督手段，大力推进驻所检察工作的规范化建设进程，为促进监管场所依法文明管理做出了积极的贡献。2007 年 3 月，驻所检察室被授予国家一级规范化检察室。

（一）强化队伍建设，为驻所检察工作的规范化发展提供组织保证，努力做到明确一个指导思想，两个不放过，三个结合，五个到位

即明确争创国家一级驻所检察室的目标不动摇的指导思想。两个不放过是：对监所干警的思想变化不放过，抓住监所监督工作中出现的问题不放过。三个结合，一是把监所检察工作与全院工作有机结合，统筹兼顾；二是把监所检察工作与预防职务犯罪相结合，检防并举；三是把监所检察工作与社会治安综合治理有机结合，服务大局。强化五抓，一抓监所干警政治、业务素质和执法水平的提高。二抓条例、细则和各项规章制度的落实。三抓典型引路和实践的归纳和总结。四抓经常性的检查评比和征求公、法两家的意见，做到及时沟通和交换。五抓调查研究，探索依法监督的新方法、新路子。这些措施的有效实施，从组织领导、思想建设、工作方法上为规范化检察室的建设提供了强有力的组织保证。

（二）抓基础设施，强化软硬件建设，为驻所检察工作的规范化发展提供双重保证

1. 强化硬件建设，提供物质保证。登封市人民检察院积极协调，使驻所检察室工作用房由4间增加到了满足工作需要的10间，协调财政拨付资金10余万元，对工作用房进行了装修，建立了驻所检察室的监控系统，同时与看守所的监控系统、管理系统联网并机，进一步提高了驻所检察工作的科技含量，进一步实现了驻所检察工作的办公自动化，为提高驻所检察工作的效率与质量提供必要的物质保障。

2. 强化软件建设，提供机制保证。一是健全制度体系。我们大力实践“以人为本，靠制度管人”的工作理念，针对驻所检察干警的岗位特点，建立健全了《驻看守所检察人员工作职责》、《检察室干警岗位职责》、《检察室干警目标管理责任制》及羁押人犯、看守所管理、安全防范监督管理等共40项派驻检察室制度。二是履行规范措施。做到了“三个规范”：第一规范化工作程序。要求驻所人员严格按照看守所监督流程管理规定坚持认真规范填写驻看守所检察工作“一志八表”，做到及时、准确报送监所检察工作报表，随时上报驻所检察工作信息，按时提交工作总结报告、“三大事故”调查报告和有关专题调查报告。第二规范对被监管人员的宣传教育。我院建立健全了《驻所检察工作人员与被监管人员谈话制度》、《加强被监管人员宣传教育制度》，明确要求驻所工作人员与被监管人员定期谈话，开展专题法制教育并要有详细的记录。为推动宣传教育工作的开展，我院检察长、主管副检察长经常深入驻所检察室了解情况，检查指导工作，取得了较好的效果。第三规范安全防范工作，我们配合公安机关对看守所的安全防范工作实行“一日一检查，七日一抽查，一月一大查，节假日集中查”的“网络式”检查制度，做好监管场所安全防范监督工作。通过认真检查，保持了登封市看守所连续5年没有任何事故的记录。三是抓四项工作主线，强化监督职能，为推进规范化进程提供措施保证。我院通过监所检察挖掘案源，查办刑罚执行和监管活动中职务犯罪工作为主线；层层设防，严把被监管人员“进出”关，防止冤假错案和放纵犯罪分子案件发生为主线；时时提示，严防超期羁押现象发生为主线；时时注意，防止牢头狱霸和监管干警侵犯在押人员的合法权益为主线，紧紧抓住监督工作规范化这一核心，不断强化监督职能，扎扎实实地开展驻所检察监督工作，实现了促进看守所规范管理，保证刑事诉讼的顺利进行，维护看守所刑事诉讼的顺利进行，维护看守所的正常秩序，保护被监管人员合法权益四项目标的良性互动。

检察机关介入公益争议解决程序探析

张明亮*

内容摘要： 随着公益争议的不断出现，其解决方式备受关注，但作为解决公益争议主导力量的行政执法却常常失灵。公益争议解决中出现的执法问题大体有行政机关执法不力、行政机关执法不作为和行政机关执法部门缺失三种。正是这三种执法问题，严重影响着公益争议的解决。检察机关应当担负起监督公益争议执法的重任，检察机关介入公益争议解决程序具有必要性。检察机关介入公益争议解决程序可以分为检察机关监督公益争议执法和检察机关提起公益诉讼两种方式。公益争议的解决应当坚持行政执法解决为原则、检察公益诉讼为例外的基本思路。

关键词： 公益争议；行政执法；非诉监督；公益诉讼

一、检察机关介入公益争议解决程序的必要性

近些年来，环境污染侵权案件、证券侵权案件、公共场所收费案件、涉及土地开发影响社会公益的案件、垄断行业侵害消费者合法权益案件等公益争议①不断出现。

（一）作为解决公益争议主导力量的行政执法失灵

公益争议是由公益违法行为造成的，既然有公益违法行为的出现，那么具有社会公共管理职能的行政机关就有责任严格执法，及时解决公益争议。行政执法是解决公益争议的主导力量，原因有四：首先，这是由行政执法机关自身

---

* 张明亮，中央民族大学法学院宪法学与行政法学专业硕士研究生。

① 本文出现的“公益争议”是指因社会中不特定多数人的利益受侵害而引起的社会争议。笔者认为，国有资产流失案件涉及的是国家的财产权，受害主体是国家，唯一确定，不属于公益争议。当引起公益争议的公益违法行为构成犯罪时，检察机关可以提起公诉，通过刑事诉讼程序和刑事附带民事诉讼程序解决公益争议，该种情况不在本文讨论范围之内。

的属性决定的。行政执法部门的天职就是执法，纠正违法行为，维护社会秩序。既然出现了公益违法行为，造成了公益争议，有关执法部门解决公益争议，自然是职责所涉，不应怠慢；其次，某种公益争议的出现，一般都存在相应的行政机关执法部门，该执法部门有专业上的优势，长期的主管工作为其积累了大量的经验，处理起来可谓轻车熟路、驾轻就熟；再次，行政执法部门系统庞大，数量较多，门类齐全，分工细致，其力量渗透到社会的各个领域，在解决公益争议方面可谓“功力深厚”；最后，行政执法机关可以直接做出处理决定，有些行政机关如公安、工商、税务、审计、财政、外汇、海关等，依照法律的规定还享有强制执行权，解决公益争议具有高效、便捷的特点。然而，在此领域，作为解决公益争议的行政执法却经常失灵。公益争议解决中出现的执法问题大体有行政机关执法不力、行政机关执法不作为和行政机关执法部门缺失三种。正是这三种执法问题，严重影响着公益争议的解决。

（二）检察机关应当担负起行政执法监督的重任

作为公益争议解决方式之一的公益诉讼的频繁出现，反映了行政机关执法力度不强，甚至出现缺位的状况。这就要求对行政机关的执法活动进行监督，保障执法的有效性，维护社会管理秩序。那么，谁又能担此重任呢？我国现行行政监督制度主要包括：人大对行政的监督、监察机关对行政的监督、行政系统内部的层级监督和专门监督。笔者认为，上述三种监督对行政执法而言具有局限性。首先，人大对行政的监督主要是对行政立法和抽象行政行为的监督，一般不涉及具体行政行为，而行政执法行为（包括作为或不作为）大多是具体行政行为。其次，行政监察对行政的监督主要是针对行政机关执行法律、法规和政府的决定命令；受理对行政机关和行政公职人员违反政纪的控告、检举；查处行政机关和行政公职人员违反政纪的行为。这种监督对于追究侵犯国家和社会公共利益的行政机关和个人的责任是有效的，但对行政执法监督效果并不明显。最后，在行政系统内部，层级监督中的上下级行政机关可能构成利益共同体；专门监督属于同级监督，权威性不高，加上政府的干预，收效甚微。[①] 我国《宪法》第 129 条和《人民检察院组织法》第 1 条规定：“中华人民共和国人民检察院是国家的法律监督机关。”作为国家的专门法律监督机关，检察机关理应担负起行政执法监督的重任。检察机关对行政机关执法的监督，应当包括对行政机关处理公益争议的监督。

① 参见姜明安：《行政诉讼中的检察监督与行政公益诉讼》，载《法学杂志》2006 年第 2 期。

（三）检察机关在公益争议执法中存在作用空间

为防止行政执法在此领域失灵、使公益争议得到有效解决，检察机关应当对公益争议解决中出现的执法问题进行关注，介入公益争议解决程序，遏制公益争议执法问题的出现，促进公益争议的有效解决。在公益争议解决中，行政执法不力，大体可以归结为：行政执法部门缺乏公益争议的发现机制、行政机关对公益争议执法效果不佳。发现机制的不健全可以通过社会主体如公民、法人、社会组织、社会团体和国家机关等的举报和报案来弥补，检察机关有权也有必要在执法部门对社会主体报案处理的合法性和合理性方面进行监督；检察机关也应当对公益争议执法状况进行监督。对于行政机关执法部门缺失的问题，通过行政机关自身发现或检察机关的建议，根据有关法律、法规的规定，在行政机关内部设立相关的执法部门，从而填补行政执法中执法者缺失的空白。对于行政机关执法不作为和行政机关自身违法问题的解决，当前学界和实务界呼声最高的就是构建公益诉讼制度。笔者认为，公益诉讼只是解决这些问题的一种方法，不是仅有的方法，更不是首先要考虑的方法。发挥行政执法应有的效能才是最重要的，更是要首先考虑的。检察机关首先应当介入公益争议执法，通过非诉程序加大行政执法监督力度，防范行政执法失灵，促使行政执法有效进行才是重点。

综上所述，笔者认为检察机关应当监督公益争议执法，有必要介入公益争议解决程序，主张公益争议的解决应当坚持行政执法解决为原则，检察公益诉讼为例外的基本思路。相应地，检察机关介入公益争议解决程序的方式可以分为实施非诉监督和提起公益诉讼两种。笔者将在第二部分和第三部分对这两种方式分别作阐述。

二、检察机关介入公益争议执法实施非诉监督

检察机关介入公益争议执法主要是检察机关对公益争议执法实施非诉监督，既包括对公益争议执法过程的监督，也包括对公益争议执法结果的监督。检察机关对公益争议执法的监督工作应当主要集中在公益争议处理中出现的执法问题的解决。行政机关执法部门缺失问题不具备执法主体的前提，因而本节探讨主要锁定在行政机关执法不力和行政机关执法不作为两个问题的解决。为方便起见，分为检察机关对执法程序的监督和对执法结果的监督两个方面。

（一）检察机关介入公益争议的执法程序

检察机关对公益争议执法程序的监督关键是在公益争议执法的立案环节把好关。立案环节涉及社会主体如公民、法人、社会组织、社会团体和国家机关等对公益争议的反映，他们对公益争议的举报和报案，正好可以弥补执法机关

在对公益争议发现机制方面的不足，有利于行政执法力度的加强。笔者认为，在对公益争议的立案问题上，我们可以借鉴《刑事诉讼法》第 83 条到第 88 条的规定制定相应的程序。具体地讲，可以作出以下程序设计：

第一条 执法机关或者检察机关发现公益违法行为时，执法机关应当按照管辖范围，进行调查；检察机关应当通知相应执法机关进行调查。

第二条 任何单位和个人发现有公益违法行为，有权利也有义务向执法机关、检察机关报案或者举报。

第三条 执法机关、检察机关对于报案、举报都应当接受。执法机关应当及时调查；检察机关应当及时将相关材料移送执法机关处理，并且通知报案人、举报人；对于情况紧急且必须采取紧急措施的，检察机关应当先采取紧急措施，然后移送执法机关。

第四条 报案、举报可以用书面或者口头提出。接受口头报案、举报的工作人员，应当写成笔录，由报案人、举报人在确认无误后签名或者盖章。

第五条 执法机关、检察机关应当保障报案人、举报人及其近亲属的安全，严防公益违法行为人对报案人、举报人的打击报复。报案人、举报人如果不愿公开自己的姓名和报案、举报的行为，应当为他保守秘密。

第六条 执法机关对于报案、举报的材料和检察机关移送的材料，应当按照管辖范围，及时进行审查，认为有公益违法行为的时候，应当立案；认为没有公益违法行为的时候，不予立案，并且将不立案的原因通知报案人、举报人。报案人、举报人如果不服，可以向相应的检察机关申诉。

第七条 检察机关认为执法机关对应当立案调查的案件不立案调查的，或者报案人、举报人认为执法机关对应当立案调查的案件而不立案调查，向检察机关提出的，检察机关应当要求执法机关说明不立案的理由。检察机关认为执法机关不立案理由不能成立的，应当向执法机关发出检察建议，通知执法机关立案，执法机关接到检察建议后应当立案。

需要注意的是上述第 7 条中“检察机关认为执法机关不立案理由不能成立的，应当向执法机关发出检察建议，通知执法机关立案，执法机关接到检察建议后应当立案”所包含的规范类型。由于检察机关和执法机关之间地位的平等性，决定了该规定仅是倡导性规范，并不具有强制性，也不可能有配套的强制性措施。对检察机关做出的立案建议采纳与否，仍然取决于执法机关的选择，因此，并不能排除执法机关不作为的可能性。行政机关执法不作为可以作为执法结果纳入检察机关监督的范围。另外，对行政机关在其他执法环节出现的程序违法行为，检察机关可以提出限期改正的检察建议。若行政机关逾期未改正，则检察机关可以将其作为行政机关违法执法纳入执法结果监督范围。

（二）检察机关监督公益争议的执法结果

可以作为检察机关监督的公益争议的执法结果主要包括：行政机关执法不作为、行政机关违法执法和行政机关不合理执法。对行政机关不作为和行政机关违法执法的救济手段主要是申请行政复议或提起行政诉讼。非诉手段主要是对行政行为提起行政复议。我国《行政复议法》第2条规定："公民、法人或者其他组织认为具体行政行为侵犯其合法权益，向行政机关提出行政复议申请，行政机关受理行政复议申请、作出行政复议决定，适用本法。"根据该条规定，检察机关不是行政复议提起主体，因此，检察机关不可能通过行政复议程序纠正行政机关的不作为、违法执法行为。那么是否可以考虑通过修改行政复议法构造检察机关监督行政不作为的新制度呢？如果可以这样，那么公益争议的解决就可能需要经过"检察机关—行政机关（复议机关）—执法机关（不作为行政机关）—公益违法主体"这样一个程序。复议机关纠正被复议机关的行政不作为，一般属于行政机关内部的层级监督，甚至是自己监督，其监督效果可想而知，并且修改行政复议法的成本也是极大的，整个程序的经过也要很长时间，可见此种方案成本高而效果差，不宜采用。检察机关还可以考虑通过监察制度来监督行政机关的不作为。我国《行政监察法》第18条规定监察机关行使监察职能，履行检查国家行政机关在遵守和执行法律、法规和人民政府的决定、命令中的问题的职责。第23条规定监察机关根据检查、调查结果，在拒不执行法律、法规或者违反法律、法规以及人民政府的决定、命令，应当予以纠正的情况下可以提出监察建议，依法给予行政处分。但通观整部法律，并没有找到检察机关可以发动监察机关进行监察活动的明确规定。如果我们要利用监察制度的话，那么我们就要对行政监察法进行修改。此时公益争议的解决就可能需要经过"检察机关—监察机关—执法机关—公益违法主体"这样一个程序。同样，该方案成本高而效果差。

综上所述，在检察机关介入公益争议执法实施非诉监督中，检察机关对公益争议执法监督的作用是有限的，效果也不是很理想。可见，意欲实现对公益争议执法结果最有效的监督就不得不启动诉讼程序了。

三、检察机关启动公益诉讼程序寻求最终救济

如上所述，如果检察机关对行政机关的执法不作为提起诉讼的话，那么，公益争议的解决就可能要经过"检察机关—人民法院—执法机关（不作为行政机关）—公益违法主体"这样一个程序，仍然要经过四个主体三道工序，不言而喻，该方案对公益争议的解决仍然不够直接和有效。我们能不能设想再减少主体和工序，如构造"检察机关—人民法院—公益违法主体"这样一个

程序即检察机关直接对公益违法行为提起公益诉讼呢？若是能这样设计的话，则对公益争议的解决当然是最直接最有效率的。事实上，检察机关对公益违法行为直接提起公益诉讼是有可能的，在行政机关执法部门缺失时也是必要的。

（一）检察机关对公益违法行为提起公益诉讼的可能性

我国《刑事诉讼法》第 77 条第 2 款规定："如果是国家财产、集体财产遭受损失的，人民检察院在提起公诉的时候，可以提起附带民事诉讼。"《最高人民法院关于执行〈中华人民共和国刑事诉讼法〉若干问题的解释》第 100 条规定："人民法院审判附带民事诉讼案件，除适用刑法、刑事诉讼法外，还应当适用民法通则、民事诉讼法有关规定。"从前述的两个法条不难看出，在国家财产、集体财产遭受损失时，检察机关可以通过诉讼程序维护国家利益和集体利益，与公益诉讼具有共同的质。同时，诉讼也可以作为一种法律监督的方式和手段。由此不难看出，检察机关提起公益诉讼也是理所当然、合情合理的。检察机关行使公益诉权是其实施法律监督的又一重要形式，是检察机关应尽的职责。也可以说，我国现行立法保留了检察机关提起公益诉讼的可能性。另外，检察机关直接对公益违法行为提起公益诉讼，与以上几种方案相比，对公益争议解决的效率相对较高，检察机关根据法院的判决，取得国家强制力，对公益争议的解决非常直接，效果十分明显。同时，在诉讼中可以附带要求法院责令执法机关承担行政不作为的责任，也能实现检察机关对行政执法不作为的监督。

（二）司法实践中检察机关"双重监督"问题可以化解

有学者认为，检察机关在民事诉讼中既可以提起公益诉讼；又能以抗诉的方式行使民事检察监督权，对民事审判活动实行法律监督，这样会使检察机关在民事诉讼中出现角色冲突和角色困顿。① 也有学者称为"双重监督"问题。笔者认为，"双重监督"问题可以化解。首先，我国宪法规定人民法院依法独立行使审判权，人民检察院依法独立行使检察权。通过对审判权和检察权的相互制约，防止法院和检察院滥用权力。检察机关的抗诉只是再次引起审判程序，最终的裁决权仍属于人民法院。"检察机关作为法律监督者在发现侵权时提起诉讼，首先就是其职责要求；其次，检察机关在诉讼过程中虽然也是法律监督者，但它作为原告的外在角色冲突也由于其作为原告并不存在自身的直接利益而得到化解，它作为原告和作为监督者的目的都在于保护国家和社会利

---

① 王福华：《我国检察机关介入民事诉讼之角色困顿》，载《政治与法律》2003 年第 5 期。

益，无论诉讼结果如何，都与其民事利益无关。”① 同时，笔者主张检察机关实行事前监督职能与事后监督职能相分离，考虑在人民检察院内部增设公益争议执法监督部门，与民事行政抗诉部门相分离，实现检察机关内部权力分工明确，部门职能专业化，避免出现角色冲突。我国《人民检察院组织法》第20条规定：“最高人民检察院根据需要，设立若干检察厅和其他业务机构。地方各级人民检察院可以分别设立相应的检察处、科和其他业务机构。”可见，在人民检察院内部增设公益争议执法监督部门的设想，在理论上符合法学原理，在法律上具有规范依据，在实践上也可大胆尝试。

（三）对检察机关提起的公益诉讼的受案范围应做严格限定

有学者认为：“‘公共利益’自身的高度不确定性决定了行政公益诉讼的范围难以确定。”“公共利益是行政公益诉讼存在的必要前提，不解决公共利益的界定问题，行政公益诉讼制度便难以建立起来……在公益概念远没有形成广泛共识的前提下，行政公益诉讼制度的构建无异于沙滩作画。”② 的确，公共利益的界定是公益诉讼的基础性问题，因为公共利益的广泛性和高度的抽象性、动态性和不确定性决定了我们不可能给它下一个明确的定义。笔者认为，公共利益可以通过检察院特别是法院经过个案衡量，用价值比较的方法，做出较为理性的个案认定，正如中国人民大学王轶教授所言，公共利益的类型是无法穷尽列举的，我们只有依赖立法和司法机关在具体情形中依据法律所认可的表决程序和表决规则对公共利益进行进一步类型化。③ 我们不能因为不能为公共利益给出一个明确的定义而对当前社会中出现的损害国家和社会公共利益的违法行为听之任之，无动于衷。事实上，当前国民已经对危害公共利益的一些案件基本上达成了共识：如环境污染案件、生态环境破坏案件、不正当竞争案件、行业垄断案件、严重的行政不作为案件和行政违法行为案件。笔者认为，在公益诉讼制度起步阶段，对公益诉讼案件的受案范围的界定不应太宽泛，应当明确化，可以将其限定在以上几种案件范围内。

（四）对检察机关提起的公益诉讼中各主体法律地位的界定

检察机关在民事诉讼中的法律地位有：“当事人”说、“国家监诉人”说、“国家诉讼人”说和“公益代表人”说。笔者认为，检察机关在公益诉讼中的法律地位采用“公益代表人”说为宜，因为检察机关为履行国家法律监督职

---

① 陈桂明：《检察机关应当介入公益诉讼案件》，载《人民检察》2005年7月（上）。

② 章志远：《行政公益诉讼热的冷思考》，载《法学评论》2007年第1期。

③ 王轶：《论物权法中的“公共利益”》，载《北京规划建设》2008年第1期。

责而代表国家和社会公共利益提起公益诉讼，为公益争议的有效解决提供最终救济。因此，检察机关在诉讼中应当被定位于“公益代表人”。公益违法行为主体在诉讼中被列为被告应无异议，最有争议的可能是不作为的执法机关的身份问题，对此可能有“第三人”或“被告”之争，甚至会有人认为不应该将执法机关置于公益诉讼中。笔者认为，结合“第三人”理论，将执法机关列为“无独立请求权第三人”为宜，因为执法机关对诉讼标的没有独立的请求权，但与案件的处理结果有着直接的利害关系，如果公益违法主体侵害公共利益不成立，那么执法机关也就无行政责任；如果公益违法主体侵害公共利益成立，承担相应的民事责任，那么执法机关也应当承担不作为的行政责任。

对于公益诉讼案件的管辖、诉讼时效、举证责任分配、反诉、和解、撤诉、诉讼费用的负担和公益诉讼案件执行后获得的赔偿如何在不特定人群中分配等问题也是需要解决的，但囿于篇幅所限，笔者就不再一一探讨了。总之，“确立检察机关提起民事公益诉讼制度是一项系统工程，涉及与现行诉讼制度的衔接与协调，尤其涉及民事检察制度的改革与完善”,① 需要通盘考虑，周全设计。

综上所述，检察机关有必要介入公益争议解决程序，保障公益争议的有效解决。在公益争议的解决中，应当坚持行政执法解决为原则，检察公益诉讼为例外的基本思路。加强对行政执法的检察监督力度，必要时启动检察公益诉讼，实现少一些公益争议，多一些社会和谐。

---

① 田凯、杨柯一：《公益诉讼制度的实然与应然》，载《法制日报》2007年11月12日。

谈我国检察机关干部的培训制度

王　晨*

内容摘要： 人民检察院是我国的法律监督机关，肩负着保障法律正确实施的重任。为了更好地履行法律监督职责，人民检察院需要逐步建立与完善其干部培训制度。本文拟在简要回顾检察机关干部培训制度的历史发展的基础上，研究检察机关现行干部培训制度的主要内容，并探索进一步完善的措施。

关键词： 检察机关干部；培训制度

《中华人民共和国宪法》第129条及《中华人民共和国人民检察院组织法》第1条均做出规定："中华人民共和国人民检察院是国家的法律监督机关。"这一规定意味着，中国检察机关正肩负着保障法律正确实施的艰巨任务。作为其主体的检察机关干部，则成为代表国家监督法律统一正确实施的护卫者。检察机关及其干部所肩负的职责要求检察机关干部必须具有坚定的马克思主义政治信仰，扎实的法学理论基础，娴熟的法律实践技能，集法学理论家与法学实践家于一身，具有高屋建瓴的气魄。而社会生活的日新月异，法学理论的不断发展及工作实践的不断变化，对检察机关干部的素质提出了更高的要求，使得检察机关干部的培训工作与检察机关干部的素质及检察事业的发展紧密相连，休戚相关。因而，检察机关干部的培训制度及实践也成为各级检察机关及学者们关注的问题。

一、我国检察机关干部培训制度的历史发展

我国检察机关历来重视检察机关干部的教育培训工作，从新中国成立到现在，随着我国检察机关的建设及检察事业的发展，检察机关干部的培训制度也经历了从构想到初步建立再到逐步发展走向完善的过程。

---

* 王晨，郑州大学法学院宪法学与行政法专业硕士研究生。

（一）检察机关干部培训制度设想的提出

新中国成立初期，我国在设置检察机关的问题上，借鉴了苏联的检察制度，根据列宁的法律监督理论，设立了独立的作为国家法律监督机关的检察机关。最高人民检察署刚刚建立就曾作出决定：在选调检察干部时，一定要坚持列宁提出的“宁肯少些，但要好些”的原则，宁缺毋滥，保证质量。在新中国成立初期，专业人才匮乏的情况下，最高人民检察署还提出了对选调的人员进行短期培训的要求。由此可以得出，在我国检察机关建设之初，国家就把检察机关干部的培训作为检察机关建设的一项重要内容，列入了检察机关建设的日程之中。

“文化大革命”的兴起，导致了我国检察制度发展的中断。1967—1968 年间，我国各级人民检察院先后被撤销，检察工作被迫停止，人民检察制度的发展也就此中断。随着检察制度的中断和检察机关被撤销，建立检察机关干部培训制度的设想也无法进一步变为现实。

（二）检察机关干部培训制度的初步建立

1978 年 12 月，十一届三中全会的召开，开启了中国发展的新阶段，我国检察制度也进入了重建发展时期。1980 年检察机关重建不久，最高人民检察院便提出建立检察干部学院的必要性，经过几年的酝酿，于 1985 年正式做出建立检察干部学院的决定。1986 年，最高人民检察院报请国家教委请求成立中央检察管理干部学院，“并要求有条件的省、自治区、直辖市也要积极筹建检察干部学校”。

1988 年最高人民检察院“建立了高级检察官培训中心”。“根据广大检察人员的政治素质、法律素质和业务素质还不适应形势发展的需要”，最高人民检察院“着重抓了检察官培训工作”。“参加各类学历和法律检察专业证书教育的检察人员达 6 万人；在地方检察院建立了 26 个电大分校，检察学校和培训中心。”1989 年最高人民检察院成立了中国高级检察官培训中心。经过实施“七五”培训规划，检察队伍的文化和专业结构有了改善，有 40% 的检察官受到短期培训，有 5 万多名检察人员接受了短期专业培训。

1991 年 6 月 27 日中央检察官管理学院正式建立，各省级检察院也相应建立了检察干部学校或检察干部培训中心。到 1992 年年底，具有大专以上文化程度的检察干部已经占检察干部总数的 60%。在检察机关干部培训机构建立的过程中，培训工作不断进行，培训实践不断积累，培训制度也在逐渐形成。

（三）检察机关干部培训制度的法律确认

1995 年 2 月 28 日第八届全国人民代表大会常务委员会第十二次会议通过的《中华人民共和国检察官法》在规定了检察官的职权、职责的同时，对检察官的教育和培训作了专章规定。其中《检察官法》的第九章（第29条至第31条）专设了培训制度，要求对检察官“有计划地进行理论培训和业务培训”，规定了“国家检察官院校和其他检察官培训机构”、“承担培训检察官的任务”并将“检察官在培训期间的学习成绩和鉴定，作为其任职、晋升的依据之一”，从而将检察人员的培训纳入了法制轨道。

1998年最高人民检察院将中央检察院管理学院更名为国家检察官学院，主要负责对省、市、县各级检察长进行领导素能培训，对初任检察官和拟晋升高级检察官进行任职资格培训，对高级检察官进行岗位技能培训和专项业务培训等，进一步加强和规范了对检察官的培训工作。

2002年1月18日，最高人民检察院根据《中华人民共和国检察官法》的规定以及检察机关干部培训工作的需要，颁布了《检察官培训条例（试行）》，对检察官培训工作做出了细致的规定。鉴于在实施过程中，该试行条例暴露出的一些问题，2007年1月8日，最高人民检察院正式颁布了《检察官培训条例》，正式条例由总则，培训种类、内容与形式，培训组织与管理，基础建设与保障，考核评估与责任以及附则六部分组成，对原试行条例进行了较大的修改，并对培训对象、考核评估等内容进行了更详细的规定，从而为我国检察机关干部尤其是检察官的培训工作进行了具体明确的指导，更有利于促进我国检察机关干部培训制度的发展。

二、我国检察机关现行干部培训制度的主要内容

我国的检察机关干部的培训制度从新中国成立之初提出设想，到十一届三中全会后的初步建立，再到《检察官法》颁布之后的不断发展，经历了从有到无，从小到大的发展历程，现就我国检察机关干部现行的培训制度的主要内容进行详细介绍。

（一）我国检察机关干部培训的体系

按照《检察官培训条例》的规定，我国检察机关干部的培训工作实行“统一规划、统一管理、分类培训、分级实施”，“实行两级为主的管理体制”。根据该规定，我国检察机关干部培训体系由专门的教育培训管理机构和培训机构组成。

1. 检察机关干部培训的管理机构

检察机关干部培训的教育培训管理机构包括最高人民检察院、省级人民检察院设立的教育培训主管部门以及地市级的人民检察院设立的专门的教育培训管理机构。

（1）最高人民检察院教育培训主管部门

最高人民检察院的教育培训主管部门为政治部及教育培训部，其负责履行全国检察官培训工作的整体规划、宏观指导、协调服务、督促检查和制度规范等职能。根据《检察官培训条例》第16条的规定，其职能具体包括：

贯彻执行党和国家干部教育培训方针政策和法律法规，制定检察官培训工作的具体政策和规章；组织制订培训中长期发展规划和年度工作计划；

规划和指导检察机关培训基地、师资队伍、课程与教材建设，组织编写统一使用的检察官培训教材；

指导国家检察官学院及其分院、地方检察官学院和培训机构的工作，制订国家检察官学院及其分院的培训计划，并对其培训工作进行检查、评估和监督；

规划和指导检察机关自主选学、岗位技能训练工作和检察官境外培训工作。

（2）省级人民检察院教育培训主管部门

省级人民检察院教育培训主管部门主要为政治部（处），《检察官培训条例》第17条规定了其具体负责的事项：

制订本辖区检察官培训规划和年度工作计划，指导、组织和管理本辖区检察官培训工作，具体落实最高人民检察院组织的调训工作；

制订省级检察院学院及其他培训机构的培训计划，并对其培训工作进行指导、检查和监督；

负责本辖区检察官在职自学、学习性机关建设工作和检察官境外培训工作。

2. 检察机关干部培训机构

检察机关干部培训机构主要包括最高人民检察院设立的国家检察官学院及其分院、省级人民检察院设立的省级检察官学院等，以及经省级人民检察院批准，由地市级人民检察院设立的培训机构。

（1）国家检察官学院

国家检察官学院是最高人民检察院建立的成人高等教育机构，根据《检察官培训条例》第20条的规定，其具体负责：

初任检察官培训；晋升高级检察官培训；省级人民检察院正副检察长及其他领导班子成员、检察委员会专职委员和业务部门负责人，地市级和县级人民检察院检察长的领导素能培训；各类专家型人才的培训；检察教育培训机构的师资培训；最高人民检察院检察官的培训；最高人民检察院指定的西部少数民族地区干部专门培训等其他培训。

（2）国家检察官学院分院

国家检察官学院分院既是国家检察官学院的教学分支机构，又是省一级的检察官学院。目前，我国有天津、河南、山东、江苏、四川、陕西、云南、井冈山八所国家检察官学院分院。国家检察官学院分院的主要职责包括：按照最高人民检察院教育培训主管部门规划，可承担初任检察官培训、晋升高级检察官培训等任务。

（3）省级检察机关干部培训机构

省级检察机关干部培训机构主要是省级人民检察院建立的省级检察官学院（或称培训中心），接受本级人民检察院的领导，同时还接受上级人民检察院教育培训主管部门的业务指导和国家检察官学院的指导。《检察官培训条例》第21条规定，其具体负责：

地市级和县级人民检察院副检察长及其他领导班子成员、检察委员会专职委员和业务部门负责人的领导素能培训；本辖区检察官的专项业务培训和岗位技能培训；最高人民检察院教育培训主管部门和省级人民检察院制定的其他培训。

地市级人民检察院检察官培训机构根据省级人民检察院的安排，可承担县级人民检察院检察官的专项业务培训和岗位技能培训等任务。

（二）我国检察机关干部培训的内容

《检察官法》第29条规定“对检察官应当有计划地进行理论培训和业务培训”。根据这一规定，我国检察机关干部培训的基本内容就包括了理论培训和业务培训两大方面。

1. 理论培训

对检察机关干部进行的理论培训应当包含两个方面的内容：政治理论培训和法学理论培训。

（1）政治理论培训

检察机关干部作为国家法律正确统一实施的卫士，其特殊的身份和职责决定了检察机关干部必须具有较高的政治素质，才能保证检察工作的顺利进行和检察机关职权的正确履行。因此，《检察官法》规定了检察官必须具有良好的政治素质和良好的品行：要坚持正确的政治方向和政治立场。最根本的是要坚持马克思列宁主义、毛泽东思想、邓小平理论和“三个代表”重要思想，用科学的理论武装头脑、指导行动、坚定理想信念。要求检察官具有正确的世界观、人生观和价值观，具有坚定不移、清醒不渝的党性修养，具有忠于法律、忠于职守的思想品质，具有清正廉明、克己奉公的思想品格，具有刚正不阿、不畏权势的执法精神。《2004—2008年全国检察人才队伍建设规划》在2004

年到2008年间检察人才队伍建设的目标中也指出：要“提高检察人才队伍的思想政治和职业道德素质。加强检察人才队伍建设，要把思想政治和职业道德建设放在首位。坚持用‘三个代表’重要思想武装检察人才的头脑，强化爱国主义、集体主义、社会主义和职业道德教育，使检察人才队伍牢固树立正确的世界观、人生观、价值观，发扬拼搏奉献、严格执法、艰苦创业、团结协作和诚实守信精神”。《检察官培训条例》的第2条也规定培训“以邓小平理论和‘三个代表’重要思想为指导，全面落实科学发展观”，“把政治理论培训放在首位”。

因此，政治理论培训是检察机关干部培训中的一项重要内容。政治理论主要是指马克思列宁主义，毛泽东思想，以及邓小平同志关于具有中国特色社会主义理论，包括国家与法的理论以及社会主义市场经济理论，“三个代表”重要思想以及胡锦涛总书记提出的“科学发展观”等。政治理论培训旨在提高检察机关干部正确理解、掌握党和国家的方针、政策，以及执行、运行这些方针、政策的能力；通过思想教育，提高检察机关干部的政治思想觉悟，促使其树立正确的是非观念及荣辱观。

（2）法学理论培训

作为专门从事法律监督的国家工作人员，检察机关干部需要具有相当的法律素养。《检察官法》对检察官必须具备的法律专业知识、学历和法律工作经验等专业条件作了明确规定。但是，在知识经济时代，法学理论的不断发展要求检察机关干部在法学理论学习方面也要做到“与时俱进”，这种要求反映到检察机关干部的培训中来，就是法学理论培训。

法学理论培训旨在提高检察机关干部的法学理论素养，从而提高其检察业务能力。国家现在实行的统一司法资格考试，在很大程度上促进了检察机关干部尤其是检察官的法学理论水平的提高，也有利于促使检察机关干部培训的重心由学历教育转向岗位培训，由基础教育转向高层次的法律职业教育，法学理论培训将以新情况、新问题、新制度作为主要内容。

2. 业务培训

所谓业务培训，即检察机关工作业务的培训，包括对检察工作中出现的新问题及新法律法规的学习，对检察机关所承担任务所需的各种知识和技能的掌握等，例如，刑事检察、贪污贿赂案件的侦查、法纪检察、检所检察、民事行政检察、控申举报以及检察机关的管理，等等，使之符合有法必依，执法必严，违法必究的法治要求。随着国家教育事业特别是法学教育事业的发展，检察机关干部门槛的提高，在司法考试制度的规制下，检察机关干部的素质必然会有个大幅度的提高，相伴而生的是检察机关干部培训的重点从知识性法律教育转向能力型、素质型法律教育的转换。业务技能培训将逐渐成为检察机关干部培训的重点，以直接提高检察官的办案技能和运用现行法律解决问题的能力。

（三）我国检察机关干部培训的方式

最高人民检察院根据《检察官法》制定的《检察官培训条例》对检察官培训方式作了专章规定，将检察机关干部培训的方式分为领导素能培训、任职资格培训、专项业务培训和岗位技能培训四类。

1. 领导素能培训

各级检察机关领导班子成员作为其所在检察院工作与发展的指挥者和舵手，其素质对检察事业的发展和检察工作的顺利进行有着重要意义。《2004—2008年全国检察人才队伍建设规划》中要求“重点选好配强‘一把手’”，“到2008年，各级检察院领导班子的文化和专业结构要求有明显改善”。这样一来，领导素能培训必然成为检察机关干部培训的重要方式。

根据《检察官培训条例》第9条规定，领导素能培训的对象为地方各级人民检察院正副检察长及其他领导班子成员、检察委员会专职委员和业务部门负责人。培训的内容包括：政治理论与形势任务、法学前沿理论、检察改革理论与实践、检察领导与检察管理等。领导素能培训的重点是要提高组织领导和决策指挥能力。《检察官培训条例》还规定了领导素能培训的时间不得少于15天。

2. 任职资格培训

任职资格培训以“先培训、再任职”的方式帮助新晋（进）、新任人员增强履职能力，迅速适应岗位需要，是检察机关人员培训实现正规化分类培训的一大亮点。《检察官培训条例》规定任职资格培训分为初任检察官培训和晋升高级检察官培训两种类型。

（1）初任检察官培训

《检察官培训条例》第7条规定：初任检察官培训的对象为已通过国家司法考试拟任检察员的人员，内容包括检察官职业道德和职业规范、检察制度、检察实务和办案技能等。培训重点是使其具备检察官基本履职能力。培训时间不少于90天。

（2）晋升高级检察官培训

晋升高级检察官培训是任职资格培训的重点。根据《检察官培训条例》第8条规定，晋升高级检察官培训的对象为拟晋升高级检察官的人员，内容包括法学前沿理论、检察管理、司法改革理论与实践、高级检察官实务和重大疑难案件分析处理技能等。培训的重点在于使其具备高级检察官履职能力。培训的时间不少于30天。据统计，自2002年3月，国家检察官学院根据最高人民检察院政治部干部教育培训部下达的培训任务，开始承办晋升高级检察官培训以来，至今（2006年）已经举办过15期，部分省级检察院也已着手这项工作。

3. 专项业务培训

专项业务培训的对象为检察业务部门的检察官，内容包括最新法律和政策、检察业务专题与实务技能等。培训的重点是提高检察官履行本职工作的能力和水平。由于专项业务培训的内容具有时效性的特点，因而对于专项业务培训的时间，《检察官培训条例》未作明确规定，只规定“可根据实际需要合理安排”，从而赋予了专项业务培训以一定的灵活性。专项业务培训同时也是正规化分类培训的一项重要内容。2006年，国家检察官学院围绕检察业务工作，开展了侦查监督和公诉业务专向培训、职务犯罪侦查与预防业务专项培训、诉讼监督业务专项培训，大大提高了受训检察官的相关业务水平和业务技能。

4. 岗位技能培训

岗位技能培训的对象为检察业务部门的检察官，内容包括计算机应用技术、电子检务、工作方法与技巧、公文写作与文书处理、外语等。重点是增强检察官岗位通用技能和岗位专门技能。根据《检察官培训条例》第11条的规定，其培训时间同专项业务培训一样未作明确规定，可根据实际需要合理安排。

（四）我国检察机关干部培训的原则

检察机关干部培训的原则就是指在检察机关干部培训的整个过程中所必须贯彻执行的基本要求和规则。《检察官法》的第29条第2款规定“检察官的培训，贯彻理论联系实际、按需施教、讲求实效的原则”。这三大原则，是根据检察官培训的性质、特点及培训的目的要求而确定的。

1. 理论联系实际原则

理论联系实际是我党的三大优良传统之一，体现在检察机关干部培训中，既是对检察机关干部素质的基本要求，也是培训必须坚持的一项原则。检察机关干部培训属于成人教育的一种，其目的是为了提高检察机关干部的履职能力，使之更适应检察工作。如果理论与实践脱节，受训者所学不能致用，就失去了培训的意义。只有在培训中贯彻理论联系实际的原则，做到学有所用，使检察机关干部成为兼具较高检察业务能力和深厚的法学理论功底的法律职业者，才能达到培训的预期目标，实现培训的意义。

要贯彻理论联系实际原则，就要做到既重视政治理论、职业道德教育，也要兼顾专业岗位技能的培养；就要改变以往干部培训中的传统教学方式，如单纯的说教，填鸭式的教学方法，采用座谈、研讨式或案例式等新型教学方法；就要变更敷衍了事的培训思想，树立正规化职业化的培训理念等。

2. 按需施教原则

检察机关干部培训是一种职业教育，目的是使检察机关干部成为更能适应职业需要的应用型人才。因而，检察机关干部培训的内容要根据不同时期社会政治经济发展的不同需要以及各级检察官岗位职责的需要来决定，由于各个历史时期社会经济发展状况不一样，对检察机关干部的要求不同，检察工作的内容也会有所不同。因此，各个时期的培训内容和形式也不应完全相同。同时，不同层次、不同岗位的检察机关干部，需要的知识及技能也不同，其培训的内容和形式也应有所区别。只有按需施教，才能使检察机关干部队伍平衡发展、整体提高，才能使检察机关干部素质适应检察机关履行职责的需要。

要贯彻按需施教原则，就要在检察机关干部培训中，根据履行职责的需要，规划检察机关干部培训的整体目标和阶段性目标；根据不同检察工作对检察机关干部素质的不同要求，科学设置培训内容和培训方式。同时，结合我国目前检察机关干部素质的实际状况，针对不同知识结构的检察机关干部，也应设计不同的培训重点。例如，对长期从事检察业务工作或法律工作实践的检察机关干部，要侧重其理论知识的更新；而对受过良好法学教育的检察机关干部，要侧重其检察工作技能的训练和提高。

3. 讲求实效原则

检察机关干部培训必须讲求实效，不能搞形式主义，学习内容应紧贴检察工作实践，要保证培训质量，保证学员学能致用。为了确保检察机关干部培训取得实际效果，必须制订切合实际，全面周详的培训计划；改革传统的培训内容；把培训与检察机关干部的任职、晋升、奖惩、工资福利等挂钩，以督促、鼓励检察机关干部在培训过程中认真学习，确保培训取得应有的实际效果。《检察官法》的第31条规定“检察官在培训期间的学习成绩和鉴定，作为其任职、晋升的依据之一”。《检察官培训条例》的第32条第2款也规定“检察官所在单位在进行年度考核、任用考察时，应将其接受培训的情况作为考核的必要内容和任职、晋升的重要依据之一”。这些规定为促使检察机关干部培训取得实效提供了法律保障。

（五）我国检察机关干部培训的特点

1. 从属性上讲，检察机关干部培训是一种继续教育

在20世纪60年代，全球兴起了一种终身教育的潮流，经过几十年的发展，终身教育和终身学习已经成为一种重要的生活理念，为人们广泛接受。继续教育正是按照终身教育的思想发展而来的。在中国，继续教育一般是指对受

过中等或高等教育的在职、非在职人员进行知识更新、补缺、提高的教育。

在现代社会知识更新速度加快，专业技术人员的职业能力和知识储备不可能实现“一次储备终身受用”，检察机关干部的法律理论知识和岗位技能也同样面临着这样的困境。检察机关干部培训既反映了教育发展的客观规律，也顺应了检察工作在新时代的发展需要。

社会发展的日新月异，要求作为国家司法人员的检察机关干部必须时刻了解新的政治、经济、科学、文化等各方面的知识。国家法制的日益完备，也要求检察机关干部及时掌握新的法律法规。因此必须对检察机关干部进行不断的教育培训，使其能保持观念和知识的与时俱进。检察机关干部培训正是检察机关干部实现继续教育理念的有效载体。

2. 从内容上讲，培训具有职业性

检察工作具有其自身的特殊性，这种特殊性决定了从业者即检察机关干部必须具有一定的法律理论素养和专业岗位技能。这些理论知识和技能的培养需要以正统的法学教育为依托，但其强烈的实践性却不是仅凭课堂学习就能囊括的。同时，知识更新的速度不断加快，新的法律法规不断出台，实践中的新问题不断涌现，都要求在职的检察机关干部通过短期集中学习来更新已有知识，提高履职能力。因而检察机关干部培训的功利性是不容忽视的。

从内容上讲，检察机关干部培训应当贴近检察实践的需要，特别要关注近期内检察工作大局的要求。在培训计划的制订上，应充分听取实践部门的意见，制订切实可行的教学计划，突出培训主题的现实性。做到长远需要与现实需要相结合并以现实需要为主，法学理论传播与检察技能培养相结合并以检察技能培养为主，使检察机关干部在培训中能够学有所用，学有所长。要培养和提高检察机关干部的工作技能和专业知识，开拓检察机关干部的法律思维，更新检察机关干部的知识结构。

3. 从对象上讲，培训具有层次性

建设一支高素质的人才队伍是提升检察队伍整体素质、推动检察事业向前发展的重要条件。检察机关干部培训正是实现这一目标的重要一环。检察机关干部培训的对象包括各级人民检察院的不同级别全体干部。

要培养高素质的检察人才，应当注意的一点就是培训要有层次性，要因“职位”施教、因“岗位”施教。对于不同职位的检察机关干部，例如在任正副检察长及其他领导干部的领导素能培训与后备干部的领导素能培训，就应设计不同的培训内容；对不同岗位的检察机关干部，如控申部门干部的岗位技能培训与职务犯罪部门干部的岗位技能培训，也应体现出不同的培训重点。同时，不同知识结构的检察机关干部，接受过正统法学教育的干部与未接受过正统法学教育的干部以及具有丰富实践经验的干部与刚进入检察系统工作的干部的培训都应有所区别。要体现出检察机关干部培训的层次性，通过制订不同的培训计划，设计不同的培训内容，体现不同的培训重点，来达到培训的预期目标，实现培训提高检察机关干部履职能力、培养高素质检察人才的意义。

4. 从目标上讲，培训具有实效性

台湾学者王泽鉴说过："法学教育的基本目的，在使法律人能够认识法律，具有法律思维，解决争议的能力。"如果说大学的法学教育是使一个人能够认识法律并具有法律思维，那么作为一种岗位教育、职业教育的检察机关干部培训的目的则是使检察工作者更具有解决争议的能力。检察机关干部培训的最重要的原则就是理论联系实际原则，它具有强烈的功利性和实用性。无论是培训的方式还是培训的内容，都紧紧围绕这一原则，体现实效性特点。应当说，增强检察机关干部的实践能力是检察机关干部培训的出发点和归宿。要使检察机关干部在掌握法学理论的同时，学会运用理论知识，掌握检察工作的技能，提高工作水平。

三、我国检察机关现行干部培训制度的进一步完善

检察机关干部培训是检察机关的一项重要任务，得到各级人民检察院的重视，特别是在《检察官法》、《检察官培训条例》颁布之后，培训工作有了具体而全面的规范，取得了丰硕的成果。据统计，2006 年，全国各级人民检察院广泛开展了各种形式的业务培训和岗位练兵，仅最高人民检察院和省级人民检察院就组织培训各类检察人员 32518 人次。但在长期的培训实践中，也凸显了一些不足之处，需要加以改革和完善。

（一）健全检察机关干部培训的体系

1. 继续加强国家与省级检察官培训机构的建设

《检察官法》第 30 条规定："国家检察官学院和其他检察官培训机构按照有关规定承担培训检察官的任务。"《检察官培训条例》第 18 条也规定："最高人民检察院设立国家检察官学院及其分院；省级人民检察院设立省级检察官学院等培训机构。"这些规定表明，最高人民检察院设立的国家检察官学院及省级人民检察院设立的检察官培训机构是法定的检察机关干部培训的实施机构，是进行检察机关干部培训的主体，其建设和发展的水平直接影响到我国检察机关干部培训的整体水平和发展状况。

（1）继续加强国家检察官学院及其分院的建设

国家检察官学院是对检察系统内的检察机关干部，特别是高级检察官进行培训的最高学府，直接指导着全国培训工作的进行。在国家检察官学院及其分

院的建设方面的主要问题，是培训需求与培训承载能力之间的矛盾。以国家检察官学院开办的晋升高级检察官资格培训班为例，自2002年3月国家检察官学院承办该资格班到2006年四年来，仅培训学员1217人，与全国检察系统内待晋升高级检察官的人员基数相差甚远，特别是随着最高人民检察院《高级检察官等级升选标准（试行）》的实施，全国检察机关高级检察官选升工作的全面启动，这样的培训规模和速度远远无法与之相适应。

要解决这样的矛盾，除了积极加强国家检察官学院的机构建设，在保证质量的前提下广泛开展统一培训，以增加培训的容纳量之外，积极发展国家检察官学院分院也不失为一种切实可行的方法。国家检察官学院分院属于省一级检察官培训机构，前文已经介绍过，我国有天津、河南、山东、江苏、四川、陕西、云南、井冈山八所国家检察官学院分院，但这个数量相比较全国省级检察官培训机构的总量来说，所占比重还很小。要发展国家检察官学院分院，就必须相应加强省级培训机构的建设。

（2）继续加强省级检察官培训机构的建设

省级检察官培训机构承担着检察机关干部培训的主要任务，具有承上启下的作用，但目前省级检察官培训机构也存在着如培训工作不太正规、机构名称混乱等问题亟待解决。尤其是省级检察官培训机构的名称不规范不统一，缺乏科学论证，或称检察官学校或称培训中心，这对机构的性质定位产生了不良的影响，许多问题如基地、师资、经费、校办产业的优惠政策等都因此难以解决。

最高人民法院已明确提出加快“中央法官学院筹建步伐，省级院校均应建立地方法官学院”，检察系统可以借鉴这种做法，将省级人民检察院的培训机构统一名称为地方检察官学院以规范省级检察培训机构，并将其中软硬件条件均达到一定标准的省级培训机构积极发展为国家检察官学院分院，分担国家检察官学院的培训压力。

2. 灵活发展市、县级检察机关干部培训机构

《检察官培训条例》第18条规定：“有条件的地市级人民检察院经省级人民检察院批准，可设立培训机构。”由于市县两级人民检察院存在着日常工作繁重，培训经费有限，干部水平参差不齐等因素，最高人民检察院只规定了“有条件的地市级人民检察院”可以设立培训机构。市县两级人民检察院可以根据自身情况，灵活选择建立或不建立正式的培训机构。

但不建立正式的培训机构并不表示可以不实施培训工作，而是意味着除了根据省级培训机构或国家检察官学院的要求派遣相关干部参加培训外，还要根据实际情况，适时地安排本院干部进行小范围的，灵活多样的培训学习，以提

高本院干部的整体素质。

（二）加强教师队伍建设，完善培训教材

1. 加强教师队伍建设

检察机关干部培训机构作为检察人才培养的摇篮，更要突出高素质人才的重要地位和作用。现行的培训制度存在着教师数量不足难以适应培训需求，教师素质有待提高以及专兼职教师比例有待完善等缺陷。

因而，需要真正把以教师队伍为主体的人才队伍建设摆在突出位置，采取行之有效的措施，建设高素质的人才队伍，构筑高水平的人才群体，依靠专家治校办学。在师资的选配上，要加大优秀人才的引进，同时重视对教师的培训。要本着精干、高效的原则确定专职教师的编制，选调精兵强将充实专职教师队伍，同时考虑到检察机关干部培训的实效性和职业性，还应当发展一批兼职教师，实行检察机关干部教检察机关干部的专兼结合以专为主的教师队伍建设模式，以建立一支有良好政治业务素质、结构合理、数量相当、相对稳定、专兼聘结合的教师队伍。

2. 完善培训教材

教材是教学双向活动的媒体，也是完成教学任务的基本条件。教师的讲授，学员的学习都必须以教材为依据，目前，最高人民检察院的检察教材编审委员会编写出版的各类检察教材，基本涵盖了检察业务的各部门的内容，但各类业务重叠反复，大同小异，并不能完全适应日益繁重，灵活多变的培训工作的实际需要。

对于教材的编写，应当根据课程设置的需要，做到体系科学化，内容系统化，不同类型课程的培训应有相应的专用教材或混合型教材，在照顾必要知识点的前提下，重点应当放在检察实务中经常遇到的问题的解决上，以实现培训的实效性特点。同时，教材的内容还应当具有前瞻性，在教材中既要包括对现行法律法规的解释和理解，还应当指出其中的不足之处，提出相应解决方案，以指导司法实践。

（三）促进检察机关干部培训手段的多样化

经过多年培训实践的总结与探索，我国已经形成了一些行之有效的培训方法，在实践中发挥着各自的作用。但传统的培训手段也同时存在着方法陈旧刻板，难以适应不断发展变化的实践需要等缺陷。例如，在教与学的关系上，仍然是教师处于支配地位传授知识，学员处于被动地位接受知识，难以调动学员学习的积极性主动性；教学方式上，仍然以书本知识的讲授为主，采取填鸭式教学，不能很好地适应培训实践性的要求。对此，需要进一步的完善。

1. 开展跨行业跨专业培训

随着社会的不断发展，犯罪活动涉及的领域越来越多，犯罪手段也越来越多样化，检察工作面临的问题也越来越复杂，需要检察机关工作人员在熟悉检察业务的基础上还具备一定的相关专业知识，以适应社会形势的变化带来的检察工作的新要求，更好地开展工作。因此，检察机关干部培训在原有的政治思想、职业道德、法学理论、岗位技能等传统的教学内容之外，还应当增加一些其他专业领域的相关知识，如计算机犯罪涉及的计算机专业知识，职务犯罪中涉及的财会金融知识等的培训。既可以邀请相关领域的专家来讲授，也可以选派相关部门的干部定期、短期到一些犯罪高发行业、部门，一方面进行培训学习，另一方面了解该行业或部门内部的犯罪情况。既可以及时学习和更新相关知识，又可以同时开展犯罪预防和控制调查工作，促进检察业务工作向纵深发展。

2. 开展国际间的交流培训

经济全球化带动了法律全球化，根据邓小平同志关于教育要“面向现代化，面向世界，面向未来”的要求，检察机关干部培训也体现国际化的发展趋势。既要走出去，还要请进来；既要派遣外语基础较好的检察机关干部出国培训学习，还应当邀请外国的检察机关工作人员来我国考察，交流。通过这种学习方式，可以让我们了解世界，也让世界认识我们，增进国际交流，熟悉国际形势发展，借鉴国际先进经验，开阔视野，培养涉外检察人才。

3. 开展计算机远程培训

随着计算机技术的发展和普及，多媒体网络传播技术的广泛应用，计算机远程教育方式在近些年来逐渐兴起。这种方式有着不受时间和地点限制，随时可以学习的优点，对于日常检察业务繁重的检察机关干部来讲，可以在不影响正常工作的前提下，保证学员的学习时间。目前，全国检察系统的局域网络已经基本建成并开始运行，已经具备了开展开放式计算机远程培训的基础条件。对于一些基础性的规模较大的培训，可以采取制作统一的授课课件，利用局域网远程授课的方式进行。

（四）强化检察机关干部培训的法律保障与制度保障

1. 完善与检察机关干部培训相关的法律法规

目前对我国检察机关干部培训做出规定的主要有《中华人民共和国检察官法》和《检察官培训条例》。这两部法律规范在对检察机关干部培训的正规化发展方面具有重要作用，但无论是《检察官法》还是相对详细的《检察官培训条例》在对检察机关干部培训的保障及诸如考核结果与任用、晋升的关系等相关制度的规定仍显得单薄。例如，《检察官培训条例》第 28 条规定：

“检察官培训经费属于业务经费，应按一定比例单独列支，并随着经济社会的发展和检察官培训工作的实际需要逐步增加。检察官培训的经费应严格管理，专款专用，不得截留、挪用、挤占和浪费”，这条规定对培训费用仅作了原则性的规定，但对于如何具体实施，违反规定有何后果，如何对违反规定的行为做出处罚等均未规定，在实践中所能起到的保障作用并不大。因此，应当对培训的保障制度作出详细的更具可行性的规定，从法律层面给予培训以有力的保障。

2. 加强检察机关干部培训的制度保障

在我国现行体制下，各级检察机关所需经费实行财政分级负担，加上检察机关干部人数众多等原因，检察机关干部培训面临不少困难，在制度层面主要反映在培训与任用、晋升相脱节，存在训与不训一个样的现象，对受训学员缺乏足够的约束力；多级培训导致培训投入不均衡，经济发达地区检察机关对培训的投入相对较多，而经济欠发达地区的检察机关落实培训缺乏必要的经费保障等。要解决这些问题，就应当增强检察机关干部培训的经费和其他制度保障，促进资源合理配置，逐步实现培训的规范化。

第三编　检察制度比较研究

俄罗斯联邦检察制度及其对我国的启示*

刘向文 王圭宇**

内容摘要：20世纪50年代至80年代以前，我国引进了苏联社会主义模式。其中，包括社会主义的司法制度、检察制度等。中俄两国的检察制度和检察理论，有着许多的相同点。目前，中俄两国又同处于转型期，面临着许多相同或相似的问题。自1990年至今，俄罗斯联邦一直都在进行包括检察制度改革在内的司法改革。① 研究俄罗斯联邦检察制度的经验，对我国检察制度的改革与完善有着重要的借鉴意义。

关键词：俄罗斯联邦；检察制度；改革；启示

目前，我国正在深入地进行检察制度改革。为了顺利地实施我国检察制度的改革，我们不仅应当研究西方国家检察制度的经验和教训，更应当研究我们曾经向其学习，目前又进行不断改革与完善的俄罗斯联邦检察制度的经验和教训。有鉴于此，本文研究三大问题：一是俄罗斯联邦检察制度的历史发展；二是俄罗斯联邦检察制度的主要内容；三是俄罗斯联邦检察制度对我国的启示。

---

* 本文是郑州大学法学院刘向文教授主持的2009年度最高人民检察院理论研究重点课题《专门检察制度研究》的阶段性成果之一（项目编号为GJ2009B13）。同时，本文也是中国社会科学院法学研究所陈云生教授主持的2009年度最高人民检察院理论研究重大课题《中国特色社会主义检察制度的完善》的阶段性研究成果之一（项目编号为GJ2009A01）。

** 刘向文，法学博士，郑州大学法学院教授、博士生导师、郑州大学宪法与行政法研究中心主任、郑州大学俄罗斯法律研究中心主任；王圭宇，郑州大学法学院宪法学与行政法学专业博士研究生，郑州大学俄罗斯法律研究中心研究员。

① 刘向文、高慧铭：《试析俄罗斯联邦的司法改革》，载中国社科院《俄罗斯东欧中亚研究》2005年第5期，第6—13页；刘向文、高慧铭：《俄罗斯联邦的司法改革及其对我国的启示》，载中国人民大学法学院《宪政与行政法治评论》（第3卷），中国人民大学出版社2007年版，第353—393页。

一、俄罗斯联邦检察制度的历时性审视

（一）俄罗斯帝国时期的检察制度

从历史的角度来看，俄罗斯联邦检察制度的源头，可以追溯到彼得·阿列克谢耶维奇，俗称彼得一世或彼得大帝。彼得一世是俄罗斯帝国检察制度的奠基人。① 为了应对当时俄罗斯帝国国内犯罪率急剧增长的态势，彼得一世于1711年3月2日签署命令，决定设立检察局。之后，又于3月5日签署关于设立检察员职位的命令。在这一时期，由于种种原因，俄罗斯帝国检察员的活动效率不高，检察局的设立对国家实现法治进程的影响微乎其微。②

1722年1月12日，彼得一世在总结俄罗斯帝国检察局的经验教训，借鉴外国检察制度经验的基础上，签署了关于设立俄罗斯帝国检察机关的命令。③ 俄罗斯帝国检察机关与检察局的主要区别在于，检察机关公开实施检察监督活动。俄罗斯帝国检察机关的成立，奠定了俄罗斯联邦检察机关在历史上的雏形。

之后，俄罗斯帝国时期的检察制度几经变化，还经历了1864年的司法改革。当时的检察机关基本上变成了刑事追诉机关，其职责包括在刑事诉讼中支持公诉，对司法机关是否正确地适用法律实施监督。检察机关体系，基本上还是根据统一原则（首先是一长制原则）建立起来的高度集中的国家机关体系。俄罗斯帝国检察机关的上述法律地位，一直持续到1917年十月革命爆发。④

（二）苏联解体前俄罗斯联邦的检察制度

在1917年十月革命胜利至1991年年底苏联解体这一历史时期，俄罗斯联邦经历了两个不同的历史发展阶段：独立国家阶段（1917年11月7日—1922年12月30日）和苏联组成中加盟共和国阶段（1922年12月30日—1991年

---

① ［俄］A. Я. 苏哈烈夫主编：《检察监督》，莫斯科规范出版社2005年俄文版，第44页；Ю. Е. 维诺库罗夫主编：《检察监督》，莫斯科考试出版社2004年俄文版，第43页。

② 摘自［俄］伊尔库茨克检察机关工作人员培训学院副教授A. B. 尤尔科夫斯基提供的俄文资料：《俄罗斯联邦检察机关的发展简史》，第1—2页。

③ 1995年12月29日，俄罗斯联邦总统普京签署第1329号总统令，宣布1月12日为“俄罗斯联邦检察机关工作人员日”。1996年7月6日，俄罗斯联邦总统普京进而签署命令，宣布1月12日为“检察长日”，分别摘自［俄］A. Я. 苏哈烈夫主编：《检察监督》，莫斯科规范出版社2005年俄文版，第43页；A. B. 尤尔科夫斯基提供的俄文资料：《俄罗斯联邦检察机关的发展简史》，第2页。

④ ［俄］A. Я. 苏哈烈夫主编：《检察监督》，莫斯科规范出版社2005年俄文版，第45—46页。

12月26日)。对于检察制度的历时性审视，可以分以上两个不同历史发展阶段来考察。

1. 独立国家阶段的检察制度

1917年11月7日，伴随着“十月革命”的胜利，俄罗斯建立了世界上第一个社会主义国家。11月24日，俄罗斯社会主义联邦苏维埃共和国人民委员会颁布了关于法院的第1号法令，撤销了“十月革命”前的检察机关。[①] 因此，在随后的1917—1921年里，由于新的对革命法制状况实施监督的专门机关没有马上建立起来，这一职能便由许多国家权力机关和管理机关共同承担。直到1922年5月28日，全俄中央执行委员会通过了《俄罗斯社会主义联邦苏维埃共和国检察机关条例》，才恢复了检察机关。在这一时期，《俄罗斯社会主义联邦苏维埃共和国检察机关条例》确立了集中统一的检察机关体系。应当指出的是，这时的检察机关，不是对俄罗斯帝国检察机关的简单恢复，而是在“砸烂”它的基础上重新建立起来的集中统一的社会主义检察机关体系。

2. 苏联组成中加盟共和国阶段的检察制度

1922年12月30日，俄罗斯联邦、乌克兰、白俄罗斯、外高加索联邦四个苏维埃社会主义共和国联合成立了统一的联盟国家——苏维埃社会主义共和国联盟（以下简称为苏联)。[②] 1924年1月，第二次全苏联苏维埃代表大会通过了由《苏维埃社会主义共和国联盟成立宣言》和《苏维埃社会主义共和国

① 1917年十月革命胜利后，一直到1936年苏联宪法颁布前，俄罗斯的正式国名为俄罗斯社会主义联邦苏维埃共和国。1936年苏联宪法颁布后，俄罗斯的正式国名为俄罗斯苏维埃联邦社会主义共和国。详见［俄］Ю.С. 库库什金和О.И. 奇斯佳科夫合著《苏维埃宪法发展简史》一书的附录部分（四部宪法原文)，莫斯科政治书籍出版社1987年俄文版，第239—315页。

② 1920年4月28日，成立了阿塞拜疆苏维埃社会主义共和国。1920年11月29日，成立了亚美尼亚苏维埃社会主义共和国。1921年2月25日，成立了格鲁吉亚苏维埃社会主义共和国。上述三国非常小，亚美尼亚的领土面积仅等于俄罗斯领土的六百分之一。所以，为了与俄罗斯联邦、乌克兰、白俄罗斯三个大国联合为苏联，阿塞拜疆、亚美尼亚、格鲁吉亚三国于1922年12月30日先联合为外高加索社会主义联邦苏维埃共和国，简称外高加索联邦。参见苏联最高苏维埃主席团编制:《前苏联各加盟共和国行政区别》，莫斯科消息报出版社1987年俄文版。

联盟成立条约》两个文件组成的《苏维埃社会主义共和国联盟根本法（宪法）》。① 之后，苏联最高国家权力机关依照宪法规定制定颁布了苏维埃社会主义共和国联盟和各加盟共和国的第一批立法原则。② 其中，《苏联和各加盟共和国法院组织原则》进一步扩大了检察机关权限，责成其对司法活动是否合法实施监督。苏联的成立，要求将各加盟共和国的检察机关联合为一个统一的苏联检察机关体系。作为建立统一的苏联检察机关体系的过渡阶段，第一阶段，是首先成立苏联最高法院检察院。③ 第二阶段，是撤销苏联最高法院检察院，成立一个独立的苏联检察院。④ 第三阶段，是彻底完成阶段。1936 年 7 月 20 日，苏联中央执行委员会和苏联人民委员会联合颁布了关于组建联盟—共和国性的苏联司法人民委员部的决议。该决议规定，各加盟共和国检察机关从本共和国司法人民委员部中分离出来，直接隶属于苏联检察长。⑤ 1936 年苏联宪法和 1977 年苏联宪法的颁布，标志着苏联社会主义建设事业的持续发展。与此相适应，苏联检察机关体系也得到了不断发展。作为苏联检察机关体系不

---

① Основной закон 的原意为基本法、根本法。新中国成立初期思想比较僵化，认为社会主义国家和资本主义国家在各方面都存在本质区别，上述俄文词组的翻译上也体现了这一点。例如，把西德的上述俄文词组译为西德基本法，把苏联的上述俄文词组译为苏联根本法。笔者认为，将同一俄文词组翻译为不同汉语的做法是不妥当的。所以，笔者在撰写的专著里，把上述俄文词组的翻译统一为基本法。但是，考虑到我国把上述俄文词组译为根本法的传统以及我国现行宪法又出现了关于民刑法等为我国基本法律的规定，为了不造成用词上的混乱，笔者在本书里还决定将上述俄文词组译为根本法。另外，1924 年苏联宪法的正式名称为《苏维埃社会主义共和国联盟根本法（宪法）》，见［俄］Ю. С. 库库什金和О. И. 奇斯佳科夫合著《苏维埃宪法发展简史》一书的附录部分（四部宪法原文），莫斯科政治书籍出版社 1987 年俄文版，第 239—315 页。

② Основы законодательства 的原意为立法基础、立法原则。但是，在 20 世纪 80 年代，一些专家把上述俄文词组译为立法纲要。鉴于苏联宪法有关于联盟国家制定立法原则，各加盟共和国依照立法原则制定法律的规定，考虑到上述俄文词组又有立法原则的原意，笔者认为将上述俄文词组译为立法原则更妥当些。

③ 1923 年 11 月 23 日颁布的《苏联最高法院检察院条例》、1929 年 7 月 24 日颁布的《苏联最高法院和苏联最高法院检察院条例》，是该阶段的奠基性法律文件。

④ 1933 年 6 月 20 日颁布的《关于革命法制的决议》、1933 年 12 月 17 日颁布的《苏联检察院条例》，是该阶段的奠基性法律文件。

⑤ 依照 1924 年苏联宪法第 74 条的规定，联盟国家各人民委员部可以划分为全联盟人民委员部和联盟—共和国人民委员部两类。司法部是联盟—共和国人民委员部，它依照 1924 年苏联宪法第 76 条的规定，通过加盟共和国同名的人民委员部领导委托给它的国家管理部门。但是，它可以依照苏联中央执行委员会主席团批准的名单，直接管理少数大型企业。

断发展的历史见证，就是苏联最高国家权力机关依据宪法先后颁布了苏联检察机关史上的两个第一：1955 年 5 月 24 日颁布了第一个《苏联检察监督条例》,① 1979 年 11 月 30 日颁布了第一个《苏联检察机关法》。②

（三）俄罗斯联邦现行检察制度的确立

1991 年年底苏联解体，独立国家联合体（简称独联体）成立后，苏维埃社会主义共和国联盟的检察机关改组为独联体检察机关，即各主权国家联盟的检察机关。在这种背景下，1992 年 1 月 17 日，俄罗斯苏维埃联邦社会主义共和国最高苏维埃通过了《俄罗斯苏维埃联邦社会主义共和国检察机关法》。③ 1992 年检察机关法由 7 编 54 条组成，其 7 编分别为总则、俄罗斯苏维埃联邦社会主义共和国检察机关的体系和组织、检察监督、检察长参加法院案件的审理、检察机关体系各级机关和机构的公务和干部、军事检察机关体系各级机关组织和活动保障的特点、检察机关组织和活动的其他问题。1992 年检察机关法的主要内容包括检察监督的目的、检察机关的组织和活动原则、检察监督的对象和范围、检察机关的体系和组织、检察长的任务和权限以及检察机关的干部政策等。④ 此外，俄罗斯苏维埃联邦社会主义共和国（或俄罗斯联邦）总检察长颁布了一系列指导性命令。⑤ 其中包括：1992 年 3 月 11 日颁布的《关于检察机关任务的命令》，1992 年 5 月 28 日颁布的《关于俄罗斯联邦检察机关体系各级机关的监督组织和管理的命令》。上述命令规定了现阶段检察监督的目的，检察机关在检察监督各个领域活动的策略和方法以及检察机关对已查明违法行为的反应方式。

但必须看到，现阶段的俄罗斯联邦属于转型期国家，其司法改革也属于转

---

① 《苏联检察机关法》，载刘向文译：《苏联宪法和苏维埃立法的发展（立法汇编）》，法律出版社 1987 年版，第 239—264 页。

② ［俄］俄罗斯联邦总检察院直属伊尔库茨克检察机关工作人员培训学院副教授 A. B. 尤尔科夫斯基提供的俄文资料：《俄罗斯联邦检察机关的发展简史》，第 14 页。

③ ［俄］Ю. Е. 维诺库罗夫主编：《检察监督》（第七版），莫斯科尤拉伊特出版社 2008 年俄文版，附录一《俄罗斯联邦检察机关法》文本，第 414—459 页。

④ 刘向文：《俄罗斯联邦检察制度》，载韩大元主编：《中国检察制度宪法基础研究》，中国检察出版社 2007 年版，第 323—324 页。

⑤ 1992 年 4 月 21 日，俄罗斯苏维埃联邦社会主义共和国第六次人民代表大会对当时生效的 1978 年《俄罗斯苏维埃联邦社会主义共和国宪法（根本法）》进行了第七次修改补充。经过修改补充的 1978 年宪法，将俄罗斯苏维埃联邦社会主义共和国正式更名为“俄罗斯联邦”、“俄罗斯”。自此之后，1992 年《俄罗斯苏维埃联邦社会主义共和国检察机关法》也正式更名为《俄罗斯联邦检察机关法》。参见《俄罗斯联邦—俄罗斯宪法（根本法）》，莫斯科消息报出版社 1992 年俄文版。

型期的司法改革。由于俄罗斯联邦转型期的司法改革存在“摸着石头过河”的问题，所以需要不断地总结经验教训、不断地修改补充包括检察机关法在内的各种司法改革法，是俄罗斯联邦转型期的特点。具体地说，从1992年1月17日俄罗斯联邦总统签署第2203—1号令批准检察机关法到现在，俄罗斯联邦总统已先后签署12个总统令，批准了12个检察机关法的修改补充法。此外，2000年2月18日和4月11日、2002年7月17日和2003年7月18日，俄罗斯联邦宪法法院又先后以决议形式对1992年检察机关法进行了4次修改补充。① 这些修改、补充与规定，使俄罗斯联邦检察机关制度逐步地趋于完善。

二、俄罗斯联邦检察制度的主要内容

（一）俄罗斯联邦检察机关的性质和任务

关于俄罗斯联邦检察机关的性质，俄罗斯联邦国内法学界专家学者的意见和观点也是多种多样、见仁见智。但是，最主要的观点大致有两种：一种观点认为，俄罗斯联邦检察机关是一种护法机关。这种观点以俄罗斯科学院国家与法研究所教授、法学博士O. E. 库塔芬和俄罗斯联邦首任司法部长H. B. 菲多罗夫为代表。② 另一种观点认为，俄罗斯联邦检察机关属于司法权力机关。它以俄罗斯联邦宪法法院退休法官M. B. 巴格拉依为代表。③ 我们赞同第一种观点。同时认为，从性质上来说，俄罗斯联邦检察机关既不是立法权力机关、执行权力机关，又不是司法权力机关。它独立于三权体系之外，是一种特殊的国家机关，即是一种护法机关。④ 我们观点的主要依据是：（1）《俄罗斯联邦司

---

① ［俄］Ю. И. 维诺库罗夫主编：《检察监督》一书的附录二，刘向文译，中国检察出版社2009年版，第426—472页。

② ［俄］В. И. 巴斯科夫和Б. В. 科罗别依尼科夫合：《检察监督教程》，莫斯科守法镜出版社2001年俄文版，第66—68页。

③ ［俄］М. В. 巴格拉依：《俄罗斯联邦宪法法》，莫斯科规范出版社2005年俄文版，第629—695页。

④ 在俄罗斯联邦，护法机关是指实施护法活动的一切机关和机构。它不仅包括法院、检察院，而且包括联邦司法部、联邦内务部、联邦安全局、联邦警卫局、联邦边防局、对外情报局、国家海关委员会、律师协会等。见［俄］Е. И. 科兹洛夫和О. Е. 库塔芬合著：《俄罗斯宪法法》，莫斯科法学家出版社2002年俄文版，第540—555页；С. Н. 纳扎罗夫著：《检察监督》，顿河畔罗斯托夫市斯卡格斯出版社1998年俄文版，第58—59页。但是，目前，在俄罗斯联邦现任政府的机构改革中，联邦边防局已被并入联邦内务部内，国家海关委员会已改组为联邦经济发展和贸易部所属的一个联邦局。参见刘向文：《谈俄罗斯联邦现任政府的机构改革》，载中国社科院《俄罗斯东欧中亚研究》2005年第6期，第1—8页。

法体系法》确认的联邦司法体系组成中，不包括检察机关。(2)《俄罗斯联邦司法体系法》中罗列的所有法院的组织和活动程序，都由联邦宪法性法律予以规定；而检察机关的组织和活动程序，却由联邦普通法律《检察机关法》予以规定。(3) 俄罗斯联邦现行宪法第七章《司法权》用 11 个专条的篇幅确认了法院的法律地位，仅用 1 个专条确认检察机关的法律地位。①

俄罗斯联邦检察机关活动的目的和任务，是由俄罗斯联邦现行宪法、《俄罗斯联邦检察机关法》以及其他的联邦立法予以规定的。其中，《俄罗斯联邦检察机关法》第 1 条最具体地规定了检察机关活动的目的。它规定，俄罗斯联邦检察机关的目的，一是保障法律至高无上，二是保障法制的统一和加强法制，三是保护人和公民的权利与自由，四是捍卫由法律予以维护的社会和国家的利益。而实现上述目的的基本手段，就是实施检察监督。同时，为了达到上述目的，俄罗斯联邦检察机关主要履行以下三类任务：检察机关的总任务，概括地说，是加强法制，保护公民及其联合组织（企业、机构和组织等）的权利和合法利益，捍卫由联邦宪法和法律确认的社会制度与国家制度，使其不受任何违法行为的侵害或破坏。检察机关的专门任务，是指检察监督各个领域面临的任务。至于检察机关的个别任务，或者说检察监督的具体任务，则是各种各样的。②

（二）俄罗斯联邦检察机关的体系和组成

1. 俄罗斯联邦检察机关的体系

俄罗斯联邦现行宪法第 129 条规定，俄罗斯联邦检察机关是下级检察长服从上级检察长和俄罗斯联邦总检察长的集中统一体系。《俄罗斯联邦检察机关法》把上述宪法规范具体化了。依照《俄罗斯联邦检察机关法》第 11 条的规定，俄罗斯联邦检察机关体系由三级组成：第一级是俄罗斯联邦总检察院，第二级是俄罗斯联邦各主体的检察院，以及相当于该级别的军事检察院和其他的专门检察院，第三级是区（市）检察院，其他的区域性检察院，以及相当于该级别的军事检察院和其他的专门检察院。除此之外，俄罗斯联邦检察机关体系中，还有一些科研、教育和出版机构。例如，俄罗斯联邦总检察院直属加强法制和法律秩序问题科研所等。

---

① 刘向文：《俄罗斯联邦检察制度》，载韩大元主编：《中国检察制度宪法基础研究》，中国检察出版社 2007 年版，第 330—331 页。

② 《俄罗斯联邦国家公务原则法》，载 Н. Ю. 哈马涅娃主编：《俄罗斯联邦行政立法（规范性法律文件汇编）》，莫斯科法学家出版社 2000 年俄文版。

2. 俄罗斯联邦检察机关的组成

俄罗斯联邦检察机关的组成，主要是指俄罗斯联邦检察机关由总检察院、区域性检察院和专门检察院这三类检察院组成。

（1）俄罗斯联邦总检察院的组成

俄罗斯联邦总检察长领导俄罗斯联邦总检察院的工作。在俄罗斯联邦总检察长之下，设有一名第一副总检察长和若干名副总检察长。在副总检察长中，有7人兼任俄罗斯联邦7个联邦区的检察总局局长。上述第一副总检察长和副总检察长，都由俄罗斯联邦联邦会议联邦委员会根据总检察长的提名任免。俄罗斯联邦总检察院设有院务委员会，其组成人员包括俄罗斯联邦总检察长、第一副总检察长、各副总检察长以及由俄罗斯联邦总检察长任命的检察机关的其他工作人员。俄罗斯联邦总检察长担任院务委员会主席。

依照《俄罗斯联邦检察机关法》第14条的规定，俄罗斯联邦总检察院设有总局、局和处（局级处）。各总局局长、局长、局级处处长是俄罗斯联邦总检察长的高级助理，副总局长、副局长、局级处的副处长是俄罗斯联邦总检察长的助理。俄罗斯联邦总检察长还有自己的顾问、负责特别任务的助理。负责特别任务的助理也有自己的助手。俄罗斯联邦总检察院各总局、局、局级处内，都设有高级检察官和检察官、高级刑事检察官和刑事检察官、负责特别重大案件的高级侦查员、侦查员以及他们的助手。目前，在实际上，俄罗斯联邦总检察院设有总侦查局、[①] 其他18个局处以及8个保障性分支机构。[②] 最后，需要指出的是，2006年6—12月，俄罗斯联邦总检察院进行了机构改组。在这次机构改组中，总检察院对其内部机构进行了增设、合并和撤销，同时还对一些机构的级别和名称作了调整。

（2）俄罗斯联邦区域性检察院的组成

俄罗斯联邦检察机关体系的各级机关和其他的联邦国家权力机关一样，是依照行政区划设立的。[③] 目前，在俄罗斯联邦，在现行行政区划的基础上，设有检察机关体系的两级机关：一级是各联邦主体（俄罗斯联邦组成共和国、边疆区、州、联邦直辖市、自治州、自治专区）检察院，另一级是区（市）

---

① 总侦查局内设有四局二处。它们分别是：内务机关侦查、初步调查和侦查搜查行动监督局、各级检察机关犯罪侦查监督局、特别重大案件侦查局、组织方法局、特别重大案件侦查监督处、犯罪侦查处。

② 俄罗斯联邦总检察院的现有机构，详见А.Я.苏哈烈夫：《检察监督》，莫斯科规范出版社2005年俄文版，第101—104页。

③ 行政区划，在俄罗斯联邦被称为行政区域结构。

检察院。依照《俄罗斯联邦检察机关法》第 15 条、第 19 条的规定，各联邦主体检察院、区（市）检察院，均由相应检察长领导。同时，这些检察院，也都由相应的内部机构设置和人员组成。①

（3）俄罗斯联邦的专门检察院②

俄罗斯联邦专门检察制度是在历史发展的基础上逐步积淀、延续并完善起来的。目前，在俄罗斯联邦，已经形成两类稳定的专门检察院：一类是军事检察院、运输检察院（运输检察院负责对铁路运输、航空运输、海洋运输和内河运输的一切企业、机构和组织等执行各种交通安全法的情况、恪守人和公民权利与自由的情况实施监督）；另一类是自然保护检察院和劳动改造机构的检察院。前者专门检察院实施检察机关的全部职能，后者与区域性检察院一起履行检察机关的任务与职能。当然，由于俄罗斯联邦目前处于社会转型期，其经济、政治、社会、生态条件和其他发展条件都在变化，所以必然会导致一些专门检察院的撤销以及另一些新的专门检察院的建立。为此，俄罗斯联邦还制定出了专门检察制度改革和完善的远景规划。循序渐进、灵活发展专门检察机关，是目前俄罗斯联邦专门检察机关进一步发展、完善与革新的重要指导方针。

（三）俄罗斯联邦检察机关的国家公务

《俄罗斯联邦国家公务原则法》第 2 条规定，“在本联邦法律中，国家公务是指保障行使国家机关权限的职业活动”。③《俄罗斯联邦国家公务体系法》第 2 条和第 7 条规定，俄罗斯联邦国家公务体系由联邦国家公务和联邦主体国家公务两个分支体系组成。包括俄罗斯联邦检察机关国家公务在内的护法机关公务，属于联邦国家公务分支体系。④ 俄罗斯联邦检察机关的工作人员，即各级检察长、侦查员以及检察机关体系各级区域性检察院、专门检察院和各种机构（包括教育、科研和出版机构）里具有衔级（军衔）的其他工作人员，都是属于联邦国家公务分支体系的国家公务员。《俄罗斯联邦国家公务体系法》第 5—7 条规定，俄罗斯联邦的国家公务划分为文职公务、军职公务和护法机

---

① 刘向文：《俄罗斯联邦检察制度》，载韩大元主编：《中国检察制度宪法基础研究》，中国检察出版社 2007 年版，第 335 页。

② ［俄］А. Я. 苏哈烈夫主编：《检察监督》，莫斯科规范出版社 2005 年俄文版，第 90—99 页。

③ 《俄罗斯联邦国家公务原则法》的文本，载［俄］Н. Ю. 哈马涅娃博士主编：《俄罗斯联邦行政立法（规范性法律文件汇编）》，莫斯科法学家出版社 2000 年俄文版，第 275—291 页。

④ 《俄罗斯联邦国家公务体系法》的文本，载《俄罗斯报》2003 年 5 月 31 日。

关公务三种，分别由相应的公务法予以调整。俄罗斯联邦目前已颁布了文职公务法、义务兵役制和军职公务法，但护法机关公务法尚未颁布。[①] 因此，作为护法机关公务之一的检察机关公务，目前仅由俄罗斯联邦劳动立法、国家公务立法、检察机关法以及部分联邦规范性文件予以调整。此外，俄罗斯联邦检察机关的公务制度，包括一系列关于检察机关国家公务员录用、任免、考核、衔级、罢免等制度的内容。[②]

（四）俄罗斯联邦检察机关的检察职能

根据《俄罗斯联邦检察机关法》第 1 条第 2 款的规定，俄罗斯联邦检察机关实施下述十项职能：对执行法律情况的监督；对恪守人和公民权利与自由情况的监督；对侦查搜查、初步调查和预审活动实施机关执行法律情况的监督；对司法警察执行法律情况的监督；对执行刑罚和强制措施时执行法律情况的监督；依照刑事诉讼立法规定的权限，出庭支持公诉；协调护法机关的反犯罪斗争；检察长依照诉讼立法的规定参加法院案件的审理；参加法的创制活动；出版专门出版物。我们可以把上述十项职能划分为五类，主要包括：（1）监督职能。监督职能，是指对执行法律情况的监督，对恪守人和公民权利与自由情况的监督，对司法警察执行法律情况的监督，对侦查机关、初步调查机关执行法律情况的监督，对执行刑罚和其他强制措施的机关执行法律情况的监督。[③]（2）参加法院案件审理的职能。（3）刑事侦查职能。（4）协调各种护法机关反犯罪斗争的职能。（5）参加完善法律活动的职能。检察机关所广泛承担的这些职能，充分彰显了检察机关在俄罗斯联邦宪政体系中的重要位置。与此同时，《俄罗斯联邦检察机关法》规定了检察机关工作人员的物质和社会保障措施、法律和社会保障措施，继续教育保障措施，以便保障检察机关能够有效地开展各项活动，保障检察机关工作人员同犯罪作斗争时生命、健康

---

① 《俄罗斯联邦国家文职公务法》的文本，载《俄罗斯报》2004 年 7 月 31 日。

② 刘向文：《俄罗斯联邦检察制度》，载韩大元主编：《中国检察制度宪法基础研究》，中国检察出版社 2007 年版，第 337—344 页。

③ 《俄罗斯联邦国家公务原则法》，载 Н. Ю. 哈马涅娃主编：《俄罗斯联邦行政立法（规范性法律文件汇编）》，莫斯科法学家出版社 2000 年俄文版；［俄］Ю. Е. 维诺库罗夫主编：《检察监督》（第七版），第 7—11 章，莫斯科尤拉伊特出版社 2008 年俄文版；［俄］Ю. Е. 维诺库罗夫主编：《检察监督》（第七版），莫斯科尤拉伊特出版社 2008 年俄文版，附录一《俄罗斯联邦检察机关法》文本，第 414—459 页。

和财产的安全。①

（五）俄罗斯联邦检察机关的领导体制

1. 向联邦会议和国家元首报告工作

《俄罗斯联邦—俄罗斯宪法（基本法）》，即经过多次修改补充的1978年俄罗斯联邦宪法规定，俄罗斯联邦总检察长由俄罗斯联邦最高苏维埃任命，由俄罗斯联邦人民代表大会批准，并向它们报告工作。俄罗斯联邦现行宪法与上述宪法的区别有两点：一是任命程序不同。现任的俄罗斯联邦总检察长由联邦委员会根据俄罗斯联邦总统的提名任命，并根据俄罗斯联邦总统的提议，解除其职务。二是报告工作的内容不同。目前，俄罗斯联邦总检察长不是向议会报告一切工作，而是每年向议会两院和俄罗斯联邦总统报告俄罗斯联邦的法制状况和总检察长为加强法制所做的工作。

2. 俄罗斯联邦总检察长领导检察机关的活动

俄罗斯联邦检察机关是联邦集中统一的机关体系，下级检察长服从上一级检察长和俄罗斯联邦总检察长并对他们负责。俄罗斯联邦检察机关（其中包括军事检察机关）独立地行使自己的权限，不受联邦国家权力机关、联邦主体国家权力机关、地方自治机关和社会联合组织的干涉。例如，军事总检察长及其下属检察长独立地行使自己的权限，无须请示司令部和其他军事指挥机关。

（六）俄罗斯联邦检察机关工作人员活动的保障

苏联解体、俄罗斯联邦独立后，犯罪一度呈“爆炸”局面。②检察机关工作人员同犯罪作斗争的工作性质，使他们的生命、健康和财产始终处于危险之中。同时，上述斗争使他们的工作具备相当大的难度和强度。因此，《俄罗斯联邦检察机关法》规定了检察机关工作人员活动的各项保障措施，包括：（1）组织保障。例如，《俄罗斯联邦检察机关法》第40条规定了可以被任命为检察长和侦查员的资格条件以及禁止兼任其他职务等措施。（2）法律保障。检察长和侦查员作为国家权力的代表，受到国家的特殊保护。《俄罗斯联邦检察机关法》第45条规定了检察长和侦查员的法律保护机构与措施。包括人身

---

① 《俄罗斯联邦国家公务原则法》，载H. Ю. 哈马涅娃主编：《俄罗斯联邦行政立法（规范性法律文件汇编）》，莫斯科法学家出版社2000年俄文版；［俄］Ю. E. 维诺库罗夫主编：《检察监督》（第七版），第7—11章，莫斯科尤拉伊特出版社2008年俄文版；［俄］Ю. E. 维诺库罗夫主编：《检察监督》（第七版），莫斯科尤拉伊特出版社2008年俄文版，附录一《俄罗斯联邦检察机关法》文本，第414—459页。

② 刘向文译：《刑事政策的基础》，郑州大学出版社2002年版，第15—27页。

安全保护机构、人身和财产的保护措施、持有和佩带自卫用枪与专门装置以及追究检察长和侦查员刑事责任、行政责任的特殊程序等。（3）物质和社会保障。包括检察机关工作人员的工资待遇保障、住宅待遇保障、医疗保障、运输工具保障、社会保障。（4）继续教育保障等。①

三、俄罗斯联邦检察制度对我国的启示

综上所述，俄罗斯联邦检察制度的产生和发展，是一个循序渐进、不断完善的进程。同时，通过对俄罗斯联邦检察制度的研究，我们认为，有必要强调以下几点内容：一是我国检察制度曾受到苏联社会主义检察制度的影响。二是俄罗斯联邦的国家制度虽然已经发生变化，但它不可能一步迈入资本主义，其检察制度不可能一下发生根本变化。从目前已制定颁布的，包括检察机关法在内的各种司法改革法来看，一般都保留了60%—70%的法律传统。② 已发生变化的30%—40%的内容中，一部分是借鉴了西方国家宪法的基本原则，如多党制、意识形态多元化、三权分立、司法独立等，另一部分则是根据本国国情借鉴了西方国家的一些具体制度，如立法制度、议会议事制度、公职人员收入和财产的申报制度以及弹劾制度等。三是无论与苏联检察机关相比，还是与当代俄罗斯联邦检察机关相比，我国检察机关的职权范围都小得多。四是当学界多数人把关注的目光投向欧美等发达资本主义国家的时候，对作为中国最大邻国的俄罗斯联邦检察制度的研究，不仅能够丰富我们的学术视野，而且让我们看到检察制度在俄罗斯联邦实践中“独特”的一面。因此，客观地考察俄罗斯联邦的检察制度，我们不难发现其许多制度性内容都值得我们认真地反思和借鉴。这对我国检察制度的进一步建设、改革与完善，不无裨益。

（一）进一步对检察机关的性质做出准确定位③

中俄两国检察机关都是法律监督机关。俄罗斯联邦检察机关有五大监督职能，即对执行法律情况的监督，对恪守人和公民权利与自由情况的监督，对司法警察执行法律情况的监督，对侦查机关、初步调查机关执行法律情况的监督，对执行刑罚和其他强制措施的机关执行法律情况的监督。例如，俄罗斯联

---

① 刘向文：《俄罗斯联邦检察制度》，载韩大元主编：《中国检察制度宪法基础研究》，中国检察出版社2007年版，第352—357页。

② 刘向文：《俄罗斯联邦检察机关制度管窥》，载《检察日报》2008年10月21日第3版。

③ 俄罗斯联邦现任总检察长尤·雅·恰依卡的就职演说，参见［俄］尤·雅·恰依卡：《谈检察机关体系各级机关的发展》，载俄罗斯联邦《律师》2006年第7期，第39—41页。

邦检察机关仅对国有资产私有化和股份公司化立法执行情况的监督，就做了大量工作。又如，对强制公民迁出住宅的监督，是对恪守人和公民权利与自由情况监督的组成部分。俄罗斯联邦立法规定，在这种情况下，检察长必须亲自提出起诉。

与俄罗斯联邦相比，我国行政执法机关众多，工作中的违法行为（作为或不作为）层出不穷。但是，由于我国检察机关不具备该领域的法律监督职能，或曰不具备“一般监督”职能，所以对行政执法机关执行法律的情况不实施监督。由此可见，不具备法律监督职能，或曰“一般监督”职能，不符合我国检察机关作为法律监督机关的性质，也不利于法治国家的建设。

（二）进一步深化改革我国检察机关的领导体制

社会主义国家检察机关的垂直领导体制，最早是由无产阶级的革命导师列宁倡导提出的。① 列宁在转交给中央政治局的《关于“双重”领导与法制》一信中，建议抛弃双重领导原则，确立地方检察机关仅服从中央的原则，建议授予检察长对地方权力机关的各种决定有提出异议的权力和职责，以保证国家法制的统一。列宁的上述思想，得到了全俄中央执行委员会与会代表的支持。1922 年 5 月 28 日，全俄中央执行委员会通过了第一部《俄罗斯社会主义联邦苏维埃共和国检察机关条例》。② 上述条例确认的集中统一领导体制，或曰垂直领导体制，以后由苏联时期的所有宪法和检察机关法予以确认。苏联解体后，俄罗斯联邦现行法律保留了苏联时期 60%—70% 的法律传统，其中包括检察机关的垂直领导体制，并在进一步完善和发展的基础上实施至今。

相比之下，新中国成立初期，我国曾向苏联学习，实行垂直领导体制。“文革”结束后，在中苏两国关系恶化的形势下，我国在恢复检察机关设置时，改行了双重领导体制。而实践证明，双重领导体制不利于检察机关工作效率的提高。我们建议逐步实行检察机关的垂直领导体制，即在现阶段一个相当长的时间里，可以先在省级以下检察机关实行垂直领导体制。

---

① 早在 1922 年 5 月，苏维埃俄国第一个检察机关条例草案提交全俄中央执行委员会审议时，许多代表反对该草案规定的检察机关的集中统一体制，反对检察机关独立办案不受地方权力机关干涉原则，不同意授予检察长对地方权力机关的决定有提出异议的权力。《关于“双重”领导与法制》这封信，正是病中的列宁得知上述分歧后，转交给中央政治局的。

② 参见苏维埃检察机关的建立和发展，载［苏联］B. M. 谢苗诺夫著：《苏联护法机关》，莫斯科法律书籍出版社 1990 年俄文版，第 227—278 页；H. A. 巴热诺夫主编：《苏联法院和检察院的组织》，莫斯科法律书籍出版社 1988 年俄文版，第 152—163 页。

（三）进一步完善检察机关的审判监督职能

目前，在法理上，俄罗斯联邦检察机关不具备审判监督职能。它只是参加法院案件的审理。但是，从俄罗斯联邦有关检察监督的教科书中可以看出，它同时具有上诉权和依照审判监督程序提出抗诉权。就案件来说，它不仅重视参加法院刑事案件的审理，而且重视参加法院民事案件、仲裁案件、行政违法案件的审理。①

而我国检察机关据说把90%的人力资源用于对法院刑事案件的审判监督，而对民事案件、行政案件的审判监督重视不足。有鉴于此，就应当进一步完善检察机关的审判监督职能，切实发挥检察机关在民事案件、刑事案件以及行政案件中的监督职能。同时，在对检察机关监督职能的下一步改革中，还可以适时赋予检察机关在公益诉讼中的职能和权限。最后需要指出的是，检察机关的审判监督是一把“双刃剑”，既有利于个案正义的实现，但也有可能损害审判的权威。因此，其监督应主要通过诉权（比如上诉权、抗诉权）来实现对审判权的制约，而不应通过其他非正常的方式干扰或干预审判权的独立行使。②

（四）构建具有中国特色的社会主义专门检察制度

回溯历史，专门检察制度的建制，可以追溯到苏联的成立。1922年12月30日，苏联正式成立。随后，苏联陆续建立起了相应的专门检察机关，并影响到当时其他社会主义国家检察制度的建制。苏联解体后，俄罗斯联邦继承了这一制度设置。可以说，在现代社会条件下，专门检察制度的组织和活动，是由保障对社会和国家生活具有重要意义的专门活动领域稳定有序的发展，保障社会和国家的法治秩序的客观必要性所决定的。仅以运输检察制度为例，苏联时期设立的专门检察机关中，曾包括运输检察机关。苏联解体、俄罗斯联邦独立初期，曾一度取消运输检察机关的设置。但是，运输线是经济的生命线，国家发展的生命线。运输安全，也和国防安全、公共安全、经济安全、信息安全、生态安全等一样，是俄罗斯联邦国家安全的重要组成部分。所以，运输领域是一个对俄罗斯联邦社会和国家具有重要意义的活动领域。正因为充分认识到运输领域对社会和国家的重要意义，所以近年来俄罗斯联邦在运输领域先后采取了五大措施：一是在2004年实施行政体制改革时，将交通部和运输部合

---

① ［俄］Ю.Е.维诺库罗夫主编：《检察监督》，刘向文译，中国检察出版社2009年版，第282—358页。

② 龙宗智：《相对合理主义视角下的检察机关审判监督问题》，载《四川大学学报》2004年第2期，第69—74页。

并为大“运输部”,[①] 以加强对整个运输领域的国家主管部门监督;[②] 二是与实行上述“大部制”相适应，俄罗斯联邦于2006年6月恢复了“大运输”检察机关的设置，以加强对铁路运输、航空运输、内水水上运输和海洋运输机构等执行法律情况的检察监督；三是制订颁布联邦振兴铁路运输、航空运输、内水水上运输和海洋运输的中长期发展规划;[③] 四是制定颁布铁路运输立法、航空运输立法、内水水上运输立法和海洋运输立法，并在不断总结经验教训的基础上进一步完善上述立法;[④] 五是俄罗斯联邦反恐怖活动法把保障海洋运输安全和航空运输安全明文规定为反恐怖斗争主体（俄罗斯联邦国防部）的职责范围。[⑤]

而我国目前也已经实行“大运输部”制，四大运输均归交通部管理。但目前在我国检察机关体系内，仅设立铁路运输检察机关。这与四大运输均归交通部管理的体制相比，明显不配套。在我国投资4万亿人民币，大搞包括运输基础设施建设在内的基础设施建设，以拉动内需，克服国际经济危机负面影响的背景下，在国际形势或国家周边安全形势严峻的情况下，我国尤其需要加速实行“大运输”检察机关设置的步伐。

其次，与当前环境污染严重相适应，俄罗斯联邦设立了环境保护检察机关。我国也有此类需要。

最后，军事检察制度也需要相应的改革和完善。

（五）进一步完善我国检察机关的公务制度

在俄罗斯联邦，如前所述，其检察机关体系由三级组成，且由不同级别、不同种类的检察机关组成。俄罗斯联邦的检察机关体系中，还设立有教育、科

---

① 刘向文:《谈俄罗斯联邦现任政府的机构改革》，载中国社科院《俄罗斯东欧中亚研究》2005年第6期，第1—8页。

② 俄罗斯联邦运输部的机构中，设有联邦运输监督局（俄罗斯运输监督局）。联邦运输监督局成为对运输法律的遵守情况实施监督的国家主管部门监督的管理机关（管道运输除外）。

③ 《2010—2015年俄罗斯运输体系发展的联邦目标规划》，载《俄罗斯报》2008年8月29日版第183期（总4740期）。

④ 在苏联时期，制定颁布了铁路运输立法、海洋运输立法、内水水上运输立法和航空运输立法。目前，与苏联解体、俄罗斯联邦独立相适应，与全面振兴俄罗斯联邦经济，出台铁路运输、海洋运输、内水水上运输和航空运输的中长期发展规划相适应，俄罗斯联邦重新制定颁布并进一步完善了铁路运输立法、海洋运输立法、内水水上运输立法和航空运输立法。译者翻译的《俄罗斯联邦铁路运输立法汇编》，将很快出版。

⑤ 《俄罗斯联邦反恐怖活动法》文本，载《俄罗斯报》1998年8月4日版。

研和出版机构。例如，俄罗斯联邦总检察院直属加强法制和法律秩序问题科研所等。但是，依据俄罗斯联邦现行的检察机关公务制度，无论何种级别、何种类型的检察机关，其工作人员都纳入国家公务员编制，都属于国家公务员。这种统一的公务员编制，不仅便于国家对检察机关工作人员的管理，也便于检察机关公务人员在执行国家公务时上下协调、行动一致，从而提高执行公务时的工作效率。反观我国，根据《公务员法》的相关规定，只有“纳入国家行政编制”的工作人员才是国家公务员。① 我国专门人民检察院中的工作人员，由于都有自己相应的铁路职工编制和军事编制，而没有被“纳入国家行政编制”。因此，铁路运输检察院和军事检察院中的工作人员，并不属于国家公务员。② 这就使铁路运输检察院、军事检察院中的工作人员与我国最高人民检察院、地方各级人民检察院中的工作人员在编制上、录用程序上和待遇上存在明显差别。这不仅不利于国家对检察工作人员的统一管理，而且最终会影响铁路运输检察院等专门人民检察院工作人员执行公务的效率。建议借鉴俄罗斯联邦检察机关的公务制度。

---

① 根据我国《公务员法》第2条明确规定，“本法所称公务员，是指依法履行公职、纳入国家行政编制、由国家财政负担工资福利的工作人员”。据此，国家工作人员是否属于国家公务员需要从三个方面来把握：（1）依法履行公职；（2）纳入国家行政编制；（3）由国家财政负担工资福利。

② 根据我国《公务员法》的规定，我国公务员分为一般职公务员和特别职公务员。一般职公务员指除特别职公务员以外的所有公务员；特别职公务员则指公务员中的领导成员以及法官、检察官等，参见姜明安主编：《行政法与行政诉讼法》，北京大学出版社、高等教育出版社2007年版，第150页。这样看来，在人民检察院组织系统中，只有地方各级人民检察院中的检察官才属于国家公务员。

俄罗斯检察机关的转型及其对我国的启示

上官丕亮*

内容摘要：俄罗斯检察机关与苏联时期相比，检察机关在宪法中的地位下降了，检察机关不再具有对法院审判活动的检察监督功能。俄罗斯检察机关发生转型的主要原因，是原来检察机关的审判监督不符合现代诉讼的基本原理，这也是世界潮流。公诉本身就是一种法律监督，将检察机关的公诉职能与法律监督职能对立起来是不对的。我国应借鉴俄罗斯的有益经验，弱化检察机关对法院的审判监督职能，强化检察机关提起公诉这一基本的法律监督职能。

关键词：俄罗斯；检察机关；职能转型；审判监督；提起公诉；法律监督

相当一段时间以来，我国法学界及法律实务界对检察机关特别是法律监督职能及改革议论纷纷，有关争论至今仍在继续。我们考察一下俄罗斯检察机关的转型情况，或许会对原本借鉴苏联的我国检察机关的改革有所启发。

一、俄罗斯检察机关与苏联时期相比的变化

（一）检察机关在宪法中的地位下降

1. 宪法典的章节名称不再有“检察院”一词

1936 年和 1977 年苏联宪法的章名上均有检察院，1936 年苏联宪法第 9 章为“法院和检察院”，1977 年苏联宪法则设置了专章即第 21 章“检察院”，而 1993 年俄罗斯宪法的章名中则不再有“检察院”了，有关检察院的规定放在第 7 章“司法权”中的最后一条，①但俄罗斯的法院是行使司法权的唯一主

---

* 上官丕亮，法学博士，苏州大学王健法学院副教授、硕士生导师、宪法学与行政法学教研室主任。

① 参见姜士林等主编：《世界宪法全书》，青岛出版社 1997 年版，第 879、854、837 页。

体，而检察院已不是司法机关，只是护法机关的一种，是一种特殊的国家机关。①

2. 有关检察机关的宪法条款减少

1936 年和 1977 年苏联宪法关于检察机关的规定均为 5 条，即 1936 年宪法的第 113 条至第 117 条；1977 年宪法的第 164 条至第 168 条。而 1993 年俄罗斯宪法关于检察机关的规定只有一条，即第 129 条。②

3. 宪法明文强调检察院组织法的地位比法院组织法低

1977 年苏联宪法规定关于法院和检察机关的组织、活动程序均由法律规定，而 1993 年俄罗斯宪法则明文规定有关法院的权限、组成和活动程序由联邦宪法性法律规定，有关检察院的权限、组成和活动程序由联邦法律规定，其第 128 条第 3 款规定："俄罗斯联邦宪法法院、俄罗斯联邦最高法院、俄罗斯联邦仲裁法院以及其他联邦法院的权限、组成和活动程序由联邦宪法性法律规定"；第 129 条第 5 款规定："俄罗斯联邦检察院的权限、组织及活动程序由联邦法律规定"。③

（二）检察机关不再具有对法院审判活动的检察监督功能

1936 年苏联宪法第 113 条规定："苏联总检察长对于所有的部和这些部所属的机关以及每一个公职人员和苏联公民是否严格遵守，行使最高检察权。" 1977 年苏联宪法第 164 条规定："一切部、国家委员会和主管部门、企业、机构和组织、地方人民代表苏维埃执行和发布命令的机关、集体农庄、合作社和其他社会组织、公职人员以及公民是否严格和一律遵守法律，由苏联总检察长及其所属各级检察长行使最高检察权。"特别是 1979 年《苏联检察机关法》第三编用 4 章篇幅详细地规定了检察监督的范围，它们分别是：第一章《对各种国家管理机关、企业、机构和组织，公职人员和公民遵守法律的监督（一般监督）》，第二章《对调查机关和预审机关执行法律情况的监督》，第三章《对法院审理案件时适用法律情况的监督》，第四章《对拘留所、看守所执

① 参见刘向文、宋雅芳：《俄罗斯联邦宪政制度》，法律出版社 1999 年版，第 240、269 页。

② 参见姜士林等主编：《世界宪法全书》，青岛出版社 1997 年版，第 879、854、837 页。

③ 参见姜士林等主编：《世界宪法全书》，青岛出版社 1997 年版，第 853、854、837 页。

行法院指定的惩罚和其他强制性措施时遵守法律情况的监督》。[①]

苏联解体后，1992年俄罗斯联邦制定的《检察机关法[②]》[③] 在《检察监督》一编里取消了检察机关对法院实施监督的职能，只规定《检察长参与法院审理案件》（第四编）。尽管各级检察长仍然对非法的和没有根据的法院裁决拥有提出异议的权利，但它和苏联时期颁布的1979年检察机关法有着重大区别。[④]俄罗斯联邦国家杜马2001年11月22日通过、联邦委员会2001年12月5日批准、2002年7月1日生效的《俄罗斯联邦刑事诉讼法典》更是明确取消了旧刑事诉讼法第25条关于检察机关对刑事诉讼实行法律监督的原则性规定：苏联总检察长和他领导的苏俄检察长以及下级检察长，对于在刑事诉讼

---

① 需要指出的是，苏联宪法和法律的规定未必真正落到了实处。“在当时法制并不健全的特定历史条件下，检察机关没有也不可能真正发挥其应有作用”，甚至有人将检察机关视为“苏联时期最保守的国家机构”。参见任允正、于洪君：《独联体国家宪法比较研究》，中国社会科学出版社2001年版，第291页。

② 对于“检察机关法”，也有学者翻译为“检察院组织法”，参见周志放译：《俄罗斯联邦检察院组织法》，载《中国刑事法杂志》2002年第6期。

③ 从1992年1月17日俄罗斯联邦总统批准《检察机关法》到现在，俄罗斯联邦总统已先后签署12个总统令，批准了12个《俄罗斯联邦检察机关法的修改补充法》（它们分别是：1995年11月17日、1999年2月10日、11月19日由叶利钦总统先后签署批准的《俄罗斯联邦检察机关法的修改补充法》；2000年1月2日，由代总统普京签署批准的《俄罗斯联邦检察机关法的修改补充法》，以及2001年12月29日、2002年6月28日、2002年7月25日、2002年10月5日、2003年6月30日、2004年8月22日、2005年7月15日、2005年11月4日普京总统签署批准的《俄罗斯联邦检察机关法的修改补充法》）。此外，俄罗斯联邦宪法法院又以决议形式先后对1992年《检察机关法》进行了4次修改补充（具体时间是2000年2月18日和4月11日、2002年7月17日和2003年7月18日）。例如，1992年《检察机关法》第21条第1款的原文为：“各联邦部和主管部门，俄罗斯联邦主体的代表（立法）权力机关和执行权力机关，地方自治机关，军事管理机关，监督机关，公职人员执行法律的情况以及由它们颁布的法律文件的合法性是（检察机关的）监督对象。”经过1999年2月10日的修改补充后，该款的新文本是：“各联邦部、国家委员会、局及其他的联邦执行权力机关，俄罗斯联邦主体的代表（立法）权力机关和执行权力机关，地方自治机关，军事管理机关，监督机关，它们的公职人员，以及商业组织和非商业组织的管理机关和领导人遵守俄罗斯联邦宪法的情况，执行俄罗斯联邦境内现行法律的情况，是（检察机关的）监督对象。”“本款中所指机关和公职人员颁布的法律文件是否符合法律，是（检察机关的）监督对象。”参见刘向文：《谈俄罗斯联邦检察制度的历史发展》，载《俄罗斯中亚东欧研究》2008年第6期。

④ 刘向文：《谈俄罗斯联邦检察制度的历史发展》，载《俄罗斯中亚东欧研究》2008年第6期。

程序中是否准确、一致地执行苏联、苏俄和各自治共和国的法律实行监督。①虽然检察长依然可以对法庭审判发表意见，对法院的判决和裁定提出抗诉，然而通过比较检察机关职能的前后变化，我们可以认定检察长出席刑事法庭参加案件的审理，显然已不再被认为具有法律监督的性质，而只是作为国家公诉人出庭支持公诉。②

二、俄罗斯检察机关发生转型的原因

俄罗斯检察机关的审判监督之所以被取消或弱化，原因是多方面的，如检察监督本身的缺陷、在新的历史条件下法院作为诉讼新体制的中心环节的地位的提高、西方国家的经验等。总之，上述原因的合力促使立法者作了新的立法调整。③当然，与苏联剧变后不同改革主张的冲突和妥协也有密切的联系。在苏联剧变后，国内一些激进的改革派主张按照西方诉讼模式来重构检察机关，即主张将其归属于行政机关或者审判机关，但这种主张遭到强烈的反对。最后立法者被迫作出妥协：一方面承认检察机关是统一的集中体系；另一方面又规定它是司法权的一部分。将检察机关规定在司法权一章中的实质，用1995年俄罗斯联邦总检察长斯库拉托夫的话讲，是限制和剥夺检察机关的某些权力，如被剥夺了立法倡议权、向宪法法院提出请求的权力等。④

俄罗斯检察机关发生转型的更重要原因，是原来检察机关的审判监督不符合现代诉讼的基本原理。按照苏联宪法和法律所确立的检察机关对刑事诉讼程序实施监督原则，不可避免地会使检察机关处于绝对优势的地位，不仅被告人无法与控诉一方相抗衡，控辩双方在法院面前平等辩论的原则无法实现，也难以保证法院中立的诉讼立场。俄罗斯立法者显然认识到了检察机关集至高无上的监督地位与控诉职能于一身的双重身份，不能与现代诉讼原理和诉讼结构相匹配，因此在立法上淡化与取消检察长对刑事审判活动的监督职能。⑤

此外，检察机关审判监督职能的弱化和取消，这也是世界潮流。除以苏联

① 参见刘根菊、官欣：《俄罗斯联邦检察权的改革及借鉴》，载《华东政法学院学报》2004年第4期。

② 参见尹丽华：《角色转换：俄罗斯刑事诉讼中检察机关的地位与权限》，载《法学评论》2007年第2期。

③ 参见肖扬主编：《当代司法体制》，中国政法大学出版社1998年版，第196页。

④ 参见肖扬主编：《当代司法体制》，中国政法大学出版社1998年版，第195—196页。

⑤ 参见尹丽华：《角色转换：俄罗斯刑事诉讼中检察机关的地位与权限》，载《法学评论》2007年第2期。

为代表的社会主义国家之外，在传统上，世界上许多国家特别是大陆法系国家都曾经赋予检察机关以审判监督权，以作为行政制衡的司法的一种手段。但从近几十年的发展情况来看，随着“司法至上”观念的发展，许多国家都开始逐步削弱甚至剥夺检察机关的审判监督权，原因是：其一，检察官监督法官审判有违司法独立原则。按照现代司法独立观念，法官在审判时只服从法律，而不接受任何外来干预，特别是不能受到行政机关的不当干涉；其二，有违“平等武装”原则。按照现代司法公正观念，控辩平等是程序正当的监督权，然而，检察机关作为控方却凌驾法官之上或与其抗衡，这必然使辩方处于不利地位。然而，近年来各国纷纷采取措施，以强化审、检分离，削弱检察机关对法院裁判的不当影响。①

三、俄罗斯检察机关的转型对我国的启示

我国《宪法》第129条规定：“中华人民共和国人民检察院是国家的法律监督机关。”由此，国内一些学者尤其是在检察机关工作的同志主张将人民检察院定位于法律监督机关，扩大和强化检察院的法律监督职能（包括对法院的审判监督职能）。

其实，我国检察院的设置虽然是向苏联学习的结果，但其法律监督与苏联检察机关的法律监督不同。我国宪法虽规定检察院是法律监督机关，但同时规定人民代表大会监督一府两院，显然我国检察院的法律监督不是苏联检察院的那种最高监督和监督一切的一般监督，它具有自己的特点。正如一位学者所指出的，由于我国的检察制度建设的条件和背景不同等原因，我国检察机关法律监督制度与设想和苏联的模式有明显区别，从而形成法律监督制度的“中国特色”，主要表现在：（1）检察机关的法律监督是人大监督之下的专门监督，不是最高监督；（2）检察机关的法律监督基本限于司法监督，不具有“一般监督”职能。②《人民检察院组织法》明确了我国检察机关的职能，其第5条规定：“各级人民检察院行使下列职权：（一）对于叛国案、分裂国家案以及严重破坏国家的政策、法律、法令、政令统一实施的重大犯罪案件，行使检察权。（二）对于直接受理的刑事案件，进行侦查。（三）对于公安机关侦查的案件，进行审查，决定是否逮捕、起诉或者免予起诉；对于公安机关的侦查活动是否合法，实行监督。（四）对于刑事案件提起公诉，支持公诉；对于人民法院的审判活动是否合法，实行监督。（五）对于刑事案件判决、裁定的执行

---

① 郭成伟主编：《外国司法制度概要》，江苏人民出版社2001年版，第185—186页。

② 参见龙宗智：《检察制度教程》，法律出版社2002年版，第113—114页。

和监狱、看守所、劳动改造机关的活动是否合法，实行监督。”当然，我国的检察机关与苏联的检察机关的职能也有相同之处，如对法院审判活动是否合法实行监督。

俄罗斯检察机关的转型。俄罗斯在检察机关法等法律中不再将检察机关对法院的审判监督作为检察监督的一种，或许给我国检察机关的改革提供了一点启示：基于现代诉讼的基本原理和发展趋势，检察机关对法院的审判监督职能的未来发展方向不是扩大监督，而应是缩小、弱化甚至取消这种监督。

从我国现行宪法和检察院组织法的规定来看，我国宪法和法律在实质上将提起公诉作为检察机关法律监督的一项重要内容，也就是说公诉本身就是一种法律监督，将检察机关的公诉职能与法律监督职能对立起来是不对的。在很大程度上，我们可以说，加强检察机关的公诉职能，就是加强检察机关的法律监督职能。目前我国检察机关的当务之急是履行好现行宪法和法律赋予的各项职能特别是提起公诉这一基本职能，目前这一职能尚未充分履行，特别是在反腐败方面。显然，在公诉职能履行不充分的情形下，大谈特谈扩大检察机关其他方面的法律监督职能是没有意义的。

中俄检察制度及其改革比较

王广辉[*]

内容摘要：中俄两国不仅存在着地缘上的利益关系，更由于过去的苏联与1949年后的中国都属于社会主义国家，使得原有的联系更加紧密。在检察制度方面，都受列宁有关法律监督思想的影响，在检察机构的设置、领导体制、职权等方面具有高度的一致性。“文革”结束后的中国和苏联解体后的继受者俄罗斯都开始了社会转型。在此过程中，检察制度的变革有何相同或差异，通过比较分析以后，可以为中国今后检察制度的进一步改革提供借鉴的可能性。

关键词：检察；改革；借鉴

一、俄罗斯检察制度的改革

（一）俄罗斯检察制度的理论基础

俄罗斯检察制度的理论基础难以与苏联时期列宁的法律监督思想割断联系，列宁的法律监督思想立足于在新的国家里，法律如何得到民众的遵守和国家的贯彻执行的基础之上，其形成经过了一个发展变化过程。十月革命胜利之初，列宁认为法律的主要功能是唤起民众，靠人民自觉遵守来实施，不需建立专门司法机构来强制适用。[①] 后来，列宁逐渐认识到，在人们的法律意识、文化水平及觉悟的程度还没有达到应有的高度时，忽视法律的特殊强制性，甚至想取消法律执行和适用的特殊专业性，只能是善良的主观愿望而已。[②] 于是，开始强调法律的实施必须依靠国家的强制力来保证。特别是苏维埃国家过渡到和平建设之后，由于法律调节的范围扩大，法制建设的重要性也更加突出，列宁明确提出要“根据法制来管理国家”。[③] 在此背景下，如何维护法制统一，

---

* 王广辉，中南财经政法大学教授，博士生导师。

① 《列宁全集》（第36卷），人民出版社1987年版，第154页。

② 《列宁全集》（第37卷），人民出版社1987年版，第148—149页。

③ 《列宁全集》（第10卷），人民出版社1987年版，第353页。

保障法律的有效实施是当时新生的苏维埃政权面临的重大问题。

列宁有关法律监督的思想可以概括为这样几个方面：（1）检察机关不能像资本主义国家那样是行政机关，“检察机关和任何行政机关不同，检察机关丝毫没有行政权，对任何行政问题都没有表决权”。① 也就是说，检察机关不负责国家对社会具体的管理工作，也不具有对国家任何行政事务进行表决的权力。（2）检察权的性质是法律监督权。“检察长的责任是使任何地方政权的任何决定都与法律不发生抵触，检察长必须仅仅从这一观点出发，对一切非法的决定提出抗议，但是他无权停止决定的执行。”② （3）检察机关实行垂直领导。为了克服当时严重存在的官僚主义、地方主义和法制不统一现象，保证检察权的行使，列宁主张检察机关实行自上而下的垂直领导。中央检察机关，直接受党中央的领导，地方各级检察机关除分别受各自的上级检察机关领导外，一律受总检察长的领导。列宁的观点得到政治局多数的赞同，并通过了如下决议：“否决‘双重’领导，确定地方检察当局只服从中央领导……检察当局有权和有责任从地方当局的决定或决议是否合法这一观点出发，对地方当局的任何决定提出异议。”③

（二）俄罗斯检察制度的演变

1917 年 11 月 7 日，列宁领导俄国人民取得了“十月革命”的胜利，俄罗斯建立了世界上第一个社会主义国家。列宁对十月革命前作为维护旧政权工具的检察机关提出了严厉的批判。他认为：检察机关是资产阶级国家系统中最反动的环节。检察甚至在形式上也是民主最少的资产阶级民主制度。它往往是借口维护法制和秩序，但实际上是保卫“钱袋”利益的工具。因此，无产阶级革命所绝对必需的，不是改革司法机关，而是完全消灭、彻底扫除整个法院及其机构（检察院附设在法院内）。④ 基于此，11 月 24 日，俄罗斯社会主义联邦苏维埃共和国人民委员会颁布了关于法院的第 1 号法令，撤销了“十月革命”前的检察机关。1922 年 5 月 28 日，全俄中央执行委员会通过了《俄罗斯社会主义联邦苏维埃共和国检察机关条例》，建立起新型的、社会主义性质的俄罗斯联邦检察机关。1922 年 12 月 30 日，苏联正式成立。随后，苏联最高国家权力机关依据 1924 年苏联宪法制定颁布了《苏维埃社会主义共和国联盟和各加盟共和国法院组织原则》，明确规定检察机关对司法活动是否合法实施监

---

① 《列宁全集》（第 43 卷），人民出版社 1987 年版，第 195 页。

② 《列宁全集》（第 33 卷），人民出版社 1987 年版，第 327 页。

③ 参见［苏］C. F. 诺维科夫：《苏联检察系统》，群众出版社 1980 年版，第 11 页。

④ 《列宁全集》（第 4 卷），人民出版社 1987 年版，第 352—358 页。

督。1977年苏联宪法不仅设立专章（第164—168条）来规定检察机关的法律地位，而且确认检察机关的监督具有最高性。1979年11月30日，苏联最高苏维埃通过了《苏联检察机关法》，这是苏联历史上第一个专门规定检察制度的法律，在1982年和1987年，进行了两次修改补充，一直生效到1991年12月底苏联解体前。

1991年，东欧剧变，苏联解体，1993年，俄罗斯颁布了新的《俄罗斯联邦宪法典》。新宪法确立了“三权分立”的原则，建立了一个与立法权力机关、执法权力机关平等的独立行使自己权力的司法权力机关体系，即法院体系，同时，在平衡各方的利益下，新宪法及《俄罗斯联邦检察机关法》规定：“俄罗斯联邦检察机关是统一的联邦性中央集权机构体系，以俄罗斯联邦名义对俄罗斯联邦领域内现行法律执行状况与俄罗斯联邦宪法遵守情况进行法律监督。”可以看出，俄罗斯联邦检察机关既不是立法权力机关、执行权力机关，又不是司法权力机关，仍然是法律监督机关，其地位低于法院。它独立于三权体系之外，是一种特殊的国家机关，在俄罗斯联邦被称为是一种护法机关。其任务概括地说，是加强法制，捍卫公民及其联合组织（企业、机构和组织等）的权利和由法律保护的利益，捍卫由联邦宪法和法律确认的社会制度与国家制度，使其不受任何违法行为的破坏；检察机关的专门任务，是指检察监督各个领域面临的任务；检察机关的个别任务，或者说检察监督的具体任务，则是各种各样。由此可见，俄罗斯检察机关的目的在于，保障法律至高无上，保障法制的统一和巩固，保障对人和公民权利与自由的保护以及保障由法律保护的社会利益和国家利益。

俄罗斯联邦的检察机关体系由三级组成：第一级是俄罗斯联邦总检察院；第二级是俄罗斯联邦各主体的检察院，以及相当于该级别的军事检察院和其他的专门检察院；第三级是区（市）检察院，其他的区域性检察院，以及相当于该级别的军事检察院和其他的专门检察院。除此之外，俄罗斯联邦检察机关体系中，还有一些科研、教育和出版机构。例如，俄罗斯联邦总检察院直属加强法制和法律秩序问题科研所等。领导制度上实行检察长负责制，上级检察院对下级实行垂直领导，下级检察院的检察长隶属于上级院的检察长，下级服从上级，最终受总检察长监督。俄罗斯的上下级检察院之间是垂直领导的关系，下级服从上级，最终受总检察长领导。俄罗斯联邦总检察长由联邦委员会根据俄罗斯总统的提议任免，任期5年。各联邦主检察院检察长、区（市）检察院检察长均由俄罗斯总检察长任免，任期5年，他们分别隶属于上一级检察长和总检察长。俄罗斯检察机关内部实行总检察长负责制，总检察长须定期向联邦委员会和俄罗斯总统汇报工作。

俄罗斯检察机关的职能包括如下几个方面：

1. 法律监督权。依据《俄罗斯联邦检察院组织法》第3章“检察监督”的规定，俄罗斯检察机关行使的监督权，包括四项内容：(1) 执法监督；(2) 对遵守人权、公民权和自由的监督；(3) 对侦查机关、预审和预侦机关的执法活动实施监督；(4) 对监管场所行政机关执法的监督。

2. 在刑事诉讼中的职权。新法典第2编（刑事诉讼参加人）第6章（刑事诉讼的控方参加人）第37条规定：检察长是本法典规定的权限范围内有权以国家的名义在刑事诉讼过程中进行刑事追究以及对调查机关和侦查机关的诉讼活动实行监督的公职人员。依据《俄罗斯联邦刑事诉讼法典》的相关条款，我们可以看到，俄罗斯联邦检察机关在刑事诉讼中的具体职权有以下四个方面。

(1) 公诉权。《俄罗斯联邦刑事诉讼法典》规定了提起刑事诉讼的三种方式，自诉、自诉—公诉及公诉。公诉案件由检察长代表国家提起诉讼并出庭支持公诉。因而，在侦查终结后，侦查员将附有起诉意见书的刑事案件移送检察长审查起诉。

(2) 对调查机关、侦查机关的法律监督权。早在1920年10月21日全俄中央执行委员会通过了一部《苏俄人民法院条例》，在此条例中，侦查与调查被区分开了，这种区分沿用至今。因而，俄罗斯刑事案件依据其性质的不同分别由侦查机关或者调查机关进行调查。

(3) 侦查权。俄罗斯联邦刑事诉讼法规定，检察长有权提起刑事案件并依照法典规定的程序委托调查人员、侦查员、下级检察长调查案件，委托调查机关进行侦查行为，以及向调查机关发出进行侦缉措施的指示，在必要的情况下可以亲自进行某些侦查行为。检察机关有对刑事犯罪进行侦查的权力。

(4) 适用强制措施的决定权。检察机关可以直接决定适用强制措施，但是，必须由法院裁决执行的强制处分除外。①

从1992年1月17日俄罗斯联邦总统签署第2203—1号令批准检察机关法到现在，已先后签署12个总统令，批准了12个检察机关法的修改补充法。不仅如此，俄罗斯联邦宪法法院又先后于2000年2月18日、4月11日，2002年7月17日，2003年7月18日以决议形式对1992年检察机关法进行了第13—16次修改补充。这些修改补充，使俄罗斯联邦的检察制度逐步地趋于完善。

---

① 刘根菊、官欣：《俄罗斯联邦检察权的改革及借鉴》，载《华东政法学院学报》2004年第4期。

俄罗斯联邦国家杜马2001年11月22日通过、联邦委员会2001年12月5日批准的《俄罗斯联邦刑事诉讼法典》，于2002年7月1日生效，这是俄罗斯的第五部刑事诉讼法典。新法依据1993年12月《俄罗斯联邦宪法》确立的一系列新原则对刑事诉讼程序做了较大的修改：

首先，检察机关的法律监督权被弱化。从检察机关的诞生及其发展可以看出公诉权是检察权的核心内容，之所以将法律监督权赋予检察机关是苏俄时期列宁法律监督理论创造性发展的结果。那么，俄罗斯的检察机关在刑事诉讼中的职权除了公诉权、侦查权、强制措施决定权外，还包括对侦查人员、调查人员的执法监督。新的刑事诉讼法典废除了检察机关对刑事审判的监督，这是检察权的一次重大的变革。检察机关的性质由法律监督机关定位为护法机关，即保障法律的至高无上和国家利益、人民权益的实现。新的刑事诉讼法典取消了有关检察机关对刑事诉讼行使法律监督权的规定，以避免诉讼中的控辩权失衡，而不利于贯彻控辩双方辩论制原则。需要说明的是，新的刑事诉讼法典并没有彻底地否认检察机关在刑事诉讼中的法律监督权，对侦查机关、调查机关的监督权依然被保留了下来。这种弱化不是权力的实质弱化，而是作为旧政权体制中的“法律监督权”的一种弱化。虽然，在刑事诉讼中取消了“检察机关对刑事诉讼的法律监督”的原则性规定，但其仍旧享有公诉权、抗诉权等。①

其次，检察机关在刑事诉讼中的权力被削弱。一方面表现为检察长的起诉裁量权受到犯罪嫌疑人、被告人意志的制约。俄罗斯联邦的不起诉制度包括法定不起诉和酌定不起诉两种。新法第24条规定了不得提起刑事诉讼的法定条件，在其他种类犯罪的刑事案件中，只有在《俄罗斯联邦刑法典》分则条款有专门规定的情况下，才能依照前款规定终止刑事追究。在双方和解、情势变更或者犯罪嫌疑人、被告人积极悔过情形下，检察长可以酌情决定是否起诉，但是，检察长的不起诉决定权受到犯罪嫌疑人、被告人及被害人的意思制约。在终止刑事追究前，应该向当事人说明终止刑事追究的根据和他反对终止刑事追究的权利。如果本人反对，则不允许依照本条第1款和第2款规定的根据终止刑事追究。在这种情况下刑事案件依照一般程序继续办理。② 这体现了新刑事诉讼法对个人权利（犯罪嫌疑人、被告人及被害人）予以充分保护的价值

① 王汉武：《中俄检察理论比较与中国特色检察制度改革方向初探》，吉林大学2008年硕士学位论文。

② 《俄罗斯联邦刑事诉讼法典》，黄道秀译，中国政法大学出版社2003年版，第18—22页。

取向。另一方面，检察长适用强制措施的决定权被削弱。旧法典中规定检察长有权力直接决定对犯罪嫌疑人、被告人适用强制措施、采取侦查活动，而在新法典中规定了司法审查原则，即对于涉及剥夺公民人身自由权及其他人身、财产、民主权利的侦查活动或者适用其他的强制措施时，必须经过法院决定才能对公民适用。

最后，对刑事诉讼结构进行了改造。新法典规定刑事诉讼实行辩论制的原则，控诉辩护和审判职能必须分立，不得由同一个机关或者同一公职人员进行。法院的职能是为控辩双方履行义务、行使权利创造条件，它必须是中立的，不能参加到控辩中的任何一方中。而控辩双方在法院面前一律平等，任何一方都不能享有凌驾于另一方之上的权力。一方面，对检察长在刑事诉讼中权力的削弱，更加有利于形成诉讼中的“审判中心主义”，符合整个刑事诉讼结构向当事人主义模式发展的趋势。另一方面，更加重视和肯定人的权利、自由和价值。俄罗斯联邦刑事诉讼法的相关规定与旧法典相比，在削弱检察长权力的同时，诉讼程序偏重对犯罪嫌疑人和被告人权利的保护，符合俄罗斯整个刑事诉讼当事人主义化的发展趋势，体现了刑事诉讼价值选择从惩罚功能到保障功能的转变。

据上所述，俄罗斯的检察机关在组织体系上基本上秉承了苏联的模式，是一个体系与职能独立的国家机关，它不隶属于任何权力机关。俄罗斯联邦检察机关是统一的联邦性中央集权机关与机构系统，在严格遵守俄罗斯联邦现行法律情况下，独立自主行使职权，不受联邦国家权力机关、俄罗斯联邦各主体国家权力机关、地方自治机关与社会团体约束；在不违背俄罗斯联邦公民与自由保障立法要求，以及俄罗斯联邦国家机密与其他法律特别保护的机密立法要求限度内，公开从事职务活动；向联邦国家权力机关、俄罗斯联邦各主体国家权力机关、地方自治机关以及居民通报法制状况。

二、中国的检察制度

（一）中国检察机关的组织体系及特点

检察机关的组织体系，即在国家机构体系中，各级、各类检察院如何建制，包括中央和地方各级人民检察院及其派出机关或机构，以及各类专门检察机关的设置，以及各检察院之间的关系等。根据宪法和人民检察院组织法的规定，人民检察院的组织体系是最高人民检察院、地方各级人民检察院和军事检察院等专门检察院。

中国检察机关的组织体系基本上与行政区划相对应设置，有比较浓重的行政色彩。基本上将检察机关作为一般的行政机关来设置和管理。此外，铁路运输、农垦、林业、监狱、工矿、油田、坝区、开发区检察院等各类派出检察院的设置是我国检察机关组织系统的一个重要特点。

（二）中国检察机关的领导体制

中国的上下级检察院之间是领导关系，但是下级检察院同时还要接受地方人大及其常委会的领导，即所谓的“双重”领导体制。最高人民检察院检察长由全国人民代表大会选举产生。其他各级人民检察院检察长由本级人民代表大会选举，并须报上一级人民检察院检察长提请该级人民代表大会常务委员会批准，任期5年。全国和省、自治区、直辖市人民代表大会常务委员会根据本级人民检察院检察长的建议，可以撤换下级人民检察院检察长、副检察长和检察委员会委员。

（三）中国检察权的内容

1. 公诉权：根据法律规定，检察机关的公诉权包括决定起诉权、提起公诉权、支持公诉权、决定不起诉权和抗诉权五项。公诉权具有法律监督的性质。

2. 公务犯罪侦查权：公务犯罪侦查权，是指对从事公务的人员实施的与其职权有关的犯罪行为进行侦查的权力。公务犯罪侦查权是我国检察权的一项重要的内容。

3. 逮捕权：检察机关享有对公安机关侦查的案件批准逮捕犯罪嫌疑人的权力和对自己立案侦查的案件以及所有在审查起诉阶段的案件决定逮捕犯罪嫌疑人的权力。

4. 诉讼监督权：包括刑事诉讼方面的立案监督权、侦查监督权、审判监督权和执行监督权四项权力。在民事诉讼、行政诉讼的监督方面，只有抗诉权，提起诉讼和参加诉讼的权力尚无明确的法律规定。

（四）改革的历程

中国的检察制度从思想基础到组织结构，都与苏联所实行的检察制度有不可分割的关系。但在“文革”结束以后，中国的检察制度也在发生着变化，特别是伴随着中国改革开放的实行而发生着程度不同的变化。

1. “文化大革命”中产生的1975年宪法取消了检察机关的设置，将检察机关的权力归属于公安机关行使，实际上也就是取消了作为国家法律监督机关的检察机关原本所承担的法律监督职责，导致我国社会主义法制制度中法律监督职能的缺失，这显然是当时所实行的人治治国模式的产物。1978年宪法虽然没有将人治转变为法治，却恢复了检察机关的设置，使法律监督权有了具体的承担者，国家原本应具有的法律监督职能得到了重新的肯定。

2. 开始实行检察官的职业化。长期以来，在阶级斗争观念的主导下，所有国家机关都被作为专政机关看待，法院、检察院的职能被认为主要是发挥专政的作用。在这样的背景下，对检察官自然不会有职业化的要求，而是以政治素养作为能否胜任的主要根据。在检察机关中从事检察工作的人，许多来自于行政机关、党的机构，既缺乏法律专业的素养，也多数没有任何从事法律工作的经历。“文革”结束以后，在加强民主与法制建设的过程中，法官、检察官的职业化问题逐渐被提上议事日程，为此，中国制定和颁布了《检察官法》，规定了检察官的任职资格：大学毕业、具备必要的业务和道德素质、身体健康、具有从事法律工作经历的中国公民可以被任命为检察官。检察官不能兼职。人民检察院的检察长、副检察长应当从检察官或者其他具备检察官条件的人员中择优提出人选。与此同时，建立了国家统一司法考试制度，担任检察官的人需通过国家统一司法考试，为检察官的职业化程度提高提供了法律的保障。

20年的检察改革实际上是探索和建立中国检察制度的基本框架，完成了关于检察机关法律监督的范围、途径、手段、制度、主体等内容的基本建构的发展过程。检察机关职务犯罪侦查制度、公诉制度、诉讼监督制度等基本定型并构成了法律监督制度的基本内容。其中较为显著的有：（1）对国家工作人员职务犯罪案件的侦查能力得到加强，在反腐败方面发挥了重要的作用。（2）试行主诉检察官办案责任制。（3）加快公诉制度改革以提高诉讼效率。（4）加强侦查监督，改革审查逮捕方式。（5）建立专家咨询制度。

三、比较

（一）改革的背景

中俄两国在检察制度改革的背景上存在着巨大的差异。中国检察制度的改革是基于加强社会主义民主与法制建设的需要，是社会主义制度自身的完善，具有典型的社会改良性质。从内在动力上讲，是吸取了新中国成立以后，在社会主义制度发展过程中，民主法制建设上遭受的曲折，特别是反右斗争的扩大化、“文化大革命”中对社会主义民主法制制度的破坏的教训，检察制度的改革是作为加强和完善社会主义法制制度的重要内容而进行的。而中国检察制度所生存的政治环境是社会主义制度，必须在以“议行合一”为原则的人民代表大会制的权力框架中进行改革，不能改变原有的权力结构。

俄罗斯检察制度的改革是在苏联解体，原有的权力结构被打破的前提下进行的，遵循的是“三权分立”的原则。1991年苏联解体，东欧剧变，俄罗斯在政治、经济上都发生了前所未有的变化。1993年的俄罗斯宪法规定俄罗斯是民主联邦制国家，确立了总统制共和制的国家政体，第10条确定了“三权分立”的原则，标志着国家权力组织方式的理论基础的改变。与此相适应的，在实践中，国家权力必然体现为一种“权力分立、相互制约”的特点，不再是苏联时期所实行的“议行合一”的权力组织方式。而在“三权分立”的权力结构中，权力之间存在着互相制约的关系，监督者同时也要受到监督，自然不可能再保留苏联时期单独设立法律监督机关的制度设计。由于是“三权分立”政权组织形式下的检察制度改革，就必须根据“三权分立”的精神来进行，如原检察机关行使的批捕权因具有司法性质，故不允许由检察机关行使，统归法院行使。检察机关虽在形式上仍可作为独立的组织系统存在，但却不能仅作为监督者进行活动，在行使权力的过程中必须受到相应的监督。检察机关虽可以直接决定适用强制措施，但是，必须由法院裁决执行的强制处分除外。即“对于涉及剥夺公民人身自由权及其他人身、财产、民主权利的侦查活动或者适用其他强制措施时，必须经过法院决定才能对公民适用”。与旧法典规定检察长有权力直接决定对犯罪嫌疑人、被告人采取强制措施、侦查行为相比，一定程度上检察长在刑事诉讼中的权限受到了削弱。

实际上，在检察制度改革的背景上，中俄两国除了存在上述的根本不同之外，在其他方面也有一些相同的方面，如都是在放弃过去那种高度集中的计划经济管理模式，实行市场经济而引发社会发生转型的过程中进行的；都将检察制度的改革作为建设法治国家的重要内容，也就是改革都以法治为价值取向；都有吸取过去在国家治理上法制受到破坏的教训等。概括而言，无论是俄罗斯还是中国，20 世纪后期由于国内国际形势发生了巨大变化而引起了社会的转型，检察制度的改革均属于社会转型的一个方面的体现。尤其是这种转型均采取了一种比较开放的态度，注重对人类文明中具有普适性价值的制度和理念加以借鉴或吸收。在这个意义上，中俄两国的社会转型所产生的影响，已经远远超出了其国内的范围。

（二）改革的内容

尽管如上所述，中俄两国在检察制度改革的背景上存在重大的差别，但列宁有关法律监督思想的影响却无法在短时间内完全消除，这正是中俄检察机关都以其较为明确的监督权而区别于西方检察制度的根源所在。因此，在检察制度改革的内容上，不可能完全置法律监督职能于不顾，像有些国家或地区那样，将检察机关作为单纯的对犯罪进行追诉的机关，仅行使代表国家进行公诉的职能。不同之处仅表现为：俄罗斯检察机关在刑事诉讼中的法律监督权被弱化，具体的体现就是新的刑事诉讼法典废除了检察机关对刑事审判的监督，但并没完全否认检察机关在法律监督方面的作用，如俄联邦总检察长在 2003 年 1 月 27 日发布的《关于理解和适用民事诉讼法中检察长参加民事诉讼的规定》

公开信中要求检察机关在适用民事诉讼法时应以该法第45条的规定作为检察机关参加民事诉讼的一般原则，可以通过提起诉讼、提出结论、上诉和抗诉等方式参加诉讼。而中国的检察机关作为国家的法律监督机关是宪法明确宣告的，因此，检察制度的改革总体上是以加强和完善检察机关的法律监督职能为目标，但在此过程中，对检察机关的制约也开始受到重视，如取消检察机关的免予起诉权力，检察机关也要承担国家赔偿责任等。这就是说，中国和俄罗斯在检察制度的改革上，都是在保留检察机关的法律监督职能的前提下进行的，只是俄罗斯检察机关的法律监督职能在改革中表现为削弱中有保留而中国则表现为加强中有制约的色彩。

或许是受到市场经济和法治国家建设这一相同因素的制约，无论是俄罗斯还是中国的检察制度的改革，都不同程度地存在受当事人主义诉讼结构影响的问题。在俄罗斯，刑事诉讼中控辩与审判职能的严格分立、检察长权力受到的削弱以及注重对当事人权利的维护等，符合俄罗斯整个刑事诉讼当事人主义化的发展趋势，体现了刑事诉讼价值选择从惩罚功能到保障功能的转变。在刑事诉讼上，中国近些年进行的司法制度改革，虽不能说就是以当事人主义的诉讼模式来取代过去的职权主义或超职权主义诉讼模式，但在一定程度上将其判断为以对当事人主义诉讼模式的借鉴为取向则是比较符合实际的。尽管这种当事人主义诉讼模式主要是针对法院的审判而言的，但对检察机关在参加刑事诉讼过程中的地位及作用不可避免会产生一定的影响。不同的是，俄罗斯在转变为“三权分立”的权力组织形式以后，通过相应的立法与制度改造，当事人主义诉讼模式的特征比较明显。而中国的刑事诉讼模式仅仅停留在对当事人主义诉讼模式的借鉴层面上，对检察机关在刑事诉讼中地位与作用的影响是非常有限的。

（三）价值取向

中俄检察制度的改革在价值取向上都在由过去的注重惩罚功能向注重人权保障的方面转变。俄罗斯在检察制度的改革上，以重视和肯定人的权利、自由和价值为立足点，在对刑事诉讼制度的改革方面，以向当事人主义诉讼模式转变为契机，诉讼程序偏重对犯罪嫌疑人和被告人权利的保护。其中对检察长在刑事诉讼中权力的削弱，就是要在一定程度上改变检察机关的强势地位，向控辩双方之间力量的均衡靠拢，以便为对犯罪嫌疑人和被告人的权利提供保护，防止其权利受到侵犯创造空间。

中国改革开放以来检察制度的改革，也具有明显的向人权保障转变的色彩。但由于检察机关被作为国家的法律监督机关，特别是在刑事诉讼中，本身就承担着对法院的审判活动监督的职能，法院难以对检察机关形成有效的制约，如对于检察机关在刑事诉讼中的强制措施权，仅规定上级人民检察机关事后的撤销或者变更，并未规定法院的事前制约权，这与我国所实行的“犯罪控制”刑事诉讼模式是一致的。因此，检察机关本身是法律监督机关，但又存在如何去避免滥用强制措施的问题，这个问题的存在，本身就包含着有可能侵犯公民权利的问题。它意味着，在今后中国的检察制度改革中，人权保障的功能有一个如何去构建有效的制度来实现的问题。对此，理论界的认识还没有形成基本的共识，一些方面可以说存在着比较大的分歧。而这种分歧的存在，一定程度上会对检察制度改革实践的深入发展造成迷茫，需要我们对此有一个清醒的认识。

中俄检察监督制度不同之述要

张俊杰*

内容摘要： 中俄两国的检察机关都是法律检督机关，都以国家名义进行活动，但二者在权力归属和地位及职能方面存在很大不同。从法律规定的层面看，无论从检察机关的法律地位和法律职能，还是规定的详尽程度等方面都高于或强于我国。比较而言，俄罗斯的检察监督制度在某些方面值得中国借鉴。国家权力是统一的，但权力分工是社会分工的必然要求和体现，也是制约权力并保障权力发挥作用的重要方面。不管国家权力分为几权，检察权和检察职能的地位和归属如何，使其发挥有效作用才是其目的，也是中国检察制度改革的方向。

关键词： 中国；俄罗斯；监督检察制度；不同

俄罗斯检察法共分7部分，由54条组成，包括总则、俄罗斯联邦检察系统和组织、检察监督、检察长参与法院审理案件、检察机关和机构的职责及检察机关和机构的干部、军事检察机构组织和活动保障的特点、检察机关组织和活动的其他问题。与中国的检察监督制度相比较，总体上看，有如下不同：

一、二者的权力归属及地位不同

中国宪法第129条规定："中华人民共和国人民检察院是国家的法律监督机关。"中国检察院对权力机构负责，对产生它的权力机构负责。尽管中国宪法第131条规定："人民检察院依照法律规定独立行使检察权，不受行政机关、社会团体和个人的干涉。"中国人民检察院组织法第9条也相应规定："人民检察院依照法律规定独立行使检察权，不受其他行政机关、团体和个人的干涉。"但在中国的实际情况是，除了检察机关外，执政党的纪委组织实际行使着部分检察权。而俄罗斯联邦的检察机关既不是立法权力机关、执行权力

* 张俊杰，中央民族大学法学院教授、法学博士，硕士生导师。

机关，又不是司法权力机关，它是独立于三权体系之外，是一种特殊的国家机关，在俄罗斯联邦被称为是一种护法机关。俄联邦检察法第4条规定：检察院的机构权能独立于联邦的国家权力机构，独立于联邦主体的国家权力机构，独立于社会联合体，并严格按法律在俄联邦范围内活动。基于法律规定，在俄罗斯，除了检察机关外，其他任何国家机关、社会机构、自治机构及其公职人员或自然人都无权实施这一活动。为保障检察机关独立行使职权，俄联邦检察法第5条第1款规定了禁止干涉检察监督的实施，即“联邦国家权力机关、俄罗斯联邦主体国家权力机关、地方自治机关、社会联合组织、大众新闻媒体以及上述机关和组织的代表、公职人员，以任何形式对检察长或侦查员施加影响，以便影响其正在作出的决定，或以任何形式妨碍其活动的，均应当承担法律规定的责任”。

比较中俄检察机关的权力，尽管二者都是以国家名义进行活动，但俄检察机关的权力强于中国的检察机关，其地位高于中国的检察机关。

说俄罗斯检察监督权高于中国的检察监督权是有法律依据的。俄罗斯联邦宪法第80条第2款规定：俄罗斯联邦总统是俄罗斯联邦宪法、人和公民的权利与自由的保障者。总统按俄罗斯联邦宪法规定的程序采取措施，捍卫俄罗斯联邦的主权、独立与国家完整，保障国家权力机关协调地行使职能并相互协作。俄罗斯联邦宪法第83条第6款规定：总统有向联邦委员会提出俄罗斯联邦总检察长的人选供任命，向联邦委员会提出解除俄罗斯联邦总检察长职务的建议。俄罗斯联邦检察法第21条第1款规定：各联邦部、国家委员会、局和其他联邦执行权力机关，俄罗斯联邦主体代表权力机关（立法权力机关）和执行权力机关，地方自治机关，军事管理机关，监督机关以及上述机关的公职人员，商业组织和非商业组织的管理机构及其领导人遵守俄罗斯联邦宪法和执行俄罗斯联邦境内现行法律的情况，是检察监督的对象。上述机关及其公职人员颁布的法律文件是否符合法律，也是检察监督的对象。从中能看出，俄罗斯联邦的检察权除司法机关外，其他所有国家机关及其公职人员都在其检察监督之列。按着刘向文教授的分析，“无论与苏联检察机关相比，还是与当代俄罗斯联邦检察机关相比，我国检察机关的职权范围都要小得多”。[①] 相比较而言，俄罗斯检察机关的法律地位和权能有其历史传统，中国的检察制度尽管是学习了苏联的检察制度，但经过实践和不断改革，加之两国国情的变化和制度的变迁，使得二者在检察的法律地位和权能方面，存在很大不同，俄罗斯的检察机

---

① ［俄］Ю.Е. 维诺库罗夫主编：《检察监督》（第7版），刘向文译，中国检察出版社2009年版，第7页。

关的法律地位和权能要高于或重于中国检察机关的法律地位和权能。

二、二者的职能存在很大程度的不同

中国和俄罗斯联邦的检察机关都是法律监督机关，但二者在职能上存在很大不同。

（一）俄罗斯检察监督职能比我国的检察监督职能宽泛

俄联邦检察法第1条规定：俄联邦检察院是唯一的联邦中央集权的机构系统，它以俄罗斯联邦的名义在俄联邦领域内监督宪法及法律的实施。它还履行联邦法律规定的其他职能。其目的是保障宪法的至上、统一和加强法制，保护人和公民的权利和自由，也保护法律所保护的社会和国家的利益。为了实现这一目的，俄联邦检察机构的法定职能包括：对各联邦部、国家委员会、局和其他联邦执行权力机关，俄罗斯联邦主体代表机关（立法机关）和执行机关，地方自治机关，军事管理机关，监督机关以及上述机关的公职人员，商业组织和非商业组织的管理机构及其领导人的执行法律情况实施监督，并对它们（他们）所颁布的法律文件的合法性实施监督；对各联邦部、国家委员会、局和其他联邦执行权力机关，俄罗斯联邦主体代表机关（立法机关）和执行机关，地方自治机关，军事管理机关，监督机关以及它们的公职人员，商业组织和非商业组织的管理机构及其领导人恪守人和公民权利与自由的情况实施监督；对实施侦查搜查、初步调查和预审活动的机关执行法律的情况实施监督；对司法警察的执行法律情况实施监督；对执行刑罚和适用法院所指定强制措施的机关和机构的行政部门，被拘留、被监禁者羁押场所的行政部门执行法律的情况实施监督；依照俄罗斯联邦刑事诉讼立法赋予的权限进行刑事追诉；协调护法机关反犯罪斗争方面的活动。依照俄罗斯联邦诉讼立法的规定，检察长参加普通法院、仲裁法院（以下简称为法院）案件的审理，对法院与法律相抵触的民事判决、刑事判决、裁定和决定提出抗诉。俄罗斯联邦检察机关参加法的创制活动。根据中国人民检察院组织法第5条、第6条的规定，检察机关的职能范围包括：对于叛国案、分裂国家案以及严重破坏国家的政策、法律、法令、政令统一实施的重大犯罪案件，行使检察权；对于直接受理的刑事案件，进行侦查；对于公安机关侦查的案件，进行审查，决定是否逮捕、起诉或者免予起诉；对于公安机关的侦查活动是否合法，实行监督；对于刑事案件提起公诉，支持公诉；对于人民法院的审判活动是否合法，实行监督；对于刑事案件判决、裁定的执行和监狱、看守所、劳动改造机关的活动是否合法，实行监督；依法保障公民对于违法的国家工作人员提出控告的权利，追究侵犯公民的人身权利、民主权利和其他权利的人的法律责任。而中国的检察官法第6条、

第7条规定的检察官的职责包括：依法进行法律监督工作；代表国家进行公诉；对法律规定由人民检察院直接受理的犯罪案件进行侦查；法律规定的其他职责。检察长、副检察长、检察委员会委员除履行检察职责外，还应当履行与其职务相适应的职责。通过比较就能明显得出俄罗斯检察监督职能比我国的检察监督职能宽泛的结论。这里需要注意的是，俄罗斯联邦的检察职能曾一度包括对法院的审判进行完全的监督，后来通过俄联邦宪法法院决议的形式，弱化了对审判权的监督。

（二）俄罗斯联邦的监督检察职能的行使不受意识形态的影响

俄罗斯联邦宪法明确规定意识形态多元化，多党制。因此，俄罗斯联邦的检察机关作为国家的独立机关，其检察监督人员必然保持意识形态的中立。对此，俄联邦检察法第4条第4款规定：检察机关工作人员不得追求政治目标，不得参加有政治目标的社会团体的活动，也禁止追求政治目标的社会团体在检察机构中成立并活动，检察人员的公务活动不受社会团体决议的约束。为了保持中立，俄联邦检察法第4条第5款规定：检察机关工作人员在从事本职工作的同时，无权兼任其他有报酬的或无偿的工作。但是，从事教学活动、科学活动和创作活动的情况除外。这与我国各项活动为执政党所设定的目标服务和行动有很大不同。

（三）俄罗斯检察长的职能高于中国

俄罗斯检察法第8条规定：检察长有协调同违法做斗争的活动的职权，检察长有权协调同违法做斗争的内部机构、联邦安全机构、税务警察机构、海关及其他护法机构的活动。为保障协调工作的进行，检察长召开协调会议，组织工作组，索取统计或其他必要的信息，履行俄联邦总统确定的其他同违法进行斗争的其他协调权能。在中国，协调的权力实际在政法委，是党的组织在进行工作的协调。从国家权力行使要有法律依据看，法治原则在俄罗斯国家权力行使中得到相应的法律体现，尽管实际操作也存在种种问题。

三、中俄检察监督制度比较之感悟

第一，俄罗斯的检察监督制度中可操作性较强、法律规定相对明确和具体之处，可以借鉴。

中俄两国曾经有着相近的政治、经济和法律背景，两国目前又都处在转型期，都面临法律制度的改革和深化的问题。通过中俄两国检察制度的比较，笔者认为，中国的人民检察院组织法和检察官法规定比较原则，而俄罗斯的检察监督法律规定相对明确和具体。从法律的可操作性角度看，法律规定明确和具体便于实施或落实，可以借鉴。如中国宪法第62条和第63条规定，全国人民代表大会行使选举、罢免最高人民检察院检察长的职权。中国人民检察院组织法第21条规定："最高人民检察院检察长由全国人民代表大会选举和罢免。"但由谁提名并没有明确规定。罢免的理由并没有规定。而俄罗斯联邦检察法第12条规定："俄罗斯联邦总检察长的职务，由俄罗斯联邦联邦会议联邦委员会根据俄罗斯联邦总统的提议予以任免。如果俄罗斯联邦总统提出的俄罗斯联邦总检察长职务的候选人，未获得联邦委员会全体成员的必要多数，那么俄罗斯联邦总统得在30日内向联邦委员会提出新的候选人。"再如，俄联邦检察法第12条第4款规定："在俄罗斯联邦总检察长缺位时，或在俄罗斯联邦总检察长不能履行其职责的情况下，由第一副总检察长代行其职责。而在俄罗斯联邦总检察长和第一副总检察长同时缺位，或同时不能行使其职责的情况下，由一个俄罗斯联邦副总检察长依照副总检察长之间的分工代行俄罗斯联邦总检察长的职责。而中国人民检察院组织法和检察官法只有对检察长的任免规定，没有对检察长缺位时由谁代行职权的规定。另外，俄罗斯检察法对检察机关工作人员的薪酬、社会保障、法律保护和社会救助等方面都有具体而比较详尽的规定，甚至对工作条件相对恶劣地区的检察官员的休假制度、因工牺牲或受伤、保险等事项的规定都特别明确、具体。中国地处偏远地区的法院系统和检察院系统的队伍从总体上看，不如沿海地区或经济发达地区的法院系统和检察院系统的队伍，其中很重要的原因之一是这些地区工作和生活条件艰苦，工资和社会保障待遇又没有相应的倾斜力度，一定程度上调动不出人们到边远、穷困地区工作的热情和积极性，确实需要考虑从法律上给予一定的倾斜力度。再如，俄罗斯联邦检察机关不仅重视参加法院刑事案件的审理，而且重视参加法院民事案件、仲裁案件、行政违法案件的审理，而我国检察机关把主要的人力、物力资源用于对法院刑事案件的审判监督，对民事案件、行政案件的审判监督重视不够。这点值得借鉴。此外，俄罗斯检察机关的统一设置和集中领导也值得中国借鉴。此处不一一列举。

在此重申的是：借鉴不是简单的照搬，最终目的是使中国的检察监督制度更加完善，使其发挥应发挥的作用。

第二，检察权的归属不重要，重要的是使所设立的检察权这一国家权力分支能够有效发挥其作用。

世界上不同国家检察权的地位和职能、职权都各有自己的特色。从权属来讲，有的归属行政权，有的归属司法权，有的兼具行政和司法权的性质，有的是一项独立的权力或权能。但检察权无论是归属哪一类，或是独立的一类，关键是要使其发挥作用，解决实际问题。依据我国宪法和人民检察院组织法，它应独立行使职权，应具有自身的独立地位。这是国家权力分工行使的客观需要。中国法律规定，人民法院、人民检察院和公安机关办理刑事案件，应当分工负责，互相配合，互相制约，以保证准确有效地执行法律，但没有明确规定由谁来协调和召集，实践中往往是政法委来协调，而政法委实际上又没有明确的法律规定的权能。从学理上讲，国家权力是统一的，权力分工是社会分工的非常重要的方面。不管是三权还是几权，关键是使其发挥作用。只是我们中国的法律监督职能中存在很多不协调，甚至没有法律依据或法律地位的组织在实际发挥着部分法律监督职能和实际的协调作用。这些都需要从法律上理顺，以推进法治国家建设的进程。检察权和检察职能的改革一定要使其发挥有效作用才是目的，也是中国检察制度改革的要求和方向。

我国检察制度改革路径探微
——以俄罗斯检察制度改革为样本

许桂敏*

内容摘要： 中俄两国都处于社会转型期，法律文化又有着千丝万缕的联系。变化后的俄罗斯检察制度，为我国的司法改革提供了范本。分析俄罗斯改革的现状，指出我国检察活动的问题，为构建完善的中国检察制度总结经验。

关键词： 检察制度；改革；问题；完善

对于我国检察机关的性质和地位，《宪法》第129条规定，人民检察院是国家的法律监督机关。对于检察机关职权的行使问题，《宪法》第131条规定："人民检察院依照法律规定独立行使检察权，不受行政机关、社会团体和个人的干涉。"由此可见，我国的检察机关是依法独立行使法律监督权的机关，这已经明确载于宪政原则中。从现实情况考察，检察机关发挥了自己的职能和作用，但不可否认的是，在推进司法改革的今天，宪法赋予的检察机关法律监督职责贯彻得不彻底，依法独立公正地行使检察权还不时受到干涉与制约。特别是涉及具体的法律操作层面时，难免和我国的国情与残缺的制度漏洞发生碰撞。我国《宪法》第135条明确规定，人民法院、人民检察院和公安机关办理刑事案件，应当分工负责，互相配合，互相制约，以保证准确有效地执行法律。法律监督权和公权力的交织，如何公正合理行使职权，保护社会保障人权。伯尔曼认为，在巨大的历史变革时期不存在一种完全的均衡，但却有某些模式和规律。① 从某些方面而言，我国和俄罗斯有着相似的法律背景，特别是检察制度有着一脉相承的关系。本文通过考察俄罗斯检察制度的改革步伐，为我国的检察机关司法改革寻找路径。

---

* 许桂敏，郑州大学法学院副教授、法学博士，硕士生导师。

① ［美］哈罗德·J. 伯尔曼：《法律与革命》，中国大百科全书出版社1993年版，第22页。

一、俄罗斯检察制度改革的现状

俄罗斯检察制度有一套完善的法律体系，除了根本大法俄罗斯宪法之外，还有一些基本法律和规章相辅相成，比如1992年正式生效的《俄罗斯联邦检察机关法》，这是一部专门的检察法，根据俄罗斯宪法而制定，具有核心作用。其他的还有1999年2月10日修订的《俄罗斯联邦检察院组织法》，2002年7月1日生效的《俄罗斯联邦刑事诉讼法》有关检察权的规定等，都表明了俄罗斯联邦检察制度随着时代的变迁，客观现实的需求，而不断发展变化着。总体而言，俄罗斯检察制度的改革不是疾风暴雨、大刀阔斧地迈进，而是循序渐进、稳中有变地缓慢进行。正如国内学者所言，1991年年底苏联解体后，俄罗斯联邦现行宪法确认了一种独立于三权体系之外的特殊检察制度。苏联解体前后，尽管俄罗斯联邦检察制度的性质发生了变化，检察机关的部分权限发生了变化，但其检察制度的大部分内容依然保留了下来。① 即使是俄罗斯联邦建立后到今天，其检察制度的变革还是稳步徐行。比如，1992年的检察机关法历经5次微调，分别在1999年2月、2000年1月、2002年6月、2002年10月、2004年8月对某些条款加以修改，没有重大的变动。② 纵观俄罗斯检察制度改革的发展变化，其主要特点为：

首先，依法进行检察机构的改革。在苏联剧变时期，俄罗斯面临的各种重压紧迫情况下，作为新的承继主体，社会性质和社会制度更迭带来的不是人治的主宰，而是与时俱进的法律紧随。法律的尊严与威信继续存在，法律的信仰一直维系着震荡中的俄罗斯。检察制度就是建立在这样的法律基础上。检察活动的组织构造，检察秩序的维护等均来源于宪法的规定，都建构在俄罗斯联邦基本法律、俄罗斯签订的国际公约范式中。检察机关法开宗明义提出，没有俄罗斯法律的授权与事先规定，检察机关不能开展任何活动。③ 即便后来进行本土化检察改革，也先是从修正法律的内容开始，而不是实验探索促动法律的变化。对法律的修改不是直接照搬西方的激进做法，一蹴而就，而是依照本国国情和历史传统渐进改善。据此，有些人抨击俄罗斯检察制度改革的不彻底

---

① 刘向文：《谈俄罗斯联邦检察制度的历史发展》，载《俄罗斯中亚东欧研究》2008年第6期。

② Ю. Е. Винокуров Прокурорский надзор. Москва. Юрайт. 2008. С. 414.

③ Ю. Е. Винокуров Прокурорский надзор. Москва. Юрайт. 2008. С. 416.

性。[1] 对保守或者落后的观点，笔者不敢苟同，因为改革的模式有很多种，不能仅凭是否具有颠覆式的革命举动评判改革是先进还是倒退，也不能以为西方世界的优秀法律文化为我所用，全盘引进移植，就一概是值得肯定和发扬的。扬弃和持续性应该是法律内在的需求和稳定常新的动力。俄罗斯检察制度的改革就是在各种法律的指导下而逐步展开，比如《俄罗斯联邦检察院组织法》修改引起的检察组织结构的变化，新的《俄罗斯联邦刑事诉讼法》导致的检察权内容之增删。这些无疑昭示着我们，俄罗斯检察改革的成果值得我们借鉴。

其次，检察院组织结构悄然变化，符合职能的需要。俄罗斯联邦检察院是对联邦宪法和法律实施监督的机关。同时，联邦检察院还承担联邦法律赋予的其他职责。检察院依法独立行使职权，不受国家行政权力机关的干涉。它的组成机构是：俄罗斯联邦总检察院、俄罗斯联邦主体检察院及其同级的军事检察院和其他专门检察院；市、区级检察院；其他军事检察院和专门检察院。检察院还内设教育和科研机构、出版社。[2] 上下级检察院之间是领导与被领导的关系。俄罗斯联邦总检察长决定检察机关的组建、合并和撤销，还确定检察机关的地位和权能。由此可见，俄罗斯检察院独立行使职权，性质清楚，分工明确，总检察长的权限很大。

俄罗斯检察机关的职责主要是检察监督、检察员出席法庭参加案件审理两大方面。这里重点介绍检察监督。它主要包括：执法监督、对遵守人权、公民权和自由的监督，对侦查机关、预审和预侦机关的执法活动实施监督，对监管场所行政机关执法的监督。由于监督的范围广泛，其监督对象随着监督内容的不同也呈现多样性。比如，执法监督的对象是俄罗斯联邦各部委、局和联邦其他权力执行机关、俄罗斯联邦主体国家权力的代表机关（立法机关）和执行机关、地方自治机关、军事管理机关、检察机关及其公职人员，以及企事业组织的管理机关和领导人员遵守俄罗斯联邦宪法和执行俄罗斯联邦现行法律情况，以及上述机关和公职人员作出的法律决定是否符合法律规定。对是否遵守人权、公民权和自由的监督，其监督对象上至联邦部委局及其立法和执行机关，下到地方自治机关、军事管理机关、检察机关及其公务人员、企事业组织的管理机关和领导人员。刑事诉讼活动程序的监督是对侦查机关、预审和预侦机关是否按法定程序进行侦查，对违反人权与公民权和自由的既遂犯罪和预备

① 王汉武：《中俄检察理论比较与中国特色检察制度改革方向初探》，吉林大学2008年硕士学位论文，第20页。

② 周志放译：《俄罗斯联邦检察院组织法》，载《中国刑事法杂志》2002年第6期。

犯罪的控告、申诉和举报所采取的侦查措施和作出的决定是否合法，进行监督，等等规定，无须一一列举。所有这一切皆说明，俄罗斯检察监督是很到位和完善的，理论和实践结合得也比较紧密，运作的效果显著。

最后，刑事诉讼中检察权内容的变化，推动了司法改革的进行。检察员出席法庭参加案件审理，是检察权的基本要义。检察员在法庭上以国家公诉人的身份发表公诉词，追究被告人刑事责任。检察机关还有权对法院判决提出抗诉，就民事案件、仲裁案件、刑事案件和行政案件的审判实践问题，提出司法解释建议。具体的变化以2002年7月1日生效的《俄罗斯联邦刑事诉讼法典》有关检察权的内容为例，说明之。在整个刑事诉讼活动中，检察机关派员参加是必备的条件，作为公诉方的诉讼参加人不能是检察官，而必须是检察长。检察长依法以国家名义提起公诉和对诉讼活动实施监督。一般情况下，能够以检察长身份参加刑事诉讼的人员是俄罗斯联邦总检察长和副总检察长、他的下属检察长和副检察长，以及其他参加刑事诉讼的人。① 可以说，检察长在刑事诉讼中拥有较广泛的权限，在刑事诉讼的不同阶段分别具有不同的职责。在庭审之前，检察长行使的权限是：检察权、侦查权、申请权、批准权等。可以视为刑事诉讼审前程序的总指挥。比如，对审前调查阶段的工作进行检察，参加审前调查并在必要情况下亲自进行某些侦查行为，对调查人员、侦查员提起刑事案件表示同意，批准起诉书并将刑事案件移送法院。② 这些做法，对俄罗斯司法改革的进程起到了推动作用。

二、我国检察制度改革出现的问题

综观我国的检察制度，随着司法改革的进行，正在探索一条适合中国国情的检察体系与有效的运行机制。改革的愿望是良好迫切的，但是实际的结果如何；主观方案可行，客观操作又会怎样，拷问着我国检察制度的完善与否。当前存在的问题是：

首先，能否依法真正独立行使检察权。司法独立是现代法治社会的理念，得到了广泛认同与传播。我国的宪法和其他相关法律都明文规定了检察机关依法独立行使职权，不受任何干涉的内容。但是，从实际情况看，检察机关的人财物均由地方控制，办案经费由各级地方政府作出财政预算，难免不出现地方

---

① ［俄］К. Ф. 古岑科主编：《俄罗斯刑事诉讼教程》，黄道秀等译，中国人民公安大学出版社2007年版，第133页。

② 《俄罗斯联邦刑事诉讼法典》，黄道秀译，中国政法大学出版社2002年版，第31页。

保护主义的现象，该监督的不监督，该纠正的不纠正。有人形象地比喻为：检察院的帽子和饭碗都端在地方手里。在这种环境中，检察机关往往受制于地方，无法保持超然独立的地位。① 当然，这些都是个别特例，但是却对独立的检察权造成很大的冲击，特别是对保障司法公正、社会公平正义和保障人权的实现破坏性巨大。

其次，能否合理配置检察权。在我国，检察权的性质很清楚，就是法律监督权，还具有刑事审判的起诉权和一些案件的侦查权。必须处理好法律监督与检察机关的控诉职能、侦查职能的关系。学者断言：检察机关在担任侦查、公诉这样的诉讼角色的时候，容易忽视自己法律监督机关的角色，而法律监督机关是更高层次的一个法律定位。而如果检察机关没有将自己放在法律监督者的位置上，就不可能对公安机关和法院进行监督。②

最后，能否发挥检察权的效能。现代管理经验证明，科学的管理理念、管理模式、管理制度和管理方法，是发达社会有效运行的基础。检察资源的配置和检察权的运行也不例外，其效能发挥如何，受制于检察管理机制。从目前看，影响检察权效能的因素很多，机构设置的不合理是其中的体现。原本是监督职能部门，却依照行政部门建制，检察与司法行政事务相混淆，弱化检察机关的司法属性，业务管理工作行政化，检察机关内部以行政级别影响独立办案。“检察一体化”的检察职能整体格局尚未彻底确立，机构设置的结构有些不合理，权责有些不分明，分散管理，信息不畅，难以彰显精干高效的检察制度。另外，如果监督制约的不完善，无论是外部监督，还是内部监督的涣散，容易导致权力的滥用，无法达到保障人权和保护社会的目的。我国的检察监督取得了很大的成绩，但是尚需完善社会监督。

三、俄罗斯检察制度改革的借鉴

我国和俄罗斯处在不同的政治、经济、文化、法律传统的背景下，检察制度改革各有差异。司法改革的侧重点、检察改革的组织系统和职权，检察权的构造与内容既有相同之处，也各有所异。但是不能由此推测，两国的司法改革没有借鉴之处。我国和俄罗斯都处于社会转型期，尤其是我国的检察制度建立之初更多地参照苏联的模式，和苏联的检察制度一道，共同创立了不同于资本

---

① 张智辉主编：《中国检察——检察机关的监督与被监督》（第11卷），北京大学出版社2006年版，第16页。

② 宋英辉：《和谐社会背景下检察权的配置与行使》，载《国家检察官学院学报》2008年第1期。

主义社会的社会主义检察模式。当下的俄罗斯检察权改革的现状，对我们构建中国特色的检察制度具有不可替代的参考价值。

借鉴一，向当事人主义诉讼模式倾斜。俄罗斯检察机关在刑事诉讼中的角色，已经不是单独行使职权主义的代表国家公诉人，而是诉讼活动的参加者，抗辩方式转化为当事人主义。因为俄罗斯联邦刑事诉讼法规定的审判中立、控辩平等、确立司法审查原则、控辩双方辩论制原则、无罪推定原则、禁止重复追究刑事责任原则、保障犯罪嫌疑人、被告人的沉默权、获得律师辩护权、赋予证人作证豁免权、恢复陪审团制度、建立被告人认罪特别程序等,① 已经将检察权予以了改造。检察长与辩护律师平等对抗，在法庭审理时共同对法官发表自己的意见，任何一方都没有凌驾于对方的特权，检察长更不能因为自己是代表国家出庭公诉而任意支配法官的意志。《俄罗斯联邦刑法》第 123 条第 3 款规定：“诉讼在双方当事人辩论和平等的基础上进行。”可见，当事人主义符合宪政的要求。我们国家试图将两大诉讼模式进行整合，我国修改后的刑事诉讼法对犯罪嫌疑人和辩护律师给予了一些权利，但是实际效果不容乐观，依然是职权主义为主，当事人主义的模式受过去积习的干扰没有得到落实。

借鉴二，提高检察效率。俄罗斯检察机构的效率很高，在维护法律的尊严、惩治破坏法律的斗争中发挥了积极作用。他们的做法主要是在忠实遵守法律的前提下履行检察职责，比如，重点解决违法预防的关键问题，随时更新检察信息，找寻检察力度降低的原因，介绍和推广检察活动的成功经验，在检察活动中时刻引入先进的技术和方法用于查明案件和震慑犯罪，培养下级检察机关的业务性和独立性，对各级检察机关的工作予以指导。概括而言，就是完善各项检察制度，提高违法监督的成效，健全检察法律。结合我国的检察实际情况，笔者认为，促动效率上升的做法很多，主要有改革和创新检察业务管理，及时发现和纠正失职行为，理顺和落实上下级业务关系，增强检察官独立办案能力，严格选拔检察官，遴选资格考试和晋升职务考试系统化等。

借鉴三，尽量体现检察中的人权保障职能。按照国际公约的规定，尊重和保障人权是每个国家的义务。人权的内容是广泛和丰富的，不仅有公民基本权利和政治权利，还有公民的经济、社会和文化权利。生命权、健康权和人身自由权是人权保障的重要内容，体现了一个国家人性、人道的程度。检察活动中的人权保障意识在俄罗斯立法中有所体现，比如俄罗斯联邦刑事诉讼法规定，没有犯罪事实，行为不构成犯罪，诉讼时效届满等具有这些法定情形之一，就

---

① 刘根菊、官欣：《俄罗斯联邦检察权的改革及借鉴》，载《华东政法学院学报》2004 年第 4 期。

不予起诉。还规定了因双方和解而终止刑事案件，如果受刑事追究的人与被害人和解并弥补对被害人造成的损失，经检察长同意，可以终止刑事案件。此外，在形势变更（因形势改变行为人的行为不再具有社会危害性）或者犯罪嫌疑人、被告人积极悔过的情形下，经检察长同意，终止对受到指控的人进行刑事追究。法律还补充到，检察长的不起诉决定权若受到犯罪嫌疑人、被告人及被害人的反对，就转入一般刑事诉讼程序继续审理。这些均表现出保障个人权利的价值追求。当前，我国正开展刑事和解的运动，这是人权保障的又一体现，也是宽严相济刑事政策的具体化。检察机关在公诉案件中如何展开刑事和解，俄罗斯的做法值得我们借鉴。

中俄法律监督机制比较

黄大威*

内容摘要： 中俄两国检察机关均是国家法律监督机关。中俄两国均实行审检分立，按行政区域设置检察机关，并设置专门检察机关。俄罗斯实行垂直领导的集中统一体制，中国实施双重领导体制。中国需借鉴俄罗斯检察官的职业保障制度。中俄法律监督权能的显著区别是俄罗斯检察机关有一般监督权。俄罗斯确立了司法审查原则。俄罗斯新刑事诉讼法中已经取消法院自行提起监督审的权力。借鉴俄罗斯制定统一的刑事执行法，赋予检察机关提起、参与公益诉讼权。

关键词： 一般监督；司法监督；司法审查；公益诉讼

目前俄罗斯的社会正处于转型期，检察体制等许多重要的司法制度和司法原则还没有定型。中俄两国法律体制均承苏联体系，关注从苏联到俄罗斯现行的检察体制改革，对于我国检察制度的完善具有重要意义。

一、中俄法律监督的主体比较

（一）组织设置与领导体制

1. 组织设置

根据《俄罗斯联邦宪法》第 129 条规定，俄罗斯联邦检察机关实行下级服从上级，垂直领导的集中统一体系，下级检察长要服从上级检察长和俄罗斯联邦总检察长的指令。《俄罗斯联邦检察院组织法》第 11 条规定，俄罗斯联邦检察院体系由俄罗斯总检察院，俄罗斯联邦主体检察院和与其同级的军事检察院、其他专门检察院及科研、教育机关、有法人地位的编辑印刷出版部门，市、区检察院，其他区域检察院以及相当于该级别的军事检察院和其他专门检察院组成。实际上形成三个级别，第一级是联邦级检察院，然后按行政区划的

---

* 黄大威，哈尔滨理工大学法学院讲师。

级别分成第二级的联邦主体级检察院和第三级的区市级检察院。俄罗斯专门检察院包括军事检察院、运输检察院、自然保护检察院和劳动改造检察院。

我国的检察机关设置为最高人民检察院，省、自治区、直辖市人民检察院，省、自治区、直辖市人民检察院分院，自治州和省辖市人民检察院，县、市、自治县和市辖区人民检察院。此外还设置专门检察院和派出检察院。最高人民检察院是最高检察机关，由全国人民代表大会产生，对全国人大及其常委会负责并报告工作。地方各级检察院由同级人民代表大会产生，对同级人民代表大会及其常委会负责并报告工作。最高检察院对地方各级检察院和专门检察院有领导权，上级检察院对下级检察院有领导权。我国的专门检察院是军事检察院。军事检察院分成三级：中国人民解放军军事检察院；大军区、空军、海军军事检察院；地区军事检察院、空军军一级检察院和海军舰队军事检察院。派出检察院是省级人民检察院和县级人民检察院，根据工作需要，依法在特殊区域或场所设置派出机构，如在工矿区，农垦区，林区，经济开发区，监督、劳教场所等设置的人民检察院。派出机构的设置需由有关省或县人民检察院提请本级人民代表大会常务委员会批准。我国设置的铁路运输检察院，在1954年和1979年的《人民检察院组织法》中将其规定为专门检察机关，但在1983年修订的《人民检察院组织法》中，考虑铁路系统将改制为企业，而将其在专门检察机关中删除，从而铁路检察院作为派出检察院管理。

中俄两国存在宪政体制和文化传统的差异，在具体的组织设置上存在差异，但都遵循一些基本原则，即检察院与法院对应设置，并实行审检分立；按行政区域设置，以行政区划为基础的设置方式与刑事案件的地域管辖相适应；为适应实际需要，根据行业、区域、单位的特点，设置专门检察院、派出检察机构等。

2. 领导体制

俄罗斯检察机关内部实行统一集中的垂直领导体制，各级检察机关都由检察长负责，上下级检察院之间实行垂直领导，下级服从上级，最终受总检察长领导。联邦总检察长直接向联邦委员会和总统负责，而不从属于任何其他国家机构。联邦总检察院是检察系统中级别最高的检察院，联邦总检察长是最高首长。联邦总检察长领导总检察院的工作，向联邦会议两院和总统报告工作，每年一次向其报告俄罗斯联邦的法治状况和总检察长为加强法治所做的工作。联邦主体检察院由联邦主体检察院检察长领导。区市检察院由其检察长领导，区市检察院检察长由联邦总检察长任命，隶属于上一级检察长和联邦总检察长，并对其负责。

我国检察机关实行双重领导体制。1979年《人民检察院组织法》第10条规定："最高人民检察院对全国人民代表大会和全国人民代表大会常务委员会负责并报告工作。地方各级人民检察院对本级人民代表大会和本级人民代表大会常务委员会负责并报告工作。最高人民检察院领导地方各级人民检察院和专门人民检察院的工作，上级人民检察院领导下级人民检察院的工作。"双重领导体制既有利于实现全国的法制统一，又有利于发挥地方的积极性。但在实际运作中却存在着一些问题，有碍检察机关独立行使检察权。我国检察机关的人事任免和经费保障均来源于地方，而上下级检察机关的领导体制法律规定得过于原则，缺乏程序性的规定和制约性的硬性规定，实际上双重领导是以地方领导为主，导致检察权地方化，易形成地方保护主义，不利于检察机关依法独立行使职权。俄罗斯检察机关实行的垂直领导体制对我们具有借鉴意义，这一体制使各级检察机关独立行使职权，不受制于同级权力机关，不受其他国家机关、社会团体和公职人员的干涉，能更高效地行使检察权。

（二）检察官制度

1. 人事任免权

俄罗斯联邦总检察长、第一副总检察长和副总检察长由联邦委员会根据总统的提名任命，并根据总统的提议解除其职务。根据《俄罗斯联邦检察院组织法》第40条规定，联邦总检察院的机关主要工作人员均由联邦总检察长任命。俄罗斯联邦主体级的检察长由联邦总检察长任命。联邦主体级检察机关的机关工作人员由该院检察长任命。区市检察院的检察长由联邦总检察长任命，该院的机关主要工作人员由联邦主体的检察长任免。除此以外的本院其他人员由区市检察长任免。

我国检察官的任免制度采用任命制、选举制、选举与任命结合制。根据我国《人民检察院组织法》的规定，我国最高人民检察院检察长实行选举制，即由全国人民代表大会选举产生；我国地方各级人民检察院的检察长（除省一级检察院分院）实行选举和任命的结合制，即分别由地方各级人民代表大会选举产生，再报上一级检察院检察长提请该级人民代表大会常委会批准任免。而其他各级人民检察院的副检察长、检委会委员、检察员、军事检察院检察长和省一级检察分院的检察长，均分别由法定的相应一级检察院提请该级人民代表大会常委会任免。①

2. 任职资格

根据《俄罗斯联邦检察院组织法》第40条的规定，检察长和侦查员的任职资格包括：具备俄罗斯联邦国籍；达到法学专业高等教育程度；必要的业务

---

① 但伟、黄芳：《中外检察制度比较与启示》，载《人民检察》2008年第8期。

素质和道德素质；身体健康；担任区市级别检察院检察长职务者，必须是年满25岁，并具备3年以上检察长或侦查员工作经历，担任联邦主体级检察长职务者，必须年满30岁，并具备5年以上检察长或侦查员工作经历。我国《检察官法》和《检察官法修正案》对检察官的任职资格做出规定，担任检察官应当具备以下条件：必须具有中华人民共和国国籍；年满23周岁；身体健康；拥护中华人民共和国宪法；有良好的政治、业务素质和良好的品行；高等院校法律专业本科毕业或者高等院校非法律专业本科毕业具有法律专业知识，从事法律工作满2年，其中担任省、自治区、直辖市人民检察院、最高人民检察院检察官，应当从事法律工作满3年；获得法律专业硕士学位、博士学位或者非法律专业硕士学位、博士学位具有法律专业知识，从事法律工作满1年，其中担任省、自治区、直辖市人民检察院、最高人民检察院检察官，应当从事法律工作满2年。适用上述学历条件确有困难的地方，经最高人民检察院审核确定，在一定期限内，可以将担任检察官的学历条件放宽为高等院校法律专业专科毕业。《检察官法修正案》施行前任命的检察官不具备新法规定的任职资格条件的，应当接受培训，虽然不能达到法律规定的学历条件，经过培训以后仍然可以担任检察官；初任检察官采用严格考核的办法，按照德才兼备的标准，从通过国家统一司法考试取得资格，并且具备检察官条件的人员中择优提出人选。人民检察院的检察长、副检察长应当从检察官或者其他具备检察官条件的人员中择优提出人选。

检察官是代表国家行使国家法律监督权的职业人员，这就决定了它所要求的人员素质是不同于一般的法律职业者的。中俄两国对检察官的选任均规定了高条件的职业准入制度，严格的遴选、任职程序，并均要求具备法律教育或法律知识背景。

3. 保障制度

在俄罗斯，检察长和侦查员（检察官）受国家特殊的保护：俄罗斯联邦一级的检察机关设有检察机关工作人员人身保护和个人安全保障局，各联邦主体内设该局的分支机构，专门负责保护检察机关工作人员的人身和财产；检察长和侦查员有权持有、佩带和依法使用自卫用枪与专门装置；检察长和侦查员涉嫌刑事责任的，须由检察机关侦查。国家除了为检察长和侦查员提供重点保护之外，还提供了有力的物质保障。检察机关工作人员的工资远高于其他机关和机构的工资；有良好的退休保障和退职补贴；有权获得设备齐全的住宅，国家设置专门的预算资金，保障其住房；住宅价格、公用事业服务价格（电、气、水、中央供暖等）、电话费均优惠50%；检察工作人员及其家庭成员、退休的检察人员均有保障待遇；检察人员有权免费乘坐除出租车以外的一切公共交通工具（铁路、水路、航空、公路等）。国家用联邦预算资金为检察长和侦查员投人身保险。

我国目前检察系统的工资制度是比照执行国家公务员的工资制度。根据我国《检察官法》第40条、第41条的规定，检察官实行定期增资制度，对经考核确定符合条件的，按规定晋升工资。检察官享受检察津贴、地区津贴、其他津贴以及保险和福利待遇。我国实行财政分级负担体制，检察人员的工资由当地财政支出，由于我国地区经济不均衡，检察官的工资受到地区经济的制约。并且我国《检察官法》对检察官的福利待遇规定得过于原则，对检察官的考核及级别工资数额等均缺乏统一明确的规定。与俄罗斯检察官的待遇相比较，我国检察官的工资水平偏低。给予丰厚的待遇和福利使检察官工作无后顾之忧，保障检察官独立公正地履行检察权，这也是法、德、韩等很多国家的做法，对于我国具有借鉴意义。

二、中俄法律监督的权能比较

在俄罗斯，检察机关是护法机关，检察机关是对俄罗斯联邦宪法的遵守和法律的执行情况实施监督的机关，是法律监督性质的机关。现行俄罗斯的检察制度仍以其监督性区别于西方检察制度。按照俄罗斯现行宪法和法律的规定，检察机关的法律监督权能包括一般监督和司法监督两个方面。

（一）一般监督

在苏联时期，检察机关权力很大，现行的俄罗斯立法中限制了检察机关的职权，检察机关地位有所下降。如立法倡议权、向宪法法院提出请求的权力以及根据列宁检察监督理论而产生的对法院活动实行检察监督的权力都被废除。但其以国家的名义进行一般法律监督的职权却保留下来，并得到了完善。① 一般监督是俄罗斯检察制度最突出的特色，是指代表国家对政府机关、社会组织及其公务人员和公民的行为是否合法实行监督。一般监督主要包括两方面内容，一是对各联邦部和主管部门、联邦主体的立法机关和执行机关、地方自治机关、军事管理机关、检察机关以及它们的公职人员，对商业组织和非商业组织的管理机关和领导人遵守宪法和执行现行法律的情况实行监督，并对上述机关和人员颁布的法律文件进行合宪性和合法性监督。二是对各联邦部和主管部门、联邦主体立法机关和执行机关、地方自治机关、军事管理机关、检察机关及其公职人员，对商业组织和非商业组织的管理机关和领导人遵守人和公民权

---

① 宋英辉、郭成伟主编：《当代司法体制研究》，中国政法大学出版社2002年版，第185页。

利与自由的情况进行监督。在俄罗斯社会和经济转型时期，检察机关一般监督的重点“一是针对社会动荡、失业严重，大多数公民生活质量下降，侵犯公民劳动、居住等宪法权利的情况突出这一问题，注重维护公民的权利和自由。二是针对国有资产流失严重以及经济活动中的无序化状态对经济领域执法情况实行检察监督”。①

我国的法律监督模式不同于苏联的法律监督模式，也与俄罗斯的法律监督模式存在区别，尤其体现在一般监督权方面。我国检察机关不享有“一般监督”的权力，这是与苏联和现俄罗斯等国检察权的重要区别。对于一般监督权，我国1954年《宪法》中曾有规定，第81条规定，“中华人民共和国最高人民检察院对于国务院所属各部门、地方各级国家机关、国家机关工作人员和公民是否遵守法律，行使检察权”。但实际上检察机关并未真正全面行使过这种权限。1978年修改《宪法》时继承了1954年《宪法》中有关最高人民检察院一般监督权的规定。随着审检分立体制的确立，1982年《宪法》取消了关于一般监督的职能。

（二）司法监督

司法监督是指对侦查机关的侦查、逮捕和审判机关的审判、判决执行是否适当，以及有无违背法律情况实行监督。根据俄罗斯联邦《检察院组织法》第1条第2款的规定，俄罗斯检察机关司法监督的具体权能包括：对特定刑事案件侦查权；监督侦查机关、初步调查机关、预审活动的机关执行法律情况；决定起诉并出庭支持公诉；有权对法院判决提出抗诉；监督司法警察执行法律情况；监督执行刑罚和其他强制措施的机关执行法律的情况；作为执法协调机关，负责协调护法机关反犯罪斗争工作。

1. 侦查监督权

(1) 侦查权。检察机关通过直接侦查案件，对违法犯罪行为进行监督，监督法律的执行和遵守情况，实现维护法制的统一。俄罗斯检察机关根据《刑事诉讼法典》第151条第2款赋予的权限，对其管辖的案件进行侦查。检察长有权亲自侦查，或委托下级检察长或侦查员进行侦查。检察机关侦查的案件包括杀人等侵犯生命权的犯罪，绑架等侵犯人身自由的犯罪，强奸等侵犯性的不可侵犯权的犯罪，侵犯普通人及公民的宪法权利和自由的犯罪，恐怖主义犯罪等侵犯公共安全的犯罪，违反国际飞行规则等危害交通的犯罪，生态犯罪，危害国家政权、国家公务利益和地方自治机关公务利益的犯罪，伪证罪等

① 廉雅荣、薛瑞麟：《俄罗斯的司法改革》，载《诉讼法论丛》（第2卷），法律出版社1998年版。

妨害司法犯罪，违反军职罪，危害人类和平与安全的犯罪等。除此之外，由《刑事诉讼法典》第447条规定的特殊职务人员实施的犯罪以及因这些人员的职务活动而对他们实施的犯罪案件由检察机关侦查，这些人员包括如国家杜马议员、地方自治机关的公职人员、法官、检察长、律师等。该法还规定，联邦安全机关、俄罗斯联邦对外情报局、俄罗斯联邦总统所属联邦通讯和情报部、俄罗斯联邦保卫局、俄罗斯联邦内务部机关、俄罗斯联邦司法部机构和刑事执行系统机关、税务警察机关、俄罗斯联邦海关机关的公职人员实施的犯罪案件；军人，参加军事集训的公民，俄罗斯联邦武装力量、其他部队、军事组织和机关中的文职人员因履行其职务实施的以及在部队、军团、机构、卫戍区驻地内实施的犯罪案件；以及因其履行职务而对上述人员实施的犯罪案件。

我国检察机关享有职务犯罪监督权，是指检察机关对贪污贿赂犯罪、国家机关工作人员的渎职犯罪和国家机关工作人员利用职权实施的侵犯公民人身权利和民主权利的犯罪等自行侦查的权力。根据我国《刑事诉讼法》第18条第2款规定："贪污贿赂犯罪，国家工作人员的渎职犯罪，国家机关工作人员利用职权实施的非法拘禁、刑讯逼供、报复陷害、非法搜查的侵犯公民人身权利的犯罪以及侵犯公民民主权利的犯罪，由人民检察院立案侦查。对于国家机关工作人员利用职权实施的其他重大的犯罪案件，需要由人民检察院直接受理的时候，经省级以上人民检察院决定，可以由人民检察院立案侦查。"此类犯罪都是国家工作人员职务方面的犯罪或者利用职权实施的犯罪，对这些案件的受理、侦查体现检察机关对国家工作人员职务行为的监督。

中俄两国检察机关的侦查案件范围不同，俄罗斯的检察机关拥有较大的侦查权，而我国检察机关的侦查权主要是职务犯罪的侦查，这也是中俄两国检察机关均有权侦查的领域。

（2）侦查监督权。检察机关监督侦查机关、初步调查机关、预审活动的机关执行法律的情况。侦查监督的对象包括监督上述机关在维护人和公民权利与自由的情况；对案件举报是否遵守法定处理程序；对侦查搜查和初步调查工作的完成情况；审查上述机关作出的决议的合法性。可见这一阶段侦查员、调查员和调查机关的最重要的行为和诉讼决定是检察监督的对象，具体为：[①]①有关处理报案和举报犯罪的合法性、提起和拒绝提起刑事案件决定的合法性；②拘留犯罪嫌疑人的合法性；③将某人作为犯罪嫌疑人的合法性；④向法院提出的对犯罪嫌疑人和被告人采取羁押、监视居住强制措施的申请，以及延

① 转引自樊崇义、吴宏耀、种松志：《域外检察制度研究》，中国人民公安大学出版社2007年版，第315页。

长羁押期限的申请；采取其他诉讼强制措施的申请；在法律规定的情况下进行侦查行为的申请；⑤保障刑事诉讼参加人的权利和合法利益，包括因犯罪行为而被侵害的被害人；⑥履行关于确定属于刑事案件应当证明的所有情节的法律要求；⑦作出结束侦查决定的合法性。为保证检察监督的实现，依照《刑事诉讼法》的规定，检察长有权撤销下级检察长、侦查员、调查人员非法的和没有根据的决定权；对调查机关、侦查机关作出指示权；有权将刑事案件退回补充侦查；如果发现侦查员、调查人员在审前调查中违反法律要求，有权停止其继续进行调查的权力；检察长有权作出提起、中止和终止刑事案件的决定。

在我国，侦查监督权，是检察机关对公安机关、国家安全机关的刑事侦查行为及检察机关自身的职务犯罪侦查行为进行监督。具体表现在：对侦查机关立案监督；对侦查机关开展专门调查工作和采取有关强制措施等侦查活动进行监督；对侦查机关提请逮捕的案件进行审查，决定是否批准逮捕；对侦查机关侦查终结的案件审查起诉，决定是否提起公诉。根据我国刑事诉讼法的规定，人民检察院在刑事诉讼中具有审查批准逮捕和决定逮捕的权力。除了在人民检察院直接受理的案件中需要逮捕犯罪嫌疑人的，由人民检察院决定之外，对于公安机关负责侦查的所有刑事案件，凡是需要逮捕犯罪嫌疑人的，一律由人民检察院审查批准。未经人民检察院批准，公安机关不得对犯罪嫌疑人进行逮捕。此外，检察机关通过审查起诉对侦查机关的侦查行为进行法律监督。检察院对侦查终结的案件进行全面审查。按照实事求是的原则全面审查后，作出起诉与不起诉决定。

俄罗斯联邦刑事诉讼法确立了司法审查原则，一些重要的侦查行为或强制措施必须经过检察长和法院两道程序批准才能实施。侦查员、调查员必须经过同级检察长同意才能向法院提出羁押等强制措施的申请；并且，根据新法典第10条、第12条、第13条的规定，只有法院决定，才能正式羁押人（临时拘捕时间不得超过48小时）；才能对住宅进行勘验和对住宅进行搜查和提取物品（但在刻不容缓的特殊情形除外）；才能限制公民的通讯、电话和其他谈话、邮件、电报和其他通讯秘密的权利；才能搜查、扣押邮件和电报以及在邮电机构提取邮件和电报、对电话和其谈话进行监听和录音（但在刻不容缓的特殊情况下除外）。①我国并没有司法审查原则，对于强制措施的采取，根据刑事诉讼法的规定，拘留、监视居住、取保候审等强制措施由侦查机关自行决定实施。但检察机关享有批准或决定逮捕权，侦查机关需提出批准逮捕申请，检

---

① 《俄罗斯联邦刑事诉讼法典》，黄道秀译，中国政法大学出版社2003年版，第5页。

察机关审查决定是否决定逮捕。我国没有赋予审判机关以批捕权，这是基于审判中立原则的要求。我国并没有治安法官与审判法官的区别，难以避免批捕权与审判权合二为一，若由法官行使批准逮捕权，囿于错案追究机制，对自己批捕的案件可能倾向于有罪判决，从而可能会使法官不能公正裁判。

2. 刑事审判监督权

通过提起公诉和抗诉体现对法院审判权的法律监督。公诉权作为一项重要的诉讼权力，在与侦查权、审判权相互作用的过程中，具有控制侦查程序和审查结果，启动刑事审判程序和限定刑事审判范围等作用。检察机关的这种控诉作用，可以有效防止审判权主动侵犯公民的合法权利，从而体现对审判权的法律监督。并且审判权的行使范围要受到公诉权的制约，控诉内容对法院审判的范围起到限制作用。刑事抗诉权的行使最能体现公诉权的法律监督的功能。检察机关有权对法院判决结果进行审查，对于裁判结果确有错误或违反法律规定时应当行使抗诉权。

俄罗斯检察长以国家公诉人的身份提起刑事诉讼并出庭支持公诉，承担举证责任；对法官作出的未生效、已经生效的判决、裁定和决定提起抗诉；参加刑事案件的第一审上诉审、第二审上诉审、监督审，以及因为新的或新发现的情节的恢复审理。①俄罗斯刑事审判一般实行两审终审制。但根据《刑事诉讼法》规定，根据第一审审判庭的不同和审判法院的不同，对于未生效的法院裁判分别设置了第一审上诉和第二审上诉程序。检察长有权提起相应的抗诉。俄罗斯对法院生效裁判也规定两种再审程序，即监督审程序和因新的情况或新发现的情况而恢复刑事诉讼，检察长有权提起相应的诉讼。

我国检察机关对审判活动监督，主要有两个方面内容：一是按照刑事诉讼法的规定，对审判活动包括一审、二审、再审和死刑复核程序的监督；二是在案件性质上，包括公诉、自诉和附带民事诉讼的监督。具体包括对法院受理活动的合法性的审查；对法院案件管辖权的审查；对法院审理和送达期限的审查；对审判组织的组成的合法性及审判人员是否存在徇私枉法行为的审查；对法庭审理程序合法性及有关回避、强制措施、调查、延期审理等程序的合法性的审查；等等。我国检察机关对审判活动的监督手段除提起相应诉讼之外（公诉、抗诉），还有通过发出纠正违法通知书、检察建议、对审判人员职务犯罪行为进行侦查。表面看来，我国检察机关监督审判的范围广泛，无论是裁判结果本身还是审判活动的合法性均有权监督，并且监督手段多样，但实际上

---

① 转引自樊崇义、吴宏耀、种松志：《域外检察制度研究》，中国人民公安大学出版社 2007 年版，第 329 页。

由于检察建议、纠正违法通知等形式缺乏相应法律依据，不具有强制性，往往不会引起相应的法律后果，从监督效果上看并不理想。此外，依照我国刑事诉讼法的规定，法院有权自行发动重审。控审分离是现代刑事诉讼的一项基本原则，该原则要求审判权必须是被动的，没有控诉，法院就不能行使审判权。审判权是一种被动的裁判权，审判机关只能在公诉机关提起公诉的前提下，行使审判权，而不能主动运用审判权来追究犯罪人的刑事责任。审判机关自行决定重审实际具有的追诉倾向，这与审判权的被动性相悖，俄罗斯新刑事诉讼法中已经取消法院自行提起监督审的权力，值得借鉴。

3. 刑事执行监督权

俄罗斯检察机关有权监督刑罚执行及其他强制措施执行机关及羁押、监禁场所执行法律的情况，包括羁押、监禁、劳改场所以及执行刑罚和其他强制措施的机关人员设置情况；监督其是否遵守法律对被关押人员权利义务的规定；对被关押人员的关押是否符合法律程序和条件；对非自由刑刑罚的执行进行监督。检察长或副检察长有权下令释放非法关押在执行刑罚和强制措施机构中或者被非法拘留、逮捕、被非法采取强制性医疗措施的人员。

我国对于刑罚执行的监督，包括法院作出的死刑判决执行的监督；对监所内执行的判处有期徒刑、无期徒刑、拘役的执行的监督；对在社会上执行的判处管制、剥夺政治权利、宣告缓刑、暂予监外执行、假释的判决和裁定的执行的监督以及罚金刑、没收财产刑等刑罚执行活动的监督。重点在于对判决生效后不交付执行和不依法执行的监督，及监督保外就医、减刑、假释的适用。我国刑罚执行制度存在诸多缺陷，对于检察机关在刑事执行中的监督主体地位并不明确，缺乏相应的配套机制。刑罚执行作为刑事诉讼的关键阶段，应当强化检察机关在执行中的作用，制定统一的刑事执行法。我国目前关于刑罚执行监督的法律规定非常零散，在《刑法》、《刑事诉讼法》、《监狱法》和最高人民检察院的相关规定中体现，不成体系也不完备。可以借鉴俄罗斯制定统一的刑事执行法，系统规定被判刑人的法律地位、刑罚执行机构及各种刑罚的具体执行方式、刑罚执行法律监督部门及监督权力、被判刑人的权利与义务等内容。

4. 民事行政诉讼监督权

在苏联时期，检察机关有权参加任何民事案件审理的任何阶段，2003 年《俄罗斯联邦民事诉讼法典》细化了检察职权，突出体现在对于检察机关“为谁之利益”提起诉讼，并首次规定检察机关可以为不确定范围的人的利益提出诉讼。检察机关如果认为案件涉及捍卫公民权利、保护社会利益和国家利益，有权向法院提起诉讼或参与诉讼，有权提出上诉或抗诉。具体职权如下：(1) 直接起诉或支持诉讼权。《俄罗斯民事诉讼法》规定，在某人或某公民的权利和自由受到侵犯的情况下，当受侵犯人由于健康、年龄或其他原因不能亲自出庭保护自己的权利和利益，或者由于其他情形使侵犯行为具有特殊的社会意义时，俄罗斯检察长应当向法院提起或支持诉讼，以保护受侵犯人的权利和自由。① 当被侵犯人由于健康、年龄或其他原因不能亲自出庭时，检察长作为当事人的代表人或代理人，享有当事人的全部诉讼权利和义务，并可同意调解。（2）检察长有权参与诉讼程序。检察长有权参与强制迁出、恢复工作，涉及生命或健康的诉讼案件，以及特别程序产生的案件及法律规定的其他案件的诉讼。在法庭辩论过程中，除其他代理人有上诉意见外，检察长有优先发言权。（3）上诉、抗诉权。检察长有权对第一审法院未生效的判决提出上诉；除和解法院作出的裁定外，对于一审已经生效判决提出抗诉。区市检察长及副检察长、联邦主体级检察长及副检察长有权对非法的和没有根据的行政诉讼判决提出抗诉。

俄罗斯联邦《民事诉讼法》规定，检察机关除了提起民事诉讼之外，还可以以提出结论为目的参与民事诉讼。检察机关在不损害审判独立和当事人权利的情况下，可以就如何审理案件提出结论。② 但与苏联法律规定不同的是，对事中参与诉讼的范围和程序提出要求；通过列举方式规定了可以事中参与的案件范围；在参与诉讼的方式上，实践中倾向于“受邀”参与，在时间上限制在法庭审理终结之后，法庭辩论之前提出。

我国对民事审判、行政诉讼监督的范围不同，对于民事诉讼，人民检察院仅对人民法院的审判活动实行法律监督，不监督当事人的诉讼活动；对于行政诉讼，人民检察院不仅对人民法院的审判活动进行监督，而且对当事人的诉讼活动进行监督。监督手段主要是对法院已经发生法律效力的民事、行政的判决与裁定，发现违反法律、法规规定的，确有错误的，检察机关有权按照审判监督程序提出抗诉。除此之外，还有检察建议和犯罪侦查两种监督方式。2001年召开的全国民事行政检察工作会议上，将民行检察监督的手段整合为抗诉和检察建议两种方式，由此，检察建议作为民行检察监督的一种手段，得到了法院的认可。③ 2004年，最高人民检察院赋予民行检察部门侦查权，将对审判人员职务犯罪的侦查列为民事行政检察监督工作的重要内容，至此，侦查也成为民事行政检察监督的重要手段。这一制度对促进审判权正确行使，保障公民、法人和其他组织的合法权益，发挥着重要的积极作用。

---

① 张家慧：《俄罗斯民事诉讼法研究》，法律出版社2002年版，第69页。

② 李昕：《俄罗斯民事检察制度研究》，西南政法大学2008年博士论文，第4页。

③ 参见姜伟：《专项业务培训教程》，中国检察出版社2003年版，第406页。

我国《民事诉讼法》规定了检察机关对民事审判活动的监督权，实际是事后的抗诉监督权，法律中缺少一项重要职权，即代表国家和社会公共利益提起公诉的权力。公益诉讼是为了保护社会公共利益的诉讼，囿于调查取证、提起诉讼方面的能力，公民个人并不能有效地行使。随着社会发展，赋予检察机关提起或支持公民提起公益诉讼的权能势在必行。借鉴俄罗斯民事检察制度，笔者支持这样一种观点，检察机关参与民事诉讼，可以归纳于“两种身份三种方式”，两种身份即公益代表人身份和法律监督者身份，三种方式是提起民事诉讼、参与民事诉讼、提起抗诉监督。[①] 检察机关启动民事诉讼基于其主体的特殊性而区别于一般民事诉讼，但在民事诉讼过程中不能破坏法官与双方当事人的“三角结构”，应当遵循民事诉讼的基本原则。

---

① 汤维建、温军：《检察机关在民事诉讼中的法律地位研究》，载《武汉大学学报》（社会科学版）2005 年第 2 期。

中俄检察机关组织和活动的宪法原则之比较分析

[俄] 阿·阿·加夫里连科 著
刘向文 杨云斐 译*

内容摘要：中俄两国检察机关都是在1936年苏联宪法的影响下发展起来的，因此具有许多共同之处。同时，由于两个国家的国情不同，两国检察机关的发展又具有不同的历史轨迹。自1991年颁布《俄罗斯联邦司法改革构想》开始至今，俄罗斯联邦检察机关正在进行一场改革。通过对中俄两国的检察机关组织和活动宪法原则的比较研究，或许可以探索出完善俄罗斯联邦检察机关体系的最佳途径。

关键词：中俄两国；检察机关；国家权力机关

一、端正研究外国检察机关经验的目的

对外国检察机关的组织以及法律调整问题进行研究，对俄罗斯联邦法律科学具有极其重要的现实意义。这是因为自1991年颁布《俄罗斯联邦司法改革

* [俄] 阿尔杰姆·阿列克赛德罗维奇·加夫里连科，俄罗斯联邦伊尔库茨克国立大学法学院司法与检察监督教研室教师。刘向文，法学博士，郑州大学法学院教授、博士生导师，郑州大学宪法与行政法研究中心主任，郑州大学俄罗斯法律研究中心主任；杨云斐，郑州大学法学院2007级法律硕士研究生，俄罗斯联邦伊尔库茨克国立大学法学院进修生。

构想》开始至今，俄罗斯联邦检察机关体系的各级机关正在进行一场改革。①上述研究之所以具有现实意义，还因为若干外行的“国家法学家”，主要是政治家中的“国家法学家”，试图以借鉴“发达国家”经验为借口，把“发达国家”检察机关某种所谓“完善的”形式移植到俄罗斯联邦的法律空间里。而大家认为，俄罗斯联邦有权拥有自己国家的，符合国家利益并兼顾本国历史发展传统的检察机关模式。而且，研究外国经验的目的，应当是借鉴检察机关体系各级机关组织和法律调整中那些最佳的，并适合俄罗斯联邦国情的经验。

从俄罗斯联邦来说，如果俄罗斯联邦法律科学把更多的注意力放到欧洲国家检察机关组织原则的研究上，那么势必会减少对社会主义国家相关经验的研究。

中华人民共和国在社会主义国家中发挥着主导作用，这是一个公认的事实。除此之外，还应当注意到，中华人民共和国的人民检察院与苏联的检察院和俄罗斯当代的检察院在组织和活动原则方面有许多共同之处。同时，中华人民共和国的人民检察院也具有自己的特色。

二、中俄两国检察机关组织原则的对照比较

中俄两国的共同点，是把本国宪法作为法律调整检察机关体系各级机关组织和活动原则的重要渊源。对照比较中俄两国的根本法，可以使我们得出下述结论，即与1993年《俄罗斯联邦宪法》不同的是，1982年《中华人民共和国宪法》不仅关注检察机关的组织问题，而且关注其职权范围问题。例如，《中华人民共和国宪法》第三章第七节《人民法院和人民检察院》，不仅用6个专条规定人民法院的职权范围、组织和活动原则，而且用6个专条规定人民检察院的职权范围、组织和活动原则。

（一）检察机关是独立的国家机关体系

1982年《中华人民共和国宪法》第132条规定，最高人民检察院领导地方各级人民检察院和专门人民检察院的工作，上级人民检察院领导下级人民检

① 译者注：俄罗斯联邦自1991年至今进行了司法改革。该司法改革第一阶段（1991年底前）的主要成果，是颁布了《司法改革构想》。2000年以前为司法改革的第二阶段。其主要成果，是颁布了作为司法改革宪法基础的1993年《俄罗斯联邦宪法》。从2000年至今为司法改革的第三阶段。其主要成果，是颁布了大量的司法改革法（各种司法机关组织法和各种司法制度法）。详见刘向文、高慧铭：《试析俄罗斯联邦的司法改革》，载中国社科院《俄罗斯东欧中亚研究》2005年第5期，第6—13页；刘向文、高慧铭：《俄罗斯联邦的司法改革及其对我国的启示》，载中国人民大学法学院主办的《宪法与行政法治评论》，中国人民大学出版社2007年版，第353—393页。

察院的工作。第133条紧接着规定，最高人民检察院对全国人民代表大会和全国人民代表大会常务委员会负责。上述条款的内容表明：在中国，检察机关体系是一个独立的国家机关体系。它对最高国家权力机关（全国人民代表大会和全国人民代表大会常务委员会）负责。中华人民共和国上述宪法规范的实质是，它确认了作为主要国家机关之一的人民检察院的法律地位。很明显，这一条款借鉴了1936年苏联宪法中关于检察机关条款的规定。1936年苏联宪法的上述规定，奠定了许多社会主义国家检察机关的模式。

研究俄罗斯联邦的宪法规范，也可以使我们得出结论，即俄罗斯联邦检察机关是一个独立的、集中统一的体系。例如，1993年俄罗斯联邦宪法第129条规定，俄罗斯联邦检察机关是一个独立的，下级检察长服从上级检察长和俄罗斯联邦总检察长的集中统一体系。①

但是，对照比较中俄两国的宪法，也可以看出，中俄两国检察机关的领导体制有所不同。俄罗斯联邦检察机关继承了1936年苏联宪法规定的垂直领导体制，中华人民共和国检察机关在新中国成立初期，曾实行垂直领导体制。但其现行的领导体制，为双重领导体制。例如，1982年《中华人民共和国宪法》第133条不仅规定“最高人民检察院对全国人民代表大会和全国人民代表大会常务委员会负责”，而且规定“地方各级人民检察院对产生它的国家权力机关和上级人民检察院负责”。

（二）检察机关在整个国家机关体系中的地位

还有一个共同点，那就是中俄两国宪法都把检察机关的活动组织问题列入司法机关专章。但是，中俄两国宪法的规定不完全相同。《中华人民共和国宪法》第三章第七节的标题为《人民法院和人民检察院》。该标题较准确地反映出检察机关在整个国家机关体系中的地位。而1993年俄罗斯联邦宪法第七章的标题为《司法权》。它用11个专条明文规定法院的组织和活动原则，仅用1条确认检察机关的法律地位。例如，俄罗斯联邦宪法第129条除规定检察机关是一个独立的集中统一体系，规定各级检察长的任命权限外，仅规定了一个参见规范。这就是“俄罗斯联邦检察机关的职权范围、组织和活动程序，由联邦

---

① Конституция КНР 1993 года（с последними изменениями）// Конституционное право России（сборник конституционно—правовых актов, том 1）. М.，Юристь. 1999，С. 8 – 39.

法律予以规定”。[①]俄罗斯联邦宪法第七章的标题《司法权》，以及该宪法的上述参见规范，导致理论界和实务部门对检察机关法律地位有着不同的认识。有人认为，检察机关是司法机关。另一些人则认为，检察机关是一种特殊的国家机关，即护法机关。[②] 由此可见，俄罗斯联邦宪法的制定者们在制定第七章的条款时，未能在俄罗斯联邦实施何种检察机关模式的问题上达成一致意见。

俄罗斯联邦宪法第10条确认了划分国家权力的新体系。它把国家权力划分为立法权、执行权和司法权，而且规定三权独立行使。但是，该条只字未提检察权。能否依据上述宪法条款得出关于检察机关属于某一个权力分支的结论呢？2001年，时任俄罗斯联邦总统的普京，曾经注意到了这一问题。他说，“俄罗斯联邦宪法使检察机关在权力机关体系中的地位问题悬而未决。很遗憾，现行检察机关法没有完全弥补这一缺陷。现行的构想模式无论对一些理论

---

① 译者注：俄罗斯联邦的联邦法律划分为联邦宪法性法律和联邦普通法律（联邦法律）两大类。凡是俄罗斯联邦宪法明文要求制定的，有关联邦结构和重要国家机关（政府和法院等）组织和活动程序的联邦法律为联邦宪法性法律；而民法、刑法、诉讼法等联邦法律以及有关其他国家机关（联邦委员会、检察机关、审计院等）组织和活动程序的联邦法律，有关其他国家机关（俄罗斯联邦总统、国家杜马等）选举程序的联邦法律，均为联邦普通法律（联邦法律）。联邦普通法律（联邦法律）需要国家杜马以二分之一多数通过，联邦委员会以二分之一多数通过决议表示赞成；联邦宪法性法律则需要国家杜马以三分之二多数通过，联邦委员会以四分之三多数通过决议表示赞成。为了明确指出法律的类型，俄罗斯联邦一般在法律名称之前冠以“联邦宪法性法律”或“联邦法律”。俄罗斯联邦现行检察机关法为联邦普通法律（联邦法律）。

② 译者注：护法机关是指实施护法活动的一切机关和机构。目前，俄罗斯联邦的护法机关包括各种法院、检察机关、安全机关体系（含联邦安全局、联邦警卫局、对外情报局）、内务机关体系（含侦查搜查机关、预审机关、联邦边防局）、麻醉品流通的监督机关体系、海关机关体系、司法行政机关体系、法律适用机关（含税务机关、司法鉴定机构、公证机关、身份登记机关）和机构（民间仲裁机构、律师协会、私人侦探和保安机构、民间司法鉴定机构）等。由于俄罗斯联邦开始实行三权分立原则，法院是三种国家权力机关之一（司法权力机关），所以检察机关在其他护法机关中成为占据特殊地位的机关。См.: О. А. Галустиян, А. П. Дизлэнк. Правоохранительные органы. М., 2006; Под ред.. кафедры правосудия и прокурорского надзора ЮИ ИГУ. Правоохранительные органы в РФ. М., 2007.

问题，还是对许多实践问题，都未能给出完整的和明确的答复”。[①] 俄罗斯联邦宪法规范的研究再次表明，俄罗斯联邦检察机关不依附于三权中任何一种具体的权力，而是一种独立的权力。

《中华人民共和国宪法》不存在上述问题。因为依照《中华人民共和国宪法》第3条的规定，中华人民共和国的国家机构实行民主集中制原则，而不实行权力分立原则。因此，各级国家行政机关、审判机关和检察机关，均由本级人民代表大会产生，向人民代表大会负责，受人民代表大会监督。

综上所述，俄罗斯联邦宪法第七章应当更名为《司法权和检察机关》。如果从长远的角度考虑，应当在俄罗斯联邦宪法中补充关于检察机关的专章。

三、中俄两国检察机关活动原则的对照比较

（一）检察机关的活动目的

除上述问题之外，还有一个在《中华人民共和国宪法》中已经得到明确解决，但在俄罗斯联邦宪法中尚未予以规定的问题，即检察机关的活动目的问题。例如，《中华人民共和国宪法》第129条规定，“中华人民共和国人民检察院是国家的法律监督机关”。对于中华人民共和国的人民检察院来说，对法律的遵守情况实施监督符合其活动的基本方向。

应当指出的是，俄罗斯联邦现行宪法在确认检察机关法律地位时，没有使用“监督”（надзор）这一术语。“监督”（надзор）这一术语，仅在谈到实施审判监督的最高司法机关时才使用。[②] 例如，俄罗斯联邦现行宪法第126条规定，“俄罗斯联邦最高法院是普通法院系统的法院所管辖民事案件、刑事案

---

① Быть прокурором в наши дни не просто . ВыступлениеПрезидента РФ В. Путина на Всероссийском совещании прокуроров // РГ. 2001，13 янв.

译者注：在俄语中，“контроль ”和“надзор”均可译为“监督”。但是，“надзор”不仅可译为“监督”，而且有“检察”、“检查”之意。在说检察机关的“检察监督”时，均使用“прокурорский надзор”，而不使用“контроль”。但在说法院的审判监督时，使用“судебный надзор”。而在汉语中，“контроль ”和“надзор”均可译为“监督”。所以，请读者不要误解。

② Быть прокурором в наши дни не просто . ВыступлениеПрезидента РФ В. Путина на Всероссийском совещании прокуроров // РГ. 2001，13 янв.

译者注：在俄语中，“контроль ”和“надзор”均可译为“监督”。但是，“надзор”不仅可译为“监督”，而且有“检察”、“检查”之意。在说检察机关的“检察监督”时，均使用“прокурорский надзор”，而不使用“контроль”。但在说法院的审判监督时，使用“судебный надзор”。而在汉语中，“контроль ”和“надзор”均可译为“监督”。所以，请读者不要误解。

件、行政案件和其他案件的最高审判机关。它依照联邦法律规定的诉讼形式，对普通法院系统法院的活动实施审判监督（судебный надзор）并就审判实践问题作出解释”。俄罗斯联邦现行宪法第127条规定，“俄罗斯联邦最高仲裁法院是解决经济争议和归仲裁法院审理的其他案件的最高审判机关。它依照联邦法律规定的诉讼形式，对仲裁法院的活动实施审判监督（судебный надзор）并就审判实践问题作出解释”。

俄罗斯联邦检察机关的活动目的，由俄罗斯联邦检察机关法予以规定。俄罗斯联邦检察机关法第1条规定，检察机关的活动目的包括：保障法律的至高无上，保障法制的统一和加强法制，保护人和公民的权利与自由以及捍卫由法律予以维护的社会和国家的利益。应当说，俄罗斯联邦检察机关法关于检察机关活动目的的规定，是完全合理的。因为该规定明确了检察机关作为独立国家权力机关的地位。

（二）检察机关权限的法律调整形式

《中华人民共和国宪法》第130条确认了检察机关的体系。它规定，“中华人民共和国设立最高人民检察院、地方各级人民检察院和军事检察院等专门人民检察院”。俄罗斯联邦宪法中没有类似条款，这是因为在俄罗斯联邦宪法第129条第5款中含有一个参见《检察机关法》的规范。该规范规定，检察机关的职权范围、组织原则和活动程序由《检察机关法》予以规定。同样，《中华人民共和国宪法》第130条也含有一个参见相应法律的规范。但是，该规范仅规定，“人民检察院的组织由法律规定”。根据俄罗斯联邦宪法规范的上述内容，检察机关的体系并非必须由宪法予以规定。相比而言，在宪法中规定俄罗斯联邦总检察院在检察机关体系中的最高地位，包括检察机关所有工作人员服从俄罗斯联邦总检察长这一法定原则，更为重要。例如，《中华人民共和国宪法》第132条规定了最高人民检察院的领导地位，并且确认了下级人民检察院隶属于上级人民检察院的原则。

《中华人民共和国宪法》第130条规定，最高人民检察院检察长每届任期5年。同时规定，最高人民检察院检察长实行任职限期制，即连选得连任，连续任职不得超过两届以上。俄罗斯联邦宪法未含有此类规定。但是，通过分析俄罗斯联邦宪法关于国家最高公职人员的规定，可以看出对总检察长任期的法律调整。例如，俄罗斯联邦宪法第81条规定，“俄罗斯联邦总统由俄罗斯联邦公民根据普遍、平等、直接的选举制并采取无记名投票方式选举产生，每届任期四年”。“同一人不得连续担任俄罗斯联邦总统职务两届以上。”①

(三) 检察机关活动的原则

《中华人民共和国宪法》对检察机关活动的原则，给予了足够的重视。除了人民检察院组织和活动的上述基本规定之外，《中华人民共和国宪法》第131—135条还做出其他一系列规定。例如，人民检察院依法独立行使检察权；人民检察院向国家权力机关和上级人民检察院汇报工作；诉讼参与人有权使用本民族的语言和文字进行诉讼；人民法院、人民检察院和公安机关办理刑事案件，应当分工负责，互相配合，互相制约，以保证准确有效地执行法律。俄罗斯联邦宪法也对此给予关注。其第129条规定，俄罗斯联邦检察机关是一个下级检察长服从上级检察长和俄罗斯联邦总检察长的集中统一体系。检察机关法将上述宪法原则予以具体化。看来，这种处理方式也是正确的。

(四) 检察机关的法律监督职能

还有一条规定，即关于立法建议权的规定，对两国检察机关行使法律监督的共同职能具有重要意义。但是，在两国现行根本法的条文中，却难觅踪影。检察机关应当拥有这样的权力，因为正是检察机关在履行监督职能的过程中，才能发现法律的缺陷、不完善之处，或发现立法文件实现机制的不足之处，即“立法的瑕疵”。所以，在俄罗斯联邦，授予俄罗斯联邦总检察长以该项权力，并且在俄罗斯联邦主体一级授予俄罗斯联邦主体检察长以上述权力，能够有效地加强法制和法律秩序。

四、结论

总而言之，中俄两国的检察机关具有许多共同之处。这是因为它们的发展，都受到1936年苏联宪法的重大影响。同时，通过对中俄两国宪法有关检察机关条款的分析，我们也可以看到两国检察机关发展的不同轨迹。应当指出的是，在宪法文本规定检察机关地位方面，《中华人民共和国宪法》的制宪者明确地规定了检察机关在国家机关体系中的地位，而俄罗斯联邦立法者的立场却不那样明确。俄罗斯联邦在法律调整过程中，既吸收了亚洲国家的立法元素，又借鉴了欧洲国家的立法元素。这是由其地理位置和历史发展所决定的。因此，未经深思熟虑就移植美国或欧洲国家的所谓“完善的”检察机关模式，是不符合俄罗斯联邦的国家利益和社会利益的。由此可见，必须研究东方国家检察机关的组织经验，其中包括中华人民共和国检察机关的组织经验。这就要

---

① 译者注：2008年通过的俄罗斯联邦宪法修正案规定，总统每届任期6年。但该任期自下届总统就职之日起生效。

求我们必须探索解决本文所述问题的最佳方案。解决上述问题的方案之一，便是修改现行的检察机关法，① 或者通过作为联邦宪法性法律的《俄罗斯联邦检察机关法》，② 以及对俄罗斯联邦宪法作出上述修改。

---

① 译者注：俄罗斯联邦现行检察机关法为联邦普通法律（联邦法律）。

② 在苏联解体、俄罗斯联邦独立的初期，叶利钦总统西化和恢复彼得大帝体制的复合指导思想很浓。1991 年 10 月，由他主持制定的《俄罗斯联邦司法改革构想》试图恢复彼得大帝时期的检察机关，即把检察机关改变为纯粹的刑事追诉机关。所以，1992 年通过的现行检察机关法，即规定检察机关组织和活动程序的联邦法律仅为联邦法律（联邦普通法律），而不是联邦宪法性法律。为了遏制苏联解体后出现的呈“爆炸性”的犯罪局面和呈泛滥之势的行政违法行为，加强对遵守法律情况的监督，叶利钦总统执政中后期和普京总统执政时期多次修改 1992 年检察机关法，以及普京总统执政时期颁布的各种诉讼法典，均强化了检察机关的职权，提高了检察机关的法律地位。但是，由于俄罗斯联邦现行宪法确认了三权分立原则，所以对检察机关法律地位的规定尚未达到苏联解体前的水平。例如，社会主义时期颁布的 1977 年苏联宪法，以专章篇幅规定法院和检察院的组织和活动程序。而苏联解体后颁布的 1993 年俄罗斯联邦宪法，在第七章《司法权》中用 11 个条文的篇幅规定了法院的职权范围、组织和活动程序，仅用 1 个条文确认了检察机关的组织体系，并通过“参见规范”授权检察机关法规定检察机关的职权范围、组织和活动程序。普京总统执政时期曾经指出俄罗斯联邦宪法在这一方面的漏洞。因此，俄罗斯联邦法学界的专家学者和检察机关体系的公务员经常著文，要求改变这一状况。

中俄检察长维护犯罪被害人权利职权之比较分析

[俄] 叶莲娜·米哈伊洛芙娜·瓦尔帕霍夫斯卡娅 著

杨云斐 译*

内容摘要：任何一个现代国家，都有义务维护和捍卫包括犯罪被害人在内的所有人和公民的权利和合法利益。检察机关的活动，是刑事诉讼过程中维护公民（包括犯罪被害人）权利最重要的保障。对此，俄罗斯联邦宪法、《检察机关法》、《俄罗斯联邦刑事诉讼法典》和《中华人民共和国宪法》、《中华人民共和国刑事诉讼法》都加以明确规定。本文通过对两国检察长维护犯罪被害人权利的职权的比较，总结两国检察长的实际工作经验，对两国就包括被害人权利维护在内的法律问题的经验交流和相互借鉴，具有重要意义。

关键词：检察长；犯罪被害人；刑事诉讼；检察监督

维护和捍卫包括犯罪被害人在内的所有人和公民的权利和合法利益，是所有现代国家的首要任务，俄罗斯联邦和中华人民共和国也不例外。由于立志建设法治国家，俄罗斯联邦努力奉行国际法学界的先进思想，尊重人权的绝对价值，使国家和社会服务于公民。检察机关的活动，是刑事诉讼过程中维护公民（包括犯罪被害人）权利最重要的保障。俄罗斯检察机关的活动，具有维护权利的特点，这由俄罗斯联邦宪法、检察机关法和刑事诉讼立法规范加以确定。其中，俄罗斯联邦宪法规定，国家的主要职能之一在于捍卫公民的利益，维护公民权利和自由。

首先，应当注意的是，2001 年通过的《俄罗斯联邦刑事诉讼法典》把维

---

* [俄] 叶莲娜·米哈伊洛芙娜·瓦尔帕霍夫斯卡娅，俄罗斯联邦总检察院科学院伊尔库茨克法学院刑事侦查组织与方法教研室主任、法学副博士、副教授。杨云斐，郑州大学法学院 2007 级法律硕士研究生，俄罗斯伊尔库茨克国立大学法学院进修生。

护被害人的权利和合法利益，作为刑事诉讼的首要目标（目的）。相应地，刑事诉讼过程中检察人员的活动，也旨在保障这一目的。因此，检察长在刑事案件的侦查和法院审理过程中，被赋予广泛的职权（《俄罗斯联邦刑事诉讼法典》第 37 条）。

检察长维护犯罪被害人的权利，有权提起刑事案件，把刑事案件交付调查人员、侦查员、下级检察长进行侦查或者自行侦查；参与事前侦查活动，并且在必要的情况下亲自实施侦查行为（例如，亲自询问受害者所有犯罪情节和对其造成的损害）；在调查人员、侦查员违反俄罗斯联邦刑事诉讼立法要求的情况下，解除调查人员、侦查员进一步实施侦查行为的权力（例如，违反俄罗斯联邦刑事诉讼立法要求，剥夺被害人相应的诉讼权利，致使认定其未受到刑事案件的侵害，导致被害人因为刑事案件而无法捍卫自身利益）；变更下级检察长、侦查员、调查人员不合法的或者缺乏法律依据的决议（例如，中止被害人无法到庭的刑事案件程序的决议）；审理对调查人员、侦查员行为，包括侵害被害人权利的行为的投诉等。在法庭审理过程中，检察长提起公诉，同时代表国家和被害人的利益。例如，在法院采取必要措施的过程中未保障和维护被害人权利的情况下，检察长无须与被害人商议，可以自行对法院一审或者二审判决提起上诉。

由此可见，在俄罗斯刑事诉讼过程中，检察长行使检察监督和刑事侦查的职能，这两种职能不可分割、相互联系，构成检察长活动的组成部分。授予检察长监督职能的目的在于保障事前侦查的有效性、全面性和客观性，维护刑事诉讼参与人的权利和合法利益。此外，应当注意的是，把刑事追诉（起诉）作为检察长活动的主要目的，曾经引起若干学者和实务工作者的抨击。

2007 年，俄罗斯刑事诉讼立法经历了实质性的变更，检察长的职权，包括在审判前程序中维护被害人权利的职权，有所修正。根据事前侦查形式的不同，对检察长实施检察监督的职权进行区分。在以调查方式对刑事案件进行侦查过程中实施检察监督的情况下，检察长的职权（包括维护被害人权利的职权）保持不变。就对事前侦查实施监督而言，检察长的职权发生根本改变。其中，检察长被剥夺了独立提起刑事案件或者变更侦查员拒绝提起刑事案件的不合法决议的权力（毋庸置疑，这将首先触及被害人的权利）；如今，检察长不得参与刑事案件的事前侦查程序，不得进行刑事案件的侦查行为；检察长无权变更侦查员不合法或者没有法律依据的决议，无权剥夺侦查员侦查刑事案件的权利，无权把刑事案件移交其他侦查员进行处理等。

同时，检察长对事前侦查实施监督的职权，移交至对侦查员实施部门监管的侦查机关领导人员手中。

尽管立法进行了上述修正，但是不得由此认为检察长在俄罗斯刑事诉讼过程中完全丧失了包括维护被害人权利在内的对侦查行为进行监督的职权。检察长在对送交起草起诉书的刑事案件进行分析的过程中，可以对该刑事案件加以评判，这在一定程度上能够使被害人的权利得以保障。在这种情况下，检察长应当审查犯罪情节的调查是否完整，对被害人造成损害的调查是否充分，在提起民事诉讼的情况下，审查是否采取措施保障民事诉讼的进行，在被害人受到生命威胁的情况下，审查是否采取措施保障被害人的安全等。在检察长认为没有采取适当措施保障被害人权利的情况下，检察长可以做出决定，退回刑事案件进行补充侦查。只有在消除包括与维护被害人权利有关的各种明显缺陷的情况下，检察长才可以签署起诉书，并且向法庭移交刑事案件进行审理。此外，在事前侦查过程中刑事案件参与人权利受到侵害的情况下，检察长具有审理包括被害人在内的刑事诉讼参与人上诉的权力。

通过分析中华人民共和国检察长在刑事诉讼过程中维护被害人权利的职权，可以得出以下结论：与俄罗斯联邦不同的是，检察长的监督职权，不仅在《中华人民共和国刑事诉讼法》中加以规定，而且在该国宪法中也有所体现，这一点尤为重要。根据中华人民共和国刑事诉讼法若干规范的规定，维护被害人权利的职权在某种程度上可以视为中国检察长的另一项权力——提起公诉权，该权力根源于（起源于）检察长的基本权力——监督权。

以下职权可以被视为中华人民共和国检察长对被害人权利的维护：提起刑事案件；作出决定，认定拒绝提起刑事案件的行为不合法；审理被害人对刑事诉讼公职人员行为的投诉；告知被害人、法定代理人或者近亲属，刑事附带民事诉讼的双方当事人及其法定代理人有具有聘请代理人的权利；收集证据；要求国家安全机关重新进行侦查和取证，并且派遣检察机关工作人员参与侦查和取证；审查被害人是否提起刑事附带民事诉讼；在起诉的情况下，听取被害人陈述；告知被害人拒绝起诉；退回刑事案件进行补充侦查等。

通过分析中俄检察长在刑事诉讼中维护被害人权利的职权，可以得出以下结论：中俄检察长具有某些相同的职权。例如，审理被害人对刑事诉讼公职人员行为投诉的职权，退回刑事案件进行补充侦查的职权，包括由于侵犯被害人的权利而退回补充侦查的情况，等等。

同时，俄罗斯检察长维护被害人权利的职权，具有其自身特点，这是由俄罗斯本国发展的特点决定的。上述特点可以成为俄罗斯立法借鉴经验的可能性研究的对象。其中，在被害人参与的情况下，中国检察长提起诉讼的权力，俄罗斯执法者颇感兴趣，这一权力，毫无疑问，是被害人权利的重要保障。

笔者认为，两国就包括被害人权利维护在内的法律问题进行经验交流，对中俄的理论界和实务界来说，意义重大。

俄罗斯联邦总检察院的机构改组及其对我国的启示*

刘向文　韩　冰**

内容摘要：适应反犯罪、反贪污贿赂斗争的需要以及保护公民权利与自由的需要，适应维护统一的法律空间、为国家重要规划的实现保驾护航的需要，进一步发展包括总检察院在内的俄罗斯联邦检察机关体系的各级机关，使其现代化的问题被提上了工作日程。① 作为上述工作的组成部分，俄罗斯联邦首先于2006年6—12月对其总检察院进行了机构改组。2006年12月至今，俄罗斯联邦总检察院又对其机构进行了部分调整。本文拟研究俄罗斯联邦总检察院机构改组的原因、内容和特点，对其改组工作做出自己的评价，并分析对我国检察制度建设的启示。

关键词：俄罗斯联邦；检察机关；机构改组；性质定位

依照俄罗斯联邦现行宪法的规定，俄罗斯联邦检察机关既不是立法权力机关、执行权力机关，又不是司法权力机关。俄罗斯联邦检察机关法进一步规定，俄罗斯联邦检察机关是联邦集中统一的机关体系。它代表俄罗斯联邦对俄罗斯联邦现行法律的执行情况实施监督。其使命是保障法律至高无上，保障法制的统一和加强法制，保护人和公民的权利与自由，捍卫由法律予以维护的社会和国家的利益。为了实现上述使命，俄罗斯联邦检察机关法赋予检察机关下

* 本文系郑州大学法学院刘向文教授主持的最高人民检察院理论研究一般课题《俄罗斯联邦检察制度研究》的阶段性成果（项目编号为Gj2006C16）。

** 刘向文，郑州大学法学院教授、博士生导师、法学博士，郑州大学宪法和行政法研究中心主任，郑州大学俄罗斯法律研究中心主任；韩冰，郑州大学法学院博士研究生，哈尔滨理工大学法学院讲师。

① ［俄］Ю. Е. 维诺库罗夫主编：《检察监督》，刘向文译，中国检察出版社2009年版，第426—472页。

述职能：对执行法律情况的监督；对恪守人和公民权利与自由情况的监督；对实施侦查搜查、初步调查和预审活动的机关执行法律情况的监督；对刑罚和法院所指定强制措施的执行机关和机构的行政部门，被拘留、被监禁者羁押场所的行政部门执行法律情况的监督；检察长参加法院案件的审理；对司法警察执行法律情况的监督；协调各种护法机关反犯罪斗争方面的活动；检察长参加法的创制活动等。① 然而，近年来，俄罗斯联邦经济体制改革的日益深入以及随之出现的一些问题与困难，使检察机关的使命与职能在一定程度上受到质疑与挑战。因此，2006 年 6 月初，联邦委员会全体会议根据普京总统提议，以 140 票赞成、0 票反对、2 票弃权通过了解除弗·瓦·乌斯季诺夫总检察长职务的决议。6 月 23 日，联邦委员会根据普京总统提议，批准前司法部长尤·雅·恰依卡就任俄罗斯联邦总检察长职务。② 尤·雅·恰依卡上任后，马上对俄罗斯联邦总检察院进行了改组，以使其适应俄罗斯联邦社会现实生活的需要。

一、俄罗斯联邦总检察院机构改组的原因

上任伊始，尤·雅·恰依卡就表示，检察机关应当集中力量进行六个方面的工作。它们分别是：履行检察机关的护法职能；为国家重要规划的实现保驾护航；提高各种护法机关在反犯罪斗争中的协调一致性，并加强侦查和讯问工作中的法制；反贪污贿赂；加强国际法律合作；推行检察机关活动的透明和公开政策。③ 上述工作方向，反映出俄罗斯联邦总检察院此次改组的主要原因。

（一）检察机关自身重新定位的需要

俄罗斯联邦检察机关的定位问题一直比较模糊，在检察机关撤与留的问题上也有过激烈的争执。④ 在 1993 年，检察机关差点作为“中世纪的残余”被

---

① （Электронный ресурс）Федеральный закон о прокуратуре Российской Федерации http：//graph. document. kremlin. ru.

② См.：Дмитри Владимилов. Перемена органов // РГ，2006，24 июня.

③ См.：Выступление действующего генерального прокурора РФ Ю. Я. Чайка на собрании федерального совета федерального собрания РФ. О развитии органов прокуратуры // Адвокат，2006，№ 7，С. 39 – 41.

④ См.：Заслуженный юрист РФ В. Н. Андриянов. Развитие органов транспортной прокуратуры с учётом последних изменений российского законодательства，载郑州大学法学院主办、郑州大学宪法与行政法研究中心承办、河南省人民检察院郑州运输分院协办的 2009 年《转型期国家检察制度建设与改革国际研讨会》论文集，第 86—93 页。

撤销。[①] 但是，历史最终选择了保留检察机关，而且检察机关的权力正在逐渐得到强化。例如，2001年底颁布的《俄罗斯联邦刑事诉讼法典》，虽然将检察机关的审判监督职能改变为“参加法院案件审理”职能，但检察机关仍然具有上诉权和依照审判监督程序提出抗诉权。就案件来说，它不仅重视参加法院刑事案件的审理，而且重视参加法院民事案件、仲裁案件、行政违法案件的审理。[②] 除此之外，刑事诉讼法典还加强了检察机关在其他环节中的各项权力。[③] 2006年，在莫斯科召开的第七次欧盟总检察长会议上，时任总统职务的普京甚至将反恐怖斗争中的总检察长比喻为“精神领袖”。[④] 这表明，检察机关在当代的俄罗斯联邦具有日益重要的地位。

但是，俄罗斯联邦现任总检察长并不否认检察机关面对的问题。正如一些专家学者指出的那样，“各个历史阶段的俄罗斯检察监督立法都有两个目的：一是确定检察机关在国家机关体系中的地位，二是明确检察机关的职权范围。非常遗憾的是，尽管经历了相当长的历史时期，但上述两个问题都尚未得到解决”。[⑤] 总检察长尤·雅·恰依卡的解决办法是直面问题的，其解决途径是根本的，即对检察机关重新进行定位。他认为，原有的护法机关定位和日趋强化的检察权不相适应，原有的护法机关定位已经不能充分体现检察机关在当代俄

① 樊崇义、吴宏耀、种松志主编：《域外检察制度研究》，中国人民公安大学出版社2008年版，第297页。

② 刘向文：《译者前言》，副标题为《兼谈俄罗斯联邦检察制度及其对我国的启示》，载［俄］Ю.Е. 维诺库罗夫主编：《检察监督》，刘向文译，中国检察出版社2009年版，第9页。

③ 刘向文：《谈俄罗斯联邦新刑事诉讼法典》，载《中国法学》2002年增刊，第255—277页。

④ См.: Владимир Гузмин. Прокурор в качестве главы духа// РГ, 2006, 6 июля.

⑤ См.: О. А. Калусдияна, А. В. Инполицев. Прокурорский надзор. М., 2006, С. 74.

罗斯联邦所占据的重要地位。[1] 应当通过检察机关自身人员和机构的不断完善，将检察机关的权限逐渐体系化并充分发挥作用，树立检察机关良好的权力形象。而检察机关自身人员和机构的不断完善，首先是总检察院（检察机关领导机构）人员和机构的不断完善。只有这样，在与法西斯和极端主义行为的斗争中，检察机关才能具有崭新的立场和迅速反应的效率和能力。在此基础上，总检察长将为未来的检察机关打造一个满意的定位。

（二）保障国家法律空间统一的需要

苏联解体、俄罗斯联邦独立后，在叶利钦担任总统期间，俄罗斯联邦主体的分立活动异常活跃。其主要表现之一，就是大量的联邦主体法律文件与联邦宪法、联邦法律相抵触。普京担任总统期间，曾采取多种措施“围剿”与联邦宪法、联邦法律相抵触的联邦主体法律文件，从而使破坏法制统一的行为有所收敛。但是，目前，在俄罗斯联邦，仍然有个别联邦主体的法律文件与联邦宪法、联邦法律相抵触，特别是地方自治机关的法律文件与联邦宪法、联邦法律相抵触。例如，2006 年时，俄罗斯联邦大力开展地方自治改革，向联邦主体和地方自治组织移交了大量权限。而这之后最初几个月的实践表明，地方权力机关的工作中存在着大量的违法现象。一些地方自治机关还颁布了侵犯人权的法律文件，仅市（区）检察机关就有 30%—40% 的文件与联邦立法相抵触。[2] 法制不统一的问题，正在成为俄罗斯联邦社会经济发展道路上的严重障碍之一。正因为这样，俄罗斯联邦总检察长尤·雅·恰依卡指出，我们在保障国家法律空间统一方面，已经做了大量的工作，但要终止该项工作还为时过早。我们应当在俄罗斯联邦主体一级做好保障国家法律空间统一的工作，并使

---

① 护法机关是指实施护法活动的一切机关和机构。目前，俄罗斯联邦的护法机关包括各种法院、检察机关、安全机关体系（含联邦安全局、联邦警卫局、对外情报局）、内务机关体系（含侦查搜查机关、预审机关、联邦边防局）、麻醉品流通的监督机关体系、海关机关体系、司法行政机关体系、法律适用机关（含税务机关、司法鉴定机构、公证机关、身份登记机关）和机构（民间仲裁机构、律师协会、私人侦探和保安机构、民间司法鉴定机构）等。由于俄罗斯联邦开始实行三权分立原则，法院是三种国家权力机关之一（司法权力机关），所以检察机关在其他护法机关中成为占据特殊地位的机关。См.：О. А. Галустиян，А. П. Дизлэнк. Правоохранительные органы. М.，2006；Под ред. кафедры правосудия и прокурорского надзора ЮИ ИГУ. Правоохранительные органы в РФ. М.，2007.

② Борис Ямсанов. Рабочий завтрак кандидата в генерального прокурора // РГ，2006，20 июня.

该工作有计划地开展下去。[①] 检察机关应当在三个层面上审查法律和规范性文件的合法性：一是审查联邦法律和联邦部（局）规范性文件的合法性，二是审查联邦主体规范性法律文件的合法性，三是审查地方自治机关规范性法律文件的合法性。

保障法制统一和加强法制，是俄罗斯联邦法律赋予检察机关的重要使命。检察机关行使法律监督职能，打击破坏法制统一的行为刻不容缓。在坚决维护法制统一的同时，尤·雅·恰依卡认为，我们有很好的法律，关键是法律不能得到执行。这是一个老问题，也可以说是一个延续百年的问题。新任总检察长指出，不能容忍上述状况的存在，将为检察机关体系的各级机关开辟更加广阔的工作空间。[②]

（三）反犯罪斗争的需要

1. 高犯罪率、低侦破率和隐匿犯罪现象普遍

在苏联解体、俄罗斯联邦独立初期，由于社会动荡，经济连年滑坡，犯罪率迅速提高。一直到最近几年，俄罗斯联邦仍然面临着高犯罪率的问题。据俄罗斯联邦官方统计，2006 年前九个月里，共登记犯罪 26 万起，比 2005 年同期增长 12%。所增加的犯罪，大部分是发生在各联邦主体里。其中，严重犯罪和特别严重的犯罪占已登记犯罪案件的 1/3。[③] 因此，时任总统职务的普京对反犯罪斗争领域的工作，提出了尖锐批评。而在打击犯罪不力方面，作为反犯罪斗争协调机关的检察机关负有不可推卸的责任。2006 年 5 月，时任总检察长职务的乌斯季诺夫召开各种护法机关的协调会议，就是针对上述问题而做出的反应。[④]

与高犯罪率相关的，是低侦破率和隐匿犯罪现象问题。据 2001 年 12 月 25 日内务部扩大会议提供的数字，54 个俄罗斯联邦主体的犯罪率呈上升势头，案件侦破率却在急剧下降。迄今为止，上述问题仍未能得到解决。例如，媒体报道，俄罗斯联邦总统驻远东联邦区全权代表援引资料说，在 2006 年登记的 13.8 万个案件中，有 7 万多个案件尚未侦破。案件的低侦破率使犯罪分子逍

---

① См.：Выступление действующего генерального прокурора РФ Ю. Я. Чайка на собрании федерального совета федерального собрания РФ. О развитии органов прокуратуры // Адвокат, 2006, № 7, С. 39 – 41.

② См.：Там же.

③ （Электронный ресурс） http：//genproc. gov. ru/genprokuror/appearances/document – 11/.

④ См.：Борис Ямсонов, Михаил Фамалеев. Владимир Устинов：Борьба с преступностью ведётся на бумаге //РГ, 2006, 16 июня.

遥法外，导致人民对护法机关丧失信心。隐匿犯罪现象非常普遍，以至于国家弄不清楚犯罪率究竟是多少，从而不能把握社会的真正状况。时任总检察长职务的乌斯季诺夫在2004年曾提出过要解决隐匿犯罪问题，并组织各联邦主体一级的检察院进行大规模的检查。当时，检察机关工作人员只是随便翻阅了被退档的登记材料，就在1000余份材料中发现了66件杀人或致人死亡的严重刑事案件。乌斯季诺夫当时认为，必须用刑法来解决隐匿犯罪的问题。① 总之，犯罪问题已经真正成为俄罗斯社会的一个顽疾。

2. 贪污贿赂问题已威胁到俄罗斯联邦的国家安全

与犯罪问题密切相关的另一个问题，是贪污贿赂问题。时任总统职务的普京曾倡导进行行政体制改革，并宣布开展反贪污贿赂的斗争。但是，贪污贿赂现象屡禁不止。据2005年1月25日《俄罗斯报》报道，在马里—埃尔共和国，检察机关组成一个由检察机关、内务机关、安全机关工作人员组成的联合工作小组。结果在不到一年的时间里，就揭露出120多起损害国家利益的犯罪案件。其中，56起案件为贪污贿赂犯罪。也就是说，贪污贿赂犯罪占犯罪案件总数的一半以上。又如，2006年6月，在不大的乌拉尔市，就在联邦专项住宅规划中查出，有10亿资金被官员侵占。再如，俄罗斯新闻网报道，有专家指出，每年俄罗斯贪污贿赂案件的涉案金额高达4000亿美元。在俄罗斯联邦，贪污贿赂问题已经真正达到了危险的程度。普京向联邦会议提交的2006年总统咨文也承认：我们一直未能消除前进道路上的一大障碍——贪污贿赂。2006年5月10日，俄罗斯联邦政府批准了《联合国反贪污贿赂公约》。俄罗斯联邦新总检察长尤·雅·恰依卡上任之初也明确表示，检察机关今后工作的主要目的之一就是反贪污贿赂。②

（四）公民权利与自由的最高地位受到威胁

俄罗斯联邦现行宪法规定，“人，人的权利与自由是最高价值”，“承认、恪守和捍卫人和公民的权利与自由，是国家的义务”。普京的总统咨文也多次强调保障人和公民权利与自由的重要性。例如，2005年总统咨文强调指出：毫无疑问，保障人的权利与自由，对于发展经济，对于发展俄罗斯的社会政治生活都至关重要。应当把各种护法机关的工作同公民权利与自由的保护联系起

---

① См.：Владимир Устинов. Последние предупреждения прокуратуры // РГ，2004，13 июля.

② См.：Владимир Гуликов. Прокуратура высоко поднимает права // РГ，2006，27 июля.

来。[①] 2006年总统咨文再次强调指出：如果不保障公民的权利与自由，那么国家面临的任何一个问题都不可能得到解决。俄罗斯联邦的实际情况更严重，那就是不仅法律得不到认真执行，而且法院的许多判决也得不到很好执行。[②] 据俄新网2006年9月5日报道，目前，俄罗斯联邦48%的法庭判决实际上都无法执行。俄罗斯现有的犯罪、贪污贿赂、法制不统一等问题，归根结底都是对人和公民权利与自由的一种侵犯。正如总检察长尤·雅·恰依卡所说的那样，一个侦查人员侦破了刑事案件，不仅是对公民权利的保护，而且是对最重要的生命权的保护。因此，当上述三种消极现象得不到有效遏制的情况下，宪法宣布的“最高价值”就会成为纸上谈兵。他还指出，俄罗斯公民的法律素养不高，有时难以对抗各级官员对其权利的侵犯。而且，在俄罗斯社会里，需要检察机关给予法律帮助的人遍及各个领域，包括残疾人、领取救济金者、孤儿等。但是，实际上，在每个人都能获得法律帮助方面存在着一些严重的问题。而检察机关体系的各级机关恰恰应当成为普通人维护自身合法权利时可以借助的工具。[③]

（五）适应经济体制改革日益深入的需要

苏联解体后，俄罗斯联邦的经济体制改革日益深入。其主要表现之一，就是国有资产的私有化、股份公司化持续进行。[④] 现在，不仅土地、森林、水流等重要自然资源可以私有，而且某些涉及国家经济命脉的国有财产（如铁路运输、航空运输、内水水上运输、海上运输工具）也可以私有。为了给国家重要规划的实现保驾护航，也为了保障各种运输线的畅通无阻，保障国家经济空间的统一，在总结以前取消运输检察机关设置教训的基础上，俄罗斯联邦决定于2006年12月恢复“大运输检察机关”的设置。“大运输检察机关”设置的恢复，不是简单的恢复，而是将所有运输检察机关划归俄罗斯联邦总检察院

---

① См.:（Электронный ресурс）http://president. kremlin. ru/.

② См.: Там же.

③ См.: Выступление действующего генерального прокурора РФ Ю. Я. Чайка на собрании федерального совета федерального собрания РФ. О развитии органов прокуратуры // Адвокат, 2006, № 7, С. 39-41.

④ 国有资产的私有化、股份公司化运动，在俄罗斯联邦统称为国有资产私有化运动。从苏联解体一直到1997年，俄罗斯联邦进行了大规模的国有资产私有化运动。该运动进程中国有资产的大量流失，导致俄罗斯联邦于1997年颁布《俄罗斯联邦国有资产私有化和俄罗斯联邦主体国有资产私有化原则法》，并开始依法对私有化实施控制和监督。检察机关有权对私有化进程中的违法行为提出异议，法院有权根据检察机关的异议审理案件并作出相应私有化行为无效以及追究相应人员法律责任的判决。

直接领导。①

二、俄罗斯联邦总检察院机构改组的主要内容

俄罗斯联邦现行检察机关法规定，总检察长不仅拥有检察院机构的组建、改组、撤销权，而且拥有检察院地位和权限的确定权。依照检察机关法的上述规定，尤·雅·恰依卡上任后不久，便于2006年6—12月对俄罗斯联邦总检察院进行了改组。2006年12月至2008年底，尤·雅·恰依卡又对俄罗斯联邦总检察院的机构进行了适当调整，以使其适应俄罗斯联邦社会现实生活的需要。目前，俄罗斯联邦总检察院下设24个总局、局和局级处。

（一）俄罗斯联邦总检察院机构改组概况

1. 增设、合并和撤销机构的情况

（1）增设7个局（或局级处）

2006年6—12月，俄罗斯联邦总检察院进行了机构改组。在这次机构改组中，总检察院增设了7个局（局级处）。它们分别是：

第一，反贪污贿赂立法执行情况监督局②

贪污贿赂问题已对俄罗斯联邦的国家安全构成严重威胁。俄罗斯联邦总检察长尤·雅·恰依卡上任之初就明确表示，检察机关今后的主要工作之一是反贪污贿赂。③ 因此，俄罗斯联邦总检察院增设了反贪污贿赂立法执行情况监督局。

第二，监督检察工作处

反贪污贿赂是检察机关今后的主要工作之一。而要做好反贪污贿赂的工作，检察机关体系各级机关的工作人员首先要自律。只有这样，才能及时地查明贪污贿赂事实，并坚持对贪污贿赂事实做出反应的原则立场，保证贪污贿赂行为受到应有的惩罚。俄罗斯联邦总检察长尤·雅·恰依卡在就职演说中指出，“检察机关体系各级机关的大多数工作人员，是捍卫法律的，品行端正的并有职业操守的人”。尤·雅·恰依卡“不准备进行大规模的‘清洗’”。但是，他要求，“对于在所谓的商战中利用检察机关或检察机关个别工作人员的

---

① См.：Наталья Козлова. Увеличение прокуратуры // РГ，2006，23 декабря.

② 2008年12月25日，俄罗斯联邦总统签署联邦法律第273号令批准了《俄罗斯联邦反贪污贿赂法》。См.：Владимир Гуликов. Прокуратура высоко поднимает права // РГ，2006，27 июля.

③ См.：Владимир Гуликов. Прокуратура высоко поднимает права // РГ，2006，27 июля.

情况，要给予特别的关注和侦查。按照规定，检察机关不得成为争斗的工具。在上述情况下，更不允许利用刑事法律权限。所有这些都是贪污贿赂行为的组成部分，它们连同其结论都将被坚决予以制止”。① 因此，俄罗斯联邦总检察院在其直属的检察机关体系各级机关和机构活动保障总局中增设了监督检察工作处（局级处），以便强化总检察院内部的自我监督机制。

第三，经济立法执行情况监督局

与经济体制改革日益深入相适应，俄罗斯联邦制定颁布了大量的市场经济立法。为了给国家重要规划的实现保驾护航，也为了保障国家经济空间的统一，俄罗斯联邦总检察院在联邦立法执行情况监督总局内增设了经济立法执行情况监督局。

第四，恪守公民权利与自由情况监督局和法律援助局

俄罗斯联邦现行宪法确认了公民权利与自由的最高地位。但是，在实际上，公民权利与自由的最高地位经常受到威胁。而且，每个人都能获得法律援助的宪法权利无法实现。俄罗斯联邦总检察长尤·雅·恰依卡指出，检察机关体系的各级机关应当成为普通人维护自身合法权利时可以借助的工具。因此，俄罗斯联邦总检察院在联邦立法执行情况监督总局内增设恪守公民权利与自由情况监督局，在国际法律合作总局内增设法律援助局。

第五，预审和侦查搜查活动监督局

俄罗斯联邦的现代法学理论认为，在刑事诉讼程序中，犯罪嫌疑人、被告人是弱者，其权利自由应当得到充分尊重和保护。作为现代法学理论结晶的俄罗斯联邦现行宪法，首次规定了犯罪嫌疑人、被告人、已被判刑人等特定人的权利与自由。2001 年 12 月 22 日公布的俄罗斯联邦新刑事诉讼法典将上述宪法权利予以具体化，用专章形式对《拘留犯罪嫌疑人》作出详细规定。② 与此相适应，俄罗斯联邦总检察院新设预审和侦查搜查活动监督局。

第六，信息分析局

目前，俄罗斯联邦仍然面临着高犯罪率的问题，以及与其相关联的低侦破率和隐匿犯罪问题。因此，俄罗斯联邦总检察院在其直属的组织检察总局中增设了信息分析局，以对有关犯罪的信息进行充分的统计管理，解决低侦破率和

---

① См.: Выступление действующего генерального прокурора РФ Ю. Я. Чайка на собрании федерального совета федерального собрания РФ. О развитии органов прокуратуры // Адвокат, 2006, № 7, С. 39 – 41.

② 刘向文：《谈俄罗斯联邦新刑事诉讼法典》，载《中国法学》2002 年增刊，第 273—274 页。

隐匿犯罪的问题。

第七，引渡局

随着跨国犯罪和国际恐怖主义活动日趋严重，刑事诉讼领域的国际合作被提上重要日程。与之相适应，俄罗斯联邦新刑事诉讼法典增加了第五部分《刑事诉讼领域的国际合作》。① 总检察院机构改组时，国际法律合作总局中新设了引渡局。② 但是，应当指出的是，俄罗斯联邦现行宪法首次明文规定，禁止将俄罗斯联邦公民引渡给他国。

（2）恢复运输检察机关的设置

苏联时期设立的专门检察机关中，曾包括运输检察机关。苏联解体、俄罗斯联邦独立初期，曾一度取消州级运输检察机关的设置。2006 年 12 月，俄罗斯联邦总检察院重新恢复了州级运输检察机关的设置。目前，俄罗斯联邦总检察院的运输检察机关已自成体系，即自上而下的三级运输检察机关体系。它们分别是：俄罗斯联邦总检察院内的莫斯科区际运输检察院，相当于州级检察院的 8 个跨联邦主体运输检察院，③ 以及相当于区级检察院的运输检察院。运输检察机关体系的各级机关负责对铁路运输、航空运输、内水水上运输、海上运输领域和海关领域的执行法律情况实施监督等。

（3）将原先的两个局合并为一个局

时任总统职务的普京大力推行行政体制改革，其中包括推行联邦政府机构改革。④ 与此同时，包括检察机关在内的各种护法机关也实行了精简机构原则。例如，2006 年 6—12 月进行总检察院机构改组时，尤·雅·恰依卡将保证检察长参加法院民事案件庭审局、保证检察长参加仲裁程序局合并为保证检察长参加民事诉讼程序和仲裁程序局。

（4）撤销两个局

根据俄罗斯联邦的实际情况，总检察长尤·雅·恰依卡撤销了总检察院直

---

① 刘向文：《谈俄罗斯联邦新刑事诉讼法典》，载《中国法学》2002 年增刊，第 273—274 页。

② См.：Наталья Козлова. Увеличение прокуратуры. РГ，2006，23 декабря.

③ См.：Заслуженный юрист РФ В. Н. Андриянов. Развитие органов транспортной прокуратуры с учётом последних изменений российского законодательства，载郑州大学法学院主办、郑州大学宪法与行政法研究中心承办、河南省人民检察院郑州运输分院协办的 2009 年《转型期国家检察制度建设与改革国际研讨会》论文集，第 86—93 页。

④ 刘向文：《普京总统大力倡导行政体制改革》，载《俄罗斯中亚东欧研究》2004 年第 4 期，第 16—19 页；刘向文：《谈俄罗斯联邦现任政府机构的改革》，载《俄罗斯中亚东欧研究》2005 年第 6 期，第 1—8 页。

属的为政治镇压受害者平反处（局级处）、未成年人和青年案件局。

2. 对机构的级别进行调整

2006 年 6—12 月进行总检察院机构改组时，尤·雅·恰依卡将三个分支机构升格为总检察院的一级分支机构。它们分别是：与大众新闻媒体沟通局（原为信息和公共关系处）、特别重大案件调查监督局（原为特别重大案件调查监督处）、作为局级处的第一处（原为总检察院保障性分支机构中的处）。上述三机构的升格，体现总检察长尤·雅·恰依卡高度重视三项相应工作。

（二）俄罗斯联邦总检察院机构改组后的现状

俄罗斯联邦总检察院直属机关体系，由改组前的两级转变为改组后的三级。其具体结构如下：

1. 24 个一级分支机构

俄罗斯联邦总检察院下设 24 个总局、局和局级处。它们分别是：组织检查总局，干部局，联邦立法执行情况监督总局，侦查监督总局，调查和侦查搜查活动监督局，特别重大案件调查监督局，联邦安全、族际关系和反极端主义立法执行情况监督局，反贪污贿赂立法执行情况监督局，保证检察官参加刑事案件庭审总局，保证检察官参加民事诉讼和仲裁程序局，刑罚执行情况法律监督局，法律局，国际法律合作总局，与大众新闻媒体沟通局，第一处（局级处），俄罗斯联邦总检察院驻 7 个联邦区的 7 个总局，检察机关体系各级机关与机构活动保障总局、俄罗斯联邦总检察院研究院。

在上述 24 个一级分支机构中，有 13 个总局。它们下设二级或三级分支机构。

2. 43 个二级分支机构

在俄罗斯联邦总检察院 24 个一级分支机构中，有 13 个总局。其内下设 43 个二级分支机构。它们分别是：（1）组织检查总局下设组织局、检查局等 4 个二级分支机构；（2）联邦立法执行情况监督总局下设恪守公民权利与自由情况监督局，运输和海关立法执行情况监督局等 4 个二级分支机构；（3）侦查监督总局下设对检察机关体系各级机关的侦查实施监督局、对俄罗斯内务部和俄罗斯联邦麻醉品流通检查局的侦查实施监督局等 4 个二级分支机构；（4）保证检察官参加刑事案件庭审总局下设 2 个二级分支机构；（5）国际法律合作总局下设引渡局、法律援助局等 3 个二级分支机构；（6）俄罗斯联邦总检察院驻 7 个联邦区的 7 个总局分别设有 3 个二级分支机构；（7）检察机关体系各级机关和机构活动保障总局下设文件与方法保障局、公民投诉调查和公民接待局等 5 个二级分支机构。

3. 27 个三级分支机构

在上述 43 个二级分支机构中，有 9 个二级分支机构共设有 27 个三级分支机构。

（三）俄罗斯联邦总检察院机构改组过程中的人员变动情况

俄罗斯联邦总检察院机构改组过程中，人员变动不是太大。如果以时间先后为顺序排列，俄罗斯联邦总检察长尤·雅·恰依卡主要做了下述三件工作：

1. 撤换干部局等 4 个局的局长

俄罗斯联邦总检察长尤·雅·恰依卡上任时曾表明，必须对检察机关体系各级机关与机构的干部队伍予以调整。他认为，检察机关体系各级机关与机构的发展，是以领导干部队伍的优化为条件的。因此，2006 年 6 月 23 日，尤·雅·恰依卡就职第一天就撤换了作为总检察院一级机构的 4 个局的局长。他们分别是：干部局、组织监督局、法律执行情况监督局和事务局的局长，而这仅仅是总检察长人员重组的开始。①

2. 提议解除 6 位副总检察长的职务

依照俄罗斯联邦检察机关法的规定，第一副总检察长和副总检察长均由联邦委员会（俄罗斯联邦议会上院）根据总检察长的提名任免。2006 年 7 月 7 日，俄罗斯联邦总检察长尤·雅·恰依卡向联邦委员会提议解除 6 位副总检察长的职务，保留了 7 位副总检察长的职务。② 在提出俄罗斯联邦总检察院新领导班子候选人名单的同时，总检察长还进一步明确了各位副总检察长的职责范围。③

3. 调整联邦主体一级检察机关的领导人

俄罗斯联邦检察机关法规定，各联邦主体一级检察院的检察长，均由俄罗斯联邦总检察长同相应联邦主体的国家权力机关协商后任命。依照上述规定，俄罗斯联邦总检察长尤·雅·恰依卡提议对一些联邦主体的检察长进行调整。例如，2006 年 7 月 11 日，总检察长提出了俄罗斯联邦总检察院驻南部联邦区总局副检察长的人选；7 月 17 日提出了罗斯托夫州检察长人选；7 月 28 日任命了克拉斯诺达尔边疆区的检察长；11 月 9 日任命了卡累利阿共和国的检察长等。总检察长对联邦主体一级检察机关领导人的上述调整，从检察体制领域强化了中央对地方的控制。

---

① См.：Борис Ямсонов. Заявление генерального прокурора// РГ，2006，29 июня.

② См.：Дуитри Владимиров. Прокурор с характером//РГ，2006，7 июля.

③ См.：Там же.

三、俄罗斯联邦总检察院机构改组的特点

通过对机构改组活动的具体考察，我们认为，俄罗斯联邦总检察院的机构改组具有下述五个特点：

(一) 不属于“革命式的”行动

俄罗斯联邦总检察长尤·雅·恰依卡在就职演说中指出，“在完善检察机关活动这个问题上，绝不允许采取任何‘革命式的’行动。现在，检察机关需要的不是革命，而是进化，即不断解决积压的问题，正确选择优先工作方向，集中力量解决主要任务，并逐渐使检察机关从其非固有职能中解放出来”。① 俄罗斯联邦总检察院的机构改组，充分体现了上述讲话精神。因为此次机构改组不触及整个俄罗斯联邦检察机关体制，不触及俄罗斯联邦检察机关的法定权力，只是在法定的检察制度内对总检察院的机构进行部分改组。而且，此次机构改组是围绕法定职权职责进行的，即围绕如何保证和强化法定职权的行使来进行的，仅着重于对部门之间的关系结构进行调整。

(二) 针对性强

总检察院的任务、职能及其活动是动态的，随着俄联邦实际情况的变化，检察机关的工作重点也发生变化。检察机关通过自身的灵活调节实现其在国家体系中的积极作用，并实现机关的自身价值。面对俄罗斯社会犯罪情况严重、贪污腐败问题恶化、人权受到严重侵害等亟待解决的问题，总检察长有针对性地对总检察院内部机构进行了改组。对于特别重要的问题以新设机构的形式给予高度关注，如新设了反腐败法律执行情况监督局和公民权利与自由恪守情况监督局，反映了总检察院反贪污和保护公民权利与自由的工作内容指向。

(三) 注重内部职权分配

总检察院的组织机构由原先的二级横向机构转变为三级纵横结合结构，这样的组织结构关系更为紧凑，内部职权分配趋于合理，符合检察机关的集中管理体制，有利于人员和权力的层层管理、层层负责。另外，在设置机构时突出工作方向和重点，在统一安排领导部门、业务部门和管理部门同时，对于今后一段历史时期应着重加强的工作内容专设一个部门来负责，突出重点。对于工作内容比较接近的几个部门进行合并，保障机构精简和各部门统一高效运作。同时注意总检察院机构内部的权力制约，设若干检察部门实现内部监督，以保

① См.: Выступление действующего генерального прокурора РФ Ю. Я. Чайка на собрании федерального совета федерального собрания РФ. О развитии органов прокуратуры // Адвокат, 2006, № 7, С. 39 – 41.

证检察权对外的有序规范。

（四）全面强化权力运行体系

总检察院此次改组成立了联邦法律执行情况监督总局，对联邦法律和部局规范性法律文件、联邦主体的法律文件特别是市政机关的法律文件加强了监督，强化了检察机关一般法律监督职能；成立了公民权利与自由恪守情况监督局，强化了检察机关的人权保护职能；成立了预审和侦缉活动监督局，加强了检察机关的侦查权；整合了保障检察官参与法院审理案件的管理局，特别是成立保障检察官参与刑事案件庭审总局，加强了检察机关在刑事案件审理中的监督权。通过这些机构调整可发现，检察机关开始全面注重各类检察职权，特别是注重法律上属于检察机关的管辖范围但曾经被忽视的人权保护职能。对人权领域的关注使检察机关权力体系更为完整、运行更为顺畅，也为检察机关自身定位找到了坚实的立足点。

（五）改组与其他措施相结合

总检察院的机构改组只是多项工作中的一个方面，需要其他相关措施与之结合方能发挥效果。因此，伴随总检察院的机构改组，总检察长还采取了很多相关措施。如调整检察队伍人员以明确责任，努力按照欧洲原则提高俄罗斯公诉标准，积极参加国家杜马和联邦政府的会议。军事总检察院还与国防部加强合作。如当俄联邦驻伊拉克外交官遇害时，总检察院积极应对。[①] 这些事实都说明改组工作不能孤立存在，也反映了俄联邦检察机关对其各项职能所持的积极态度。

四、对俄罗斯联邦总检察院改组的评价

（一）改组取得了积极效果

俄联邦总检察院的改组体现了权力有效运行的需要，调整了检察机关内部的协调配合问题，优化了总检察院作为俄罗斯检察系统核心领导机构的内部结构，为履行总检察院的职能奠定了良好组织基础。例如，改组较好地回应了俄罗斯社会面临的重大问题，有效打击了犯罪及腐败问题。据俄新网消息，俄联邦内务部第一副部长表示，2007 年前 11 个月的犯罪率，呈现自 2003 年以来的首次降低。[②] 改组工作还加强了与相关护法机关的协调配合，促成了相关法

---

① См.：Владимир Гуликов. Генеральная прокуратура обратилась за границу. // РГ, 2006, 31 июля.

② 资料来源于俄新网，http：//rusnews. cn/eguoxinwen/eluosi _ anquan/20080131/42032285. html。

律规范的出台。又如，2006 年 8 月，司法部针对隐匿犯罪严重的情况，出台了关于登记犯罪的规范性文件。

（二）对总检察院改组的辩证认识

在承认俄联邦总检察院改组取得积极效果的同时，也应该注意到，犯罪、腐败等问题在俄罗斯存在已非一朝一夕。要想解决这些问题，也非在朝夕之间。以腐败、犯罪问题为例，2007 年腐败刑事案件仍高达 10500 件。[①] 另据俄新网报道，尽管 2007 年的犯罪数量下降了 7.1%，但是俄罗斯的犯罪率仍然很高。截至 2008 年年初，仍有 350 万起登记在册的案件尚未侦破。杀人案、强奸案和恐怖活动的数量虽然在减少，抢劫案的数量也下降 19%，但是武器非法流通，非法保存弹药和爆炸物的案件实际上没有减少。因此，应该认识到，总检察院机构改组，仅是须待解决的诸多问题之一。作为整个检察系统内一个环节的完善，不可能承载太多的历史重任。要想解决诸多社会问题，仍需要包括各类国家机关，特别是司法机关、护法机关各方面协调配合，方能达成目的。

（三）俄罗斯联邦检察机关与三权机关的相互关系有待进一步完善

从权力层面看，俄罗斯检察机关始终无法回避一些问题与矛盾。问题之一，是检察机关的协调职能与政府的协调职能有交叉。《俄罗斯联邦政府法》规定政府及相关公职人员根据职责行使协调权，包括设立组织、成立协调咨询机关、采取协调活动、发出指示以及监督等权力。当然，政府协调权相对广泛全面，然而一旦涉及护法机关的协调职责范围时，政府的协调权与检察机关的协调将出现冲突。要么二者都积极行使协调权，导致权力多头，要么就必然有一方或双方怠于行使协调权。问题之二，是检察机关与司法机关之间的权力内容缺乏稳定性。正如尤·雅·恰依卡分析的那样，检察机关是独立的国家机关，有充足的实力可以解决很多问题。但由于司法权加强，法院数量增加，特别是治安法官数量增加，很多职能都转归于司法权。如批准逮捕的权力。检察机关与司法机关是俄罗斯法律领域里两种最重要的国家机关。司法机关拥有司法权，在审判领域发挥重要职能；检察权虽不属于三权之一，但其权力范围涉及各个领域，涉及较多的正是司法权领域。于是在司法权与检察权之间的权力交叉领域里，不可避免地会出现意见相左。司法机关与检察机关之间的权力内容和相互关系，尚缺乏稳定性。问题之三，是检察机关拥有的广泛权力，可能导致行使权力时出现冲突。检察机关享有对侦查、起诉、庭审等程序的监督权，同时检察机关还享有侦查权、公诉权，能否保证自身行使侦查权时也充分

---

① См.：Владимир Гузмин. На основании трёх областей// РГ，2006，20 мая.

行使监督权，这是检察机关遭到非议的最重要理由之一。

这些问题背后蕴涵着三权分立体制下，如何对检察权进行定位的根本性问题。检察机关是俄罗斯公认的护法机关，在奉行三权分立的政治体制下，护法机关的地位始终是辅助性的，但实际却行使着与法院、与政府，甚至与议会都相关的广泛权力。从检察机关自身角度出发，法律权力与实际地位之间的差距成为检察机关思考自身定位的原动力。现在，检察机关的监督权触及社会生活各个角落，检察机关也力求自己能够从地位低于司法机关的诸护法机关里脱颖而出，尤·雅·恰依卡曾提到，“俄联邦检察机关的性质，不同于其他的护法机关和法院”。① 如何为检察机关定位，不仅是充分发挥检察权职能的关键，也是检察权存在发展的根基所在。

如总检察长尤·雅·恰依卡所言，检察机关的所有职权都指向一个根本目的：对公民权利与自由的保护，检察机关应成为“人权保护性”的机关，因此，人权保护机关——成为今后检察机关的努力方向和新定位。这一定位的优势在于，它践行了宪法赋予检察机关的保护权利与自由的神圣使命。这一定位，不仅不会成为检察权与司法权、与行政权之间发生任何冲突的原因，而且可以让检察机关当前面临的所有问题，无论是权力交叉的制度问题，还是权力运行的实际效果问题，抑或是权力体系不清的观念性问题，在超越权力分野的人权保护层面迎刃而解。当然，检察机关的任何定位，都需要优质的权力运作为其奠定根基。因此，总检察院此次从总检察院内部进行改组，力求权力有效运行，无疑可以看做是检察机关为实现其人权保护性质迈出的第一步。

五、俄罗斯联邦总检察院机构改组对我国的启示

我国检察机关恢复重建已有30年，“在这样一个新的历史起点上，需要积极推进检察体制和检察工作机制的改革”。② “以人为镜，可以知得失”，以俄罗斯联邦总检察院机构改组的情况为镜，可反观我国检察制度的得失。

（一）关于检察机关的权力范围

我国检察机关是宪法规定的法律监督机关，实际上拥有侦查权、公诉权和诉讼活动的监督权。俄罗斯联邦检察机关的性质为护法机关，实际上拥有侦查权、参与法院案件审理权、监督权及协调权。如果进行细致比较则可以发现，

---

① См.: Владимир Гуликов. Европейский стандарт — направление усилия Генеральной прокуратуры //РГ, 2006, 11 июля.

② 曹建明：《在新的历史起点上开创中国特色社会主义检察事业新局面》，载《检察日报》2008年9月16日。

中俄两国检察机关的权力范围在下述四个方面存在较大差别：（1）在侦查权方面。俄罗斯联邦检察机关的侦查权，是对划归其管辖的犯罪案件进行刑事侦查。而以管辖范围为标准，我国检察机关的侦查权，是对国家机关工作人员利用职权实施的犯罪案件进行刑事侦查。以犯罪嫌疑人身份为标准，则大大限制了检察机关侦查权的范围。（2）在公诉权方面。俄罗斯联邦检察机关如果认定某行为因侵犯人和公民的权利自由而构成行政违法行为或犯罪，检察长有权提起行政诉讼或刑事诉讼，而我国检察机关的公诉权仅涉及刑事犯罪领域。（3）在监督权方面。俄罗斯联邦检察机关除拥有诉讼监督权之外，还拥有一般的法律监督权（或曰一般监督权），即对联邦部和主管部门以下各级权力机关及其公职人员执行法律情况的全面监督。而我国检察机关仅拥有诉讼监督权。（4）在反犯罪斗争领域的协调权方面。俄罗斯联邦检察机关在反犯罪斗争领域拥有协调各种护法机关活动的权力，而我国检察机关无此权力。总而言之，与俄罗斯联邦检察机关相比，我国检察机关没有对法律执行情况的一般监督权以及协调各种护法机关反犯罪斗争的权力，现有的检察权也主要涉及刑事领域和部分的诉讼程序监督权。当然，并非必须追随俄罗斯联邦的做法。但是，俄罗斯联邦总检察院对自身职能的积极态度却很值得我们反思。

其实，单从我国法律的规定来看，就可以发现一些不尽合理之处。例如，我国宪法规定了检察机关的法律监督性质。但是，在实际上，我国检察机关的权力范围却与宪法规定的性质相去甚远。不拥有一般监督权的我国检察机关，只能算是不完全的法律监督机关。

（二）关于检察机关的领导体制

在俄罗斯联邦总检察院的机构改组中，充分体现了检察人员任命方面的集中统一性。除了俄罗斯联邦总检察长由联邦委员会根据总统提议任免外，联邦主体检察长由总检察长同联邦主体的权力机关协商决定，其职务的解除由总检察长决定；其他市、区检察院的检察长和专门检察院的检察长均由总检察长直接任免。因此，各级检察长必须服从俄罗斯联邦总检察长的领导。而我国地方各级检察长由地方各级人大选举和罢免，地方各级检察长的任免，须报上一级人民检察院检察长提请该级人民代表大会常务委员会批准，地方各级人民检察院对产生它的国家权力机关和上一级人民检察院负责。显然，俄罗斯联邦检察机关实行的是垂直领导体制，而我国检察机关实行的是双重领导体制。双重领导体制最显著的弊端在于，检察机关受制于地方，影响检察权的独立性。在这一点上，俄罗斯联邦检察机关的垂直领导体制值得我们借鉴。但是，考虑到我国目前的具体国情，借鉴时需采取循序渐进的方式。

(三) 关于运输检察机关

俄罗斯联邦运输检察机关的设置，在具体机构设置方面，对我国铁路运输检察制度的改革具有一定借鉴意义。(1) 铁路运输具有跨地域性、流动性特征，调查侦破涉及铁路运输的违法案件具有特殊性。如果将铁路运输的检察工作归属于地方检察机关，那么其跨地域性决定地方检察机关的效力范围受到限制，其流动性则势必耗费地方检察机关大量的人财物资源。(2) 运输领域具有较强的跨地域性，分段管理实际上分割了该领域权力的整体性，消解了权力的有效性。(3) 运输领域不仅限于铁路运输，还包括内水水上运输、航空运输和海上运输。从职能角度来看，上述四种运输应当予以整合运行。俄罗斯联邦"大运输检察机关"的设置，恰好解决了以上问题。设置"大运输检察机关"，作为俄罗斯联邦总检察院机构改组的一个亮点，可以为今后我国检察制度的改革提供借鉴。例如，在检察体制上，肯定在运输领域设立专门检察机关的必要性。同时，为了保证国家各种运输线畅通无阻，支持国家建设，为了保证运输领域检察权的有效运转，可以考虑设立跨地区的运输检察机关。为了实现权力整合，也不妨考虑设立统一的运输检察机关。

(四) 关于检察机关定位

从检察体制的宏观角度来看，俄罗斯联邦总检察院的机构改组，也可以为我国检察机关定位的研究提供新的思考角度。过去俄罗斯联邦检察机关是公认的护法机关，但也许从这次总检察院改组之后，俄罗斯联邦检察机关将步入一个新的发展阶段。对于职责履行方面的问题，对于检察机关面对的权力关系和权力范围问题，俄罗斯联邦总检察长尤·雅·恰依卡力图通过检察机关新的定位给予根本解决，即检察机关的性质由护法机关向人权保护机关转变。新中国成立后，我国检察机关由宪法和人民检察院组织法定位于法律监督机关。但是，由于世界上存在着不同的检察制度模式，也由于我国检察机关同时具有行政机关和司法机关的某些特征，导致学者们的论著中出现了对检察机关性质认识上的争议。行政权说、司法权说和混合权说争议的持续，不利于检察机关及检察权的健康发展。而在这种情况下，寻找一个超脱的思考角度极其必要。三权分立固然是一种权力组合的模式，但在我国非三权分立的体制下以三权分立思路构建权力模式必将使权力关系扭曲。从俄罗斯联邦总检察院机构改组体现出来的机关性质转向，给我们提供了一个解决问题的思考路径。如果跳出三权视阈之争，从最根本的人权角度去看待检察机关，那么不仅检察机关过去对法治的巨大贡献值得肯定，而且检察机关的职能在将来也肯定会得到重视和扩大。

俄罗斯联邦运输检察制度的历史发展及其启示*

刘向文**

内容摘要：20世纪50年代初，我国引进了苏联的社会主义检察制度。其中，包括铁路运输检察制度。而自20世纪50年代至今，俄罗斯联邦（苏联）一直都在进行“摸着石头过河”式的运输检察制度改革。研究俄罗斯联邦运输检察制度的历史发展，或者说研究俄罗斯联邦运输检察制度改革正反两方面的经验，对我国铁路运输检察制度的改革与完善有着重要的借鉴意义。

关键词：俄罗斯联邦；苏联；运输检察制度；历史发展；启示

一、苏维埃俄国运输检察制度的初步建立

（一）俄罗斯帝国检察制度的废除

1917年十月革命胜利后，诞生了世界上第一个社会主义国家。1917年11月24日，俄罗斯社会主义联邦苏维埃共和国人民委员会依据马列主义关于摧毁旧的国家机关，建立新的苏维埃国家机关的理论，颁布了关于法院的第1号

---

* 本文是笔者主持的2009年度最高人民检察院理论研究重点课题《专门检察制度研究》的阶段性成果之一（项目编号为：GJ2009B13）。同时，本文也是2008年度最高人民检察院铁路运输检察厅委托笔者主持的重大课题《俄罗斯联邦运输检察制度研究》的阶段性成果之一。

** 刘向文，法学博士，郑州大学法学院教授、博士生导师，郑州大学宪法与行政法研究中心主任、郑州大学俄罗斯法律研究中心主任。

法令，撤销了十月革命前的检察机关。① 但是，新的、对革命法制状况实施监督的专门机关并没有马上建立起来。因此，在1917—1921年期间，对法制状况实施监督的职能，由许多国家权力机关和管理机关共同承担。例如，全俄中央执行委员会、全俄人民委员会、司法人民委员部、国家监督人民委员部、地方各级苏维埃、地方各级司法行政机关等。②

（二）苏维埃俄国运输检察制度的初步建立

1918—1920年国内战争胜利、1921年进入新经济政策时期后，关于建立苏维埃检察机关以加强革命法制的问题被提上了工作日程。1921年5月25日全俄中央执行委员会通过的《俄罗斯社会主义联邦苏维埃共和国刑事诉讼法典》和1922年5月28日全俄中央执行委员会通过的《俄罗斯社会主义联邦苏维埃共和国检察监督条例》，初步建立了包括运输检察制度在内的社会主义检察制度。在同一年，乌克兰苏维埃社会主义共和国和白俄罗斯苏维埃社会主义共和国也通过了与俄罗斯社会主义联邦苏维埃共和国类似的检察监督条例，初步建立了类似的社会主义检察制度。③

1. 苏维埃俄国检察机关的职权范围

依照《俄罗斯社会主义联邦苏维埃共和国检察监督条例》第2条的规定，检察机关拥有下述四类权限：以国家的名义对一切国家权力机关、经济机构、社会组织、私人组织和个人的行为是否合法实施监督，其途径是对犯罪者提起刑事追诉，对违法的决议提出异议；对侦查机关揭露犯罪的活动实施直接监督，对国家政治局各级机关的活动实施直接监督；④ 在法庭上支持公诉；对是

---

① 1917年十月革命胜利后，一直到1936年苏联宪法颁布前，俄罗斯的正式国名为俄罗斯社会主义联邦苏维埃共和国。1936年苏联宪法颁布后，俄罗斯的正式国名为俄罗斯苏维埃联邦社会主义共和国。Приложение（тексты четырёх советских Конституциий）// Ю. С. Кукушкин，О. И. Чистяков. Очерк развития советских конституций. М：Изд. Политическая литература. 1987，С. 239 – 315.

② См.：Учреждение и развитие советской прокуратуры // В. М. Семёнов. Право – охранительные органы В СССР（издание первое）. М：Изд. Юридическая литература. 1990，С. 227 – 236；Учреждение советской прокуратуры и основные этапы её развития // Под редакции Н. А. Баженова. Организация суда и прокуратуры в СССР. М：Изд. Юридическая литература. 1988，С. 152 – 163.

③ См.：Учреждение и развитие советской прокуратуры // В. М. Семёнов. Право – охранительные органы в СССР（издание первое）. М：Изд. Юридическая литература. 1990，С. 227 – 236.

④ 国家政治局是当时的国家安全机关。

否正确监禁被羁押者实施监督。①

2. 苏维埃俄国的检察机关体系

1922年检察监督条例第18条规定，俄罗斯社会主义联邦苏维埃共和国检察机关，即检察机关处，设在司法人民委员部之内。由全俄中央执行委员会任免的俄罗斯社会主义联邦苏维埃共和国司法人民委员兼任检察长，领导检察机关处。但自1928年起，俄罗斯社会主义联邦苏维埃共和国的检察长由共和国司法人民委员部的一名副司法人民委员兼任。② 各省、州、自治州的检察长也直接隶属于俄罗斯社会主义联邦苏维埃共和国的检察长。这就是说，1922年检察监督条例确认了检察机关体系的集中统一原则。

3. 苏维埃俄国的军事运输检察机关

1921年5月25日通过的《俄罗斯社会主义联邦苏维埃共和国刑事诉讼法典》和1922年5月28日通过的《俄罗斯社会主义联邦苏维埃共和国检察监督条例》，都对军事运输检察机关作出上述规定。③ 依照它们的规定，在俄罗斯社会主义联邦苏维埃共和国里，除成立区域性检察机关之外，还成立了军事检察机关。当时，在全俄中央执行委员会最高法庭里，设有一名领导军事检察机关的共和国副检察长。而在革命军事法庭和革命军事运输法庭里，设有隶属于上述共和国副检察长的军事检察长。这就是说，运输检察机关作为俄罗斯社会主义联邦苏维埃共和国检察机关的一个结构性分支机构，是与区域性检察机关同时成立的。

二、苏联运输检察制度的确立和发展变化

苏联运输检察制度既是苏联专门检察制度的重要组成部分，也是苏联统一检察制度的重要组成部分。苏联运输检察制度是在继承和发展苏维埃俄国社会

① См.：Развитие прокурорского надзора в России（исторический очерк）// Под редакции О. А. Галустьяна，А. П. Кзлыка，А. В. Едольцевой. Прокурорсий надзор（третье издание）. М：Закон и право . 2006，С. 37 – 77.

② См.：Развитие прокурорского надзора в России（исторический очерк）// Под редакции О. А. Галустьяна，А. П. Кзлыка，А. В. Едольцевой. Прокурорсий надзор（третье издание）. М：Закон и право . 2006，С. 37 – 77；Учреждение и развитие советской прокуратуры // В. М. Семёнов. Право – охранительные органы В СССР（издание первое）. М：Изд. Юридическая литература. 1990，С. 227 – 236.

③ См.：Развитие прокурорского надзора в России（исторический очерк）// Под редакции О. А. Галустьяна，А. П. Кзлыка，А. В. Едольцевой. Прокурорсий надзор（третье издание）. М：Закон и право . 2006，С. 37 – 77.

主义运输检察制度的基础上，确立起来的。苏联运输检察制度的确立和发展变化进程，与苏联统一检察制度的确立进程，与苏联社会和国家的发展历程紧密相连。

（一）苏联运输检察制度的确立进程

1922 年 12 月 30 日，俄罗斯社会主义联邦苏维埃共和国、乌克兰苏维埃社会主义共和国、白俄罗斯苏维埃社会主义共和国和外高加索社会主义联邦苏维埃共和国联合成立了统一的联盟国家——苏维埃社会主义共和国联盟（简称苏联）。1924 年 1 月，第二次全苏联苏维埃代表大会通过了由《苏联成立宣言》和《苏联成立条约》两个文件组成的《苏联根本法（宪法）》。① 苏联的成立，要求将各加盟共和国的检察机关联合为一个统一的全苏联的检察机关体系。

作为建立统一的苏联检察机关体系的过渡阶段，是首先成立苏联最高法院检察院。1923 年 11 月 23 日，苏联中央执行委员会颁布了《苏联最高法院条例》。依照该条例的规定，1924 年成立了苏联最高法院检察院。② 当时，多次遭受战争重创的苏联经济刚刚恢复，发展水平还很低。苏联地域辽阔，火车是那一时期最主要的运输工具。航空运输工具和海洋运输工具对于人们来说，还显得过于奢侈，还未像现在这样普及。只有保障铁路运输线畅通，才能保障国民经济的发展，才能提高军队调动潜能以时刻准备击溃来犯之敌。在这种情况下，铁路运输线不仅成为苏联发展国民经济，推进社会主义工业化的生命线，而且成为保障国家安全的生命线。因此，需要加强与铁路运输领域犯罪行为（造成火车颠覆事故、盗窃铁路运输货物等）、违法行为（铁路运输工作人员违反铁路经营和运行条例、罢工等行为）以及破坏劳动纪律行为（机车与火

---

① См.: Приложение（тексты четырёх советских Конституциий）// Ю. С. Кукушкин, О. И. Чистяков. Очерк развития советских конституций. М: Изд. Политическая литература. 1987, С. 239 – 315.

② См.: Учреждение и развитие советской прокуратуры // В. М. Семёнов. Право – охранительные органы В СССР（издание первое）. М: Изд. Юридическая литература. 1990, С. 227 – 236.

车车厢的劣质维修行为等）的斗争，以保障铁路运输领域里的法治。[①] 但是，铁路运输的组织管理机关，均是根据线路原则、集中原则进行组织和活动的全联邦性机关。它们驻扎在由苏联交通人民委员部根据客货流选定的城市里，仅服从其上级组织和苏联交通人民委员部。内务人民委员部也是以这种形式组织自己在运输领域的机关体系，以完成其职权范围内的工作。交通人民委员部和内务人民委员部在运输领域的机关体系，也没有按照行政区划建立。另外，侵害法律所保护社会关系（财产、技术安全、社会秩序、公民生命与健康）的犯罪分子，也是跨地区实施犯罪活动的。许多盗窃、损坏、破坏货物的行为不是在同一地区实施的，犯罪行为也往往是在远离该地区的地方发现的。违反运输运行技术规则的行为在一个地区实施，而后果（火车失事、颠覆等）则发生在另一个地区。[②] 按照行政区划建立起来的区域性检察机关，无法对跨地区运输线上执行法律的情况实施有效地检察监督。针对这种情况，苏联中央执行委员会和人民委员会于 1930 年 11 月 27 日联合颁布了“关于铁路运输线法院和专门检察院的决议”。依照该决议的规定，苏联在各加盟共和国的检察机关体系中，设立了专门的铁路运输检察院。其目的，是加强与运输领域犯罪行为的斗争，使犯罪案件的审理更接近于犯罪现场以及缩短案件审理所需要的时间。[③]

应当指出的是，在建立统一苏联检察机关体系的这个过渡阶段里，加盟共和国颁布的关于成立铁路运输检察院的法律文件，要早于苏联。例如，早在 1923 年 1 月 1 日，依照俄罗斯联邦苏维埃社会主义共和国法院组织条例的规定，西伯利亚铁路局就下设了军事运输法庭和西伯利亚铁路运输检察院。军事运输法庭设立在鄂木斯克市。[④]

---

① См.: Советская прокуратура. М: Юрид. лит.. 1981, С. 40. См.: В. Н. Адриянов. Развитие органов транспортной прокуратурыы с учётом последних изменений российского законодательства// Сборник научных статей международной конференции на теме “Реформа прокурорского института государств на переходнм периоде от системы плановой экономики к системе рыночной экономики” ЮИ чжэнчжоуского университета 2009года.

② См.: Создание и развитие росийской прокуратуры как государственного надзорного института// Под редакции А. Я. Сухорева. Прокурорский надзор. М: Норма. 2005, С. 44 – 49.

③ См.: Там же.

④ См.: В. В. Сазонов. Страницы истории прокурорского надзора на транспорте и в таможенной сфере Восточной Сибири.

作为建立统一的苏联检察机关体系的第二阶段，是撤销苏联最高法院检察院，建立一个独立的苏联检察院。① 1933 年 6 月 29 日，苏联中央执行委员会和人民委员会联合颁布了《关于成立苏联检察院的决议》。1933 年 12 月 17 日，又进而通过了《苏联检察院条例》。《苏联检察院条例》是在 20 世纪 30 年代中期创立苏联社会主义模式的背景下制定的，它进一步扩大和强化了苏联的检察机关。② 例如，《苏联检察院条例》规定，苏联检察院拥有下述五种权限：对苏联和各加盟共和国的主管部门以及地方各级国家机关的决议与命令，是否符合苏联宪法和苏联政府决议实施监督；对各加盟共和国司法机关是否正确和一致地适用法律实施监督，并有权对各级法院的民刑事判决提出异议以及中止其执行；在苏联境内各司法审级提起刑事追诉并出庭支持公诉；对国家政治总局、民警局、刑事侦查和劳动改造机构的活动是否合法和正确实施监督（根据专门条例实施监督）；对各加盟共和国检察机关的活动实施一般领导。

在这一阶段里，为了与水上运输领域的违法行为进行斗争，保障水上运输领域里的法治，苏联中央执行委员会和人民委员会于 1934 年 6 月 7 日联合颁布了关于组建水上运输法院和水上运输检察院的决议。依照该决议的规定，作为苏联组成中加盟共和国的俄罗斯社会主义联邦苏维埃共和国的中央执行委员会和人民委员会于 1934 年 10 月 10 日联合颁布决议，在本加盟共和国内组建了水上运输法院和水上运输检察院。1936 年 4 月 7 日，苏联中央执行委员会和人民委员会联合颁布的决议进一步规定，水上运输检察院转交给苏联检察院直接领导。③ 当时，苏联检察院机关内部设立的机构有：军事总检察院、铁路运输总检察院、水上运输总检察院、一般监督处、刑事司法处、民事司法处、侦查处、专门案件处、羁押场所监督处、申诉处、干部处、核算和信息处、特

---

① См.：Создание и развитие росийской прокуратуры как государственного надзорного института// Под редакции А. Я. Сухорева. Прокурорский надзор. М：Норма. 2005，С. 44 – 49.

② 当时的苏联检察院，即联盟国家一级的检察机关。

③ См.：Учреждение и развитие советской прокуратуры // В. М. Семёнов. Право – охранительные органы В СССР（издание первое）. М：Изд. Юридическая литература. 1990，С. 227 – 236；Развитие прокурорского надзора в России（исторический очерк）// Под редакции О. К. Галустьяна，А. П. Кизлыка，А. В. Ендольцевой. Прокурорскй надзор. М：Закон и право. 2006，С. 19 – 77.

殊工作处、事务局、秘书处。①

作为建立统一的苏联检察机关体系的第三阶段，即彻底完成阶段，是1936年7月20日，苏联中央执行委员会和苏联人民委员会联合颁布了关于组建联盟—共和国性质的苏联司法人民委员部决议。该决议规定，各加盟共和国和自治共和国的检察机关从相应加盟共和国和自治共和国的司法人民委员部中划分出来，直接隶属于苏联检察长，以使各级检察机关的联合进程彻底完成。② 依照该决议的规定，苏联中央检察机关和地方各级检察机关的内部机构也进行了相应的改组。1936年年底，联盟国家一级检察机关（苏联检察院）下设10个分支机构。它们分别是：军事总检察院、铁路运输总检察院、水上运输总检察院、一般监督处、刑事司法处、民事司法处、侦查处、专门案件处、监所监督处、申诉处。直接受苏联检察长领导的有：负责完成特别委托的检察长、负责重大案件的侦查员、各种专家和顾问。各加盟共和国、自治共和国、边疆区、州检察院的内部机构，与苏联检察院的内部机构类同。③

至此，由苏联检察院的铁路运输总检察院、水上运输总检察院，各加盟共和国的铁路运输总检察院、水上运输总检察院，州级（自治共和国、边疆区、州、联邦直辖市）铁路运输检察院、水上运输检察院以及区（市）铁路运输检察院、水上运输检察院四级组成的统一的苏联运输检察机关体系基本确立。应当指出，苏联当时建立的是单个种类的运输检察院（铁路运输检察院、水上运输检察院）。这种运输检察机关体系符合当时的经济发展水平，符合铁路运输线、水上运输线是苏联最主要运输线的国情。

（二）苏联运输检察制度在卫国战争时期的改组

1. 1936年苏联宪法进一步强化和发展了苏联检察机关

① См.: Создание и развитие росийской прокуратуры как государственного надзорного института// Под редакции А. Я. Сухорева. Прокурорский надзор. М: Норма. 2005, С. 44 – 49.

② 依照1924年苏联宪法第74条的规定，联盟国家各人民委员部可以划分为全联盟人民委员部和联盟—共和国人民委员部两类。司法部是联盟—共和国人民委员部，它依照1924年苏联宪法第76条的规定，通常通过加盟共和国同名的人民委员部领导委托给它的国家管理部门。但是，它可以依照苏联中央执行委员会主席团批准的名单，直接管理少数大型企业。См.: Приложение （тексты четырёх советских Конституциий） // Ю. С. Кукушкин, О. И. Чистяков. Очерк развития советских конституций. М: Изд. Политическая литература. 1987, С. 239 – 315.

③ См.: Учреждение советской прокуратуры и основные этапы её развития // Под редакции Н. А. Баженова. Организация суда и прокуратуры в СССР. М: Изд. Юридическая литература. 1988, С. 152 – 163.

1936年12月5日，苏联苏维埃代表大会通过了新的《苏联宪法（根本法)》。首次确认苏联社会主义模式的1936年苏联宪法，使苏联检察机关得到了进一步的强化和发展。例如，1936年苏联宪法第九章《法院和检察机关》确认了苏联检察机关体系的集中统一原则、独立行使职能不受任何地方国家机关干涉原则等。其最鲜明的体现有两点：一是苏联检察长由苏联最高苏维埃任命，每届任期7年，而苏联最高苏维埃每届任期5年；二是苏联检察长任免各加盟共和国检察长，无须与相应加盟共和国最高苏维埃协商。各边疆区、州、自治共和国和自治州检察长的任免权，也由各加盟共和国检察长转交给了苏联检察长。上述检察长的每届任期均为5年。而自治专区、区（市）检察长开始由相应加盟共和国检察长任命，但须提交苏联检察长批准，每届任期也为5年。

2. 卫国战争时期铁路运输检察机关和水上运输检察机关的改组

1936年苏联宪法颁布后，本来应该颁布包括苏联检察监督条例在内的各种国家机关组织法，使宪法原则得以具体化。但是，德国法西斯的侵略打断了这一进程。1941年6月22日，苏联最高苏维埃主席团发布了《关于实施战争状态的命令》。在实施战争状态时期，即卫国战争时期，战胜德国法西斯的侵略，是苏联各族人民的总任务。为了完成这一总任务，苏联检察机关体系的各级机关进行了必要的改组。① 例如，依照《关于实施战争状态的命令》的规定，在宣布实施战争状态的地区，区域性检察机关均改组为军事检察机关。在铁路运输和水上运输领域于1943年开始实施战争状态后，铁路运输检察机关和水上运输检察机关在组织上也被划入军事检察机关体系，由红军军事总检察长领导。为了强化纪律和执行纪律，也为了提高检察机关的威望和作用，苏联最高苏维埃主席团于1943年9月16日发布命令，授予检察机关体系各级机关的检察长和侦查员以军衔。检察长和侦查员也开始穿苏联红军制服。

1945年卫国战争获得胜利、1946年运输领域撤销战争状态后，军事铁路运输检察机关和军事水上运输检察机关被重新恢复为普通运输检察机关。②

3. 卫国战争胜利后检察机关的强化和发展

1945年卫国战争获得胜利后，正确贯彻执行1936年苏联宪法的宪法原则，

---

① См.: Ведомости Верховного Совета СССР. 1941. № 29; 1943. №39//В. М. Семёнов. Право - охранительные органы В СССР (издание первое). М: Изд. Юридическая литература. 1990, С. 227 - 236; Краткая история учреждения, организации и деятельности прокуратуры //В. И. Басков, Б. В. Коробейков. Курспрокурорского надзора. М: Зерцало. 2001, С. 22 - 44.

② См.: Там же.

进一步强化和发展检察机关的问题被提上工作日程。苏联最高国家权力机关（苏联最高苏维埃及其主席团）在这一方面采取了一系列措施。例如，1946 年 3 月 19 日和 1947 年 2 月 25 日，苏联最高苏维埃先后通过法律，将苏联检察长更名为苏联总检察长，同时将各人民委员部更名为部。① 1955 年 5 月 24 日，苏联最高苏维埃主席团发布命令，批准了苏联检察机关史上第一个《苏联检察监督条例》。② 制定和通过《苏联检察监督条例》的目的，是恢复检察机关体系各级机关的组织和活动原则，在查明和消除违法行为方面，特别是在一般监督领域，在实施初步调查和预审阶段，以及在对劳动改造机构的活动是否合法方面赋予苏联总检察长及其下属各级检察长以补充权限。例如，《苏联检察监督条例》依据 1936 年苏联宪法首次规定，苏联总检察长对一切执行权力机关和公民是否准确地执行法律实施"最高监督"；苏联检察机关体系的各级机关构成由苏联总检察长领导的，下级检察长服从上级检察长的集中统一体系。《苏联检察监督条例》还首次规定了侦查机关的法律地位。1959 年 2 月 27 日，苏联最高苏维埃主席团又发布命令，首次规定在苏联检察院和各加盟共和国检察院里设立检察委员会。检察委员会的会议审议下述问题：检察侦查干部的挑选、配备和教育问题；苏联总检察长命令和指示的执行问题；对在检察机关体系各级机关里的执行情况组织监督；下级检察长关于其进行的加强法制和组织反犯罪斗争的工作报告以及与检察机关活动相关的其他重要问题。③

1955 年《苏联检察监督条例》一直生效了 25 年。它在加强社会主义法制，健全社会主义民主方面发挥了重要作用。

---

① См.：Развитие прокурорского надзора в России（исторический очерк）// Под редакции О. А. Галустьяна，А. П. Кзлыка，А. В. Едольцевой. Прокурорсий надзор（третье издание）. М：Закон и право . 2006，С. 37 – 77.

② См.：Развитие прокурорского надзора в России（исторический очерк）// Под редакции О. А. Галустьяна，А. П. Кзлыка，А. В. Едольцевой. Прокурорсий надзор（третье издание）. М：Закон и право . 2006，С. 37 – 77.

③ См.：Краткая история учреждения ，организации и деятельности прокуратуры / В. И. Басков，Б. В. Коробейков. Курс прокурорского надзора. М：Зерцало. 2001，С. 22 – 44；Создание и развитие росийской прокуратуры как государственного надзорного института// Под редакции А. Я. Сухорева. Прокурорский надзор. М：Норма. 2005，С. 44 – 49.

（三）苏联运输检察制度的变化与发展

1. 运输检察机关体系的撤销

1960 年 3 月 3 日，苏联最高苏维埃主席团发布《关于撤销运输检察机关的命令》。依照该命令的规定，运输检察机关被撤销，其职能被转交给区域性检察机关（加盟共和国检察机关体系的各级机关）。但是，该命令授权苏联总检察长在必要时，建立一些独立的，拥有区级检察院权限，并隶属于相应区域性检察院检察长的铁路运输检察院和水上运输检察院。①

随着经济发展水平的提高，铁路运输和水路运输的作用急剧提高，需要加强反运输领域犯罪行为的斗争，以保障铁路运输线和水上运输线的畅通无阻。另外，1960 年撤销运输检察机关体系后，对护法机关反盗窃货物斗争的实践充分表明，没有检察机关对不同地区护法机关的协调行动，很难有高效的反盗窃货物的行动。② 因此，在撤销运输检察机关体系后不久的 1961 年，在某些边疆区、州里，便重新成立了一些区级运输检察院。例如，在俄罗斯联邦的哈巴罗夫斯克边疆区、列宁格勒市和乌克兰的敖德萨州里，就重新成立了一些区级运输检察院。③

2. 区级运输检察院的大批重建

20 世纪 70 年代中期，苏联依靠日益增强的经济和国防实力，挤入了“世界两个超级大国”的行列。当时，勃列日涅夫为首的苏共中央错误地认为，苏联已建成了发达社会主义社会。在发达社会主义社会里，苏维埃国家发展成为社会主义全民国家，无产阶级专政已完成了自己的历史使命，没有必要存在了。由于当时苏联经济实力日益增强，客货运输量显著增长。另外，由于在理论上和法律上取消了无产阶级专政，包括运输领域在内的社会各个领域的法制水平低下，治安混乱。运输领域治安混乱的主要表现，是恶性事故频发，运输过程中货物被盗窃的案件数量增长，特别是进出口货物被盗窃的案件数量增长。所有这些，都把大批重建运输检察机关的问题提上了工作日程。1977 年 2

---

① См.：Развитие прокурорского надзора в России（исторический очерк）// Под редакции О. А. Галустьяна，А. П. Кзлыка，А. В. Едольцевой. Прокурорсий надзор（третье издание）. М：Закон и право . 2006，С. 37 – 77.

② 在苏联时期以及当代的俄罗斯联邦，检察机关体系的各级机关，其中包括运输检察机关体系的各级机关，都拥有协调各种护法机关（苏联时期为广义上的司法机关）反犯罪斗争的职能。

③ См.：Создание и развитие росийской прокуратуры как государственного надзорного института// Под редакции А. Я. Сухорева. Прокурорский надзор. М：Норма. 2005，С. 44 – 49.

月 28 日，苏联总检察长签发《关于组建运输检察院工作的命令》。[①] 依照该命令重新成立的运输检察院，拥有区级检察院的权限，但直接隶属于加盟共和国检察院的检察长。

3. 运输检察机关体系的重新恢复

1977 年 10 月 7 日，第九届苏联最高苏维埃通过了新的《苏联宪法（根本法）》。进一步强化苏联社会主义模式的 1977 年苏联宪法，在关于苏联检察机关法律地位的规定上有两大特点。[②] 一是它以一个专章的篇幅（第 164—168 条）确认了检察机关的法律地位。二是它进一步强化了检察机关的集中统一原则。例如，第 168 条规定，"各级检察机关独立地行使自己的职权，不受任何地方机关的干涉，只服从苏联总检察长"。又如，第 164 条在苏联宪法史上首次规定，检察机关不仅对是否"准确地"，而且对是否"一致地"遵守法律实施最高监督。这种规定对地域辽阔、民族众多的苏联来说，是非常重要的。再如，1936 年苏联宪法将实施最高监督权仅划归苏联总检察长，而 1977 年苏联宪法则首次规定，各级检察长都有权对是否准确和一致地遵守法律实施最高监督。这里的"最高监督"一词，有三层含义：一是指这种监督是以最高国家权力机关（苏联最高苏维埃）的名义，并根据法制原则、集中原则、不受地方机关干涉原则实施的。二是与其他国家机关、主管部门和组织的监督相比，检察机关的监督具有最高性。三是苏联总检察长的宪法地位体现了检察机关监督的最高性。1977 年苏联宪法第 165 条规定，"苏联总检察长由苏联最高苏维埃任命，对它负责并报告工作，而在最高苏维埃闭会期间，对苏联最高苏维埃主席团负责并报告工作"。[③] 这就是说，除最高国家权力机关本身外，任何一个国家机关和任何一个公职人员都不能对苏联总检察长做出的决定施加影响。

1977 年苏联宪法首次规定，"检察机关体系各级机关的组织和活动，由苏联检察机关法予以规定"。1979 年 11 月 30 日，苏联最高苏维埃依据苏联宪法

---

① См.: Краткая история учреждения организации и деятельности прокуратуры // В. И. Басков, Б. В. Коробейков. Курс прокурорского надзора. М: Зерцало. 2001, С. 22 - 44.

② 1977 年苏联宪法文本，见刘向文译：《苏联宪法和苏维埃立法的发展（立法汇编）》，法律出版社 1987 年版，第 239—264 页。

③ См.: Краткая история учреждения организации и деятельности прокуратуры // В. И. Басков, Б. В. Коробейков. Курс прокурорского надзора. М: Зерцало. 2001, С. 22 - 44.

通过了《苏联检察机关法》。[①] 随着《苏联检察机关法》的颁布，检察长和侦查员活动的公开原则、民主原则和合议制原则得到进一步完善。例如，《苏联检察机关法》首次规定，在苏联军事总检察院、州级检察院（自治共和国、边疆区、州、联邦直辖市的检察院）以及自治州检察院里，设立检察委员会。《苏联检察机关法》在规定检察机关体系时指出，在铁路运输、水上运输和航空运输领域里组建运输检察院。

1980 年 11 月 5 日，苏联总检察长依据《苏联检察机关法》的上述规定，签发了《关于组建运输检察院的命令》。依照该命令的规定，苏联在铁路运输、水上运输和航空运输领域成立了拥有州级检察院权限的跨地区运输检察院。[②] 跨地区运输检察院对已经存在的区级运输检察院的工作，实施领导和监督。跨地区运输检察院按照其所在地的加盟共和国属性，隶属于相应的加盟共和国检察院检察长。[③] 而在加盟共和国检察院的机关里，设立运输领域法律执行情况监督处。在苏联总检察院里，也设立了相应的处。后来，苏联总检察院运输领域法律执行情况监督处，被升格为运输领域法律执行情况监督局。就这样，一个下级检察长严格服从上级检察长的运输检察机关体系，在苏联检察机关体系中重新组建起来。[④]

当时，运输检察机关承担了众多职责。其中包括：侦查在铁路运输、水上运输和航空运输领域已实施的犯罪；对初步调查机关和预审机关活动中执行法律的情况实施监督；对运输警察局各级机关在行政活动中执行法律的情况实施监督；对各种运输组织公职人员执行法律的情况，以及所颁布法律文件是否合法实施监督；参加法院对与运输领域违法行为相关的刑事案件和民事案件的审

---

① 1979 年苏联检察机关法文本，载刘向文译：《苏联宪法和苏维埃立法的发展（立法汇编）》，法律出版社 1987 年版，第 239—264 页。

② См.：В. В. Сазонов. Страницы истории прокурорского надзора на транспорте и в таможенной сфере Восточной Сибири.

③ 苏联当时是由 15 个加盟共和国组成的统一的联邦制国家。15 个加盟共和国的面积、人口规模差别很大。例如，俄罗斯联邦的面积占整个苏联面积的三分之二。亚美尼亚的面积相当于俄罗斯联邦面积的五百七十七分之一。См.：Административно – териториальное устройство союзных республик СССР// Президиум Верховного Совета СССР. Известия. 1987.

④ См.：Краткая история учреждения организации и деятельности прокуратуры // В. И. Басков，Б. В. Коробейков. Курс прокурорского надзора. М：Зерцало. 2001，С. 22 – 44.

理等。①

4. 运输检察机关体系的进一步完善

1987 年 10 月 2 日，苏联总检察长依据《苏联检察机关法》签发《关于根本改革运输检察院活动的第 72 号命令》。该命令指出，运输检察机关体系的重组，强化了国民经济运输领域里的法治。但是，部分运输检察院常常放弃原则立场，以迎合地方政府和主管部门。许多运输检察院的检察长忙于一些意义不大的检查，分散了在检察监督主要方向上的精力。因而对运输领域执行法律情况的监督，没能起到应有的预防作用。运输检察院侦查分支机构侦破案件的效率低下。为了解决上述问题，苏联总检察长在命令中，指明了进一步完善运输检察机关活动的基本方向。例如，制止与国民经济利益相违背的行为；捍卫法制原则和社会公正原则，以免遭受地方利益的冲击；保证对各种运输工具安全运行法的执行情况实施有效地监督；竭尽全力保护运输过程中的国民经济物资；强化运输领域反犯罪、反酗酒、反违反劳动纪律的斗争；提高运输检察院检察长参加法院民刑事案件审理的效率，以有助于法院作出合法的和证据充足的裁决。②

应当指出的是，在苏联解体前的一段时间里，苏联检察机关体系有所扩大。例如，苏联检察机关体系里的专门检察机关，除了军事检察机关和运输检察机关外，还增设了自然保护检察机关、监督劳改机构遵守法律情况的检察机关以及在特殊制度客体中设立的检察机关。③

三、俄罗斯联邦现行运输检察制度的确立

在 1993 年“十月事件”十周年纪念日，俄罗斯联邦国家机关报以头版头条大字标题公开宣布：“俄罗斯的资产阶级民主革命以 1991 年‘8·19 事件’为开端，并在 1993 年‘十月事件’中胜利结束。”④ 1993 年 12 月 12 日通过的俄罗斯联邦现行宪法，作为俄罗斯资产阶级民主革命胜利的产物，指明了将俄罗斯改造为资本主义宪政国家的前进方向。⑤ 但是，俄罗斯联邦作为苏联的“法定继承国”，不可能和“过去”一刀两断，其法律制度仍然继承 60%—70%

---

① См.: Там же.

② См.: Там же.

③ См.: Система и структура органов прокуратуры // В. М. Семёнов. Право – охранительные органы В СССР（издание первое）. М: Изд. Юридическая литература. 1990, С. 249 – 264.

④ См.: Рос. газ. – 2003. – 3 октября.

⑤ Конституция Российской Федерации // Рос. газ. – 1993. – 25 декабря.

的苏联法律传统。俄罗斯联邦的现行运输检察制度，就是在继承苏联运输检察制度的基础上，并根据当代俄罗斯联邦的国情建立起来的。

（一）俄罗斯联邦独立初期的运输检察机关

1991年年底，苏联解体，俄罗斯联邦独立。1991年11月5日，俄罗斯苏维埃联邦社会主义共和国最高苏维埃通过了《关于组建俄罗斯联邦统一检察机关体系的决议》。1992年1月17日，俄罗斯联邦最高苏维埃通过了《俄罗斯联邦检察机关法》。① 与1979年《苏联检察机关法》相比，1992年《检察机关法》关于检察机关性质、任务、活动原则、职权范围等方面的规定发生了一定的变化。例如，1992年《检察机关法》删除了《苏联检察机关法》中的"社会主义"字眼；规定"检察机关工作人员不得是追求政治目标的社会联合组织的成员，并不得参加它们的活动"；"禁止追求政治目标的社会联合组织在检察机关体系各级机关和机构里的成立和活动"；检察机关不再具有审判监督职能，但有参加法院案件审理的职能，并具有对法院裁决提出上诉权和依照审判监督程序提出抗诉权等。但是，1992年《检察机关法》在任务、组织和活动原则、职权范围、检察机关体系等大多数内容上，继承和发展了1979年《苏联检察机关法》。②

1992年《检察机关法》第11条规定，检察机关体系各级机关和机构的成立、改组和撤销，其地位和职权范围的确定，均由俄罗斯联邦总检察长予以决定。依据《检察机关法》的上述规定，俄罗斯联邦总检察长于1993年11月11日签发第34号命令，决定了运输检察机关对执行法律情况实施监督的对象和范围。具体地说，运输检察机关体系的各级机关负责：（1）对企业、组织、机构，社会联合组织，海洋运输署，内河运输署，航空运输署，海洋船舶和内河船舶登记局的公职人员所颁布法律文件的合法性以及执行法律的情况实施监督，而不管其所有制形式和主管部门属性如何。（2）对运输领域的初步调查机关和预审机关执行法律的情况实施监督。（3）对在铁路路基、火车站、站台、河港、海港、码头、栈桥、机场、火车车厢里实施的刑事犯罪案件，对俄罗斯联邦交通部，俄罗斯联邦运输部、海洋船舶和内河船舶登记局所属铁路运输、航空运输、海洋运输和内河运输企业、组织、机构工作人员实施的职务犯罪实

① Федеральный закон《Закон о прокуратуре Росийской Федерации》（с изменениями и дополнениями）// См.: Приложение. Под редакцииЮ. Е. Винокурова. Прокурорский надзор · М: Юрait. 2008.

② 详见刘向文：《兼谈俄罗斯联邦检察制度及其对我国的启示》，载刘向文译：《检察监督》的译者前言，中国检察出版社2009年版，第1—10页。

施审判前侦查。(4) 鉴于撤销了铁路线法院，由运输检察机关体系各级机关侦查的刑事案件，按照法院的管辖送达相应的区域性法院审理。在区域性法院审理上述刑事案件时，运输检察院的检察长出庭支持公诉。运输检察院的检察长还在自己的职权范围内参加法院民刑事案件的审理，并在这些法院作出非法的和证据不足的裁决时提出上诉异议。在某些法定情况下，在将刑事案件送达相应的区域性法院后，运输检察院的检察长还有权将此案件向相应的区域性检察院检察长做出通报，以便后者出庭支持公诉。①

(二) 运输检察机关新一轮的缩编和改组

20 世纪 90 年代初到 20 世纪末，联邦主体的分立活动，对俄罗斯联邦的统一构成了严重威胁。2000 年 5 月普京就任总统后，马上采取一系列措施，“围剿”与联邦宪法、联邦法律相抵触的联邦主体法律文件。其中一个重要措施，就是 2000 年 5 月 13 日普京签署第 849 号总统令，批准了《俄罗斯联邦总统驻联邦区全权代表条例》。② 自该命令生效之日起，俄罗斯联邦领土划分为与传统经济区基本吻合的 7 个联邦区，每个联邦区下辖 6—17 个联邦主体不等。与上述总统令相适应，俄罗斯联邦总检察长于 2001 年 6 月 5 日签署《关于成立俄罗斯联邦总检察院驻联邦区各总局的第 98^4 号命令》。③ 在各联邦主体按照俄罗斯联邦总统驻相应联邦区全权代表的统一部署，“围剿”与联邦宪法、联邦法律相抵触的联邦主体法律文件的大氛围下，俄罗斯联邦总检察长于 2001 年 1 月 22 日签署了《关于对运输领域和海关机关执行法律情况实施检察监督

---

① См.: Краткая история учреждения организации и деятельности прокуратуры // В. И. Басков, Б. В. Коробейков. Курс прокурорского надзора. М: Зерцало. 2001, С. 22 - 44.

② 详见刘向文:《谈俄罗斯联邦总统驻联邦区全权代表制度》，载中国社科院主办的《俄罗斯东欧中亚研究》2001 年第 6 期。

③ См.: Развитие прокурорского надзора в России (исторический очерк) // Под редакции О. А. Галустьяна, А. П. Кзлыка, А. В. Едольцевой. Прокурорсий надзор (третье издание). М: Закон и право. 2006, С. 37 - 77.

的组织进行改革和对运输检察院进行改组的命令》。[①] 依照俄罗斯联邦总检察长的上述命令，相当于区级检察院的运输检察院隶属于相应联邦主体检察院的检察长，州级的跨地区运输检察院被撤销。

（三）现行运输检察机关体系的确立

1. 21 世纪的新形势、新措施

与20 世纪二三十年代相比，21 世纪初的经济发展水平已大大提高。仅铁路运输线是国家主要运输线，仅设立铁路运输检察机关以保障铁路运输和海关领域法治的时代，已经一去不复返了。目前，铁路运输线、内河运输线、海洋运输线、航空运输线均已成为国家的主要运输线，成为发展国民经济的生命线。俄罗斯联邦地域辽阔，上述四种运输线对保障国防安全、保障联邦统一和领土完整也具重要意义。所以，上述四种运输安全，也和国防安全、公共安全、经济安全、信息安全、生态安全等一样，是俄罗斯联邦国家安全的重要组成部分。应当指出的是，俄罗斯联邦目前还没有高速公路线，加之俄罗斯联邦地域辽阔，公路运输线尚未成为俄罗斯联邦的主要运输线。

正因为充分认识到运输领域对国计民生的重要意义以及高速公路运输严重滞后的现状，所以俄罗斯联邦近年来在运输领域先后采取了五大措施：一是在2003—2005 年实施行政体制改革时，将俄罗斯联邦交通部和俄罗斯联邦运输部合并为“大运输部”,[②] 以统一和加强对铁路运输、公路运输、航空运输、内水水上运输、海洋运输领域的国家主管部门监督（管道运输除外）；[③] 二是与实行上述“大部制”相适应，俄罗斯联邦总检察长于 2006 年 12 月—2007 年

---

① См. В. Н. Адриянов. Развитие органов транспортной прокуратурыы с учётом последних изменений российского законодательства// Сборник научных статей международной конференции на теме “Реформа прокурорского института государств на переходнм периоде от системы плановой экономики к системе рыночной экономики” ЮИ чжэнчжоуского университета 2009года; остановление Правительства РФ от 30 июля 2004г. № 398 ? Об утверждении Положения о Федеральной службе по надзору в сфере транспорта? // СПС Консультант Плюс. риказами Генерального прокурора Российской Федерации образованы транспортные прокуратуры. // Законность. 2007. С. 59 – 60.

② 刘向文：《谈俄罗斯联邦现任政府的机构改革》，载中国社科院主办的《俄罗斯东欧中亚研究》2005 年第 6 期，第 1—8 页。

③ 在俄罗斯联邦运输部的机构中，设有联邦运输监督局（俄罗斯运输监督局）。联邦运输监督局成为对运输法律的遵守情况实施监督的国家主管部门监督的管理机关（管道运输除外）。详见刘向文正在翻译中的《俄罗斯联邦运输部条例》等俄罗斯联邦运输法规汇编。

5月期间先后签发8个命令，决定建立“大运输检察机关”体系，[①] 并于2008年5月7日签发《关于划分区域性检察院、军事检察院和其他专门检察院检察长职权范围的第84号命令（附2009年3月31日作出的修改）》等，[②] 以协调和加强对铁路运输、航空运输、内水水上运输、海洋运输领域和海关机关执行法律情况的检察监督，保障上述四种运输线畅通无阻；三是制定颁布铁路运输立法、公路运输立法、航空运输立法、内水水上运输立法和海洋运输立法，并在21世纪最初10年内不断总结经验教训的基础上进一步完善上述立法；[③] 四是制定颁布2010—2015年联邦振兴铁路运输、公路运输、航空运输、内水水上运输和海洋运输的中长期发展规划；[④] 五是俄罗斯联邦反恐怖活动法明文规定，保障海洋运输安全和航空运输安全是反恐怖斗争主体（俄罗斯联邦国防部）的职责范围。俄罗斯联邦运输部仅在俄罗斯联邦法律和其他规范性文件所规定职权范围内参加反恐怖斗争。[⑤]

2. 新运输检察机关体系的确立

在上述五大措施中，应当较详细地谈谈俄罗斯联邦建立“大运输检察机关”体系的问题。上边已经谈道：2000年5月13日，普京总统颁布命令，把俄罗斯联邦领土划分为7个联邦区，向每个联邦区派驻一名总统全权代表。这7个联邦区分别是：中部联邦区（中心为莫斯科市）、西北联邦区（中心为圣彼得堡市）、南部联邦区（中心为顿河畔罗斯托夫市）、伏尔加河沿岸联邦区（中心为下诺夫哥罗德市）、乌拉尔联邦区（中心为叶卡捷琳堡市）、西伯利亚

---

① 见俄罗斯联邦总检察长关于成立8个跨联邦主体运输检察院的8个命令。Консультант Плюс「Электронный ресурс」: справочно—правовая система.

② См. : Там же.

③ 在苏联时期，制定颁布了铁路运输立法、公路运输立法、海洋运输立法、内水水上运输立法和航空运输立法。目前，与苏联解体、俄罗斯联邦独立相适应，与全面振兴俄罗斯联邦经济，出台铁路运输、公路运输、内水水上运输、海洋运输和航空运输的中长期发展规划相适应，俄罗斯联邦重新制定颁布并进一步完善了铁路运输立法、公路运输立法、海洋运输立法、内水水上运输立法和航空运输立法。译者收集和翻译的俄罗斯联邦上述五种运输立法汇编，寻找资助出版者。

④ Федеральная целевая программа развития системы транспортов России в 2010—2015 гг. // Рос. газ. —2008. —29 августа. № 183 (№ 4740).

⑤ 详见刘向文：《谈俄罗斯联邦反恐怖活动立法》，载《公安研究》1998年第4期。

联邦区（中心为新西伯利亚市）、远东联邦区（中心为哈巴罗夫斯克市）。① 与此相适应，俄罗斯联邦总检察长于2001年6月5日签署了《关于成立俄罗斯联邦总检察院驻联邦区各总局的第98^{4}号命令》。② 该命令规定，成立俄罗斯联邦总检察院驻7个联邦区的7个总局，分别由一名俄罗斯联邦副总检察长领导。③

2006年12月16日、2007年4月27日和5月11日，俄罗斯联邦总检察长又先后签发6个命令，决定成立莫斯科跨地区运输检察院（驻地为莫斯科市）、西北运输检察院（驻地为圣彼得堡市）、南部运输检察院（驻地为顿河畔罗斯托夫市）、伏尔加河沿岸运输检察院（驻地为下诺夫哥罗德市）、乌拉尔运输检察院（驻地为叶卡捷琳堡市）、远东运输检察院（驻地为哈巴罗夫斯克市）。以上6个跨地区运输检察院及其驻地，都与6个联邦区及其中心城市完全相吻合。值得指出的是，2007年5月11日，俄罗斯联邦总检察长还先后签发第81号和第82号命令，成立了西西伯利亚运输检察院（驻地为新西伯利亚市）和东西伯利亚运输检察院（驻地为伊尔库茨克市）。上述两个跨地区运输检察院，均位于中心城市为新西伯利亚市的西伯利亚联邦区辖区内。其主要原因，是西伯利亚联邦区比其他联邦区地域更加辽阔。而且，在历史上也曾有这样两个跨地区运输检察院。例如，俄罗斯联邦现任总检察长Ю.Я.恰依卡，就曾经于1990—1992年担任东西伯利亚运输检察院（驻地为伊尔库茨克市）的检

---

① 俄罗斯联邦当时是由89个联邦主体组成的统一的联邦制国家。中部联邦区下辖18个联邦主体；西北联邦区下辖11个联邦主体；南部联邦区下辖13个联邦主体；伏尔加河沿岸联邦区下辖15个联邦主体；乌拉尔联邦区下辖6个联邦主体；西伯利亚联邦区下辖16个联邦主体；远东联邦区下辖10个联邦主体。详见刘向文：《谈俄罗斯联邦总统驻联邦区全权代表制度》，载中国社科院主办的《俄罗斯东欧中亚研究》2001年第6期。

② См.: Развитие прокурорского надзора в России (исторический очерк) // Под редакции О. А. Галустьяна, А. П. Кзлыка, А. В. Едольцевой. Прокурорсий надзор (третье издание). М: Закон и право. 2006, С. 37－77.

③ 由于21世纪以来实施联邦结构改革，俄罗斯联邦主体由原来的89个合并为83个。每个联邦区包含的联邦主体数量发生变化，每个跨地区运输检察院下辖的联邦主体数量也发生了变化。详见刘向文、张璐：《俄罗斯联邦主体的合并及其对我国的启示》，载《郑州大学学报》2007年第6期以及中国人民大学报刊复印资料《宪法学·行政法学》2008年第1期。俄罗斯联邦目前的83个主体，详见俄罗斯联邦现行宪法的最新文本Приложение к тексту Конституции Российской Федерации от 25 декабря 1993 года, с изменениями от 30 декабря 2008 года //〔Электронный ресурс〕http://www.rg.ru/2009/01/21/konstitucia-dok.html.

察长。① 依照俄罗斯联邦总检察长上述 8 个命令的规定，8 个跨地区运输检察院共下辖 136 个区级运输检察院。② 就这样，俄罗斯联邦由三级组成的独立的现行运输检察机关体系正式确立。这三级分别是：由 7 名俄罗斯联邦副总检察长领导的俄罗斯联邦总检察院驻 7 个联邦区的 7 个总局，8 个跨地区运输检察院和 136 个区级运输检察院。③

笔者在这里之所以说俄罗斯联邦“建立”了新的运输检察机关体系，而不是“恢复”了运输检察机关体系，是因为俄罗斯联邦没有完全恢复苏联时期的运输检察机关体系。其主要表现，一是苏联总检察院中央机关内设立专门机构（运输领域法律执行情况监督局），作为苏联运输检察机关体系的最高一级；而目前由 7 名俄罗斯联邦副总检察长领导的俄罗斯联邦总检察院驻 7 个联邦区的 7 个总局，作为运输检察机关体系的最高一级。二是苏联在铁路运输、水上运输和航空运输领域组建运输检察院；④ 而俄罗斯联邦目前建立的 8 个跨地区运输检察院和 136 个区级运输检察院，均是有权对铁路运输、航空运输、内水水上运输、海洋运输领域和海关机关执行法律情况实施监督的“大运输检察院”。后者的名称不再是苏联时期的“铁路运输检察院”和“水上运输检察院”，而是“（地区名称）运输检察院”。但是，也应当指出，运输检察院的驻地，决定了其是否有权同时对铁路运输、航空运输、内水水上运输、海洋运输领域和海关机关执行法律的情况实施监督。例如，位于俄罗斯联邦内陆地区的运输检察院，不临海，所以无权对海洋运输领域执行法律的情况实施监督。

四、俄罗斯联邦运输检察制度对我国的启示

通过考察俄罗斯联邦运输检察制度的历史发展，我们不难看出，其发展进程中正反两方面的经验值得我们借鉴。

（一）不得以“接轨”为名，取消专门检察机关

苏维埃俄国的专门检察机关，其中包括军事检察机关、运输检察机关，是与区域性检察机关同时成立的。苏联成立后，除保留军事检察机关、运输检察机关等专门检察机关之外，还根据需要陆续建立了自然保护检察机关、劳动改

① См.：В. В. Сазонов. Страницы истории прокурорского надзора на транспорте и в таможенной сфере Восточной Сибири.

② См.：Консультант Плюс「Электронный ресурс」：справочно—правовая система.

③ 详见笔者将要发表的论文《俄罗斯联邦运输检察机关体系及其对我国的启示》。

④ См.：Система и структура органов прокуратуры // В. М. Семёнов. Право－охранительные органы В СССР（издание первое）. М：Изд. Юридическая литература. 1990，С. 249－264.

造机构的检察机关、专门制度客体的检察机关等,①以保障那些与国家行政区划不相吻合的,且对社会和国家生活具有重要意义的专门活动领域里的法治。第二次世界大战胜利前后诞生的社会主义国家（如东欧各国和中国等),也向20世纪50年代的苏联学习,建立起军事检察机关、铁路运输检察机关等专门检察机关。

应当指出的是,20世纪60年代初的苏联,曾一度撤销了整个运输检察机关体系,将运输检察机关的职能全部转交给区域性检察机关,即加盟共和国检察机关体系的各级机关。但是,铁路运输和内水水上运输领域的犯罪分子是跨地区（跨联邦主体）实施犯罪活动的。交通部和内务部在运输领域的机关体系,也不是按照联邦结构（联邦主体及其行政区划）建立起来的。撤销运输检察机关体系的后果,是导致整个运输领域的法制水平低下,治安混乱。因此,在撤销运输检察机关体系后不久的第二年（1961年),苏联便在某些边疆区、州里,重新成立了一些区级运输检察院。1977年,则在整个检察机关体系里重新组建了区级运输检察院。

苏联解体后,俄罗斯联邦继承了专门检察制度的建制,其中包括运输检察制度的建制。但是,2001年1月,俄罗斯联邦总检察长又撤销了州级的跨地区运输检察院,仅保留区级运输检察院,并使区级运输检察院隶属于相应联邦主体检察院的检察长。② 实践证明,对运输检察机关体系的上述改组,不利于对运输领域执行法律情况的检察监督,也不利于铁路运输的畅通无阻。针对上述情况,新上任的俄罗斯联邦总检察长于2006年12月—2007年5月期间先后签发8个命令,重新建立州级的跨地区运输检察院。③

俄罗斯联邦运输检察制度上述正反两方面的经验告诉我们,包括运输检察

---

① 这里所说的“专门制度客体”,往往指的是地图上没有标明的保密行政区域单位。如航天城、大的军工综合体驻地等。

② См. В. Н. Адриянов. Развитие органов транспортной прокуратурыы с учётом последних изменений российского законодательства// Сборник научных статей международной конференции на теме “Реформа прокурорского института государств на переходнм периоде от системы плановой экономики к системе рыночной экономики” ЮИ чжэнчжоуского университета 2009года; остановление Правительства РФ от 30 июля 2004г. № 398 ? Об утверждении Положения о Федеральной службе по надзору в сфере транспорта? // СПС Консультант Плюс. риказами Генерального прокурора Российской Федерации образованы транспортные прокуратуры. // Законность. 2007. С. 59 – 60.

③ 见俄罗斯联邦总检察长关于成立8个跨联邦主体运输检察院的8个命令。Консультант Плюс「Электронный ресурс」: справочно—правовая система.

机关在内的专门检察机关的建制，符合俄罗斯联邦的国情和历史传统，应当与区域性检察机关长期并存。草率地撤销整个运输检察机关体系，或撤销运输检察机关体系中的某一环节（如州级跨地区运输检察机关），都会给运输领域的法治建设造成重大损失，并给国民经济的发展造成重大损失。我国在检察制度改革的进程中，不仅不应当以与发达国家检察制度“接轨”为由，取消包括运输检察机关在内的专门检察机关，而且应当进一步强化和发展包括运输检察机关在内的专门检察机关。

（二）运输检察机关的发展应当与经济发展水平相适应

以俄罗斯联邦（苏联）的经济发展水平和运输检察机关的建制为标准，我们可以把运输检察制度的历史发展进程划分为下述三个阶段：（1）单一铁路运输检察机关的发展阶段（1934 年以前）。从 1917 年十月革命胜利到 1934 年社会主义工业化实现以前，多次遭受战争创伤的苏联经济刚刚恢复，发展水平还很低。苏联地域辽阔，火车是那一时期最主要的运输工具。只有保障铁路运输线畅通，才能保障国民经济的发展，才能提高军队调动潜能以时刻准备击溃来犯之敌。由于按照行政区划建立起来的区域性检察机关，无法对跨地区运输线上执行法律的情况实施有效地检察监督，所以当时在区域性检察机关之外成立了专门检察机关（铁路运输检察机关），以加强与铁路运输领域犯罪行为、违法行为的斗争。（2）多种运输检察机关同时并存阶段（1953 年 6 月以前）。在 1936 年苏联宪法生效期间，苏联经济有了较大发展。其主要表现是，在实现社会主义工业化的基础上，苏联国民生产总值占据了欧洲第一位，世界第二位。① 与此相适应，苏联国民经济在交通运输领域也有了较大发展。其主要表现是，不仅铁路的客货流量有了显著提高，而且内水水上运输、航空运输客货流量的上升趋势强劲。在这种形势下，为了保障在不同种类运输领域里的法治，苏联在保留铁路运输检察机关的基础上，又增设了单一种类的内水水上运输检察机关。这样一来，苏联出现了铁路运输检察机关、内水水上运输检察机关等多种单一种类运输检察机关同时并存的局面。（3）统一运输检察机关的发展阶段（1953 年 6 月以后）。单一种类的铁路运输检察机关、内水水上运输检察机关，一直工作到 1953 年。1953 年 6 月 24 日，苏联最高苏维埃主席团发布《关于合并铁路运输线法院和内水水上运输线法院、铁路运输线检察院和

① 在 1933 年时，苏联的国民生产总值已位于欧洲第一位，世界第二位。当时，苏联的国民生产总值相当于美国国民生产总值的 33%；到 1975 年时，苏联的国民生产总值仍然位于欧洲第一位，世界第二位。但苏联国民生产总值和美国国民生产总值的差距已大大缩小，前者已相当于后者的 75%。

内水水上运输线检察院以及苏联最高法院铁路运输审判庭和内水水上运输审判庭的命令》。有鉴于此，所有的运输检察院联合为苏联检察院组成中的统一的运输总检察院体系。[①] 从此之后一直到当代的俄罗斯联邦，均为统一运输检察机关的发展阶段。

俄罗斯联邦运输检察制度的上述发展阶段告诉我们，运输检察机关不是停滞不前、一成不变的，运输检察机关的改革和发展是与国家的经济发展水平相适应的。20 世纪 50 年代初，我国向当时的苏联学习，组建了单一种类的铁路运输检察院。目前，经过 60 年的社会主义建设，我国的经济发展水平大大提高。其主要表现是，国民生产总值有望超过日本，跃居世界第二位。在国民经济的交通运输领域，不仅铁路运输业有了很大发展，出现了高速铁路运输，而且航空运输业、内水水上运输业和海洋运输业均得到了迅速发展。尤其值得一提的是，我国公路运输业的发展，已远远超过俄罗斯联邦。高速公路网遍布全国，客货运输量显著提高。而在这种形势下，我们单一种类的铁路运输检察院却 60 年停滞不前、一成不变。我们现在应当借鉴俄罗斯联邦运输检察制度发展的经验，及时地把单一种类的铁路运输检察院改组为统一的运输检察院，即有权对当地铁路运输、高速公路运输、航空运输、内水水上运输、海洋运输和海关机关执行法律情况实施监督的运输检察院。上述改组，将大大加强我国铁路运输、高速公路运输、航空运输、内水水上运输、海洋运输领域的法治，保障相应运输领域的畅通无阻。上述改组，不仅有利于我国经济的高速发展，而且非常有利于我国的军事斗争准备。

（三）及时地总结区域性检察院领导相应运输检察院的经验教训

在俄罗斯联邦运输检察制度的发展进程中，曾经有三次将运输检察院划归相应的区域性检察院领导。前两次发生在苏联存在时期。其中，第一次是在 1960 年撤销整个运输检察机关体系、1977 年仅恢复区级运输检察院的背景下，苏联总检察长签发命令，将区级运输检察院划归相应的加盟共和国检察院直接领导。第二次是在 1960 年撤销整个运输检察机关体系、1980 年恢复州级跨地区运输检察院的背景下，苏联总检察长签发命令，规定区级运输检察院隶属于相应的州级跨地区运输检察院，并将州级跨地区运输检察院划归相应的加盟共和国检察院领导。而在加盟共和国检察院的机关里，设立运输领域法律执行情况监督处。在苏联总检察院里，也设立了相应的运输领域法律执行情况监督局。就这样，一个下级检察长严格服从上级检察长的运输检察机关体系，在苏

① См.：В. В. Сазонов. Страницы истории прокурорского надзора на транспорте и в таможенной сфере Восточной Сибири.

联检察机关体系中重新组建起来。①

第三次发生在当代的俄罗斯联邦。在2000—2001年各联邦主体按照俄罗斯联邦总统驻相应联邦区全权代表的统一部署，“围剿”与联邦宪法、联邦法律相抵触的联邦主体法律文件的大氛围下，俄罗斯联邦总检察长签署命令，再一次撤销州级的跨地区运输检察院，将区级运输检察院划归相应的联邦主体检察院领导。但是，在2006年12月—2007年5月期间，俄罗斯联邦总检察长又先后签发8个命令，重新组建了共领导136个区级运输检察院的8个跨地区运输检察院。而后者分别隶属于由7名俄罗斯联邦副总检察长领导的俄罗斯联邦总检察院驻7个联邦区的7个总局。就这样，一个独立的，由三级组成的运输检察机关体系再次建立起来。

综观俄罗斯联邦运输检察制度的发展进程，不难看出，将运输检察院划归相应的区域性检察院领导是暂时的。最终还是要组建起一个独立的，由三级（或四级）组成的运输检察机关体系。这符合俄罗斯联邦（苏联）运输检察制度的历史传统，也适应俄罗斯联邦社会现实生活的需要。

目前，在我国铁路运输检察机关改革的进程中，已决定将铁路运输检察机关划归相应的区域性检察院领导。笔者建议，应当让上述体制在我国运行一段时间，并及时地总结区域性检察院领导相应运输检察院的经验教训，以便进一步完善我国的运输检察制度。

（四）保障海洋运输和航空运输的安全是军事部门的职责范围

俄罗斯联邦反恐怖活动法明文规定，保障海洋运输安全和航空运输安全是反恐怖斗争主体（俄罗斯联邦国防部）的职责范围。俄罗斯联邦运输部仅在俄罗斯联邦法律和其他规范性文件规定的职权范围内参加反恐怖斗争。② 俄罗斯联邦国防部和我国国防部的职责范围不完全相同。但是，完全可以肯定，保障海洋运输安全和航空运输安全主要是有关军事部门的职责范围。笔者建议，我国一应当划拨大量的国家预算资金用于国防建设，二应当用法律形式明文规定保障海洋运输安全和航空运输安全的主体。只有这样，有关军事部门才能权责清楚地应对日趋频繁的恐怖活动，才能切实保障我国的海洋运输安全和航空运输安全。

---

① См.: Краткая история учреждения организации и деятельности прокуратуры // В. И. Басков, Б. В. Коробейков. Курс прокурорского надзора. М: Зерцало. 2001, С. 22－44.

② 详见刘向文：《谈俄罗斯联邦反恐怖活动立法》，载《公安研究》1998年第4期。

俄罗斯联邦运输检察机关的历史发展*

——以俄罗斯联邦立法的最新修改为视角

[俄] 安德里雅诺夫·瓦列里·尼古拉耶维奇 著

刘向文 译**

内容摘要：本文研究了俄罗斯联邦运输检察机关的产生与发展，运输检察机关在俄罗斯联邦检察机关体系中的地位，运输检察机关活动的法律基础，运输检察机关的职能和活动方向，对违法行为的反应形式，与运输监督机关、①区域性检察机关协调行动的形式。阐明了运输检察机关的存在对保障运输领域的法治和运输安全，对维护运输服务消费者权利的必要性和重要意义。探讨了运输检察机关法律地位进一步完善的途径。

关键词：俄罗斯联邦检察机关；运输检察机关；运输；监督

---

* 本译文，是郑州大学法学院刘向文教授主持的2009年度最高人民检察院理论研究重点课题《专门检察制度研究》的阶段性成果之一（项目编号为：GJ2009B13）。同时，本译文也是中国社会科学院法学研究所陈云生教授主持的2009年度最高人民检察院理论研究重大课题《中国特色社会主义检察制度的完善》的阶段性研究成果之一（项目编号为GJ2009A01）。

** [俄] 安德里雅诺夫·瓦列里·尼古拉耶维奇，俄罗斯联邦原国家三级司法参事（少将）、伊尔库茨克州运输检察院检察长、检察机关荣誉工作人员。现任俄罗斯联邦贝加尔国立经济法律大学宪法、行政法和海关法教研室主任、俄罗斯联邦功勋法学家、法学副博士、副教授。刘向文，法学博士，郑州大学法学院教授、博士生导师，郑州大学宪法与行政法研究中心主任、郑州大学俄罗斯法律研究中心主任。

① 译者注：在俄罗斯联邦运输部的机构中，设有联邦运输监督局（俄罗斯运输监督局）。联邦运输监督局成为对现行运输法律的遵守情况实施监督的国家主管部门监督的管理机关（管道运输除外）。

一、运输检察机关是俄罗斯联邦检察机关体系的重要组成部分

依照俄罗斯联邦宪法第129条和1992年1月17日通过的《俄罗斯联邦检察机关法》第1条的规定，俄罗斯联邦检察机关是以俄罗斯联邦的名义，对俄罗斯联邦宪法的遵守情况和俄罗斯联邦境内现行法律的执行情况实施监督的联邦集中统一的机关体系。① 其使命，是保障法律至高无上，保障法制的统一和加强法制，保护人和公民的权利与自由，以及保护法律予以维护的国家和社会的利益。

包括运输检察机关在内的各种专门检察机关，是俄罗斯联邦检察机关体系的重要组成部分。运输检察机关的建立，首先是因为要在不以国家行政区域划分为转移的法律关系领域（铁路运输、航空运输、海洋运输、内水水上运输）里，履行检察机关的相关职能。在上述法律关系领域里，建立并活动着许多经济组织和国家法律组织。这些组织的活动，不直接与联邦结构和行政区划相关联。

运输检察机关与其他的国家权力机关和地方自治机关一样，都是俄罗斯联邦运输体系的组成部分。受运输检察机关管辖的，有运输基础设施、运输工具、在运输活动领域实施运营的各种客体、运输劳务消费者的运输活动问题和运输安全问题。运输检察机关直属的侦查分支机构，负责侦查直接在运输客体上实施的，属于检察机关体系各种机关管辖的刑事犯罪案件，以及由运输客体工作人员，包括由各级运输内务机关工作人员实施的职务犯罪案件。

运输检察机关对铁路运输、航空运输、海洋运输、内水水上运输所有企业、机构和组织执行运输安全法的情况，恪守人和公民权利与自由的情况行使自己的权限，而不管上述企业、机构和组织属于何种所有制形式，隶属于何种主管部门。因此，运输检察机关的作用及其在运输领域工作的意义，与国家的运输安全问题密切相关。

二、俄罗斯联邦运输检察机关的产生与发展

俄罗斯联邦的检察机关经历了复杂的发展历程。俄罗斯联邦历史发展的进

---

① 译者注：依照俄罗斯联邦现行宪法的规定，目前，俄罗斯联邦是由83个联邦主体组成的统一的联邦制国家。俄罗斯联邦实行二级立法体制，即俄罗斯联邦制定颁布联邦宪法和联邦法律，俄罗斯联邦主体制定颁布联邦主体的宪法（宪章）和法律。这里所说的“俄罗斯联邦境内的现行法律”，不仅包括联邦现行法律，而且包括联邦主体的宪法（宪章）和法律。

程中，曾经经历了检察机关在国家和社会生活中发挥积极作用的几个时期和检察机关作用低落、得过且过的时期。运输检察机关也经历了所有这些时期。例如，它经历了毫无理由的撤销，后来又经历了艰难的重建，逐渐积累力量、积累工作技能和工作经验的时期，乃至逐步掌控对各种所有制形式的运输分支机构、各级运输内务机关执行运输法律情况实施检察监督的各个方向，其中包括在实际上，重新组织对各级海关机关执行法律情况的监督。

（一）铁路运输检察机关的建立

俄罗斯联邦检察机关的历史，同彼得大帝的名字紧密相连。彼得大帝在俄罗斯进行的改革，触动了国内法律遵守情况的监督。彼得大帝的卓越功勋，是他在俄罗斯第一次建立了专门用于监督和检查法律遵守情况的机关，即检察机关。关于建立检察机关的命令，于1722年1月12日签发。

在1917年十月革命以前的俄罗斯，检察监督是按照区域性特征建立起来的。因此，与运输相关的犯罪和事件，均在各省检察长和其他区域性检察长的监督下予以侦查。

1917年十月革命后，苏维埃政权颁布的关于法院的1号法令，曾经撤销了检察机关。但是，国家和社会生活的实践表明，新政权离开检察机关是不行的。所以，1922年5月28日，在第九届全俄中央执行委员会第三次会议上，通过了关于设立苏维埃检察机关的检察监督条例。该条例责成检察机关以国家的名义，对各种权力机关、经济机构、社会组织和私人组织以及个人的行为是否合法实施监督。实施监督的途径，是对犯罪人实施刑事追诉和对违法的决议提出异议。

从苏维埃检察监督存在的最初时期起，遵守铁路运输的纪律和运行安全规则，保障铁路运输和内水水上运输所运送国民经济物资的完整无缺，就是检察机关的任务之一。

苏联检察机关建立之前，就曾经设立了军事运输法庭。在检察机关建立以后，在这些法庭之下，曾经设立了隶属于共和国检察长的军事检察长职务。最初是军事运输革命法庭，后来是军事检察长，被赋予对运输线上遵守法制情况实施监督的职能。1923年年底，军事运输法庭（以及隶属于军事运输法庭的军事检察长职务）被撤销。区域性的检察机关开始对铁路运输和内水水上运输的遵守法制情况实施检察监督。

运输管理的组织体系，与国家的行政区域划分不相吻合。同时，运输在国民经济中的作用提高了。这就要求加强与造成火车颠覆、船舶沉没等事故的犯罪行为，与运输工作人员破坏劳动纪律的犯罪行为，以及与车辆和船舶的罢工行为，与机车和船舶的劣质维修与运营行为的斗争。1930年11月27日，苏联中央执行委员会和人民委员会颁布“关于铁路运输线法院和专门检察机关的决议”。依照该决议的规定，设立了专门的铁路运输检察院和铁路运输线法院。其实质，是加强与那些威胁运输工作的犯罪行为的斗争，使上述犯罪事件的审理更接近于犯罪现场和加速案件的审理。

在各加盟共和国、边疆区和州的检察院里，设立了对铁路运输犯罪案件实施监督的检察长职位。对上述检察长的活动，由苏联最高法院检察院实施直接领导。而在苏联最高法院检察院里，设立了运输案件庭。该庭检察官的职责，不仅包括查明实施犯罪的人，而且包括查明对具体运输部门案件的一般状况负有责任的人，亦在具有罪过的情况下，追究他们的责任。

（二）水上运输检察机关的建立

1933年6月20日，苏联中央执行委员会和人民委员会联合颁布决议，设立了苏维埃社会主义共和国联盟检察院（以下简称苏联检察院）。在此之后不久，即在1933年8月27日，苏联中央执行委员会和人民委员会又联合颁布了一个决议。该决议规定，将运输检察机关从各共和国的司法人民委员部转交给苏联检察院。在苏联检察院里设立了运输检察机关处。后来又改组为运输总检察院，设立运输总检察长职位，该职位一直存在到1960年。

1934年6月7日，苏联中央执行委员会和人民委员会联合颁布了“关于组建各级水上运输法院和一个水上运输检察院的决议”。依照该决议的规定，组建了一个水上运输检察院。稍后，又将水上运输检察机关体系的各级机关划归其直接领导。水上运输检察机关负责对规定海运船队和河运船队工作秩序的那些法律的执行情况实施监督。它们的使命，一般地说，首先是与因违反航海和航运的劳动纪律与安全规划，而导致船舶失事的行为作斗争。船舶失事造成人员伤亡和船舶的损坏，有时还造成船舶的沉没、货物受损和货物遗失。水上运输检察机关的任务，是高效地和熟练地查明船舶失事的原因，揭露犯罪的人并追究其责任。

（三）运输检察机关的撤销与运输检察机关体系的重建

在苏联最高决策层内，毫无理由地存在着关于犯罪在不久的将来将减少，甚至被根除的想法。所以，1960年3月3日，苏联最高苏维埃主席团发布命令撤销了运输检察机关。它的职能，被转交给区域性的检察机关。与此同时，苏联总检察长被赋予在必要时成立独立的铁路运输检察院和水上运输检察院的权力。上述运输检察院相当于区级检察院，隶属于相应的区域性检察院的检察长。

运输领域法制状况的恶化，车船失事率的提高，货物运输途中被窃数量的增长，特别是进出口货物失窃数量的增长，导致必须重新建立运输检察机关。

1977年2月28日，苏联总检察长签署命令，决定重新建立运输检察机关。

运输检察机关的活动，充分证明运输检察机关的重建是必要的。所以，1980年11月5日，苏联总检察长签署了“关于组建各种运输检察机关的命令”。该命令决定建立相当于州检察院一级的铁路运输检察院、水上运输检察院和航空运输检察院。上述运输检察院，均按照其驻在地点隶属于相应的共和国检察长。上述运输检察院对已经设立的相当于区级检察院的运输检察院的工作，实施领导和监督。在各加盟共和国检察院的机构里，设立负责对运输领域执行法律情况实施监督的处。在苏联检察院里，还设立有一个相应的负责对运输领域执行法律情况实施监督的处。后来该处改组为负责对运输领域执行法律情况实施监督的局。

1993年11月11日，俄罗斯联邦总检察长签发命令，规定了各级运输检察长对执行法律情况实施监督的对象和范围。在这一时期里，运输检察机关体系的各级机关负责对俄罗斯联邦交通部、海洋运输局、内水水上运输局和航空运输局的公职人员，各种社会联合组织，组织和机构执行法律的情况以及它们所颁布法律文件的合法性实施监督。其中，在对铁路运输、海洋运输、内水水上运输、航空运输中执行运输安全法律情况的检察监督方面，不管被监督对象属于何种所有制形式，也不管它们隶属于何种主管部门，运输检察机关都有权对其实施监督。各级运输检察机关负责对俄罗斯联邦运输部和交通部所辖铁路的路基、车站、站台、海港、河港、停泊处、码头、火车、海洋船舶和内河船舶、飞行器上发生的犯罪实施侦查，并对铁路运输、水上运输和空中运输企业、机构和组织工作人员的职务犯罪实施侦查。运输检察机关体系的各级机关，还负责对运输警察局各级机关执行法律的情况实施监督。

在俄罗斯联邦建立了国家海关委员会，并且以俄罗斯联邦总统命令的形式将其列为护法机关之一。运输检察机关又被赋予对国家海关委员会各级机关执行立法情况实施监督的权力。

由于撤销了运输线法院，刑事案件由运输检察机关体系各级机关和运输警察局体系的各级机关负责侦查。上述案件依照管辖规则移送区域性法院审理。这些案件的国家公诉，由运输检察长出庭支持。

（四）运输检察机关新一轮的缩编和改组

运输检察机关工作人员的技能和劳动成果，充分证明了运输检察机关的作用。因此，提高运输检察机关活动的重要性在增强。但是，运输检察机关新一轮的缩编和改组又开始了。2001年1月22日，俄罗斯联邦总检察长签署了“关于对运输领域和海关机关执行法律情况检察监督组织的改革和运输检察院改组的命令”。依照俄罗斯联邦总检察院的上述命令，相当于区级检察院的运输检察院由其所在的联邦主体的检察长管辖，而州级运输检察院被撤销。

（五）建立与“大运输部”相适应的“大运输检察机关”

在俄罗斯联邦，运输也是一个非常重要的危险源。鉴于俄罗斯联邦领土的规模和长度，运输在保障经济复苏，国家领土完整方面，过去和现在都始终起着极其重要的作用。因此，为了保障俄罗斯联邦的运输安全，正在组织专门的主管部门的运输监督和检查。2004 年，在进行行政体制改革的进程中，在俄罗斯联邦交通部和运输部合并的基础上，成立了俄罗斯联邦运输部。而在该部的机构中，设有联邦运输监督局（俄罗斯运输监督局）。联邦运输监督局成为对现行运输法律的遵守情况实施监督的国家主管部门监督的管理机关（管道运输除外）。与此相适应，俄罗斯联邦总检察长 尤·雅·恰依卡作出关于恢复相当于联邦主体检察院一级的大型跨地区运输检察院活动的决定。这是在运输领域和各级海关机关内进一步加强法制的合乎逻辑的措施。

2007 年，开始设立 5 个跨地区的运输检察院，作为对此前组建的 3 个跨地区运输检察院的补充。它们分别是：远东运输检察院、东西伯利亚运输检察院、西西伯利亚运输检察院、乌拉尔运输检察院、伏尔加河流域运输检察院。

2007 年 6 月 5 日，俄罗斯联邦总统签署命令，批准了联邦法律《俄罗斯联邦刑事诉讼法典和俄罗斯联邦检察机关法的修改法》。上述联邦法律决定建立俄罗斯联邦检察机关直属的侦查委员会。在侦查委员会系统中，建立了各运输检察院直属的侦查局。

综上所述，可以得出下述结论，即建立对铁路运输立法、海洋运输立法、内水水上运输立法和航空运输立法的遵守情况实施主管部门和非主管部门监督和检查的机关，以及恢复跨地区运输检察机关的活动，开辟了对上述运输种类立法的遵守情况加强国家监督的新时期。①

在机动车辆、火车、内水航行的船舶、海洋航行的船舶、飞行器飞行的交通安全领域里组织监督，现在依然是运输检察机关体系各级机关检察监督活动的一个优先方向。

① 译者注：在苏联时期，制定颁布了铁路运输立法、海洋运输立法、内水水上运输立法和航空运输立法。目前，与苏联解体、俄罗斯联邦独立相适应，与全面振兴俄罗斯联邦经济，出台铁路运输、海洋运输、内水水上运输和航空运输的中长期发展规划相适应，俄罗斯联邦重新制定颁布并进一步完善了铁路运输立法、海洋运输立法、内水水上运输立法和航空运输立法。译者翻译的《俄罗斯联邦铁路运输立法汇编》已在 2009 年年底出版。

三、运输检察机关活动的法律调整、任务、原则和基本方针

（一）运输检察机关活动的法律调整

俄罗斯联邦主体检察院和其他相当于该级别的专门检察院（其中包括运输检察院），构成检察机关体系的第二环节。它们均由相应的检察长领导，检察长均设有第一副检察长和副检察长。在上述检察院里，均成立院务委员会。院务委员会是合议制机关，由检察长（委员会主席）、第一副检察长和副检察长（他们按照职务原则进入委员会）以及由检察长任命的检察机关的其他工作人员。检察长在考虑到相应院务委员会决议的情况下，颁布命令和其他的指示性文件。除此之外，在俄罗斯联邦主体检察院以及相当于该级别的运输检察院和其他的专门检察院机构里，设有局和处（局级处，但设在局内）。局长和局级处处长是该检察院检察长的高级助理，而副局长和局级处的副处长是检察长助理。在上述检察院里，还设有局和处的高级检察官和检察官职位，检察官的高级助理和助理职位。

运输检察院和其他的专门检察院按照检察机关体系各级机关的一般原则建立。它们都遵循区域性检察机关遵循的那些法律；它们承担着检察机关体系各级机关都面临的任务；它们对发现的违法行为使用同样的检察机关反应手段。

总而言之，检察机关组织和活动的法律基础，是由俄罗斯联邦宪法、俄罗斯联邦检察机关法、其他的联邦法律、国际文件、俄罗斯联邦总统的命令以及俄罗斯联邦总检察长及其下级检察长的法律文件予以规定的。还应当对俄罗斯联邦总检察长的一系列命令给予关注。因为运输检察机关体系的各级机关应当遵循这些命令，实施自己的活动。例如，1998 年 3 月 31 日，俄罗斯联邦总检察长签署的《关于完善运输检察机关的组织和提高运输检察机关活动效率的第 19 号命令》，2007 年 11 月 21 日，俄罗斯联邦总检察长签署的《关于组织对运输领域和海关机关执行法律情况实施监督的第 186 号命令》，2007 年 10 月 12 日，俄罗斯联邦总检察长签署的《关于在民事诉讼程序和仲裁诉讼程序中行使权限时，组织区域性检察机关检察长和运输检察机关检察长协调行动的第 167 号命令》，2007 年 8 月 3 日，俄罗斯联邦总检察长签署的《关于在刑事诉讼程序审判阶段里，组织运输检察院检察长和俄罗斯联邦主体检察院检察长协调行动的第 119 号命令》。

（二）运输检察机关的组织和活动原则

可以把俄罗斯联邦宪法（第 125 条）和俄罗斯联邦检察机关法（第 4 条）确认的下述原则，引入运输检察机关的组织和活动原则体系：法制原则；集中统一原则；一长制原则；运输检察机关在行使其活动时独立，不受联邦国家权

力机关、联邦主体国家权力机关、地方自治机关和社会联合组织的干涉原则；公开原则；运输检察机关和其他国家机关、社会联合组织、劳动集体协调行动原则；非党原则。

（三）运输检察机关的任务和权限

俄罗斯联邦主体检察院以及相当于该级别的运输检察院和其他专门检察院法律地位的上述共同特点，由俄罗斯联邦检察机关法予以规定。但是，上述每一种检察院都有自己的任务。这些任务的实现，都要求它们拥有自己相应的权限。例如，由于必须保证不同级别检察院之间高效的协调行动，俄罗斯联邦总检察长于2007年5月7日签署了《关于划分区域性检察院、军事检察院和其他专门检察院之间职权范围的第84号命令》。该命令划分了区域性检察院、运输检察院和其他专门检察院的职权范围。依照该命令的规定，俄罗斯联邦的运输检察院拥有下述权限：

1. 对铁路运输、航空运输和水路运输领域、海关领域的联邦执行权力机关的各级区域性机关，其中包括各级海关机关、各级运输内务机关，联邦主体权力机关、地方自治机关，它们的公职人员，商业组织和非商业组织的管理机构和领导人执行法律的情况，恪守人和公民权利与自由的情况实施监督，以及对上述机关和公职人员颁布的法律文件是否符合法律实施监督。

2. 对运输领域和海关领域里，各种机关和机构执行反贪污贿赂立法的情况实施监督。

3. 对接待、登记和处理关于在铁路路基、火车站、候车室、站台、机场、港口、码头、河港、海港、航空港、铁路运输的列车机车上，水路运输的飞行器和船舶上，在铁路运输、航空运输和水路运输的其他客体上所实施犯罪的投诉时执行法律的情况，实施监督；对接待、登记和处理关于违反铁路运输交通和运营安全犯罪的投诉时执行法律的情况，不管属于何种所有制形式，也不管隶属于何种主管部门（国防部和国防工业综合体所属客体除外），一律实施监督；对铁路运输、航空运输和水路运输领域联邦执行权力机关的各级区域性机关，上述运输领域的各级内务机关和海关机关的工作人员所实施职务犯罪的投诉时执行法律的情况实施监督，以及对各级运输内务机关、海关机关、联邦总检察院直属侦查委员会的各级分支机构对上述类型犯罪实施的侦查搜查、初步调查和预审活动是否合法实施监督。

4. 审议关于在铁路运输、航空运输和水路运输活动领域，海关领域所发生违法行为信息的投诉，审议对下级检察长决定和行为的申诉；在职权范围内，依照刑事诉讼程序参与申诉的司法审理。

5. 一些刑事案件的起诉意见书或起诉书，由运输检察院的检察长批准。

保障运输检察院的检察长参加此类刑事案件刑事诉讼的审判阶段。

6. 依照联邦立法规范和俄罗斯联邦总检察长组织命令文件的规定，在法定职权范围内参加民事诉讼程序和仲裁诉讼程序。

7. 协调各种护法机关与运输领域、海关领域所发生犯罪行为的斗争。

8. 分析和概括关于运输和海关领域里法制和法律秩序状况的资料，参加编制关于检察机关体系各级机关工作的国家的和跨部门的统计报表。

9. 领导区域性运输检察院的活动。

10. 依照俄罗斯联邦总检察长命令规定的程序，协调与各种大众新闻媒体的行动。

综上所述，在俄罗斯联邦，在现代条件下，运输检察机关的组织和活动，是由保障对社会和国家具有极其重要意义的专门活动领域法制的客观必要性所决定的。

（四）运输检察机关做出反应的手段

对于违法行为，运输检察机关可以以下述方式做出反应：（1）对与法律相抵触的法律文件提出异议；（2）送达关于消除违法行为的提请书；（3）采取措施，追究过错人的责任（书面要求）；（4）宣布关于禁止实施违法行为的预先警告；（5）向运输侦查机关领导人送达材料，以解决关于是否提起刑事案件的问题；（6）诉诸普通法院、仲裁法院，要求宣布法律文件无效；（7）采取其他可以采取的手段。检察长借助这些手段发现违法行为，发现促成违法行为的原因和条件，并对这些违法行为做出反应以及预防这些违法行为。

（五）运输检察机关在检察机关体系中的地位

设立各级运输检察机关，是实现检察机关体系各级机关工作的地区客体原则的最佳形式之一。借助各级运输检察机关，可以非常有效地完成保障法制的任务。而这些任务是检察机关体系的区域性机关难以完成的。

运输检察机关不能替代，也不应该替代作为检察机关基本环节的区域性检察机关的活动。运输检察机关和其他专门检察机关的设立，是因为在不以国家行政区域划分为转移的专门法律关系领域里，面临着实施检察机关职能的经常性任务。而在这些领域里，组建了一些经济机构和国家法律机构。这些机构产生和运转的规律，不是直接以联邦结构和行政区域划分为转移的。

运输检察机关在俄罗斯联邦的专门检察机关体系中，占有特殊的地位。这是由恪守、保持、维持和捍卫国家运输安全的战略上极其重要的必要性所决定的，也是由下述特殊性决定的：

1. 运输这一客体本身的重要性。运输可以是铁路运输、航空运输、海洋运输或内河运输。

2. 由这个客体所产生的各种关系的特殊性。

3. 对运输领域里所实施刑事犯罪侦查的法律调整的特殊性。

四、运输检察机关法律地位的进一步完善

（一）修改补充《俄罗斯联邦检察机关法》

在相当长的时间里，法律书籍都认为，既然运输检察机关活动的法律基础和运输检察机关的活动机制没有得到应有的调整，所以应当用明确运输检察机关地位和活动特点的下述法条，来补充1992年1月17日第2202—1号令批准的联邦法律《俄罗斯联邦检察机关法》的内容：

"第15^1条 俄罗斯联邦运输检察院

1. 俄罗斯联邦运输检察院依照俄罗斯联邦宪法、本联邦法律以及俄罗斯联邦总检察长就铁路运输、航空运输、海洋运输和内河运输领域一切企业、机构和组织执行有关运输安全，恪守人和公民权利与自由的法律问题所颁布的指示和命令的规定行使权限，而不管上述企业、机构和组织属于何种所有制形式，属于何种主管部门管辖。

2. 俄罗斯联邦各级运输检察院成立的侦查分支机构，负责侦查直接在运输客体上实施的，属于检察机关体系各级侦查机关管辖的刑事犯罪案件，以及由运输客体工作人员实施的职务犯罪刑事案件，其中包括运输内务机关工作人员实施的职务犯罪刑事案件。

3. 本联邦法律第15条的规定，适用于俄罗斯联邦运输检察院。

（二）俄罗斯联邦总检察院颁布相关指示和命令

俄罗斯联邦总检察长应当签署总检察院的指示和命令，以将上述第15^1条的规定予以具体化。俄罗斯联邦总检察院的指示和命令应当规定下述内容：

1. 运输安全是俄罗斯联邦国家安全的组成部分。由运输检察机关的特殊任务决定的，与国家运输体系高效运转和保障运输安全相关联的，运输检察机关活动的目的、方向和特殊性。

2. 运输检察机关的组织和活动程序；运输检察机关体系各级机关工作的计划。

3. 检察机关工作人员任务和委托的方向。

4. 在运输检察机关体系的各级机关里进行公务检查。

（三）关于建立试验性地区学习中心的建议

在俄罗斯联邦，许多学者建议在运输检察机关里，建立试验性的地区学习中心。这些地区学习中心首先应当重新拟定现有的，在运输领域、海关机关和运输内务机关里组织立法执行情况具体检查的方法论建议，适应俄罗斯立法和

国际立法迅速变化方面的方法论建议，以及拟定新的方法论建议。为此，应当与主流的运输高校和护法机关高校签署合作协议。不仅应当吸收运输检察机关的现役工作人员与高校学者一起参加教学活动，而且应当吸收运输检察机关拥有丰富职业经验并愿意传授给后人的老干部参加教学活动。年轻干部刚出校门就到检察机关体系的各级机关工作，通常没有经过检察和侦查专业的专门训练。因此，应当对运输检察机关体系各级机关录取的所有人进行培训，哪怕进行两个星期的培训，以使他们了解运输检察机关的组织和活动、胜任运输检察职能的履行。地区学习中心教育（继续教育）的目的，应当是不仅提高和丰富3年以下工龄的年轻专家的职业知识，而且提高和丰富那些从其他护法机关和俄罗斯联邦主体检察院走上运输检察机关公务的检察机关工作人员的职业知识。

解决关于运输检察机关在监督领域内与运输违法行为作斗争方面的协调作用问题，也是非常重要的（详见2004年7月30日俄罗斯联邦政府通过的关于批准《联邦运输监督局条例》的决议）。

上述所有措施的目的，就是提高运输领域检察监督的效率。

参考文献

1. 1992年1月17日第2202—1号命令批准的联邦法律《俄罗斯联邦检察机关法》，载［俄］Ю. Е. 维诺库罗夫主编：《检察监督》，莫斯科尤拉伊特出版社2008年俄文版，第414页。
2. 1998年3月31日俄罗斯联邦总检察长签署的《关于完善运输检察机关的组织和提高运输检察机关活动效率的第19号命令》，载《法律咨询系统 顾问 加号》。
3. 2007年5月7日，俄罗斯联邦总检察长签署的《关于划分区域性检察机关、军事检察机关和其他专门检察机关检察长职权范围的第84号命令》，载《法律咨询系统 顾问 加号》。
4. 2007年11月21日，俄罗斯联邦总检察长签署的《关于组织对运输领域和海关机关执行法律情况检察监督的第186号命令》，载《法律咨询系统 顾问 加号》。
5. ［俄］В. Н. 安德里雅诺夫：《俄罗斯联邦的检察监督（教学法教材）》，伊尔库茨克БГУЭП出版社2003年俄文版，第62页。
6. ［俄］А. Н. 瓦尼卡耶夫：《俄罗斯联邦的检察机关：历史经验和发展前景》，载《国家和法的历史》2007年第15期。
7. ［俄］А. Н. 瓦尼卡耶夫：《检察机关在俄罗斯联邦分权体系中的地位和作用》，载《俄罗斯侦查员》2008年第10期。
8. ［俄］Ю. 格尔舍夫斯基：《俄罗斯检察机关制度产生的原因》，载《法制》2008年第12期。
9. ［俄］卡尔波夫：《检察机关——第五权?!》，载《法与权利》2005年第5期。

10. [俄] H. B. 拉斯金娜：《检察监督（高校教科书）》，司法数据形式出版社 2006 年版。
11. [俄] B. 马霍夫：《检察机关：活动方向》，载《法制》2009 年第 7 期。
12. [俄] B. Д. 普佳京：《谈俄罗斯运输综合体中检察监督的产生和发展问题（法律历史方面）》，载《运输法》2000 年第 1 期。
13. [俄] A. 斯克雷恩尼克：《对运输领域立法执行情况的检察监督》，载《法律咨询系统顾问 加号》。
14. [俄] Д. M. 莫京：《俄罗斯联邦检察机关的组织和活动原则》，载《当代法律》2006 年第 9 期。

俄罗斯联邦军事检察院的产生和发展

[俄] 叶·米·瓦尔帕霍夫斯卡娅
阿·阿·加夫里连科 著
刘向文 杨云斐 译*

内容摘要：俄罗斯联邦军事检察院，属于俄罗斯联邦专门检察院范畴。军事检察院的历史发展与俄罗斯的历史紧密联系在一起，经历了长期、曲折的过程。本文通过对俄罗斯军事检察院建立和发展的历史研究，阐释俄罗斯军事检察院的特点，以及对中国军事检察院建构的启发。

关键词：军事检察院；检察监督；武装力量

一、俄罗斯帝国军事检察院的产生

依照俄罗斯联邦立法（其中包括联邦法律《俄罗斯联邦检察机关法》）的

* 叶莲娜·米哈伊洛芙娜·瓦尔帕霍夫斯卡娅，俄罗斯联邦总检察院科学院伊尔库茨克法学院刑事侦查组织与方法教研室主任、法学副博士、副教授；阿尔杰姆·阿列克赛德罗维奇·加夫里连科，俄罗斯联邦伊尔库茨克国立大学法学院司法与检察监督教研室教师。刘向文，法学博士，郑州大学法学院教授、博士生导师，郑州大学宪法与行政法研究中心主任，郑州大学法律研究中心主任；杨云斐，郑州大学法学院2007级法律硕士研究生，俄罗斯联邦伊尔库茨克国立大学法学院进修生。

规定,[①] 专门检察机关体系包括军事检察院和其他的专门检察院。根据这一表述可以得知，军事检察院属于专门检察机关范畴。军事检察院的建立，一般可以追溯至俄罗斯检察机关的建立初期，即彼得一世时期。但是，据官方记载，建立军事检察院的时间是1867年9月1日。当时的皇帝亚历山大二世，任命弗拉基米尔·德米特里耶维奇·菲洛索佛夫为军事检察院第一任总检察长。在对军事检察院进行概述时，不可能阐明俄罗斯军事检察院建立和发展的完整历史。因此，此次发言只研究苏联和后苏联时期，即1917年至今，俄罗斯联邦军事检察院发展的主要阶段。

二、苏联时期军事检察院的建立和发展

（一）苏俄军事检察院的建立

1917年伟大的十月革命胜利之后，苏维埃政权颁布了关于法院的“第1号法令”。该法令在“砸烂”其他国家机关的同时，也撤销了沙皇时期的所有检察机关，其中包括军事检察机关。但是，该法令未建立其他机关予以取代。只有在1922年国内战争结束之后，在向和平建设过渡的过程中，才出现了建立独立的国家机关以对遵守法律情况实施监督的客观要求。1922年5月28日，全俄中央执行委员会通过了《俄罗斯社会主义联邦苏维埃共和国检察监督条例》。[②] 该条例确认了检察监督的各项组织原则，也决定设立军事检察机关体系的各级机关。该条例将军事检察院的活动范围作出下述规定：“军事检察院隶属于军事革命法庭和军事运输革命法庭。在未设置一般检察院的地区

---

① 译者注：俄罗斯联邦的联邦法律划分为联邦宪法性法律和联邦普通法律（联邦法律）两大类。凡是俄罗斯联邦宪法明文要求制定的，有关联邦结构和重要国家机关（政府和法院等）组织和活动程序的联邦法律为联邦宪法性法律；而民法、刑法、诉讼法等联邦法律以及有关其他国家机关（联邦委员会、检察机关、审计院等）组织和活动程序的联邦法律，有关其他国家机关（俄罗斯联邦总统、国家杜马等）选举程序的联邦法律，均为联邦普通法律（联邦法律）。联邦普通法律（联邦法律）需要国家杜马以二分之一多数通过，联邦委员会以二分之一多数通过决议表示赞成；联邦宪法性法律则需要国家杜马以三分之二多数通过，联邦委员会以四分之三多数通过决议表示赞成。为了明确指出法律的类型，俄罗斯联邦一般在法律名称之前冠以“联邦宪法性法律”或“联邦法律”。

② 译者注：在苏联存在时期里，在1936年苏联宪法颁布前，俄罗斯联邦的正式国名为俄罗斯社会主义联邦苏维埃共和国；在1936年苏联宪法颁布后，俄罗斯联邦的正式国名为俄罗斯苏维埃联邦社会主义共和国。

里，或者在军事机关、运输机构以及它们的公职人员不受省检察长管辖的地区里，[1] 军事检察院对军事主管部门的，铁路运输和内水水上运输领域的机构和公职人员行使其职权和权力。”

（二）苏联军事检察院的建立和发展

1. 1926 年《军事法庭和军事检察院条例》

1922 年底，俄罗斯联邦、乌克兰、白俄罗斯和外高加索联邦四个苏维埃社会主义共和国联合成立了苏维埃社会主义共和国联盟（简称苏联）。1924 年 1 月，第二次全苏联苏维埃代表大会通过了《苏维埃社会主义共和国联盟根本法（宪法）》（以下简称 1924 年苏联宪法）。[2] 1926 年，苏联单独通过了专门的《军事法庭和军事检察院条例》。该条例不仅规定了军事检察院的组织机构、权限，而且规定了军事检察院处理案件的程序、军事检察院工作人员的权力和纪律责任。例如，军事检察院的权限包括：对工农红军所有机关和机构以及它们公职人员行为的合法性实施一般监督；对违反法律的命令、决议、指示提出异议。但是，战术命令除外；在必要时，提起刑事追诉；对军事法庭管辖的案件实施所有的检察监督职能；对在工农红军内从事初步调查和预审活动的机关实施监督；对初步调查和预审机关羁押军事法庭在编的现役军人以及其他在编人员行为的合理性实施监督；对军事法庭判决的执行情况实施监督。1926 年《军事法庭和军事检察院条例》在一个很长的时期里，成为调整军事检察机关工作的基本文件。

1933 年 12 月 17 日颁布了《苏维埃社会主义共和国联盟检察机关条例》。[3] 该条例规定，在苏联检察院内设立以军事总检察长为首的军事总检察院。军事总检察长直接领导军事检察机关体系的各级机关。随着形势的发展变

---

① 译者注：原苏联各加盟共和国行政区划的历史发展，基本上经历了两个阶段：苏俄行政区划确立阶段。十月革命前，沙皇俄国的行政区划基本上划分为省、县、乡三级。十月革命胜利后，根据列宁提出的关于彻底摧毁旧行政区划，建立新的行政区划思想，1922 年 3 月举行的全俄中央执行委员会第三次会议批准了包括州、专区、区三个主要环节的行政区划。但是，在实际上，省、县、乡三级行政区划一直存在到 1928 年。См. Административно—территориальное устройство советского государства. М. Изд. юридической литературы. 1961.

② Основной закон（Конституция）Союза Советских Социалистических республик// Ю. С. Кукушкин, О. И. Чистяков. Очерк истории советской конституции. М. Изд. Политической литературы. 1987. С. 239 – 262 .

③ Положение о прокуратуре Союза Советских Социалистических республик // Сборник законов Союза Советских Социалистических республик. 1934. № 1. С. 2.

化，苏联对1926年《军事法庭和军事检察院条例》进行了相应的修改补充。

2. 卫国战争时期军事检察院职权的扩大

不应当重新评估军事检察院在伟大卫国战争中的作用。从卫国战争开始，所有国家机关和机构都进入战争状态。宣布进入战争状态的许多州和区的区域性检察院，都被改组为军事检察院。为了军队和国防的利益，它们在各条战线的后方发挥作用。铁路运输检察院、内湖运输检察院和海洋运输检察院，同样也被改组为军事检察院。上述军事检察院都隶属于红军军事总检察长。

军事检察院的权限，适用于军事行动地区、战场沿线和已从侵略者占领下解放的地区。在战时情况下，一般刑事案件侦查的诉讼原则并未改变。但是，由于希特勒侵略者对苏联同胞实施的某些犯罪的极其残忍的性质和规模，导致必须修正军事检察院的职权范围。所以，在1941—1945年期间，通过了各种不同部门的规范性文件。这些文件修正了或进一步明确了战时军事检察院的职权。例如，对于某些种类的犯罪，检察长有权不经过审判前侦查，立即做出关于把行为人列为被告和选定强制措施的决定、关于立即将材料移送军事法庭的决定。

值得指出的是，尽管德国法西斯侵略者对苏联人民实施了骇人听闻的犯罪行为，而且战争时期条件极为复杂，但是德国军事犯罪分子并未能逃脱法律的制裁。军事检察院在当时立法的范围内对他们采取了行动。

战后，军事检察院继续进行工作，以揭露德国法西斯侵略者，查明他们在占领的苏联领土上所实施的罪行。1946年苏维埃社会主义共和国联盟总检察长签发的命令，阐明了军事检察院活动的主要方向。在这份命令中，第一次规定把“对法律的正确遵守情况实施监督，维护现役军人及其家属的权利，维护复员军人的权利”作为军事检察院活动的优先方向。

3. 和平建设时期的军事检察院

1955年制定颁布了《苏维埃社会主义共和国联盟检察监督条例》。该条例规定，设立各军区、舰队、兵团、卫戍区的军事检察院，从而强化了对各军事主管部门内的检察监督。军事检察院仍然属于检察机关体系组成部分，当时曾任命军事总检察长对其进行管理。

1958年苏联通过了《苏维埃社会主义共和国联盟和加盟共和国刑事诉讼原则》。该原则规定了提起刑事案件、侦查刑事案件和作出判决的新规则。该规则对军事检察机关产生了深刻的影响。

依据1955年检察监督条例的规定，苏联于1966年通过了《军事检察院条例》这一单行条例。该条例对下述内容作出详细规定：

（1）军事检察院的任务

军事检察院的任务中，包括：与所有损害苏维埃社会主义共和国联盟的安全、破坏苏维埃社会主义共和国联盟武装力量战斗能力的行为作斗争；对苏维埃社会主义共和国联盟武装力量内部是否正确和一致地适用法律，是否及时地采取措施制止违法行为实施监督；对是否保护现役军人及其家属的权利和合法利益等实施监督。

（2）军事检察长和军事侦查员的权限

军事检察长有权向军事管理机关索取已颁布的命令、指令和其他文件；在掌握有关违法行为的信息时，有权在违法行为实施地检查法律的执行情况；有权要求部队司令员和首长对其下属部队的活动进行检查和修正等。

（3）军事检察院的组织和编制

军事检察院是苏维埃社会主义共和国联盟检察机关的组成部分。《军事检察院条例》以专章形式规定，军事检察院的将军、军官和士兵是现役军人，属于苏维埃社会主义共和国联盟武装力量的组成人员。各种军事规章也适用于他们，等等。同时规定，军事检察长由任命产生，军事检察长在自己的活动中不向军事首长负责，而向相应的上级军事检察长负责，即取消了军事检察长对军队领导人的隶属关系。在很长一段时间内，《军事检察院条例》成为俄罗斯联邦军事检察院的活动准则。

三、当代俄罗斯联邦的军事检察院

（一）俄罗斯联邦独立初期的军事检察院

20世纪90年代初，苏维埃社会主义共和国联盟解体，俄罗斯联邦独立。与整个国家一样，军事检察机关体系的各级机关也经历了十分艰难的时期。例如，经济困难使财政拨款急剧缩减；许多地区爆发武装冲突，犯罪率激增以及频繁的改革，导致军事检察长和侦查员干部队伍的大量流失。这非常不利于在军队中保障法制和法律秩序。

（二）1993年宪法颁布后的军事检察院

1. 独立的结构性分支机构

1993年12月12日，俄罗斯联邦以全民公决形式通过现行宪法。该宪法规定，俄罗斯联邦检察机关是一个集中统一的体系。检察机关的组织和活动原则由联邦法律予以规定。1992年通过，并经1995年修改的联邦法律《俄罗斯联邦检察机关法》，以专章形式规定了军事检察机关体系各级机关作为俄罗斯联邦检察机关体系一个独立的结构性分支机构的法律地位。该独立的结构性分支机构，由军事总检察长领导；而军事总检察长由一名俄罗斯联邦副总检察长兼任。

2. 军事检察院侦查分支机构的改组

2007 年，俄罗斯联邦开始实施检察机关体系各级机关的改革。依照这次改革的方案，侦查分支机构改组为俄罗斯联邦检察机关直属的侦查委员会。军事检察院也进行了上述改组。

3. 军事检察院的职权

目前，军事检察院依然是俄罗斯联邦检察机关体系不可分割的组成部分。军事检察院以俄罗斯联邦的名义对俄罗斯联邦武装力量的各个部队、各级机关和机构执行法律的情况实施监督，对在俄罗斯联邦武装力量中履行联邦法律所规定其他职能的，在国内根据立法原则组建的其他部队和军事组织实施监督。军事检察院对现役军人、应召进行短期集训的预备役军人所实施的犯罪，以及对军队文职人员实施的与其职责相关的犯罪或在部队驻地实施的犯罪，实施刑事追诉。①

4. 军事检察机关体系各级机关的成立、改组和撤销

军事检察机关体系各级机关的成立、改组和撤销，军事检察机关体系各级机关的地位、职权范围、机构和人员编制，均由俄罗斯联邦总检察长予以确定。俄罗斯联邦总检察长关于上述问题的命令，通过俄罗斯联邦武装力量总参谋部的指示予以实现。例如，俄罗斯联邦总检察长于 2008 年签署颁布（并在 2009 年予以修改）的一个命令，即《关于划分区域性检察院、军事检察院和其他专门检察院检察长权限的命令》，就是通过俄罗斯联邦武装力量总参谋部的指示予以实现的。

总而言之，军事检察院的历史，尤其是苏联和后苏联时期军事检察院发展的历史，与俄罗斯国家的历史紧密地联系在一起。在其整个历史中，军事检察院总是设置于军队驻扎的地区。军事检察院的机构和人员编制，与军队的结构和部署相适应。这使军事检察院能以最小的国家资源消耗，高效地完成在武装力量内加强法制和法律秩序，保护俄罗斯联邦的国家安全、俄罗斯联邦武装力量的战斗能力和战备等级以免受到各种侵害，捍卫武装力量的现役军人、各种部队、各种机构和组织的合法权益，以及维护军纪和服兵役法定程序的任务。

---

① 译者注：依照俄罗斯联邦国家公务体系法的规定，俄罗斯联邦的国家公务划分为国家文职公务、国家军职公务和国家护法机关公务三类。在国家军事机关和国家护法机关内工作的大多数人，是国家军职公务员和国家护法机关公务员。但是，在这些机关里，也有一些国家文职公务员工作。

俄罗斯联邦军事检察机关的发展变革及其对我国的启示

赵 路*

内容摘要：俄罗斯联邦现行的军事检察制度是对传统俄罗斯军事检察制度的延续与发展。作为俄罗斯联邦国家检察制度体系的垂直分支，一方面，俄罗斯联邦军事检察制度在根本宗旨、基本任务与一般检察职权等方面与俄罗斯联邦国家检察制度保持高度的统一；另一方面，俄罗斯联邦军事检察制度在组织机构、管辖范围、干部配备与职权划分等方面又具有独到之处。借鉴俄罗斯军事检察制度，我们在军事检察制度改革过程中应当关注于加强军事检察机关组织机构建设、加强军事法律监督与军事公诉职能独立性以及尽快构建战时军事检察制度等方面的问题。

关键词：俄罗斯联邦；检察制度；军事检察制度；启示

1722年1月12日，自俄罗斯沙皇俄国的国家主宰者彼得一世大帝下令创建军队并成立检察机关之后，俄罗斯的军事检察制度作为俄罗斯国家检察制度系统中的一个重要组成部分得以逐渐形成。其后，在140多年的历史发展中，俄罗斯的军事检察制度经历了国家执政权力更迭、社会经济体制改革、思想意识形态多元化，尤其是近现代十月革命、苏维埃政权建立以至于苏联解体、俄罗斯联邦成立等社会变革之后，在立法宗旨、组织系统、管辖范围、职能、职权划分等方面不断得到改进，形成了一项由国家总检察机关垂直管辖、军内检察监督职权独立行使不受干涉、军事检察与军事侦查双项职能并进、保障与保护军内公平与正义的当代俄罗斯联邦军事司法监督制度。

* 赵路，北京师范大学法学院暨刑事法律科学研究院讲师、法学博士，主要研究方向为：中外刑法学、刑事执行法学、刑事诉讼法学与犯罪学。

一、俄罗斯联邦军事检察制度的历史发展

俄罗斯联邦军事检察制度初步形成与18世纪初期俄罗斯沙皇彼得一世创建正规军队、进行军事改革并建立俄罗斯检察机关有着极为密切的关系，当时的军事检察制度紧密依托于俄罗斯国家基本检察制度的产生而产生。

（一）沙皇俄国时期军事检察制度的基本模型

1722年1月12日，俄国沙皇彼得一世颁布命令组建正规军队，在参政院设立了总检察长与首席检察长职务，并在中央机关各部设立检察长，由总检察长负责领导并直接对总检察长汇报工作。① 其后不久，在俄国各地方法院陆续正式设立了检察官职务，对国家机关活动实施检察监督，检察监督因此作为一项法定的国家机关监察制度而在沙皇俄国被确立。②

从这段时期开始，俄罗斯检察制度进入了自己的纪年。根据彼得一世的命令，检察官被赋予重要使命，他说："检察官职务的确立将成为我们管理国家事务的眼睛与检察官"、"任何妄想采取不正当行为的人，都必将因此承受严厉的惩罚"。③ 遵照彼得一世命令，在设立客籍法院（旧俄18至19世纪的法院形式）各省与圣主教公会（俄罗斯正教会最高机构）内设立检察官职务，建立了初级检察监督制度。

同一时期，在俄罗斯沙皇俄国的部队与舰队里也相应建立了检察官官衔制度。也正是在这一时期，沙皇俄国所有步兵团、骑兵团与舰队部署区都设立了集调查官、检察官与法官职权于一身的军法监察官职务，军法监察官履行对当时沙皇俄国各军队、部队内部军事活动进行法律监察与监督的职责，俄罗斯的初级军事检察制度形成大致模型。

（二）沙皇俄国时期俄罗斯军事检察制度的初步形成

其后半个多世纪，受社会制度变革影响，俄罗斯的检察机关与检察制度经历了多种形式的改革，曾经被废除过，又屡次得到重建，如此反复经历了多次的变革。直到1864年俄国国内开始推行司法改革运动时，这种状况才得以转变，检察制度再次实行，检察机关组织活动的基本原则得到加强与巩固。在1867年俄罗斯军事司法改革进程中，以保障法庭能够"果断、公正、公平、宽容地对待国家的每一个子民"为宗旨，新的军事司法制度与基本的军事诉

---

① Прокурорский надзор в СССР. Учебник под редакцией генерал – полковника юстиции А. Г. Горного. , М. , ВКИ, 1981 год.

② Прокурорский надзор в СССР. Курс лекций, М. , ВИ, 1978 год.

③ Военная администрация, учебник, М. , ВКИ, 1990г. , стр. 85.

讼程序规则得以确立。[①] 而后，为保障这一宗旨在军队中能够顺利推行，常设性军事法庭在相应的军事司法机关中组建起来。与此同时，定位于垂直等级管辖的俄罗斯军事检察机关因此正式建立。可以看到，在 1867 年制定的《军事司法条令》中，军事总检察长职衔与军事检察监督制度初次作为基本的法律规范在俄罗斯武装力量内被确定。根据该条令，军事侦检官为军事检察官下级军官并接受军事检察官的监督，在军队指挥官与军警部队协助下在各级军队与部队内行使预侦权与调查权。

1867 年 9 月 1 日，亚历山大二世指派当时的二等文官兼军法总监察官弗拉基米尔·德米特里耶维奇·菲洛索夫担任了第一任军事总检察长。从这一刻开始，俄罗斯的军事检察制度开始了自己至今 140 多年的历史计读。[②] 其后，建立于 19 世纪后半期的俄罗斯军事检察机关系统在不断发展过程中逐步改进完善，多项规定被列入制度体系，法律宗旨、职能权限、组织机构与人员安排等方面初步明确。直至 1917 年十月革命到来之前，这项军事检察制度在俄罗斯武装力量中一直得到了稳定适用，直至 1917 年十月革命的到来。

伴随十月革命的胜利，君主专制制度被彻底倾覆，当时的俄罗斯军事检察制度作为旧制度残余体制被新生的苏维埃社会主义政权予以废除。

（三）苏维埃联盟时期俄罗斯军事检察制度的变革

十月革命之后的苏联社会主义政权建立初期，颁布了多项有关司法制度改革的法律命令，这些法令的颁布重新建立了俄罗斯新的司法制度。以其中之一的《关于司法制度的法令》（1917 年颁布）为基础，苏维埃立法机关废除了暂行的检察监督与法院侦查官制度，于 1921 年 10 月通过的《有关在人民司法委员部内设立国家检察机关的决定》重新确立了检察机关的法律地位。1922 年 11 月，苏维埃以对军内法律遵守状况进行法律监督为宗旨，以采取正确措施惩治军内犯罪行为为目的，进行了司法制度改革，国家军事检察制度逢时重生，第一批八个军区军事检察机关相继成立。

1941 年至 1945 年发生的卫国战争给苏联带来了极其严峻的考验，军事检察机关的组织与制度因此受到了战争的洗礼。最初，军事检察机关整个体系按照军队部署的要求组织活动，军事检察官在战争中履行军事检察官职责，必要时则会拿起武器参加对敌人的抗击战争。整个战争期间，军事检察官与侦查官显现了强烈的爱国精神，高尚的职业道德与勇敢的军人品格，不少军事检察官

---

① “ Прокурорский надзор ”, учебник, М, ВКИ, 1981 год, стр. 68.

② Ю. Е. Винокуров. Основные направления повышения эффективности общего надзора военной прокуратуры. М, ВКИ, 1985г. , стр. 5.

与侦查官在战争中牺牲生命。① 战争结束后，俄罗斯军事检察制度得到空前发展，大量军事增编人员补充到军事检察机关，军事检察制度地位受到重视，军事法律监督权限扩大。

（四）俄罗斯联邦时期军事检察制度的正式确立

苏联解体之后，即在20世纪90年代初期，军事检察机关伴同整个国家一起度过了一段非常时期。当时国内的财政调配困难、各个地区武装冲突加剧、犯罪现象雪崩般爆发、国家的多项制度亟须社会改造等现实状况导致检察官与侦查官的大量流失，军队的法律制度与法律秩序的正常运行难以保障。据此，1993年底制定的《俄罗斯联邦宪法典》在第129条重新强化了俄罗斯联邦检察机关的概念与制度，明确规定俄罗斯联邦检察机关是一个由总检察长与上级机关管辖下级机关、协调统一的中央集权体系。②

1995年底，俄罗斯联邦杜马议会审议通过了有关联邦性法律《俄罗斯联邦检察机关法》的新文本，这一文本的通过完善了俄罗斯联邦检察机关法的法律体系，检察机关的基本职能更加明确，检察组织的分工也更加清晰，其中有关军事检察规范立法的部分章节强化了俄罗斯联邦军事检察制度的法律地位，明确了俄罗斯联邦军事检察机关为俄罗斯联邦检察机关组成中具有独立、自主地位的分支体系，规定了俄罗斯联邦军事检察机关应当由俄罗斯联邦检察机关副总检察长兼任军事总检察长职务，负责对军事检察机关的领导工作以及军事检察机关的组织构成、检察机关及其公职人员的管辖范围、职能权限与待遇保障等。

二、当代俄罗斯联邦军事检察制度的基本内容

如上所述，1995年11月17日颁布实施的《俄罗斯联邦检察机关法》规定俄罗斯联邦军事检察机关为俄罗斯联邦总检察机关的直属机关，下级军事检察机关服从军事总检察长与上级军事检察机关的垂直管辖，军事检察机关的相应级别等同于联邦与各联邦主体检察机关、联邦各市辖、区辖以及特别检察机关的相应级别。在立法宗旨、组织构成、人员配备、职权范围与人员编制待遇以及检察活动保障等规定上，俄罗斯联邦军事检察机关与国家基本的检察制度

---

① "Прокурорский надзор в СССР", учебник, М, ВКИ, 1981 г., стр. 65 - 72. Дроздов, Зиновский " Взаимодействие следователя Военной прокуратуры с милицией при расследовании уголовных дел " М, ВКИ, 1990 г.

② Закон Российской Федерации " Конституция РФ" от12 - 12 - 1993 по состоянию на Июль 2006г.

协同，同时也具有一些自身的特点。

（一）俄罗斯联邦军事检察机关组织机构的一般规定

根据《俄罗斯联邦军事检察机关法》第46条，俄罗斯联邦军事检察机关由以下机构组成：俄罗斯联邦军事总检察机关、各军区军事检察机关、海军舰队军事检察机关、战略导弹（火箭）部队军事检察机关、联邦边防局军事检察机关、莫斯科市辖军事检察机关与其他同俄罗斯联邦各主体检察机关级别等同的军事检察机关、联合军事检察机关、兵团军事检察机关、警备军事检察机关及其他同市辖、区辖检察机关级别等同的军事检察机关（以下统称为军事检察机关）。①

军事检察机关由俄罗斯联邦副总检察长兼军事总检察长负责，领导军事检察机关内部活动，保障干部的选拔、调派与培养，对军事检察官进行考评，下达必要的执行命令与指令，督促所有检察机关履行职责。

军事检察机关职权范围及于俄罗斯联邦武装力量与其他依据联邦立法与单行规范性法令创建的部队、新建军团与军事机关。其他地区，俄罗斯联邦检察机关因特殊情势效力不能及于的，以及俄罗斯联邦域外、依据相应国际条约驻扎俄罗斯联邦军队的地区，由俄罗斯联邦总检察长委托军事检察机关履行检察职能。

俄罗斯联邦总检察长负责决定关于军事检察机关组织机构的成立、改组与撤销，军事检察机关的地位、职权、机构与定员编制等问题。总检察长就这些问题下达的指令，同俄罗斯联邦武装力量总参谋部、俄罗斯联邦边防局、其他部队、新建军团与军事机关指挥机关下达指令协调实行。此外的其他组织编制问题由军事总检察长会同俄罗斯联邦武装力量总参谋部、俄罗斯联邦边防局、其他部队、新建军团与军事机关指挥部在定员编制规定限度内解决。

依据军事总检察长决定，在与市辖、区辖检察机关同级别的军事检察机关管辖范围内，可以划分军事检察区段、检察侦查区段与侦查区段。②

（二）俄罗斯联邦军事总检察机关

1. 军事总检察机关

俄罗斯联邦军事总检察机关为俄罗斯联邦军事检察机关的最高领导机构。由管理局、行政处（局级处与局属处）、办公室与接待处构成。管理局局长与

---

① Закон РФ “О прокуратуре Российской Федерации” . от 17 - 01 - 1992. № 2202 - I. Статья 46.

② 本段内容参见 Закон РФ “О прокуратуре Российской Федерации” от 17 - 01 - 1992. № 2202 - I. Статья 46. п1 - 6。

局级行政处处长为军事总检察长高级助理，管理局副局长与管理局行政处长、办公室与接待处主任为军事总检察长助理。军事总检察机关组织构成分配条令由军事总检察长确定，管理局与行政处设有高级检察官与检察官职务。

2. 军事总检察长

军事总检察长配备有第一军事副总检察长与军事副总检察长、特别委托高级助理，上述人员职位与局长职位等同，特别委托助理职位与副局长职位等同。

3. 军事检察委员会

在军事总检察机关内部设置检察委员会，由军事总检察长（任主席）、第一副总检察长与检察长（按职能划分）、其他军事总检察长指定的检察机关工作人员组成。检委会成员组成由俄罗斯联邦总检察长依据军事总检察长提议核准。①

（三）俄罗斯联邦各级军事检察长的职能权限

军事总检察长与各级下属军事检察长，根据法律规定，在自身管辖范围内可以行使《俄罗斯联邦检察机关法》赋予的各项职权，并可依据俄罗斯联邦立法独立行使职权，不受军事管理机关与指挥机关的约束。

与此同时，军事检察官还具有以下一些法定职权，可以：

1. 参与检委会、军委会会议与军事指挥机关工作会议；

2. 对其他军事机关进行稽核与检查，稽核与检查费用，由为受检部队与军事机关提供给养的军事管理机关根据检察官命令承担；

3. 在出示公务证件的情况下出入部队、企业、机关、组织与指挥部的营区与驻地，不受该部门规章制度限制，允许查阅上述部门的文件与资料；

4. 对拘押在禁闭室、军纪惩戒营与其他关押地点的被判刑、被逮捕与被关押的军职人员进行羁押合法性审查，有权立即释放非法拘押人员；

5. 要求相应的部队、警备司令、俄罗斯联邦内务部内卫部队押解警备队、俄罗斯联邦内务机关与机构保障军队禁闭室与警备部队禁闭室在押人员，以及其他地点在押的禁闭人员与拘押人员的警戒、监押与押解。②

① 本段内容参见 Закон РФ “О прокуратуре Российской Федерации” от 17 – 01 – 1992. № 2202 – I. Статья 46 – 1。

② 本段内容参见 Закон РФ “О прокуратуре Российской Федерации” от 17 – 01 – 1992. № 2202 – I. Статья 47。

（四）俄罗斯联邦军事检察机关与俄罗斯联邦检察机关侦查委员会军事侦查机关内有关干部的基本规定

1. 担任军事检察官与军事侦查官的一般条件

在俄罗斯联邦，凡健康状况适合于履行兵役义务并曾参加过履行兵役，具有军官官衔，符合《俄罗斯联邦检察机关法》第40条要求的俄罗斯联邦公民，都可以担任军事检察官或者军事侦查机关的负责人与侦查官 。根据俄罗斯联邦总检察长的命令或经其许可，非军事人员（文职人员）可以担任军事检察官职务。在俄罗斯联邦检察机关侦查委员会主席下达命令或予以许可的情况下，非军事人员（文职人员）也可以担任军事检察机关领导职务或侦查官职务。

2. 军事检察职务与军事侦查职务的任免权属

俄罗斯联邦军事总检察长隶属于俄罗斯联邦总检察长，对其负有汇报工作的义务。依据《俄罗斯联邦检察机关法》第14条第2款规定程序，俄罗斯联邦军事总检察长职务由副总检察长兼任。其职务的任免由俄罗斯联邦会议下辖联邦委员会依据俄罗斯联邦总检察长的提名予以任命与解除；军事副总检察长、军事总检察机关管理局局长、行政处长及副局长与副处长，以及军区、海军舰队军事检察机关副检察长，及其同级别检察长职务的任命与解除，由俄罗斯联邦总检察长确定；军事检察官隶属于上级检察长与俄罗斯联邦总检察长，对其负有汇报工作的义务。其职务的任命与解除，由俄罗斯联邦总检察长确定；军事总检察机关其他检察官职务的任命与解除，由军事总检察长确定；军区、海军舰队检察机关检察长与同级别检察机关检察长，有权任命与解除本机关与下级检察机关的军事检察官职务。

3. 军事检察官与军事侦查官人员编制

军事检察机关与俄罗斯联邦检察机关侦查委员会军事侦查机关的军职人员与非军事人员（文职人员）编制，按俄罗斯联邦武装力量、其他部队与新建军团编制比例配置。军事检察机关与俄罗斯联邦检察机关侦查委员会军事侦查机关组成编制应当列入俄罗斯联邦武装力量、其他部队与新建军团的人员编制。

4. 军事检察官与军事侦查官地位与待遇

俄罗斯联邦军事检察机关与俄罗斯联邦检察机关侦查委员会军事侦查机关军官，享有现役军人地位，依据联邦性法律《军职与兵役法》规定，应当在俄罗斯联邦武装力量、俄罗斯联邦边防局、其他部队、新建军团与军事机关履行兵役，并享有联邦性法律《军人地位法》与本联邦法规定的权利与社会保障。

5. 现役军事检察官与军事侦查官的征召、录用与退役办法

有关征召与录用俄罗斯联邦公民进入军事检察机关履行兵役、转为预备役或退役等事项问题，依据《俄罗斯联邦检察机关法》的有关规定应当按照军事总检察长的建议进行。

俄罗斯联邦总检察长或军事总检察长有权指派军官进入军事检察机关履行兵役，决定是否将其转为预备役（退役）。俄罗斯联邦检察机关侦查委员会主席或俄罗斯联邦检察机关侦查委员会军事侦查管理局负责人有权指派军官进入俄罗斯联邦检察机关侦查委员会军事侦查机关履行兵役，决定是否将其转为预备役（退役）。高级军官转为预备役（退役）的，由俄罗斯联邦总统按照俄罗斯联邦总检察长或俄罗斯联邦检察机关侦查委员会主席的提议予以决定。

6. 军事检察官与军事侦查官的军衔与职衔

俄罗斯联邦军事检察机关军事检察官与俄罗斯联邦检察机关侦查委员会军事侦查机关侦查官的职衔与相应军衔应当在其军职表单中明确记载。

军事检察官军衔的授予，应当遵照相应军事检察机关的检察长提议、军事侦查官军衔的授予，应当依照俄罗斯联邦检察机关侦查委员会相应军事侦查机关负责人提议，遵循现役军人军衔授予程序切实执行。高级军官军衔，应当由俄罗斯联邦总统按照俄罗斯联邦总检察长或俄罗斯联邦检察机关侦查委员会主席的提议授予。

军事检察机关军官军衔，以及俄罗斯联邦检察机关侦查委员会军事侦查机关侦查官军衔应当与地方检察机关检察工作人员及俄罗斯联邦检察机关侦查委员会地方侦查机关工作人员的职衔相同。

军事检察机关军官与俄罗斯联邦检察机关侦查委员会军事侦查机关军官（上校及以下各级军衔）退役离职到地方或特别检察机关任职，抑或到俄罗斯联邦检察机关侦查委员会地方或特别侦查机关任职的，对其授予相应军衔的职衔，具有职衔的检察官与侦查官（高级司法参事及以下各级职衔）到军事检察机关任职的，对其授予相应的军职职衔。

7. 军事检察官与军事侦查官业务考评

军事检察官业务考评依照程序实行，考评程序由俄罗斯联邦总检察长参考兵役履行的特殊性，针对所有军事检察机关工作人员特别规定。俄罗斯联邦检察机关侦查委员会军事侦查机关侦查官考评依照程序实行，考评程序由俄罗斯联邦检察机关侦查委员会主席参考兵役履行的特殊性制定。

依据俄罗斯联邦总检察长或俄罗斯联邦检察机关侦查委员会主席规定的程序，参照职业经验与业务能力的不同，授予军事检察官与俄罗斯联邦检察机关侦查委员会军事侦查机关侦查官不同资历等级。

8. 军事检察官与军事侦查官的奖励与处罚

军事检察官，依据本联邦法规定与俄罗斯联邦武装力量纪律条令规定，接受奖励，承担违纪责任。只有上级军事检察长与俄罗斯联邦总检察长对其具有行使奖励与违纪处罚的权力。俄罗斯联邦检察机关侦查委员会军事侦查机关的侦查官，依据本联邦法规定与俄罗斯联邦武装力量纪律条令规定，接受奖励，承担违纪责任。只有上级俄罗斯联邦检察机关侦查委员会军事侦查机关负责人与俄罗斯联邦检察机关侦查委员会主席对其具有行使奖励与违纪处罚的权力。①

（五）军事检察机关与俄罗斯联邦检察机关侦查委员会工作人员与军职人员的物质保障与社会保障

俄罗斯联邦军事检察机关与俄罗斯联邦检察机关侦查委员会军事侦查机关的工作人员与其他军职人员，享有俄罗斯联邦立法有关军职人员地位与待遇的各项法律以及法定享有的社会保障、退休、医疗以及其他形式的保障措施。其职务工资由本联邦法第 44 条第 1 款第 3 项规定予以确定。军职人员的津贴发放由俄罗斯联邦国防部、俄罗斯联邦边防局、其他军队、新建军团与机关的指挥部执行。

对军事检察官与军事侦查官提供的军人津贴包括职务工资、军衔工资、军龄补贴、特种职务补贴（职务工资的 50%）、烦琐性职务补贴、紧张性职务补贴、特种职务制度补贴（职务工资的 50% 以下）、学位比例补贴、“俄罗斯联邦功勋法律工作者”荣誉称号比例补贴，以及其他形式法定的现役军人补贴与补助款项。烦琐性职务补贴、紧张性职务补贴、特种职务制度补贴，由军事检察机关或俄罗斯联邦检察机关侦查委员会军事侦查机关负责人参照每名军事检察官或俄罗斯联邦检察机关侦查委员会军事侦查机关每名侦查官的工作业绩与工作量予以确定；享有按军龄退休权利的军事检察官与军事侦查官，按月对其发放赡养补贴，金额为其应当领取退休金数额的 50%。

俄罗斯联邦军事检察机关与俄罗斯联邦检察机关侦查委员会军事侦查机关文职人员的法律地位与物质保障，应当按照对地方检察机关与俄罗斯联邦检察机关侦查委员会地方侦查机关工作人员制定的标准实行。②

---

① 本段内容参见 Закон РФ “О прокуратуре Российской Федерации” от 17 – 01 – 1992. № 2202 – I. Статья48. п1 – 13。

② 本段内容参见 Закон РФ “О прокуратуре Российской Федерации” от 17 – 01 – 1992. № 2202 – I. Статья49。

（六）军事检察机关与俄罗斯联邦检察机关侦查委员会军事侦查机关的财政保障、物资技术保障与安全保障

根据《俄罗斯联邦检察机关法》规定，俄罗斯联邦国防部、俄罗斯联邦边防局、其他部队与新建军团指挥部，应当遵循俄罗斯联邦预算立法有关规定对军事检察机关与俄罗斯联邦检察机关侦查委员会军事侦查机关活动所需的财政提供保障；对于军事检察机关与军事侦查机关所需的物资与技术保障，办公处所、交通工具、通讯设备、其他保障与津贴的划拨，由俄罗斯联邦国防部、俄罗斯联邦边防局与其他军队、新建军团的指挥部遵照相关的法律规定标准予以实行；对于军事检察机关与俄罗斯联邦检察机关侦查委员会军事侦查机关办公场所的保卫则应由所在的守备部队负责。①

三、俄罗斯联邦军事检察制度的基本特点

在世界各国军事检察制度体系中，俄罗斯联邦军事检察制度不算是历史悠久，部分规定在制定中也借鉴了世界各国的军事检察制度，但是，应当注意的是，自其形成至今，从附属于军事法庭的一个军事司法部门到单独行使军事检察监督与军事侦查职权的独立机构，俄罗斯的军事检察制度历经 140 多年的岁月洗礼，毫无疑问，已经成为现代各国军事检察制度中的一个特别模型。这即源自于俄罗斯联邦现行法律制度的独特属性，也蕴涵着俄罗斯近代历史各时期的文化传统特色与社会发展的现实状况。也是俄罗斯军事检察制度发展的必然结果。② 总体来讲，俄罗斯军事检察制度的垂直管辖体制、军事检察侦查职权独立行使与一体化，较高的社会地位、最广泛的社会保障与法律保护具有独到之处。

（一）实行垂直管辖体制

当代俄罗斯联邦军事检察制度脱离了俄罗斯军事法庭的制约与管辖，直接隶属于俄罗斯联邦总检察机关，由总检察机关副总检察长担任军事总检察长行使军事检察全权职能。军事检察机关服从国家总检察机关的垂直领导，同时内部也实行军事检察长负责的垂直管辖管理机制。即下级军事检察机关服从军事总检察长与上级军事检察机关的指挥与命令，下级军事检察官直接对军事总检察长与上级军事检察机关检察长负责，其他军事部队指挥官对其无权管辖，也

---

① 本段内容参见 Закон РФ “О прокуратуре Российской Федерации” от 17 - 01 - 1992. № 2202 - I. Статья50。

② С. А. Воронцов. Правоохранительные органы и спецслужбы Российской Федерации. М. 1999.

不接受所处军事部署中军事指挥官的命令，在军事指挥官下达的行政命令违反俄罗斯联邦宪法与其他相关法律的时候，军事检察机关有权予以撤销。

按垂直管辖区段的不同，俄罗斯联邦军事检察机关的人员编制基本上被划分为三个等级：基层军事检察机关，各军事守备区、舰队军事检察机关，俄罗斯联邦军事总检察机关。军事检察机关最高负责人为俄罗斯联邦副总检察长兼任的军事总检察长，其下为一名负责军事检察机关基本工作的军事副总检察长，分管其他部门的副总检察长，高级助理与助理检察官，再其下是由其垂直管辖的各军事检察机关管理局、行政处与服务机关，在垂直管辖系统的最低端是俄罗斯联邦 12 个军区基层军事检察机关。①

（二）军事检察权与军事侦查权独立行使与检察、侦查权力一体化

根据《俄罗斯联邦检察机关法》第 47 条有关规定，俄罗斯联邦军事检察机关只接受军事总检察机关与军事总检察长的直接领导，军事检察机关所在守备部队指挥官与负责人员或者其他军事机构指挥官与负责人员无权干涉军事检察机关的组织活动，军事检察监督权与军事侦查权的行使自主独立。

有关军事侦查权最初在 1995 年底颁布实施的《俄罗斯联邦检察机关法》中并没有明确规定。在俄罗斯联邦军事检察机关中，军事侦查部门是设立在各军事检察机关的一个下属部门，军事检察机关在对军事司法机关行使法律监督权力的同时也对各类犯罪具有侦查权，侦查权力附属于检察监督权力之下。2007 年 6 月 5 日，俄罗斯联邦立法委员会颁布了第 87 号联邦法令在检察机关法中明确了侦查委员会职能，军事检察机关的军事侦查职能也相应得以明确。同时，军事侦查官的权限得以扩大，改变了以往听从军事检察官指挥的情况，在职权上与军事检察官处于同一个级别，军事侦查职能与司法检察监督职能平行共处，合为一体。

（三）军事检察与军事侦查机关人员的法律地位与法律活动受到最广泛的保障

俄罗斯联邦司法界历来的传统就是对司法人员给予最高的社会地位、社会保障与法律保护，这一点在军事检察系统中也没有例外。

根据《俄罗斯联邦检察机关法》有关规定，俄罗斯联邦军事检察官与军事侦查官职衔不同于军内其他军官军士职衔，具有较高专业法律职衔，有专门的法律职衔徽章。按照规定，军区基层军事检察机关检察长最高职衔可以授予上校军衔，各大守备军区与舰队军事检察机关检察长可以授予少将军衔。莫斯

① А. А. Чувилев, Ан. А. Чувилев. Правоохранительные органы. Уч. пос. М. 2000.

科守备军区与圣彼得堡守备军区军事检察机关检察长最高可以授予中将军衔，而俄罗斯联邦军事总检察长最高可以授予上将军衔。①

俄罗斯联邦政府为军事检察机关与军事侦查委员会工作人员及军职人员提供了完善的物质保障与社会保障。他们享有各项俄罗斯联邦军事人员所应享有的以及其他按照法律规定应当享有的社会保障与保护。一般来讲，其津贴与工资在俄罗斯联邦财政支出中占有较大份额，由《俄罗斯联邦检察机关法》第44条第1款第3项规定予以明确。按照规定，军事检察官的津贴发放由俄罗斯联邦国防部、俄罗斯联邦边防局、其他军队、新建军团与机关的指挥部保障按时、稳定的执行。

该类人员的其他各种职务补贴则由军事检察机关或俄罗斯联邦检察机关侦查委员会军事侦查机关负责人参照每名军事检察官或俄罗斯联邦检察机关侦查委员会军事侦查机关每名侦查官的工作业绩与工作量予以确定；军事检察机关与军事侦查委员会文职人员的法律地位与物质保障同样得到法律的保护，其应当享有的物质保障与社会保障按照对地方检察机关与俄罗斯联邦检察机关侦查委员会地方侦查机关工作人员制定的准则实行；对于退役的军事检察官与侦查官，俄罗斯联邦政府保证其获得应当享有各项法定的物质保障与社会保障，不会出现退役后生活无着、居无定所的状况。

以上仅为俄罗斯联邦军事检察机关的几项基本特点，与各国军事检察制度相比较，俄罗斯联邦的军事检察制度独到之处尚有很多，本文限于篇幅，不做赘述。

四、俄罗斯联邦军事检察制度对我国军事检察制度改革的启示

目前，我国军事机构正在进行军事司法改革。为使我国军事司法改革得以顺利进行，我们有必要认真研究世界各国具有显著特点的军事司法改革经验。俄罗斯和中国属于地理邻近的大国，两个国家具有深厚的历史渊源，在法律制度上也存在着紧密的历史传承，苏维埃联盟时期的军事检察制度曾对我国军事检察体制的建设与发展产生过深远影响，随着俄罗斯联邦军事检察制度的重新设置，对当代俄罗斯军事检察制度基本内容与基础规范的研究无疑会对我国军事检察制度的改革与完善产生一定的参考价值。通过对俄罗斯联邦军事检察机关相关规定的考察，在以下几个方面应当为我们的军事司法改革带来一定的启示：

---

① Наряд с материалами прокурорских проверок военной прокуратуры Нарофоминского гарнизона за 1996 год.

（一）军事检察机关的组织机构建设应当继续完善

我国宪法规定，军事检察机关是国家设置在军队的专门性法律监督机关，主要行使国防和军事领域中针对军事侦查部门（保卫部门）、审判机关（军事法院）、执行机关（保卫部门、军事监狱、军队看守所和劳动教养所等）的职能活动是否合法以及国家军事机关、军事人员是否遵守法律事实的法律监督权力。① 军事检察机关组织机构的建设应当是一个系统的活动，它包括对军事检察机关的活动原则、组织机构与职权以及军事检察人员的建设问题，其改革涉及的不仅仅是军事法制与军事司法公正的问题，同时也存在着军队纪律以及军事司法效益等问题，只有系统完备的组织体系才是军事检察机关依法实行军事法律监督、有效进行军事法律诉讼的保障。我们可以在《俄罗斯联邦检察机关法》中看到，他们设立了独立的章节对俄罗斯军事检察机关的具体内容予以详细规定，将俄罗斯军事检察机关的地位与职权在法律上进行了系统化与明确化，而我国的军事检察制度在这一方面并没有什么特殊设置，最主要的一点就是到目前为止，我国军事检察机关在活动职能、组织安排以及职权的行使上都没有一个系统化、科学化的法律规范体系，尤其是军事检察权，我们都知道军事检察权在军事检察制度中具有重要的地位，是军事检察职能行使的基本根据，而在我国军事检察立法中有关军事检察权的规定根本找不到明确的定义。那么，在军事司法改革中，我们首先应当尽快修改《人民检察院组织法》，制定系统的军事检察立法系统并相应地在宪法中对军事检察权的地位与性质予以明确，使军事检察机关在行使军事检察权时能够做到有法可依，有法必依；其次，应当尽快完善现有法律法规，增强军事检察权的可操作性，对军事检察机关的职能权限做出硬性规定，切实增强军事检察机关的刚性和实效；最后，应当从法律上强化军事检察机关对军内民事案件提起诉讼和参与诉讼的权力，完善军内公益诉讼与民事诉讼程序的立法，加强军事检察机关中涉及民事诉讼的检察工作。要提高依法治军水平，做到有法可依，使得军事部队这样一个具有特殊性质的机关更能够依法履行法律监督职责，合理从事军事诉讼活动。

（二）应当加强军事法律监督与军事公诉职能的独立性

从前文的分析中我们可以得知俄罗斯军事检察机关与军事检察官侦查官的独立性较强。俄罗斯军事检察机关与军事检察官侦查官的独立地位得到了宪法的明确肯定，其独立性从检察机关组织、检察官与侦查官任命制度、经费制度以及福利待遇制度上都有明确的保障。

---

① 刘海泉、刘会刚：《我国军事检察权配置的反思与完善》，载《河南省政法管理干部学院学报》2009 年第 3 期，第 141 页。

虽然我国宪法和人民检察院组织法也规定了人民检察机关与检察官的独立地位与职能，但目前我国的军事检察机关与军事检察官由于缺少相关制度的支撑，其独立地位根本无法保证。导致这种状况的原因首先就在于各级军事检察机关是军队政治部门的下属单位，在政治和组织上均受政治部门的领导。其次，军事检察机关的公务活动经费由上级部门从国防预算中支出，经济上缺乏独立性。最后，军事检察官的人事任免和晋升由军队干部部门管理。因此军事检察机关在履行自身职能中容易受到案外因素的干涉，特别是上级行政领导部门的压力，影响了军事检察机关依法独立行使检察监督与刑事公诉的权力。所以，军事检察机关与军事检察官的独立地位需要从体制上加强保障，具体来讲，在现有的编制体制下，在军事司法改革中可以考虑上调军事检察机关的行政级别，军事检察官的人事任命权由上级军事检察机关行使，并由上级检察机关负责军事检察官的考评奖惩和晋升调配。另外，为保证军事检察机关独立行使职权，应当把军事检察机关的活动经费列入单独预算，从经济上保持军事检察机关的独立性。

（三）应当构建战时的军事检察制度

军事司法的两大本位价值是维护军事秩序和保障军人权利。在平时，军事司法注重保障的是军人的权利，但是在战争时期则需要对军事检察制度维护军事秩序的价值给予优先关注，即确定维护军事秩序价值优于保障军人权利的价值取向。要充分发挥军事检察机关在战争时期的功效，军事检察制度的设计应当具有较强的战时适应性，保证在战争状态下，军事检察机关仍有法可依，通过检察监督参与军事诉讼，对被破坏军事秩序及时予以修复。

有关构建战时军事检察制度的问题虽然在《俄罗斯联邦检察机关法》中没有作出明确的规定，但是因此导致的相应问题在俄罗斯的学术界曾经引起了广泛的争议，这一点也应当引起我们的重视。我国目前的军事检察制度实行的是“平战同制”，在检察监督方面主要依据的是国家的刑事诉讼立法，战时依然由平时军事检察机关依据日常军事检察制度管理规定进行相关的职能活动，但是因战时环境具有一定的特殊性，平时的军事检察制度很难完全适应战时需要，尤其是难以适应现代高科技战争的特殊需要。从当今的国际形势来讲，我国有构建战时军事检察制度的客观需要。

（四）应当明确军事检察监督隶属与领导职能

我们可以看到当代俄罗斯联邦军事检察机关直接隶属于俄罗斯联邦总检察机关，由总检察机关副总检察长担任军事总检察长行使军事检察全权职能。军事检察机关服从国家总检察机关的垂直领导，同时内部也实行军事检察长负责的垂直管辖管理机制。即下级军事检察机关服从军事总检察长与上级军事检察机关的指挥与命令。下级军事检察官只是直接对军事总检察长与上级军事检察机关检察长负责，其他军事部队指挥官对其无权管辖，也不接受所处军事部署中军事指挥官的命令，在军事指挥官下达的行政命令违反俄罗斯联邦宪法与其他相关法律的时候，军事检察机关有权予以撤销。这一点对于我国的军事司法改革尤具有重要意义。

我国的军事检察机关作为专门的检察机关，应当直接接受最高人民检察院的领导，同时，军事检察院是军队内部机构之一，必须坚持党对军队的绝对领导，即应当坚持党对军事检察工作的领导。这里需要注意的是应当处理好一个问题，即党的领导和国家检察机关领导的关系问题。在处理与党的领导关系时，应当严格实行党检分开，把党的领导由事务性的领导切实转变为政治性领导，保证军事检察机关正确执行法律，依法独立行使军事检察权。建议将军事检察院体制编制单列，改变过去设在政治机关之下的做法。军事检察院不隶属于任何军事行政机关，这也是军事检察权渊源于国家检察权而非军事统率权的具体体现。在处理与国家检察机关的领导的关系上，应当实行上下垂直领导、独立办案，即解放军军事检察院受中央军委和最高人民检察院领导，其他各级军事检察院受上级军事检察院领导。这样可以充分保证军事检察权独立，排除军事行政权对军事检察权的干扰。在军事检察院体制编制单列的基础上，实行经费单列，实现系统管理，并接受驻地部队党委的监督。这既符合我国检察改革中强调的“检察独立”的要求，也符合军事检察机关是国家检察机关组成部分的属性。

（五）改革军事检察干部管理体制，加强军事检察权实施的人才保障也是我国军事司法改革所应注重的问题

具体来讲，首先应当改革军事检察干部的任命制度，除解放军军事检察院检察长经中央军委决定，由最高人民检察院提名报请全国人大常委会任命以外，其他军事检察干部由全国人大常委会授权中央军委任命。其中副师职以上检察干部由解放军军事检察院提名，报中央军委主席任命；其他检察员分别由解放军军事检察院和军区军事检察院提名，统一经解放军军事检察院报中央军委批准和任命。其次，改革检察干部任职交流办法，实行“双轨配套”制，按《现役军官法》、《军官服役条例》、《军官军衔条例》对军事检察人员定职授衔；按《军事检察院评定检察官等级实施办法》评定军事检察官等级，逐步将军事检察官纳入专业技术干部系列，以保留军事检察工作业务骨干。对适合担任领导职务的优秀军事检察干部，可在全军范围内交流使用。最后，改革检察干部选配制度。严格执行《检察官法》规定的条件，在已通过全国统一司法考试的军（警）官中选拔检察干部，把握好年龄结构，形成梯次配备。

各级军事检察院的检察长、副检察长，应当从军事检察官或者其他具备检察官条件的人员中择优选任。上级军事检察院对下级军事检察院检察官包括检察长的选任有建议和决定的权力。

除了以上几点之外，适当扩大军事检察机关的职权范围、配备成套的战时法律监督与起诉程序规则，使检察监督与司法审判都具有良好的战争适应性也是我们自俄罗斯联邦军事检察制度中所应当获得的启示。

第四编　检察制度研究综述

转型期国家检察制度的建设与改革

——2009年“转型期国家检察制度建设与改革”国际学术研讨会要点透视

刘向文　王圭宇*

2009年9月28—29日，由郑州大学法学院主办、郑州大学宪法与行政法研究中心承办、河南省人民检察院郑州铁路运输分院协办的“转型期国家检察制度建设与改革”国际学术研讨会在郑州大学法学院召开。来自最高人民检察院、中国社会科学院、中国检察出版社、河南省人民检察院、河南省人民检察院郑州铁路运输分院、河南省法学会以及高等院校、研究院所的100余名专家学者参加了本次国际学术研讨会。会议期间，中外学者围绕“中俄运输检察制度的建设与改革”、“中俄专门检察制度的建设与改革”、“中俄检察制度的建设与改革”、“中俄检察制度的宪法基础”四个主题展开广泛而深入的研讨，并取得了丰硕的成果。

一、检察权：作为检察制度构建的逻辑起点

从本质上讲，检察权问题是认识检察制度的逻辑起点，也是研究检察制度的出发点。没有对检察权渊源、性质、特征以及地位的深刻把握，就难以展开对检察制度的深入研究。因此，如何从检察权这个基点出发来探讨检察制度，是理论界和检察系统亟待探究的一个重要问题。会议期间，不少专家和学者就检察权的基础性问题提出了自己的观点。

（一）检察权的渊源

郑州大学法学院副教授、法学博士王建国认为，列宁的检察权思想理论是

* 刘向文，郑州大学法学院教授、博士生导师、法学博士，郑州大学宪法与行政法研究中心主任、郑州大学俄罗斯法律研究中心主任；王圭宇，郑州大学法学院宪法学与行政法学专业博士研究生，郑州大学俄罗斯法律研究中心研究员。

社会主义检察制度的理论渊源。他指出，在领导苏俄革命和法制建设的实践中，为了保障法制统一，列宁阐发了一系列的社会主义检察权思想，形成了富有特色的关于检察机关行使法律监督职能的社会主义检察理论，并将该理论应用于苏维埃检察制度的法制实践。列宁关于检察机关行使法律监督权的思想理论，不仅影响了苏联检察制度的建构，而且对新中国和我国当下检察制度的建设和实践起到理论引导作用。该理论不仅为我国检察监督制度的建立和发展提供了明确的理论框架和制度来源，同时还有效地融合了自身需要和国情特点，具有了“中国化”的特点。①

华北水利水电学院法学院教授黄建水认为，我国检察权的历史源于苏联列宁关于统一法制的法律监督思想、古代御史检察制度和孙中山“五权宪法”中的检察思想。溯源于以上三种思想的中国检察权，在毛泽东新民主主义革命理论以及人民民主专政理论的指导下，经过半个多世纪的探索与改进，已经基本上形成了独具中国特色的检察权思想和理论。②

（二）检察权的性质

山东大学学位办主任，山东大学法学院教授、博士生导师肖金明认为，检察权是宪法确立的一种相对独立的国家权力，由具有宪政性质的检察机关行使。就检察权能而言，检察机关属于宪法确立的宪政机关，行使一种无法归于其他权力门类的、独立的国家权力，主要担当法律监督职能，兼当检察执法职能。③

华北水利水电学院法学院教授黄建水认为，从检察权的内容结构以及其在我国“一元双层多立”的宪政权力结构中的地位来看，检察权的性质应该定位为一种非行政、非司法、非完全法律监督并独立于行政、审判等的宪法权力。④

郑州大学法学院副教授、法学博士王建国通过系统分析列宁对检察权的定位，指出社会主义创立者列宁在设计社会主义检察制度时，是把检察权定位于司法权的一部分。检察权是行使检察监督职能的一种司法权，审判权是行使审

---

① 王建国：《列宁的检察权思想理论及其中国化》，载2009年《“转型期国家检察制度建设与改革”国际学术研讨会论文集》。

② 黄建水：《检察权在宪法权力结构中的地位及其性质研究》，载2009年《“转型期国家检察制度建设与改革”国际学术研讨会论文集》。

③ 肖金明：《论检察权能及其转型》，载2009年《“转型期国家检察制度建设与改革”国际学术研讨会论文集》。

④ 黄建水：《检察权在宪法权力结构中的地位及其性质研究》，载2009年《“转型期国家检察制度建设与改革”国际学术研讨会论文集》。

判职能的一种司法权，检察机关所享有的检察权和法院行使的审判权共同构成了社会主义的司法权。法律监督是检察机关的一项主要职能。①

河南工业大学法学院讲师陈志杰指出，检察权性质的定位取决于两个方面：一是检察机关的性质与任务、机构设置与职权；二是检察权在国家权力结构中的定位。他认为，我国的检察权即法律监督权，是一项独立的国家权力，既不隶属于行政权，也不隶属于司法权。它是通过起诉、侦查、诉讼、检察等方式，对一切违法犯罪行为进行合法性的法律监督的权力。②

郑州大学法学院教授、法学博士石茂生认为，中国的检察权不能定位为"法律监督权"。这不仅是因为1954年宪法没有这样的规定，而且因为在实践中中国检察权也没有像列宁设想的那样去行使法律监督权。从检察权的起源、检察权的本质属性等方面来看，检察权是与行政权、审判权并列的一种独立的国家基本权力，是国家司法权的重要组成部分。③

中国青年政治学院法律系教授、法学博士马岭指出，世界各国宪法或法律对检察权的定性并不统一，同时，我国学界对我国检察权性质的认识也很不一致，有行政权说、司法权说、准司法权说、法律监督权说、立法权说、多重属性说等。她认为，我国的检察权应是准司法权，同时具有行政权和司法权的某些特点。④

最高人民检察院检察理论研究所副所长向泽选博士在评议中谈到，我国目前对于检察权的研究不断扩展和深入，并引起不同学科学者的持续关注，形势喜人。总体而言，目前对检察权的研究呈现出两种思路：一种是质疑性观点，认为检察权是公诉权，而非法律监督权；另一种是肯定性观点，主要来自检察系统内部，认为检察权是法律监督权，应当坚持检察权的宪法定位。最后，向所长还以两大法系为例证，旨在揭示出各国权力分立并非那么明确，尤其是大陆法系的检察机关，其实具有很强的法律监督职能。

（三）检察权的内容

郑州大学法学院教授、博士生导师，郑州大学宪法与行政法研究中心主任

---

① 王建国：《列宁论检察监督职能》，载2009年《"转型期国家检察制度建设与改革"国际学术研讨会论文集》。

② 陈志杰：《从宪政角度看检察权的属性》，载2009年《"转型期国家检察制度建设与改革"国际学术研讨会论文集》。

③ 石茂生：《论检察权的宪政地位》，载2009年《"转型期国家检察制度建设与改革"国际学术研讨会论文集》。

④ 马岭：《我国检察机关的性质分析》，载2009年《"转型期国家检察制度建设与改革"国际学术研讨会论文集》。

刘向文和博士生王圭宇认为，中俄两国检察机关都是法律监督机关。但是，与俄罗斯联邦检察机关相比，我国检察机关不具备“一般监督”职能，所以不承担对行政执法机关执行法律情况的监督职能。不具备“一般监督”职能，不符合我国检察机关作为法律监督机关的性质，也不利于法治国家的建设。因此，应当根据我国宪法规定，扩大检察机关权限，使其成为名副其实的法律监督机关。①

山东大学学位办主任，山东大学法学院教授、博士生导师肖金明指出，对待检察职能，应该用改革和发展的眼光加以看待。他认为，从内容上来说，可以将检察职能概括为两个层面：一是法律监督或称检察监督，二是执行法律或称检察执法。反贪污贿赂、反渎职犯罪、刑事公诉、公益诉讼等，都可以归于检察执法的范畴；检察监督的范围非常广泛，甚至对公民、社会守法情况也要实施监督。但法律监督侧重于对执法和司法的监督，特别是行政机关的执法活动应当成为法律监督的主要方面。②

国家检察官学院河南分院副院长、法学博士田凯教授认为，从未来的检察制度发展来看，应当赋予检察机关提起违宪审查权、违法抽象行为审查权。他建议，我国承担法律监督职能的检察机关应当恢复法律监督的本来含义，采取检察建议、行政公益诉讼和查办职务犯罪的形式，尝试对抽象行政行为、具体行政行为的合法性和合理性进行监督。③

华北水利水电学院法学院教授黄建水认为，检察权是我国宪法上一项独立的权力，其由最高权力（主权）而非立法权所派生。他指出，从本质属性上看，我国检察权的内容结构，是由公诉权、职务犯罪侦查权和诉讼监督权共同组成的“三位一体”的混合型国家权力。另外，检察机关仅具有法律适用监督的权力，只能依据宪法和法律独立行使检察权。④

（四）检察权的运行

武汉大学法学院教授、博士生导师秦前红和博士生周伟从宪政理念和宪法规范出发，指出检察机关作为法定的法律监督机关，检察权的行使必须符合公

---

① 刘向文、王圭宇：《俄罗斯联邦检察制度及其对我国的启示》，载2009年《“转型期国家检察制度建设与改革”国际学术研讨会论文集》。

② 肖金明：《论检察权能及其转型》，载2009年《“转型期国家检察制度建设与改革”国际学术研讨会论文集》。

③ 田凯：《论检察机关对行政权的法律监督》，载2009年《“转型期国家检察制度建设与改革”国际学术研讨会论文集》。

④ 黄建水：《检察权在宪法权力结构中的地位及其性质研究》，载2009年《“转型期国家检察制度建设与改革”国际学术研讨会论文集》。

信力标准，检察公信力建设是对公共权力的基本要求。对于检察机关公信力建设的途径，他们认为，必须立足于现有的检察制度，在正义和公信之间达到一种平衡，并采取渐进式改革方式分阶段来进行施行。①

中国社会科学院法学所教授、博士生导师莫纪宏认为，国外检察权的行使，是通过权力的分立、正当程序等制度保护公民的基本权利，且富有成效。我国未来的检察制度，也应当以保护公民基本权利为改革方向。他指出，检察权职能的行使，应当从"惩罚功能"向"保护公民基本权利"转变，并就如何在检察工作中保护公民的基本权利提出了许多宝贵建议。②

俄罗斯联邦总检察院研究院伊尔库茨克法学院刑事侦查组织与方法教研室主任、法学博士叶·米·瓦尔帕霍夫斯卡娅上校认为，维护和捍卫包括犯罪被害人在内的所有人的权利与合法利益，是现代法治国家的首要任务。在对中俄两国检察官维护犯罪被害人权利方面的职权比较分析后，她建议，中俄两国应相互学习，因为两国的检察制度存在很多相互借鉴的地方。③

西南政法大学法学院副教授、法学博士张武举和副教授、法学博士张建文认为，检察权乃公权的重要组成部分，检察权之要义在于人民之治。公权力在现代法治社会不断受到限制，彰显出公权的人民权力本质。中国独特的国家权力结构模式决定了中国检察权的独特品性，中国检察制度的未来发展应当根植于斯。现行检察制度改革的关键，不在于增加或减少检察权的内容，更不在于模仿以三权分立国家权力结构模式为依托的行政性质的西方检察制度。坚持现行检察权的配置，落实现行检察制度的规定，乃是中国检察制度发展的应有方向。④

二、检察制度：基于宪政主义的审视

检察制度是一个国家基本制度中的重要组成部分，不仅是一个重大的理论问题，而且还关涉检察实践的展开。检察制度完善和创新中的大量理论难题，实质上都是宪法问题或者说宪政问题。因此，对检察实践的研究，也离不开宪

---

① 秦前红、周伟：《检察公信力的宪政解读——涵义、渊源与制度建构》，载2009年《"转型期国家检察制度建设与改革"国际学术研讨会论文集》。

② 莫纪宏：《认真对待公民的基本权利》，载2009年《"转型期国家检察制度建设与改革"国际学术研讨会论文集》。

③ ［俄］叶·米·瓦尔帕霍夫斯卡娅：《中俄检察长维护犯罪被害人权利职权之比较分析》，载2009年《"转型期国家检察制度建设与改革"国际学术研讨会论文集》。

④ 张武举、张建文：《中国检察权的独特品性与中国检察制度的发展取向》，载2009年《"转型期国家检察制度建设与改革"国际学术研讨会论文集》。

法价值的指导和国家宪法制度以及宪政背景的考量。基于宪政主义的精神，检察制度的建设与改革如何适应我国宪政建设的推进，与会专家和学者提出了许多建设性的意见和对策。

（一）检察机关的法律性质

中国青年政治学院法律系教授、法学博士马岭指出，一个国家机关应以其首要职权为定性依据，公诉权应该成为检察机关定性的标准。她认为，我国检察机关的工作重点、重心不是监督而是公诉。但公诉权在本质上是一种请求权，而不是监督权。从我国现行检察实践来看，我国检察机关并不是“专门”的法律监督机关。她认为，由于检察机关的定性是一个宪法问题，涉及我国的宪政体制，因此要慎之又慎，但也不能因此而裹足不前。①

郑州大学法学院教授、博士生导师，郑州大学宪法与行政法研究中心主任刘向文和博士生王圭宇指出，在苏联社会主义时期，国家机关实行议行合一原则，检察机关和法院一起共同构成社会主义的司法机关。当时，检察机关是法律监督机关。苏联解体后，俄罗斯联邦改行三权分立原则。在俄罗斯联邦境内，对于俄罗斯联邦检察机关的性质，开始出现分歧。最主要的观点大致有两种：一种观点认为，俄罗斯联邦检察机关是法律监督机关，属于护法机关的一种；另一种观点认为，俄罗斯联邦检察机关属于司法权力机关。通过对俄罗斯联邦法律的分析和论证，他们认为，苏联解体后的俄罗斯联邦检察机关，既不是立法权力机关、执行权力机关，也不是司法权力机关。它独立于三权体系之外，是一种特殊的国家机关，即是一种护法机关。②

（二）检察机关的宪法地位

国家检察官学院河南分院副院长、法学博士田凯教授针对当前检察机关宪法地位和职权屡遭质疑的尴尬局面，敏锐地指出这种质疑多数来自于诉讼法学界，缺乏看待这一问题的宪政眼光。人类社会对权力制约的探索，存在权力分立与制衡以及独立设置监督权的两种路径。我国法律监督制度正是后者的一种现实体现，其诞生的历史背景和理论基础都呈现出制约权力的基本特征。三权分立并非普世且唯一的权力运行模式，社会主义的权力分立与制约运行模式就是以人民代表大会制度为模式的，检察机关在此模式下主要履行专业的法律监

---

① 马岭：《我国检察机关的性质分析》，载2009年《“转型期国家检察制度建设与改革”国际学术研讨会论文集》。

② 刘向文、王圭宇：《俄罗斯联邦检察制度及其对我国的启示》，载2009年《“转型期国家检察制度建设与改革”国际学术研讨会论文集》。

督权，其中就应该包括对行政权的监督。①

郑州大学法学院教授、法学博士石茂生对检察权的宪政地位进行了阐释。他首先分析了我国目前对检察权和检察机关研究的状况，指出包括最高人民检察院在内的检察系统理论与实务界在检察权的研究中占据了主导地位，并在不断吸引法理学与宪法学界的专家加入。他们往往从宪法的“检察院是法律监督机关”出发，强调检察权即法律监督权，要求进一步强化法律监督权。通过对新中国成立以来宪法文本和法律实践的分析，他认为中国的检察权不能定位为“法律监督权”。检察机关的检察权，具有法律监督的属性，但不能简单地称为“法律监督机关”。②

华北水利水电学院法学院教授黄建水也提出了自己关于检察权在宪法权力结构中的地位及其性质问题的见解。他通过分析指出，我国的宪政体制以“一元多层多立”为特点。从《宪法》第129条“人民检察院是国家的法律监督机关”的规定来看，它只是在性质上说明了检察机关是区别于权力机关(人大)、行政机关、审判机关和军事机关的国家法律监督机关。从我国现有的宪政体制来看，人民检察院并没有独立地充分行使法律监督权。③

苏州大学王健法学院副教授、法学博士上官丕亮指出，苏联解体，俄罗斯实行三权分立原则后，检察机关在宪法中的地位比苏联时期下降了。现在，俄罗斯检察机关不再具有对法院审判活动的检察监督功能。他认为，检察机关的当务之急，是履行好现行宪法和法律赋予的各项职能，特别是公诉这一基本职能。而且，检察机关审判监督职能的未来发展方向，不是扩大监督，而应是缩小甚至取消这种监督。④

中国政法大学俄罗斯法律研究中心兼职研究员杨兴权律师指出，通过对苏联解体后颁布的1993年俄罗斯联邦宪法以及相关法律文本的分析，他认为，俄罗斯检察机关在现行宪法中的地位比苏联时期下降了。但是，他肯定了研究

---

① 田凯:《论检察机关对行政权的法律监督》，载2009年《“转型期国家检察制度建设与改革”国际学术研讨会论文集》。

② 石茂生:《论检察权的宪政地位》，载2009年《“转型期国家检察制度建设与改革”国际学术研讨会论文集》。

③ 黄建水:《检察权在宪法权力结构中的地位及其性质研究》，载2009年《“转型期国家检察制度建设与改革”国际学术研讨会论文集》。

④ 上官丕亮:《俄罗斯检察机关的转型及其对我国的启示》，载2009年《“转型期国家检察制度建设与改革”国际学术研讨会论文集》。

和借鉴俄罗斯检察制度建设与改革经验所具有的重要意义。①

(三) 检察机关的领导体制

郑州大学法学院教授、博士生导师，郑州大学宪法与行政法研究中心主任刘向文和博士生王圭宇指出，新中国成立初期，我国曾向苏联学习，实行垂直领导体制。"文革"结束后，在中苏两国关系恶化的形势下，我国在恢复检察机关设置时，改行了双重领导体制。而实践证明，双重领导体制不利于检察机关工作效率的提高。他们建议，应当逐步实行检察机关的垂直领导体制，即在现阶段一个相当长的时间里，可以在省级以下检察机关率先实行垂直领导体制。②

郑州大学法学院副院长、博士生导师沈开举教授立足于我国从制度上反腐败的社会现实，通过对十七大报告的解读，提出重建我国检察领导体制的设想。他指出，目前"条块结合，以块为主"的双重领导体制带来了严重社会后果，不但导致了检察制度的"失效"和变异，而且使得其应有的反腐功能无法发挥。他认为，最为紧迫的任务之一就是要实现检察机关领导体制的垂直化管理，实现"检察一体化"，从而"激活"和改善当下在某种程度已经异化和失效的检察体制，以充分发挥检察机关的反腐功能。③

河南省人民检察院郑州铁路运输分院研究室姜新国主任以及赵梓楠同志同样对检察机关领导体制问题进行了探讨。他们以"公共产品理论"为分析进路，从我国检察机关领导体制的应然和实然、理想与现实之间进行理性的反思，从中发现问题的症结所在，进而获取我国检察机关领导体制改革时可资利用的知识资源。他们指出，检察机关实行何种领导体制与一国面临的主要社会问题、法治发展水平、中央政府和地方政府利益分化程度及实力博弈结果、国家政治形势的变化密切相关。最后，他们认为，未来中国检察制度领导体制的改革，应当坚持在省级以下检察机关实行垂直领导。④

(四) 检察机关的活动原则

俄罗斯联邦伊尔库茨克国立大学法学院司法和检察监督教研室青年教师

---

① 杨兴权：《试论俄罗斯检察机关地位》，载2009年《"转型期国家检察制度建设与改革"国际学术研讨会论文集》。

② 刘向文、王圭宇：《俄罗斯联邦检察制度及其对我国的启示》，载2009年《"转型期国家检察制度建设与改革"国际学术研讨会论文集》。

③ 沈开举：《更加注重从制度上反腐败的深刻内涵——从十七大报告看检察领导体制的重构》，载2009年《"转型期国家检察制度建设与改革"国际学术研讨会论文集》。

④ 姜新国、赵梓楠：《双重领导还是垂直领导？——我国检察机关领导体制的反思与改革》，载2009年《"转型期国家检察制度建设与改革"国际学术研讨会论文集》。

阿·阿·加夫里连科在比较分析中俄两国检察机关组织和活动宪法原则的基础上，指出中俄两国检察机关组织方面宪法原则的区别，是民主集中制与权力分立制的区别。同时，也指出中俄两国检察机关活动方面宪法原则的异同。通过分析中国检察机关组织和活动的原则，他有针对性地指出：（1）俄罗斯联邦宪法第七章应当更名为“司法权和检察机关”；（2）“在俄罗斯联邦宪法中补充有关检察机关的独立章节”；（3）“授予总检察长以立法建议权”；（4）研究包括中国在内的东方国家在检察机关组织实施方面的经验。他认为，通过以上所说四个方面的改革来寻求解决俄罗斯检察机关问题的最佳途径极有意义。①

（五）检察机关的公务制度

郑州大学法学院教授、博士生导师，郑州大学宪法与行政法研究中心主任刘向文和博士生王圭宇指出，俄罗斯联邦检察机关体系由三级组成，但依据俄罗斯联邦现行的检察机关公务制度，无论何种级别、何种类型的检察机关，其工作人员都纳入国家公务员编制，都属于国家公务员。而在我国，铁路运输检察院和军事检察院中的工作人员，并不属于国家公务员。这就使铁路运输检察院、军事检察院中的工作人员与我国最高人民检察院、地方各级人民检察院中的工作人员在编制上、录用程序上和待遇上存在明显差别。这不仅不利于国家对检察工作人员的统一管理，而且最终会影响铁路运输检察院等专门人民检察院工作人员执行公务的效率。建议借鉴俄罗斯联邦检察机关的公务制度。②

三、专门检察制度：在理论与实践的张弛之间

在现代社会条件下，专门检察制度的组织和活动，是由于必须保障对社会和国家的生活具有重要意义的专门活动领域的稳定有序，保障整个社会和国家的法治秩序所决定的。目前，专门检察制度只在俄罗斯联邦等独联体国家以及我国得以继续存在，并以“专门检察制度”或者“专门检察机关”为正式称谓，构成国家检察制度当中的重要组成部分。专门检察机关的建设与完善，对我国相关领域的稳定发展意义重大。如何在借鉴域外经验教训的基础上建立具有中国特色的社会主义专门检察制度，成为学界研究检察制度重点关注的一个理论问题。

---

① ［俄］阿·阿·加夫里连科：《中俄检察机关组织和活动的宪法原则之比较分析》，载2009年《“转型期国家检察制度建设与改革”国际学术研讨会论文集》。

② 刘向文、王圭宇：《俄罗斯联邦检察制度及其对我国的启示》，载2009年《“转型期国家检察制度建设与改革”国际学术研讨会论文集》。

（一）运输检察制度和环境保护检察制度

俄罗斯联邦功勋法学家、退役少将、法学博士瓦·尼·安德里雅诺夫以俄罗斯联邦立法的最新修改为视角阐述了三大问题：一是通过对俄罗斯联邦运输检察机关产生与发展阶段的分析认为，运输检察机关的存在，对保障运输领域的法制和运输安全，对维护运输服务消费者的权利具有重要意义，并进而指出重建俄罗斯联邦运输检察机关的重要性和必要性。二是研究了俄罗斯联邦运输检察机关活动的法律基础，运输检察机关的职能和活动方向，对违法行为的反应形式，与运输监督机关（主管部门监督机关）、区域性检察机关协调行动的形式以及运输检察机关在整个检察机关体系中的地位。三是提出进一步完善俄罗斯联邦运输检察机关法律地位的若干建议。应当说，俄罗斯联邦功勋法学家瓦·尼·安德里雅诺夫的研究，对我国也具有重要的启示意义。①

郑州大学法学院教授、博士生导师，郑州大学宪法与行政法研究中心主任刘向文和博士生王圭宇指出，俄罗斯联邦运输检察制度在历史上历经了“设置—取消—重建”的曲折过程。但是，实践证明，铁路运输检察机关的建制，对于国家发展具有重要意义。目前，与实行“大运输部制”相应，俄罗斯联邦恢复了“大运输检察机关体制”，即重建了对铁路运输、航空运输、内水水上运输、海洋运输统一实施检察监督的运输检察机关。而我国仅存的铁路运输检察机关，与四大运输均转归交通部（厅）的管理体制不相符合。在国际形势或国家周边安全形势严峻的情况下，尤其需要实行“大运输”检察机关的设置。另外，“由于患病率的增长，其中包括由于环境污染造成的居民患病率的增长，使对自然环境保护立法执行情况的监督，成为特别迫切的问题”。② 与此相适应，俄罗斯联邦设立了环境保护检察机关，并不断强化在该领域里的监督。我国也有此类需要。最后，军事检察制度也需要相应的改革和完善。③

清华大学法学院院长、博士生导师王振民教授在评议中指出，研究俄罗斯联邦包括军事检察制度在内的专门检察制度，对我国具有积极的、重要的借鉴意义。他认为，俄罗斯铁路运输检察院的设置值得我国学习借鉴，可以考虑在我国设立综合的大运输检察院。

---

① ［俄］瓦·尼·安德里雅诺夫：《俄罗斯联邦运输检察机关的历史发展》，载 2009 年《“转型期国家检察制度建设与改革”国际学术研讨会论文集》。

② ［俄］尤·叶·维诺库罗夫主编：《检察监督》，刘向文译，中国检察出版社 2009 年版，第 177 页。

③ 刘向文、王圭宇：《俄罗斯联邦检察制度及其对我国的启示》，载 2009 年《“转型期国家检察制度建设与改革”国际学术研讨会论文集》。

河南省人民检察院郑州铁路运输分院副检察长王军同志立足于现代交通运输具有的特点，指出建立全国统一的交通运输检察体制具有必要性和迫切性。同时，铁路检察人员素质高、队伍相对健全、完善，也为这一改革提供了可行性。他建议，未来中国如果将铁路检察院移交地方，由“条状管理”改为“块状管理”并不适合。在这个意义上，可以在借鉴俄罗斯交通运输检察体制的基础上，进行铁路运输检察院的改革。①

河南省人民检察院郑州铁路运输分院研究室主任姜新国同志指出，我国铁路运输检察体制的改革，必须从实际出发。他认为，从我国铁路运输检察工作实践中发现的问题来看，应根据实际情况逐步调试铁路运输检察管理体制，从而形成符合我国国情的铁路运输检察管理体制。他建议，应当修改宪法中的相关规定，改革目前铁路运输检察院的管理体制，设立统一的交通运输检察院。同时，调整铁路运输案件的管辖规则，由各省检察院管辖。②

南阳师范学院法学院教授张汉昌和讲师胡晓涛认为，铁路运输检察机关是国家设置在铁路运输领域里的专门法律监督机关，在维护铁路运输秩序、铁路运输安全方面发挥着不可替代的作用。但随着政治、经济和社会改革的不断深化，我国铁路运输检察机关制度凸显出日益严重的问题。他们建议，铁路运输检察机关应做以下四个方面的改革：（1）管理体制上纳入国家统一司法体系，建立铁路运输专门检察制度；（2）在机构设置上，在铁路系统建立最高人民检察院统一领导下的三级二审制垂直检察体制；（3）在人事任免上与铁路运输部门脱钩；（4）在财政管理上国家统一负担。③

（二）军事检察制度

俄罗斯联邦总检察院研究院伊尔库茨克法学院刑事侦查组织与方法教研室主任、法学博士叶·米·瓦尔帕霍夫斯卡娅上校回顾和分析了俄罗斯军事检察院从苏联发展到今天的演变情况。她指出，军事检察院的历史（尤其是苏联和后苏联时期军事检察院的发展），与俄罗斯的历史紧密联系在一起。在历史上，军事检察机关的设置，旨在以消耗最少的国家资源来高效地完成相应任务。从历史上军事检察院检察实践的效果上看，军事检察机关在武装力量内部

---

① 王军：《关于我国建立交通运输检察体制的思考》，载2009年《“转型期国家检察制度建设与改革”国际学术研讨会论文集》。

② 姜新国：《和谐社会语境下铁路检察管理体制改革的几个问题》，载2009年《“转型期国家检察制度建设与改革”国际学术研讨会论文集》。

③ 张汉昌、胡晓涛：《我国铁路运输检察制度的改革与完善》，载2009年《“转型期国家检察制度建设与改革”国际学术研讨会论文集》。

巩固法纪和法律秩序，保护俄罗斯远离危害国家安全、危害战斗能力和危害武装力量战备的一切因素，捍卫军人、军队、武装力量组织和机构的权利和合法权益，维护军队纪律和军队规定的秩序方面做出了重大贡献。①

北京师范大学法学院讲师、法学博士赵路指出，俄罗斯联邦现行的军事检察制度，是对俄罗斯传统军事检察制度的延续与发展。俄罗斯联邦军事检察制度作为俄罗斯联邦国家检察制度体系的垂直分支，一方面在根本宗旨、基本任务、职权等方面与俄罗斯联邦国家检察制度保持高度一致。另一方面在组织机构、管辖范围、干部配备与职权划分等方面又具有自己的独到之处。她认为，研究俄罗斯军事检察制度对于我国军事检察制度的完善，具有重要的借鉴意义：（1）军事检察机关的组织机构建设应当继续完善；（2）应当加强军事法律监督与军事公诉职能的独立性；（3）应当构建战时的军事检察制度；（4）应当明确军事检察监督隶属与领导职能；（5）改革军事检察干部管理体制，加强军事检察权实施的人才保障也是我国军事司法改革所应注重的问题。②

（三）监所检察制度

河南省登封市人民检察院副检察长李彩云和检察员许银莉指出，监所检察是国家法律赋予检察机关的一项重要的法律监督职责，是刑事诉讼监督的重要组成部分。她们结合登封市人民检察院监所工作5年来的实践经验，对检务公开制度、预防和纠正超期羁押、侦查一体化体制的建设、一级规范化检察室的建设四个检察制度的改革与发展做了比较详尽的考察和研究，以期对我国检察制度的发展进步起到一定的作用。③

最后，需要指出的是，云南省昆明市人民检察院检察官江国栋同志则针对目前我国未成年人犯罪形势的现实状况，对在我国创设少年检察院的问题提出了自己的看法。他认为，检察机关在我国未成年人司法制度中，占有重要地位。当前，青少年犯罪问题在社会上已引起广泛重视，建立完善的青少年司法制度以遏制未成年人犯罪乃当务之急。我国未成年刑事检察制度，经过20多年实践和探索，积累了宝贵的实践经验和培养了一大批专业人才。现在，我国

---

① ［俄］叶·米·瓦尔帕霍夫斯卡娅、阿·阿·加夫里连科：《俄罗斯联邦军事检察院的产生和发展》，载2009年《“转型期国家检察制度建设与改革”国际学术研讨会论文集》。

② 赵路：《俄罗斯联邦军事检察机关的发展变革及其对我国的启示》，载2009年《“转型期国家检察制度建设与改革”国际学术研讨会论文集》。

③ 李彩云、许银莉：《监所检察制度的建设与改革》，载2009年《“转型期国家检察制度建设与改革”国际学术研讨会论文集》。

已具备了设立未成年专门检察机构的条件，创设少年检察院的时机已趋成熟。最后，他还对我国创设少年检察院的模式，提出了自己的思考和设想。①

四、比较与借鉴：通过沟通寻求共识

回溯历史，苏联的社会主义检察制度对我国检察制度具有重大影响。虽然目前苏联剧变、俄罗斯联邦独立了，但俄罗斯联邦现行检察制度与其他的现行法律制度一样，继承了苏联60%—70%的法律传统。② 中俄两国的政治、经济和法律背景曾经几近相似，两国目前又都处在转型期，都面临法律制度的改进或变迁问题。当下，我国正在深入地进行司法改革，其中包括检察制度的改革。为了顺利地实施我国检察制度的改革，有必要研究和总结俄罗斯联邦检察制度建设与改革的经验和教训，以期为我国检察制度的改革、建设与发展提供更多的值得借鉴的宝贵经验，为建立具有中国特色的社会主义检察体制提供可资借鉴的理论支撑与制度资源。

（一）中俄检察制度的改革背景

郑州大学法学院教授、博士生导师，郑州大学宪法与行政法研究中心主任刘向文和博士生王圭宇认为，20世纪50年代至80年代以前，我国引进了苏联社会主义模式。其中，包括社会主义的司法制度、检察制度等。中俄两国的检察制度和检察理论，有着许多的相同点。目前，两国又同处于转型期，面临着许多相同或相似的问题。自1991年至今，俄罗斯联邦的司法改革，包括检察制度的改革，迈出了很大步伐。我国检察制度的改革，尤其是专门检察制度的改革，刚刚起步。研究和借鉴俄罗斯检察制度的经验，对我国检察制度的改革与完善有着重要的借鉴意义。③

苏州大学王健法学院副教授、法学博士上官丕亮以中俄两国共同面临社会转型时期为立论基点，以俄罗斯联邦检察机关的转型为例证，并在比较分析苏联时期和目前俄罗斯检察机关在宪法地位、是否仍具有对法院审判活动的检察监督功能等方面变化的基础上，指出俄罗斯检察机关发生转型的主要原因，是原来检察机关的审判监督不符合现代诉讼的基本原理，这也是世界潮流。公诉

---

① 江国栋：《创设少年检察院的思考》，载2009年《“转型期国家检察制度建设与改革”国际学术研讨会论文集》。

② 刘向文：《俄罗斯联邦检察制度管窥》，载《检察日报》2008年10月21日第3版；刘向文、高慧铭：《试析俄罗斯联邦的司法改革》，载《俄罗斯中亚东欧研究》2005年第5期，第7页。

③ 刘向文、王圭宇：《俄罗斯联邦检察制度及其对我国的启示》，载2009年《“转型期国家检察制度建设与改革”国际学术研讨会论文集》。

本身就是一种法律监督，将检察机关的公诉职能与法律监督职能对立起来是不对的。①

清华大学法学院院长、博士生导师王振民教授在评议中指出，中俄两国检察制度的设置具有一定的类似性，但同时俄罗斯也保持着其自身的制度特色。同时，与中国检察机关相比，俄罗斯检察机关表现出更强的独立性，其制度功能也要比我国更加丰富一些。这些方面都值得予以关注。总之，研究俄罗斯联邦的检察制度，对于我国检察制度的建设与改革具有重要的启发和借鉴意义。

（二）中俄检察制度的共同方面

中南财经政法大学法学院教授、博士生导师王广辉则运用比较研究的方法，通过对俄罗斯检察制度改革的理论基础、演变过程和我国检察制度现状与改革历程的考察，进而对中俄两国检察制度进行了多方面的比较分析。他指出，中俄两国不仅存在着地缘上的利益关系，更由于过去的苏联与1949年后的我国都属于社会主义国家，使得原有的联系更加紧密，从而在改革内容方面（检察思想渊源、价值取向以及机构设置等）具有很多相似之处。因此，对中俄检察制度改革的比较分析，可以为我国今后检察制度的进一步改革提供有益的借鉴。②

郑州大学法学院副教授、法学博士许桂敏认为，中俄两国都处于社会转型期，法律文化又有着千丝万缕的联系。变化后的俄罗斯检察制度，为我国的司法改革提供了范本。在论证上，她首先分析了俄罗斯检察制度改革的现状，接着指出了我国目前检察制度改革中出现的各种问题，最后提出了俄罗斯检察制度改革对我国所具有的借鉴意义。③

（三）中俄检察制度的不同方面

中央民族大学法学院教授、法学博士张俊杰通过中俄两国检察制度不同之点（包括权力归属、地位、职权以及法律规范的明确性等）的比较分析，认为俄罗斯联邦在司法改革上迈出了很大步伐，并在以下两个方面具有借鉴意义：一是，俄罗斯的检察监督制度中可操作性较强、法律规定相对明确和具体之处，可以借鉴；二是，检察权的归属不重要，重要的是使所设立的检察权这

① 上官丕亮：《俄罗斯检察机关的转型及其对我国的启示》，载2009年《“转型期国家检察制度建设与改革”国际学术研讨会论文集》。

② 王广辉：《中俄检察制度及其改革比较》，载2009年《“转型期国家检察制度建设与改革”国际学术研讨会论文集》。

③ 许桂敏：《我国检察制度改革路径探微——以俄罗斯检察制度改革为样本》，载2009年《“转型期国家检察制度建设与改革”国际学术研讨会论文集》。

一国家权力分支能够有效发挥其作用。①

哈尔滨工业大学法学院讲师黄大威对中俄两国法律监督机制进行了系统性的比较研究。她主要将中俄法律监督的主体和权能比较作为切入点，进而对这两个方面所涉及的各种制度问题进行了详尽的阐述，从而为我国相应检察监督制度的完善提出对策性建议。②

（四）中俄检察制度的改革路径

郑州大学法学院教授、博士生导师刘向文和博士生韩冰翻译了俄罗斯联邦现任总检察长尤·雅·恰依卡的就职演说。尤·雅·恰依卡对完善检察机关活动的策略提出了自己的见解。他认为，在完善检察机关活动这个问题上，绝不允许采取任何“革命式”的行动。现在，检察机关需要的不是“革命”，而是“进化”，是进一步的发展与完善，即不断解决积压的问题，正确选择优先工作方向，集中力量解决主要任务，并逐渐使检察机关从其非固有职能中解脱出来。这种对待检察制度建设与改革的稳妥观点和渐进式变革策略，值得我们注意和借鉴。③

郑州大学法学院副教授、法学博士许桂敏以俄罗斯检察制度改革为例证，进而探讨我国检察制度改革路径的选择问题。她认为，俄罗斯检察制度的改革，在以下几个方面可供我们参考和借鉴：（1）我国检察制度在改革时，应该向当事人主义诉讼模式倾斜；（2）通过增加检察官独立办案能力、升职考试系统化等办法提高检察效率；（3）进一步完善检察实践中的人权保障职能。④

山东大学学位办主任，山东大学法学院教授、博士生导师肖金明在评议中认为，关于转型时期国家检察制度建设与改革的讨论和研究，以及更为重要的检察建设与改革实践，要回到中国问题上，回到基本常识上，回到我们宪法的规定上。同时，他还指出，不仅国家检察制度的研讨，像政党制度、人大制度、民族区域自治制度、审判制度、违宪审查制度等其他宪政制度的研究，也要回到中国问题上，回到基本常识上，回到我们宪法的规定上。强化中国问题

---

① 张俊杰：《中俄检察监督制度不同之述要》，载2009年《“转型期国家检察制度建设与改革”国际学术研讨会论文集》。

② 黄大威：《中俄法律监督机制比较》，载2009年《“转型期国家检察制度建设与改革”国际学术研讨会论文集》。

③ ［俄］尤·雅·恰依卡：《在完善检察机关活动的问题上，绝不允许采取任何“革命式”行动》，载2009年《“转型期国家检察制度建设与改革”国际学术研讨会论文集》。

④ 许桂敏：《我国检察制度改革路径探微——以俄罗斯检察制度改革为样本》，载2009年《“转型期国家检察制度建设与改革”国际学术研讨会论文集》。

意识，不脱离历史和现实，并回归宪法，这是一种立场和方法，也是我国检察制度建设与改革应有的路径选择。①

① 肖金明：《回归宪法，回到常识上》，载2009年《“转型期国家检察制度建设与改革”国际学术研讨会论文集》。

回归宪法，回到常识上

——在“转型期国家检察制度建设与改革国际学术研讨会”上的发言

肖金明*

各位专家、各位同学：

借大会发言的机会，我要再次感谢郑州大学法学院对我的邀请，并向刘向文教授表示特别敬意，感谢会议组织者作出安排，让我在会议期间能面向郑大法科学生畅谈检察法制，今天又可以与姜建初副检察长面对面。在过去的一天半会议研讨和面向学生的学术报告中，通过专题发言、评论和讲座，我已经比较完整地表述了自己关于检察权能转型的观点，今天的发言我想侧重于表达一种立场和方法，并顺便重申一些观点。我认为，关于转型时期国家检察制度建设与改革的讨论和研究，以及更为重要的检察建设与改革实践，要回到中国问题上，回到基本常识上，回到我们宪法上。

第一，要回到中国问题上。近几年来，关于检察权的属性、检察机关的归属、检察职能等方面的讨论比较热烈，相关研究也越来越深入。这些讨论和研究主要发生在法理学、刑事诉讼法学界和法律实务界，并且基本上聚焦在检察权的属性上。尽管有检察权是司法权、检察权是行政权、检察权是法律监督权甚至检察权是立法权的不同说法，但引人注意的争论在于检察权是司法权还是行政权的相对观点上。持有检察权是行政权的观点认为，检察权不具有司法权的被动性、中立性、终极性等特征，在体制和权力运行上更接近于行政权，这种观点以西方分权理论和美、日等国家检察制度为参照，走到头的观点就是检察机关应当归属于行政系统，就像美国、日本的检察体制一样；持有检察权是司法权的观点，主要来自于少部分学者和检务界，主张在审检关联并立的国家司法体制中，法院的审判权与检察院的检察权同属于司法权。为了独立检察，

* 肖金明，山东大学法学院教授、博士生导师、法学博士。

就要在理论上将检察权定性为司法权，以司法独立推论检察独立，仿佛将检察权定性为司法权，才能使其与审判权一样获取独立的地位和实现公正的可能。检察权是行政权还是司法权，这是中国检察制度的问题所在吗？其实，司法权的概念并没有进入中国正式的制度体系，司法权不是一个中国宪法概念，它也不是中国国家政权体系上的正式的通用术语，有关检察制度建设和改革的讨论和研究聚焦在检察权是不是具有司法权属性上，似乎没有强烈的中国问题感。在检察理论研究中，检察权或许可以被认为兼具行政和司法的双重特征，但在检察改革、司法改革和政治体制改革中，不宜过于纠缠检察权的性质。检察权应当作为宪法确立的相对独立的国家权力，由具有宪政性质的检察机关相对独立地行使。关于转型时期检察制度建设和改革，中国的问题实际上在于：我们需要什么样的检察权能，需要构建什么样的检察权体系和检察体制？

第二，要回到基本常识上。西方国家的分权理论有其合理成分可以参量，但它不能成为规定中国检察权属性的决定性因素。国家职能分解后由不同的国家机构分工履行，由此决定了国家权力的配置、不同国家权力的特征，以及国家权力关系。检察权的属性及其特征与国家检察职能相互关联，从常识性的逻辑上讲，是检察职能决定了检察权的属性与特征，而不是相反地由检察权属性和特征决定检察职能及其实现方式。独立行使检察权以履行检察职能是检察权相对独立性的实质内涵和目的所在，检察权的相对独立性显然不是因为它具有司法权的属性，而是由于特定国家职能实现的需要。换句话说，检察权相对独立或者说独立行使检察权的逻辑起点不应当建基于西方分权理论，而应当根源于检察职能的需要和宪法确立的权力关系准则。国家检察职能决定着检察权的配置、检察权的属性和特征。实现国家检察职能需要配置相应的执行性权力和监督性权力，检察执法权与检察监督权都需要由检察机关独立行使。

无论我们从政治学、社会学、管理学还是法学的角度使用统治权、管治权、治理权还是国家权力，都可以从权力的本质性规定上加以分类，这种分类超越了西方分权理论关于立法权、行政权、司法权的三权划分，将权力类型化为决策权、执行权、监督权三类。如果要对检察权进行定性的话，应当界定检察权属于决策性权力、执行性权力还是监督性权力。因为国家检察职能不是单一的，检察权也因此构成一个体系，有学者认为侦查权、公诉权和法律监督权构成完整的检察权体系。我们更倾向于首先在第一个层面上将检察权二元化为执行权和监督权，其次在第二个层面上合理规定执行权和监督权的构成。目前来看，检察机关承担的相当多的职能是基于刑事诉讼法的规定，与刑事诉讼职能相关的检察职权应当属于执行（执法）权范畴，而与宪法关于检察机关是法律监督机关的规定相关的检察职权则属于监督权范畴。就长远来讲，检察职能需要调整和转型，由此就会带来检察权进一步体系化的问题。

第三，要回到我们宪法上。关于转型时期国家检察制度建设与改革的讨论和研究，应当回到宪法上。现行宪法构建了由立法权、行政权、审判权、检察权、军事权等构成的完整的国家政权体系，检察权在其中具有相对独立的地位，检察权就是检察权，它既不是行政权，也不是所谓的司法权，它担负着相对独立的国家职能。如前所述，检察权相对独立是宪法确立的一项基本原则，与审判独立一样，它并不必须以西方三权分立学说为理论基础，基于国家职能实现的需要，宪法确立人民检察院独立行使检察权的原则，成为国家权力关系基本准则之一。说检察权相对独立，一是因为涉及检察权与政治领导权的关系，二是因为脱离不了检察机关“由人大产生、对人大负责、受人大监督”的宪法规定，三是因为关涉双重领导体制下垂直领导中的上下关系。

现行宪法规定检察院是国家法律监督机关，宪法也规定立法机关是各级人大及其常委会，就像人大及其常委会除主要承担立法职能外还担负多项国家职能一样，检察机关除承担法律监督职能外，还承担着特定犯罪侦查、代表国家公诉等国家职能。宪法和人民检察院组织法应当完善检察职能体系，不仅应当将检察机关的刑事执法职能列入宪法，还应当将检察监督行政明确规定在宪法和人民检察院组织法中，这是检察制度改革与完善的重大课题。如前所言，检察权能包括检察执法权能和检察监督权能，如果要寻根求源，前者主要源自刑事诉讼法的规定，刑事诉讼法赋予了检察机关包括刑事公诉在内的若干执法职能；后者由宪法明确赋予，检察监督权能基于宪法关于检察机关是法律监督机关的规定。包括刑事公诉在内的检察执法能够产生对其他权力的监督效应，但它并不属于法律监督或者说检察监督的范畴。应当将检察执法职能与检察监督职能分开，明确检察监督的宪政意义，并扩展其监督面向，或者说适度转变监督面向，使检察监督主要面向行政机关而不是法院，并且需要专门立法明确检察监督行政的范围和方式。我在专题发言和面向学生的讲座中将上述变化称之为检察权能转型。

第四，要完全回归列宁吗？列宁在那篇《论“双重”领导体制与法制》的长信中阐述了比较系统的检察思想，列宁的检察思想对中国60年的检察实践，包括检察制度的构建产生了重要的指导作用。检察机关实行垂直领导体制，以避免地方主义的影响，维护社会主义国家法制的统一，列宁的上述主张对中国检察体制亦有影响。中国检察体制60年几经反复，现行宪法规定了检察双重领导体制。毫无疑问，这多少受到了列宁关于检察机关实行垂直领导体制思想的影响，从某种意义上讲，它是列宁检察思想中国化的产物。双重领导检察体制在实际运作中使得检察机关更多地受制于地方，在一定程度上影响了检察权能的相对独立性，从而制约了检察效能。有人因此主张应当回归列宁，回到列宁关于检察体制的思想上，主张建立垂直领导检察体制和促进检察一体化，以保障检察权能的相对独立性和有效性。

为检察独立，就主张回归列宁，改变现行双重领导体制，强化垂直领导并促进检察一体化以排除地方影响和实现检察独立，这样的设想明显缺乏总体考量。实行垂直领导体制、强化检察集中性的主张可能引起如下问题，一是检察民主与检察效能存在高度关联性，适度的检察地方性和参与性，是检察效能的重要保障。检察领域的过度中央集权与人民检察思想不协调，也不见得能够取得预期效应。近几年来行政系统扩大垂直领导体制的范围，并未收到预期效果。二是检察权能的相对独立要以合理的内外关系和上下关系为前提和基础，垂直领导体制有利于检察机关在内外关系上避开地方影响，但过度的上下隶属同样会损害检察权能的相对独立，就像人们一直担忧法院系统除审级以外的上下关系在一定程度上会损害下级法院的独立性一样。三是实行垂直领导的检察体制将影响地方政权的完整性。宪法确立的地方政权是一个由立法权、行政权、审判权、检察权等构成的权力体系，如同前几年盛行的跨区域设置法院的主张没有考虑地方政权的完整性一样，完全的垂直领导体制也可能将使地方政权的完整性受到一定程度的损害。

现行双重领导检察体制的改革既要坚持实践列宁的检察思想，以垂直领导保障检察机关排除地方干扰、维护国家法制统一，又要立足于宪法确立的地方政权体系，并实践人民检察思想。纵与横两个方面的平衡及其动态性应当成为双重领导检察体制的基本特征，不同历史时期因应不同形势可以对纵向因素或横向因素有所偏重，以有利于更好地实现检察职能，但无须完全回归列宁，无须去横就纵地以垂直领导检察体制取代目前的双重领导检察体制。

不仅国家检察制度的研讨，像政党制度、人大制度、民族区域自治制度、审判制度、违宪审查制度等其他宪政制度的研究，也要回到问题上，回到常识上，回到宪法上。强化中国问题意识，不脱离历史和现实，并回归宪法，这是一种立场和方法。对于宪政学者来讲，回到宪法上，就是回到一种常识中。

在完善检察机关活动的问题上，绝不允许采取任何“革命式”行动*

［俄］尤·雅·恰依卡 著　　刘向文 韩 冰 译**

2006年6月23日俄罗斯联邦总统签署第646号令，任命俄罗斯联邦前总检察长弗·瓦·乌斯季诺夫为俄罗斯联邦司法部长。同日联邦委员会批准俄罗斯联邦前司法部长尤·雅·恰依卡就任俄罗斯联邦总检察长职务。① 新任总检察长在联邦委员会里向与会人员发表了就职演说。

尤·雅·恰依卡指出，俄罗斯联邦检察机关是国家机构中极其重要的机关之一。它已经不止一次地证明了自身的合理性、必要性和广泛需求性。目前的主要任务是适应社会生活和俄罗斯立法的现实需要，进一步发展检察机关体系的各级机关，使其实现现代化，并逐步达到国际标准。作为一个从事检察和侦

---

* 《在完善检察机关活动的问题上，绝不允许采取任何“革命式”行动》一文，原题目为《谈检察机关体系各级机关的发展》，系俄罗斯联邦司法部长尤·雅·恰依卡被俄罗斯联邦联邦会议联邦委员会（议会上院）重新任命为总检察长后，在俄罗斯联邦议会上院所发表就职演说的新闻稿。由柳德米拉·葛里高利耶娃根据俄罗斯联邦司法部社会联络中心的资料整理后，刊登在《律师》2006年第7期（第39—41页）上。译者认为，该报告对我国检察机关改革具有重要的信息和借鉴意义，特译出供我国检察机关和法学专家学者参考。——译者注。

** ［俄］尤·雅·恰依卡，系俄罗斯联邦现任总检察长。刘向文，郑州大学法学院教授、博士生导师、法学博士，郑州大学宪法与行政法研究中心主任，郑州大学俄罗斯法律研究中心主任；韩冰，郑州大学法学院宪法学与行政法学专业博士研究生，哈尔滨理工大学法学院讲师。

① 译者注：俄罗斯联邦会议，即俄罗斯联邦议会，由联邦委员会和国家杜马两院组成。前者被俗称为俄罗斯联邦议会上院，后者为议会下院。依照俄罗斯联邦现行宪法的规定，联邦委员会根据俄罗斯联邦总统的提名任命俄罗斯联邦总检察长，并根据俄罗斯联邦总统的提议解除俄罗斯联邦总检察长的职务。

查工作近30年的人，[①] 我认为在完善检察机关活动这个问题上，绝不允许采取任何“革命式”的行动。现在检察机关需要的不是革命，而是进化，即不断解决积压的问题，正确选择优先工作方向，集中力量解决主要任务，并逐渐使检察机关从其非固有职能中解脱出来。

我们必须将主要精力集中到六个基本方向。这就是检察机关的护法职能；为国家重要规划的实现保驾护航；提高反犯罪斗争中各种护法机关的协调一致性，并加强侦查和讯问工作中的法制；反贪污贿赂；加强国际法律合作；推行检察机关活动的透明、公开政策。

检察机关的护法活动应当成为完善权利与自由保护体系的活动，因为任何检察监督领域的主要任务都是保护人的权利与自由。众所周知，我国居民的法律文化水平非常低，在人人都能得到法律援助方面存在着一些严重问题。在这样的条件下，正是检察机关体系的各级机关应当成为普通人维护自身合法权利时可以借助的工具。但是检察机关的护法职能不仅仅局限于此，检察机关必须参加到国家广泛实施的旨在使居民生活达到新水平的所有举措中去。

为国家重要规划的实现保驾护航，也是一种极其重要的国家任务。检察机关体系的各级机关都应当运用法律赋予的各种权限，以保障俄罗斯联邦总统所提出目标的实现。当然在这种大氛围下，还应当关注保障国家法律空间统一的工作。各级权力机关的立法和规范性法律文件构成的和谐体系，是捍卫和保障人的权利与自由的“担保人”。应当指出的是，我们在这一方面已经做了大量的工作，但要终止该项工作还为时过早。我们应当在俄罗斯联邦主体一级搞好保障国家法律空间统一的工作，并使该工作有计划地开展下去。如果与目前正在进行地方自治改革、向联邦主体和地方自治组织转交大量权限的情况相联系，那么保障国家法律空间统一的问题就成为一个非常需要给予关注的问题。它要求我们有计划地、详细地分析地方自治组织所有的规范性法律文件。但是，我们现在的工作离这一要求还相差甚远。国家重要规划实施最初几个月的时间表明，地方权力机关的工作中存在着大量的违法行为。实际上，这一问题正在成为我国社会经济发展道路上的严重障碍。不能容忍上述状况的继续存在，将为检察机关体系的各级机关开辟更加广阔的工作空间。

关于分离检察机关的侦查和监督职能，把侦查职能从检察机关中分离出来，创建一个独立侦查机关的争论，已经进行了不止一年。毫无疑问，那条途径是一条富于战略性和构想性的发展道路。然而在任何一种模式中，检察机关

---

① 译者注：在俄罗斯联邦，检察机关的组成人员为检察长和侦查员。他们在我们国家里，被统称为检察官。

都应当是侦查活动的主体。说到底我们不应当匆忙地解决这一问题，否则砸烂了我们的现有体制，却没有建立起任何可以替代的体制。我们邻国的同行已经有过类似的惨痛教训，最后他们还是不得不返回到原有的模式上来。因此，现阶段的迫切任务是在现有条件下提高侦查工作的质量。而检察机关体系本身拥有足以完成这一任务的力量和手段，而且潜力远未消耗殆尽。同时，必须建立起完全合乎要求的、能够协调所有参与揭露、查明和侦查犯罪的部门活动的相互关系。为了提高反犯罪斗争的效率，还要求强化各种护法机关领导人协调会议的效率和工作能力。当然，与此同时还应当提高国家公诉的质量。只保障公诉人参加法院审理的全部案件是不够的。现在的刑事诉讼已真正成为辩论式的诉讼。它不容许有任何的错误或疏漏，因而要求不断提高检察机关工作人员的业务水平。检察机关的领导人应当关心此项工作。

在与法西斯行为和极端主义现象的斗争中，检察机关体系的各级机关应当占据特殊地位。在这一方面，它们必须拥有一种崭新的立场和具备迅速反应的效能。该领域将被置于总检察院领导的直接监督之下。

很难过高估计贪污贿赂行为的社会危害性。现在经济和社会生活中存在的许多问题都是由贪污贿赂行为泛滥所造成的，因此及时地揭露贪污贿赂的事实，坚持对贪污贿赂事实作出反应的原则立场，保证贪污贿赂行为受到惩罚，是所有护法机关，首先是检察机关的一项基本任务。不久以前，总统向联邦会议提交的国情咨文中，之所以特别强调加强反贪污贿赂斗争的极端重要性，是绝非偶然的。对于在所谓的商战中利用检察机关或检察机关个别工作人员的情况，要给予特别的关注和侦查。按照规定检察机关不得成为争斗的工具。在上述情况下，更不允许利用刑事法律权限。所有这些都是贪污贿赂行为的组成部分，它们连同其结论都将被坚决予以制止。同时，我也不打算进行大规模的“清洗”。检察机关体系各级机关工作人员的主流，是捍卫法律的品行端正的并有职业操守的人。

我认为，深化国际法律合作，是检察机关活动的一个非常重要的方面。在全球化和跨国犯罪加剧的背景下，一个国家不可能单凭自己的力量进行反刑事犯罪的斗争。进行反恐怖活动的斗争，尤其是如此。不应当仅把国外同行视为对我们工作现状的批评者，他们中的大多数是愿意与我们进行合作的。已有的经验表明，伙伴关系能够使我们达到预期目标，并能够使我们显著提高工作效率。我们不仅应当学习如何正确利用现有的国际法律工具，而且应当努力探索和运用新的工作形式和方法。这既适用于与个别国家的双边关系，也适用于与整个国际体制的关系。积极进行国际活动，是检察机关活动公开性政策的一个组成部分。我认为工作中坚持透明公开，让社会理解我们作出的决定，及时地阐明自己的立场，能够使我们不犯错误，或者及时剔除决定中的错误内容。而有时工作中确实需要人为地施加一些压力。

毫无疑问，检察机关是个独立自主的机关，它在国家权力体系中占据特殊地位。但是，其职能不应当仅局限于对执行权力机关活动的合法性实施监督。检察机关在保障法律得到无条件执行的同时，还有能力成为实现最重要任务的伙伴。与各级立法权力机关之间建立符合法律规定的相互关系也很重要。如果通过共同努力，我们能够在检察机关与议会之间建立起高效合作的机制，那么我将非常感谢你们。我希望无论是社会院，还是市民社会机构和社会组织都能积极参加这项标志性工作。因为社会组织和护法机关的代表参与讨论活动的构想性问题，将使我们有可能经过深思熟虑做出决定。正好我国已经有了类似经验，即各种国家机关领导人直属的公众会议的活动实践，证明这些机构可以高效率地工作。因此，我认为建立由众多著名机构代表参加的公众会议是适宜的。很明显我们面临着一项肩负重任的，由生活本身提出其目的和任务的工作。单凭自己的力量去解决所有积压的问题，当然是不可能的。我非常期望得到联邦委员会、国家杜马代表、社会院成员以及关心在法制和法律秩序原则基础上巩固俄罗斯国家体制的社会各界代表对我们创意的支持。① 只有共同努力，我们才能达到符合社会需要的目标。

后记：

2006 年 6 月 26 日在总检察长的任命被批准后，尤·雅·恰依卡来到俄罗斯司法部，与部直属机关及部属各联邦局的工作人员和领导成员告别。尤·雅·恰依卡在讲话中，总结了自己在司法部的工作。他说："在司法部工作的七年，是我一生中的辉煌时期。在这七年里，司法部成为我直接运用法律的课堂，成为我与高职业素质的人一起工作的学校。现在俄罗斯已经建立起决定着俄罗斯联邦面貌的，正在催生市民社会的并在国际社会中享有威望的司法体制。"尤·雅·恰依卡表示，他坚信俄罗斯联邦的司法体制将继续充满活力地向前发展。他感谢俄罗斯司法部的全体同仁对自己工作的配合，并祝愿俄罗斯司法部在进一步加强俄罗斯司法体制的职业活动中再创佳绩。

第二天，即 6 月 27 日，俄罗斯联邦总统办公厅主任 C. C. 索布亚宁向俄罗斯联邦司法部全体人员介绍了司法部长弗·瓦·乌斯季诺夫。索布亚宁强调指出，使地方自治机关的文件与立法相符合，是俄罗斯司法部的任务之一。司法部是对俄罗斯联邦政府实施法律保障，拟定法律和规范性法律文件草案的协

---

① 译者注：在俄罗斯联邦立法和法学著作中，法制和法律秩序的总含义是法治。

调行动机关之一。而上述法律和规范性法律文件恰恰决定着我国的法律生活和政治生活。

乌斯季诺夫的履历：弗拉基米尔·瓦西利耶维奇·乌斯季诺夫1953年出生于哈巴罗夫斯克边疆区阿穆尔河畔尼古拉耶夫斯克市。1968年去克拉斯诺达尔斯克边疆区科列诺夫斯克市的糖厂做车工。1972年应征服兵役。1974年服兵役期满后，考入哈尔科夫法学院。四年后，被检察机关录用为实习生，然后担任了检察长助理、检察长高级助理、副检察长以及克拉斯诺达尔斯克边疆区几个区的检察长职务。1994年，弗·瓦·乌斯季诺夫被任命为索契市检察长和克拉斯诺达尔斯克边疆区第一副检察长，而在1997年被任命为俄罗斯联邦副总检察长。3年之后，他成为俄罗斯联邦总检察长。2006年6月23日，弗·瓦·乌斯季诺夫被俄罗斯联邦总统令任命为俄罗斯联邦司法部部长。乌斯季诺夫拥有国家奖赏，其中包括三级“祖国功勋”勋章，以及俄罗斯联邦功勋法学家、俄罗斯联邦检察机关荣誉工作者等荣誉称号。现任国家司法参事，法学博士。已婚，有两个孩子。

中俄美三角关系的变化及中国的应对策略

刘向文　王圭宇*

内容摘要：从20世纪70年代到90年代后期，中苏（俄）美战略三角关系嬗变为新的中俄美三角关系。当前，在新的中俄美三角关系中，三方势力并不均衡，甚至可以说处于动态的平衡之中。其背后的支配性因素，则涉及政治利益、国家战略和意识形态等诸项。在这种新的中俄美三角关系中，中国应该审时度势地选择自己在外交方面的应对策略，并通过发挥和扩大其在新的中俄美三角关系乃至世界舞台中的影响力，通过自身发展以及与其他国家（国际组织）的互动和共同发展，以谋求和谐世界的实现。

关键词：中国；俄罗斯；美国；三角关系；应对策略

20世纪70年代，由于中苏关系的彻底破裂以及随后中美关系的破冰缓和，中国被迫放弃了原来对苏联“一边倒”的外交策略。鉴于当时所处的国际处境，中国在外交关系的策略选择上，提出了联美抗苏的主张。在这种情况下，中国、苏联和美国三方之间呈现出一种所谓的中苏（俄）美战略三角关系形态。① 进入80年代后期，又由于中苏、苏美关系的缓和而使既已形成的中苏（俄）美三角关系趋于淡化。② 20世纪90年代后期，随着中国、俄罗斯以

---

* 刘向文，法学博士，郑州大学法学院教授、博士生导师，郑州大学宪法与行政法研究中心主任、郑州大学俄罗斯法律研究中心主任；王圭宇，郑州大学法学院宪法学与行政法学专业博士研究生，郑州大学俄罗斯法律研究中心研究员。

① 也有学者指出，中苏（俄）美三角关系的形成是自20世纪60年代以来，伴随着冷战的缓解、终结及后冷战时代的来临而逐步确立的，这种观点其实是把中苏（俄）美三角关系形成前的“孕育时期”（形成前阶段）也包括在内了。参见马凤书、李淑峰：《从中美苏战略三角到中美俄战略三角》，载《山东大学学报》2003年第5期，第115页。

② 余丽：《中美苏战略大三角关系的结构现实主义分析》，载《郑州大学学报》2009年第4期，第107页。

及美国三方力量对比关系的变化，逐渐呈现出一种新的中俄美战略三角关系。当然，目前这种新的中俄美三角关系，不是一种势均力敌的三角关系，而是一种以美国为主导的"不均衡三角关系"。在21世纪，在这种新型三角关系中，中国该如何自我定位和应对，不仅关系到中国能否赢得外交主动权和国际话语权，关系到中国在新三角关系中所处的地位，而且关系到未来世界格局的变化。因此，新的中俄美三角关系以及中国的应对策略，是我国理论界专家学者需要认真予以研究的重大课题。

一、"三角关系"理论及中苏（俄）美战略三角关系的嬗变

（一）"三角关系"及其理论意蕴

在几何学上，三角形的二边之和大于第三边。在中国古代乃至欧美，常有小国的政治家把三角形二边之和大于第三边的几何学理论，运用到国与国之间的关系中，以求得小国的生存和发展。到了现代，在国际政治中，较早地把"三角关系"提升到理论高度进行阐释的代表人物，是英国学派的国际关系理论大师马丁·怀特（Martin Wight）教授。① 对于"三角关系"（理论）的讨论，在冷战（Cold War）时期达至鼎盛。其主要目的和研究对象，就是针对当时的中苏（俄）美三角关系。在该研究领域比较有代表性的学者，首推美国的政治学家洛厄尔·迪特默（Lowell Dittmer）。他首次将博弈（Game）概念引入"三角关系"理论的分析和研究当中，并创造性地把三角关系划分为四种类型，即"三人共处"型、"浪漫三角"型、"稳定婚姻"型和"单位否决"型，进而对中苏（俄）美三角关系的形成与演变作出系统而深入的分析和研究。② 在其经典之作《战略三角：基于博弈理论的一个初步分析》中，洛厄尔·迪特默坦率地指出"枢纽"（pivot）是战略三角中最为有利的一个角色。③ 很明显，在他看来，美国应当在中苏（俄）美三角关系中处于"枢纽"的主导地位。

笔者认为，在国际政治中引入"三角关系"这一概念，有着丰富的理论意

---

① 马丁·怀特（Martin Wight）教授早在1977年发表的《国家体系》（Systems of States）一书中，就"三角关系"以专章形式进行研究，可称得上这一领域的研究先驱。

② Lowell Dittmer, the Strategic Triangle: A Critical Review, in llpyong J. Kimed, The Strategic Triangle: China, United States and the Soviet Union, New York: Paragon House Publisher, 1987, p. 34. 转引自曹璐：《21世纪初美俄中三边战略关系研究》，吉林大学2009年优秀硕士学位论文，第4页。

③ Lowell Dittmer, The Strategic Triangle: An Elementary Game – Theoretical Analysis, World Politics, Vol. 33, No. 4 (1981), pp. 485 – 516.

蕴和解释力。“三角关系”是指一种由三点构成并维持的一种稳定的状态，“三角形的稳定性”就是对三角关系的恰切说明和阐释。它强调的是“三角关系”中三方相互之间的牵扯、影响和互动，以及因一方或两方中双边关系的变动而产生对第三方的影响。需要指出的是，“三角关系”理论的提出，最初是被用来描述和分析冷战时期美国、苏联和中国三方之间关系的。在中苏（俄）美三角关系中，由于中国、苏联和美国在世界格局中具有举足轻重的地位，所以它还涉及因一方或者两方中双边关系的变动而有可能产生的对于整个世界格局的影响和冲击。目前，这一理论分析工具和理论解释模式，已经被广泛地应用到国际政治中去。例如，中俄美之间、中日美之间、中欧美之间的战略三边关系。

（二）中苏（俄）美三角关系的嬗变

有学者认为，中苏（俄）美三角关系的形成和发展，可以划分为四个阶段，即孕育阶段、确立阶段、巩固阶段和松动阶段。[①] 我们认为，“四阶段”论的观点有其合理之处。但是，在时间的维度上显得模糊，在认识上清晰度不够。我们认为，自20世纪70年代始到1991年底苏联解体时，中苏（俄）美三角关系按照时序上的递嬗，大致上可以划分为三个阶段：

1. 中苏（俄）美三角关系的建立阶段

如前所述，尽管中苏（俄）美三角关系雏形的出现可以追溯到20世纪60年代，但中苏（俄）美战略三角关系的确立却是在20世纪70年代。具体地说，自20世纪50年代起，中苏关系不断恶化。后经中苏论战一直到60年代末的珍宝岛事件，使中苏关系陷入僵局并导致最终破裂。中苏关系的全面破裂，加剧了苏联对中国的威胁，同时也为中美关系的缓和提供了可能。1969年7月25日，时任美国总统的尼克松在访问亚洲国家和地区途中，以“关岛讲话”为转折阐述了美国新的亚洲政策。其后，1971年4月“乒乓外交”的开展以及基辛格秘密访问中国的成行，最终成就了1972年2月尼克松访华以及《中美上海公报》的发表。中美关系的缓和，构成了中苏（俄）美战略三角关系建立的主要标志。在此背景下，美苏之间也先后于1972年、1973年和1974年举行了首脑会晤，就核军控等重大问题进行协商和谈判。

2. 中苏（俄）美三角关系的强化阶段

事实上，在20世纪70年代，中苏（俄）美战略三角关系的确立，使当时的苏联陷于被动。为改变这一不利局面，苏联通过所谓的“缓和战略”，同西

---

① 余丽：《中美苏战略大三角关系的结构现实主义分析》，载《郑州大学学报》2009年第4期，第108—110页。

欧诸国实现了国家关系正常化，获得了提高国家实力和扩大影响的活动空间。与此同时，因石油危机而引发的经济危机对美国造成巨大冲击，加之“水门事件”中尼克松的提前下台，造成了中苏（俄）美战略三角关系的某种不确定性。但有一点是明确的，正如尼克松本人所说过的那样，“我们同中国的关系，是我们对苏联战略的一个关键因素”。① 1978 年 12 月 16 日，中美双方同时公布了《中美建交公报》，决定自 1979 年 1 月 1 日起，中美双方互相承认并建立（大使级）外交关系。《中美建交公报》的公布，构成了中苏（俄）美战略三角关系强化的主要标志。至此，中美两国结束了长达近 30 年的敌对关系，实现了两国邦交的正常化。这在客观上也巩固了已经形成的中苏（俄）美战略三角关系。

3. 中苏（俄）美三角关系的终结阶段

20 世纪 70 年代，苏联推行勃列日涅夫的全球战略，加紧与美国争夺世界霸权。1979 年底苏联入侵阿富汗，引起美国的强烈不满。1980 年 1 月 23 日，时任美国总统的卡特发表讲话指出，苏联的这一举动“是对美国切身利益的一种进攻”，并声称“美国将使用一切必要的手段，包括军事力量打退这种进攻”。卡特总统的这一主张被称为“卡特主义”，“标志着美国的对苏政策从缓和走向对抗的重大转变”。② 1981 年 1 月里根总统上台后，通过推行“里根主义”、“星球大战”计划（或称“战略防御计划”）及“和平演变”战略，改变了自尼克松执政以来对苏联的缓和政策而走向全面对抗。与此同时，随着苏联社会的发展，苏联社会主义模式的缺陷和弊端也就更加显露。③ 高度集中的积弊不断加重，成为苏联经济发展的桎梏和社会矛盾加剧的催化剂。在国家孕育着深刻危机、社会主义面临严峻考验的时刻，苏联试图通过改善对华关系来提升其国际地位。1989 年 5 月戈尔巴乔夫访华，实现了中苏两国和两党关系的正常化。④“在一定意义上，中苏关系正常化是中美苏战略大三角关系松动

---

① ［美］理查德·米尔豪斯·尼克松：《真正的和平》，新华出版社 1985 年版，第 75 页。

② 刘德斌：《国际关系史》，高等教育出版社 2003 年版，第 457 页。

③ “苏联社会主义模式”，即高度集中的社会主义政治经济体制，是在 20 年代后期 30 年代中期逐渐形成，并由 1936 年苏联宪法以及根据其制定的各加盟共和国宪法予以确认的。参见刘向文、贺永方主编：《苏共丧失执政地位的原因及其教训》，国防大学出版社 1996 年版，第 1—30 页。

④ 需要指出的是，早在 1982 年 3 月，勃列日涅夫就已在“塔什干讲话”中表达出了缓和对华关系的希望。

的主要标志。”① 但是，20世纪80年代末90年代初的东欧剧变和1991年的苏联解体，导致中苏（俄）美战略三角关系正式终结。

二、新的中俄美三角关系的确立及动因

20世纪80年代末90年代初，中苏（俄）美战略三角关系宣告终结。在后冷战时期，世界格局发生了巨大变化。苏东剧变，社会主义阵营不复存在；欧盟一体化进程加快，美国调整了其外交策略；中国建立了社会主义市场经济体制，选择了更加务实的外交政策。伴随着中国、俄罗斯以及美国各自政治、经济和社会的发展变化，逐渐呈现出一种新的中俄美三角关系的雏形。尽管人们对于后冷战时期是否存在中俄美三角关系有着不同的观点，但自20世纪90年代以来，中、俄、美相互牵制、相互联系和相互影响的三角关系在客观上是存在的。这种三角关系处于一种动态的变化之中，并呈现出美国占主导的现实格局。20世纪90年代以来，之所以会出现并确立这样一种新的中美俄三角关系，归根结底源于中国、俄罗斯以及美国各自的发展变化。现把这一新型三角关系确立的三方动因阐释如下：

（一）俄罗斯：在徘徊中前进

1991年底，苏联解体、俄罗斯联邦独立。俄罗斯联邦作为一个独立的主权国家，作为苏联的法定继承国，登上了国际政治舞台。独立后的俄罗斯国内，以叶利钦为首的总统一方和以哈斯布拉托夫为首的议会一方在新宪法是否确认总统制的问题上，发生严重分歧，最终导致出现总统和议会两个“权力中心”并存的混乱局面以及1993年“十月事件”的发生。② 1993年12月12日，俄罗斯联邦以全民公决形式通过了《俄罗斯联邦宪法》，③ 从法律上宣告了俄罗斯的政治诉求。俄罗斯联邦尽管独立了，但历经1990—1999年连续10年经济滑坡的窘境，④ 同时面临着民族主义、分立主义以及恐怖主义等问题的困扰。联邦的主权、统一和领土完整，受到严重威胁。2000年5月7日，普京就任俄

---

① 余丽：《中美苏战略大三角关系的结构现实主义分析》，载《郑州大学学报》2009年第4期，第110页。

② 刘向文：《试谈俄罗斯联邦的总统制》，载《东欧中亚研究》1994年第5期，第48—54页。

③ См.: Конституция Российской Федерации // Рос. газ. – 1993. – 25 декабря.

④ 刘向文：《“俄罗斯联邦新宪法草案”和苏联两种政治力量斗争的加剧》，载《苏联东欧问题》1991年第3期，第27—34页；刘向文：《试谈俄罗斯联邦新刑事诉讼法典》，载《中国法学》2002年特刊，第225—227页；刘向文译：《刑事政策的基础》，郑州大学出版社2002年版，第8—11页。

罗斯联邦总统后，进行了一系列的改革，其中包括持续进行的两次行政体制改革。普京总统的上述改革，恢复了行政权力体系应有的一致，有力地捍卫了联邦的主权和统一。普京总统的上述改革，稳定了国家政局，增强了行政权力机关的工作效率，并且有利于振兴俄罗斯、重塑俄罗斯联邦的大国形象。① 2008年5月8日，承诺继续奉行普京在任时所制定国内外政策基本方针的梅德韦杰夫就任俄罗斯联邦总统，其后普京被任命为俄罗斯联邦总理。这样就出现了我国媒体和学界议论纷纷的“梅普组合”现象。目前，处于世界金融危机困扰的俄罗斯联邦遭遇到很大困难。但不容置疑的是，俄罗斯联邦今后仍将在国际政治舞台上扮演重要的角色。

（二）中国：奇迹般稳步崛起

在1991年底苏联解体之时，中国何去何从成了一个亟待回答的问题。当时，邓小平说了一句话，即“走自己的路，建设中国特色的社会主义”，这是我们在总结若干历史经验教训之后，得出的基本经验和结论。② 自此之后，中国开始了“摸着石头过河”的自我探索阶段，并逐步走向了建设中国特色的社会主义道路。“改革开放以来，中国成功开辟了中国特色社会主义发展道路，实现了从高度集中的计划经济体制到充满活力的社会主义市场经济体制、从封闭半封闭到全方位开放的伟大历史转折”，③ 并取得了举世瞩目的经济成就。2007年中国经济总量达到257306亿元，位居世界第三位，仅次于美国和日本。中国的兴起，被称为“20世纪最重大的事件之一”。与此同时，中国社会主义民主和法治建设也取得了长足的发展和进步。随着中国国家综合实力的不断增长，中国的国际影响不断扩大，国际地位显著提高。但同时也必须看到，作为一个稳步崛起的大国，中国依然面临着社会主义现代化建设、祖国统一、民族富强以及维护世界和平的重任。总而言之，经过30多年的改革开放和经济的高速发展，中国的综合国力已经发生重大变化。这就为中国在新的中俄美三角关系中发挥更加重要的作用提供了契机，中国也必将成为可以影响新的中俄美三角关系乃至重塑世界格局的重要力量。

---

① 刘向文：《谈普京倡导的行政体制改革》，载《俄罗斯中亚东欧研究》2004年第4期，第16—20页；刘向文：《谈俄罗斯联邦现任政府的机构改革》，载《俄罗斯中亚东欧研究》2005年第6期，第1—8页。

② 王康：《俄罗斯知识分子给人类的启示》，载何雪峰、周筱赟主编：《回到常识——公众论坛演讲集》，花城出版社2008年版，第144页。

③ 参见《重大理论创新：瞭望载文阐述胡锦涛时代观五大主张》，载http://www.chinadaily.com.cn/zgzx/2009-11/24/content_9032216.htm，访问日期：2009-12-2。

（三）美国：谋求“一超独霸”地位

毋庸讳言，在当今的世界格局中，美国处于独一无二的超级大国地位。在后冷战时期，美国凭借其强大的政治、经济、军事和科技实力，不断采取包括推行“和平演变”、促成“颜色革命”以及军事打击等各种策略和措施，以确保其称霸全球的战略地位。2001 年布什担任美国总统以后，采取“进攻性现实主义”的外交政策，奉行“单边主义”策略，崇尚实力并炫耀武力，以维护美国为主导的单极世界，就是一个鲜明的例证。2001 年“9·11”事件发生后，美国一方面谋求与世界其他大国之间的合作，建立国际防恐阵线；另一方面，又以反恐和维护本土安全为借口，通过采取“进攻性”国家安全战略以强化其全球霸权战略目标。就是在上述背景下，出现了北约东扩进程加快、东欧中亚国家“颜色革命”兴起、伊拉克战争爆发、阿富汗战争爆发等事件。此外，美国还不断介入其他国家和地区的事务，如台湾问题、朝鲜核危机等事件。最后，为了追求绝对安全和谋求绝对优势，美国采取“先发制人”的策略，单方面宣布退出其在 1972 年与苏联签订的《反弹道导弹条约》，并开始部署国家导弹防御系统。2008 年 4 月，美国次贷风波引发国际金融危机，美国以国家利益为核心的保护主义显得气势汹汹。

三、新的中俄美三角关系的表现及特点

如前所述，新的中俄美三角关系是在苏联解体之后，伴随着中国、俄罗斯以及美国各自政治、经济和社会的发展而逐步确立起来的。笔者认为，在 21 世纪，新的中俄美三角关系，将会随着中俄美三方实力对比关系的发展变化而不断调整。但是，在相当长的一段时间内，在新的中俄美三角关系中，美国的主导地位很难被动摇。根据新的中俄美三角关系近 20 年来的波动，还是能多少窥探出中俄、中美以及美俄之间双边战略关系的微调，并在此基础上发掘出支配中俄美三角关系演变背后的特点或者内在规定性，以便为中国下一步的应对提供参考。

（一）新的中俄美三角关系的表现

1. 中俄双边关系

1991 年底苏联解体，俄罗斯联邦作为一个独立的主权国家而诞生。中俄之间的关系，随之开启了一个新的局面。正如有学者指出的那样，1992 年，中俄宣布双方“互视为友好国家”；1994 年两国关系上升到“建设性的伙伴关系”；1996 年双方又宣布建立“平等与信任的、面向 21 世纪的战略协作伙伴

关系"，仅仅在5年之内，中俄关系连续迈上了三个台阶。[①] 进入新世纪以后，中俄关系更是取得了一系列的重大突破和连续性进展。两国的战略协作伙伴关系得到了进一步的充实和巩固，中俄新型国家关系更加完善和成熟。[②] 当然，中俄新型国家关系在顺利发展的同时，也面临着许多问题和挑战。[③] 目前，中俄关系中最大的问题有三个：一是两国经贸关系发展滞后；二是俄罗斯联邦国内存在着"中国威胁论"的市场；三是关于"中国移民"问题。[④] 第一个问题，是由于中俄双方贸易结构落后、投资力度不大等诸多原因共同造成的。这需要中俄双方共同努力，营造良好的国际贸易环境，并需要站在两国"战略协作伙伴关系"的高度来解决问题。第二个问题的产生原因，主要在俄罗斯联邦方面。因为在中国取得经济腾飞的同时，俄罗斯联邦的经济发展历经动荡才刚刚起步，难免会对中国抱有猜忌。同时，也不应对"中国威胁论"所造成的不良影响做过高估计。这需要中俄双方在以后的国际合作和战略协作中，力求互信。最后一个问题，在某种程度上，也是由于"中国威胁论"在俄罗斯联邦国内被大力鼓吹所造成的。

2. 中美双边关系

自1991年底苏联解体之后，中美关系一波三折，一直未能进入一个顺畅发展的轨道。[⑤] 直到1997年和1998年中美两国领导人的互访，才使中美关系摆脱了冷战后的徘徊局面，重新回归到一个正常的轨道上来。然而，好景不长，1999年5月美国对中国驻南联盟使馆的轰炸，再一次使中美关系跌入低谷。经过近一年的修复，中美在2000年恢复了正常的互访与对话。其间，美国还不断就"人权问题"以及"台湾问题"（对台军售）向中国屡屡发难。进入新世纪后，随着中国综合国力的不断增强，中国在世界和地区事务中的影响不断扩大，更引起了美国的担心和警惕。2001年小布什就任美国总统以后，

---

① 李静杰：《新世纪的中俄关系》，载《西伯利亚研究》2006年第4期，第8页。

② 李静杰：《新世纪的中俄关系》，载《西伯利亚研究》2006年第4期，第8—10页。

③ 从2001年9月到2004年10月，中俄两国在战略协作上就出现了很多问题。例如，在双边战略关系层面上出现了三个典型个案：斯拉夫石油拍卖案、中俄石油管道改线风波、达赖喇嘛访问俄罗斯。而在全球战略层面上，两国在反对导弹防御系统问题上的战略协作出现较大脱节。

④ 李静杰：《跨入新世纪的中俄关系》，载《俄罗斯中亚东欧研究》2007年第2期，第62页。

⑤ 刘德斌：《中美关系的特点与实质》，载《哈尔滨工业大学学报》2000年第4期，第17页。

力求实现其全球霸权的战略目标。他指出，中国不是“战略伙伴”，而是“战略竞争者”，因而对中国实施“接触加遏制”的战略。在军事上，他采取“先发制人”的策略，将军事战略的重心转向亚太地区。[①] 在台湾问题上，布什政府明确宣布放弃对台的“三不”政策，并出售大批量先进武器。尽管这一时期的中美关系也有缓和，但中国始终是美国防范、敌视和遏制的对象。近年来，中美关系呈现出良性的双边互动关系，主要表现为“三保持”：一是高层保持密切接触；二是外交保持战略对话；三是经济合作保持良好势头。[②] 去年年底，胡锦涛主席在奥巴马总统访华时指出，中美两国“将共同努力建设21世纪积极合作全面的中美关系，并将采取切实行动稳步建立应对共同挑战的伙伴关系”。[③] 但同时也必须清醒地认识到，美国的对外战略未变，仍然是应付潜在的“战略竞争对手”。中国也仍然是美国防范、敌视和遏制的对象。例如，奥巴马访华之后，美国商务部旋即作出裁决，以中国油井管存在补贴为由宣称将对相关产品实施10.36%—15.78%的反补贴关税制裁。[④]

3. 俄美双边关系

自苏联解体始到2003年伊拉克战争止，俄美关系可谓“大起大落”。其中，既有如胶似漆的“蜜月期”，也有暗中较劲的“冷和平期”，还有剑拔弩张的“对抗期”。[⑤] 对俄美关系的这种评估，在俄罗斯联邦对美国的政策上也有所彰显。例如，俄对外政策专家郑羽认为，俄罗斯联邦对美国的政策先后经历了四个阶段：（1）“一边倒”政策阶段（1992年1月—1994年12月）；（2）谋求建立平等伙伴关系政策阶段（1994年12月—1999年3月）；（3）谋求抵制美国单极霸权政策阶段（1999年3月—2000年9月）；（4）谋求建立

---

① 比如，在2001年发生的撞击事件以及随后的南海中美舰船对峙事件都是在这一背景之下发生的。

② 倪世雄、潜旭明：《中美关系新特点：一种基于新地缘关系视角的分析》，载《北京大学学报》2008年第5期，第101页。

③ 参见《中美元首会晤确立共迎全球性挑战新格局》，载 http://zggng.stock.cnfol.com/091118/129，1402，6821008，00.shtml，访问日期：2009-12-2。

④ 该案涉及金额约27亿美元，是迄今为止美对华贸易制裁的最大一起案件。参见《美国发起迄今最大规模对华贸易制裁》，载新华网 http://www.xinhuanet.com/，访问日期：2009-12-2。

⑤ 袁鹏：《美俄关系的变与不变——兼议美俄“新冷战”说》，载《外交评论》2006年第5期，第30页。

反恐伙伴关系政策阶段（2001 年 9 月—2003 年 3 月）。[①] 一句话，俄美之间的双边关系，真可谓“九曲回肠”。进入 21 世纪，以 2001 年“9·11”事件和 2003 年初“伊拉克危机”为标志，俄美关系先后又出现了戏剧性的大幅波动和调整。2000 年普京总统上任以来，俄罗斯联邦开始了大刀阔斧的改革，并体现出明显的国家主义立场和中央集权倾向。特别是 2003 年以来，随着普京所倡导改革的深入进行，俄罗斯联邦国内在政治上显示出浓厚的“权威主义”倾向。因而，俄罗斯联邦的“民主政治”问题，成为影响美俄关系发展的重要因素。但是，有一点必须承认：俄罗斯联邦尽管失去了昔日苏联“超级大国”的地位，但作为一个大国，其军事实力仍然构成对美国的巨大抗衡。俄罗斯联邦因而成为维系世界格局相对平稳的重要元素。此外，苏联解体后，俄罗斯联邦仍然在一定程度上保持着对原苏联地域内一些国家和地区的传统影响。这一“地缘政治”现实，使俄罗斯联邦在很多问题上仍占据主动地位。由此可见，随着俄罗斯联邦的不断发展和实力的增强，它在新的中俄美三角关系中，将会扮演愈来愈重要的角色。

（二）新的中俄美三角关系的特点

随着冷战的结束，中苏（俄）美战略三角关系走向终结。在后冷战时期，中、俄、美三国开始重新调整和定位三国之间的关系。事实上，国际形势的深刻变化，已将中、俄、美三国置于一种新的战略三角框架中。但是，应当指出，新的中俄美三角关系不是前中苏（俄）美战略三角关系的简单恢复或延续，而是一种仍处于动态变化之中的全新的战略关系，具有自身的现实特点。[②]

1. 新的中俄美三角关系是一种特殊的“不均衡三角关系”

在冷战时期，世界政治格局由美国和苏联主导，形成了分别以美国和苏联为首的世界“两极格局”。在这种情况下，中苏（俄）美战略三角关系是一种

---

① 郑羽：《既非盟友，也非敌人——苏联解体后的俄美关系》（上），世界知识出版社 2006 年版，第 94 页。

② 也有学者从八个方面来对新的中俄美三角关系的特点进行了阐释，作者主要是从新的中俄美三角关系的背景、现实冲突以及中、俄、美三方在其中的角色定位以及相应对外政策这些角度进行的，不乏启示意义。参见马凤书、李淑峰：《从中美苏战略三角到中美俄战略三角》，载《山东大学学报》2003 年第 5 期，第 117—120 页。然而，本文对新的中俄美三角关系现实特点的研究，旨在透视新的中俄美三角关系演变背后的支配性因素，发现新的中俄美三角关系据以变动和维系的内在规定性或者规律。通过对新的中俄美三角关系特点的探究，以期为中国在这种“三角关系”中应对策略的选择，提供可资参考的视角。

两斜边均大于底边的“等腰三角形”，中国处于底边。当时，中苏（俄）美战略三角关系的变动，更多取决于苏联和美国。

1991年底苏联剧变，旧的中苏（俄）美战略三角关系随之终结，新的中俄美三角关系应运而生。尽管我们称新的中俄美关系为三角关系，但它绝不是上述“等腰三角形”，而是以美国为主导的，美国这一底边分别大于中俄两斜边的“不规则三角形”。在这个“不规则三角形”中，两斜边有可能是等边，也有可能是不等边（一长一短）。在新的中俄美三角关系中，美国具有绝对优势和战略主动性。这就为中俄联合制衡美国提供了可能，同时也为美国联俄以遏制中国或者联中以遏制俄罗斯留下了战略空间。目前的世界格局，呈现出“一超多强”局势的雏形。美国作为独一无二超级大国的局面，在相当长的时间内很难改变。因此，我们分析未来新的中俄美三角关系之时，要充分地认识到这一点。

2. 各自的国家利益始终是中俄美三角关系中的核心要义

每一个国家都有自己的国家利益，该国家利益包含着各不相同的利益内容。同时，由于每个国家的规模大小、自然条件和地理位置等各不相同，其所追求的国家利益也迥然各异。但是，国家利益是国家间互动最重要的驱动因素。① 这正如美国现实主义学派代表人物汉斯·摩根索（Hans J. Morgenthau）所说的那样，“只要世界在政治上还是由国家所构成的，那么在国际政治中，实际上的最后语言就是国家利益”。② 对于每一个国家来说，仍然存在着普遍适用的、基本的和持久的国家利益。这集中体现在要使国家这一政治组织存续，所必须追求的一些根本目标上。③ 在新的中俄美三角关系中，无论是三方中任何一方的调整或是其中两方双边关系的调整，无不是围绕着本国的国家利益展开的；同时，追求什么样的国家利益，也直接决定着新的三角关系中一方或者两方的行动逻辑。在国际政治中，国家利益始终都是各国外交政策的核心和实质，也是引起三角关系变动的根源。可以说，中俄美三角战略关系的核心和实质，是美国竭力维护其世界霸主地位，中俄两国努力争取复兴或崛起的良好国际政治经济秩序而形成的防范、敌视、遏制与反防范、反敌视、反遏制的新型战略关系。

---

① 李少军：《论国家利益》，载《世界经济与政治》2003年第1期，第4—9页。

② ［美］汉斯·摩根索：《政治学的困境》，芝加哥大学出版社1958年版，第54页。

③ 金安：《国家利益、国家目标与国际合作》，载倪世雄、王义桅主编：《中美国家利益比较》，时事出版社2004年版，第68页。

3. 新三角关系的互动动力来自各方实力的对比关系

"三角关系"理论本身，就是力图分析和解释在某一特定时空背景下三方（通常是三个国家）之间的相互联系、牵扯和影响。三角关系本身的变动，归根结底反映的是三角关系中三方实力的对比关系。有什么样的实力对比关系，就会形成或者塑造什么样的三角关系。在冷战时期的中苏（俄）美战略三角关系中，两国关系的变化或者三方关系的变动，往往就是因为三角关系各方之间的实力对比关系有所调整或变动。例如，20 世纪 70 年代中美关系的缓和，就是因为在中苏美三方实力对比发生变化的情况下，美国为了制衡苏联而拉近中美之间关系的。进入 21 世纪，新三角关系各方之间互动的"动力"，更多地从国际转向国内。这是因为新三角关系的各方，都追求在不忽视国际影响的前提下，谋求自身国家实力的提高和国际地位的巩固，以求达到"不战而屈人之兵"的战略目的。这一特点和趋势，也诠释了中国"发展才是硬道理"、"聚精会神搞建设、全心全意谋发展"等国家建设和发展策略的正确性与合理性。

4. 新的中俄美三角关系中意识形态的冲突在所难免

在"二战"以前，国家与国家之间的冲突就层出不穷。当时，进行战争是解决国际冲突的主要方式。两次世界大战的爆发，就是最好的明证。如果从人类价值和文明的角度而言，冲突的背后其实是文明的冲突（The clash of civilizations）。"从价值构成上看，每一种文明都含有'殊别价值'和'普世价值'两种成分以及相应的制度。"而对普世价值分歧最大的时代是冲突最激烈、对峙最严峻的时代。例如，第二次世界大战及随后的冷战就是这样。① "文明的冲突"，归根结底是一种意识形态的冲突，或者说是在普世价值上的冲突。② 从这个意义上说，中俄美三方之间的冲突，实质上是一种意识形态的冲突。例如，中美关系出现难题的真正原因，就在于美国坚持自由主义意识形态和中国政府坚持的共产主义意识形态的分歧造成的。明白这一点，有利于对新的中俄美三角关系的预测和把握。

四、新的中俄美三角关系背景下中国的应对策略

在 21 世纪，整个国际局势处于"深刻变革"之中，既面临挑战，又蕴涵机遇。随着中国、俄罗斯以及美国三方各自实力的发展变化，新的中俄美三角关系将会呈现出更为清晰和复杂的面相。毫无疑问的是，摩擦、冲突与合作，

---

① 刘军宁：《共和·民主·宪政》，上海三联书店 1998 年版，第 229、231 页。

② 刘军宁：《共和·民主·宪政》，上海三联书店 1998 年版，第 234 页。

将会构成新的中俄美三角关系互动中发展的“合奏曲”。在此背景之下，中国在新的中俄美三角关系变动中应该如何应对，具有重要的战略意义和现实意义。

（一）搞好自身发展，是巩固和提升中国国际地位的根本和基础

在21世纪，和平与发展仍然是世界的两大主题。邓小平同志早就讲过，“中国解决所有问题的关键是要靠自己的发展”。① 可以说，搞好自身的发展，是巩固中国国家实力和提升中国国际地位的根本和基础。因此，中国应当在政治、经济、文化、军队等各个领域采取相应措施，以切实强化中国自身的实力，进而巩固、提升乃至扩展中国在国际世界上的影响力和作用。由于文章篇幅所限，笔者不可能面面俱到，仅谈一些容易被忽略的问题。

1. 搞好经济建设

在经济建设方面，要“深入贯彻落实科学发展观”，不断完善社会主义市场经济体制，“促进国民经济又快又好发展”。② 这其中，应当注意以下四点：一是要长期坚持以经济建设为中心，全心全意谋发展，努力提高中国的经济实力。可以在进行经济体制改革的同时进行政治体制改革，使经济体制改革和政治体制改革并行不悖。二是要认真总结世界金融危机的经验和教训，调整国家的经济结构和经济发展战略。例如，要转变经济增长方式，以扩大国内需求为主，并兼顾通过对外开放来发展国家经济；而不能一味地强调发展外向型经济，全面与世界接轨。三是对关系国家经济命脉的部门以及关系国计民生的行业，绝大部分仍然要坚持实行国有化，防止出现外资垄断的局面。四是在贯彻物权法、保护私有财产的同时，不能忘记保护国有财产。对股份公司化过程中出现的国有资产流失问题，应当采取包括立法在内的相应措施实施纠偏行动。

2. 搞好政治建设

在政治建设方面，要坚持中国共产党的领导，坚持中国特色社会主义发展道路，坚定不移地发展社会主义民主政治。在中国，由于中国共产党是执政党，因此执政党建设和干部队伍建设就成为重中之重。为了搞好干部队伍建设，有三点需要强调：一是各级国家机关以及国有企事业单位在选拔和配备干部时，要坚持“德才兼备”的标准。克服选拔干部时只注意年龄、专业知识，而忽略干部候选人思想和立场的倾向。二是修改我国公务员法，进一步规范国

---

① 邓小平：《思想更解放一些 改革的步子更快一些》（1988年5月25日），载《邓小平文选》（第3卷），人民出版社1993年版，第265页。

② 胡锦涛：《高举中国特色社会主义伟大旗帜 为夺取全面建设小康社会新胜利而斗争——在中国共产党第十七次全国代表大会上的报告》，2007年10月15日。

家公务员的行为。其中包括：不得为了非公务目的，使用只有从事公务活动时才使用的信息、物质技术设备和财政保障；建立行之有效的干部财产收入申报制度和相应的监督制度。三是规范县处级以上干部的外事行为。其中包括：非经中央或省级法定机关允许，国家机关、军队、国有企事业单位等县处级别以上干部，不得收受外国政府、外国法人和外国自然人形形色色的资金和资助。但是，外国自然人是干部近亲属的情况除外。

3. 搞好思想文化建设

在思想文化建设方面，要加强社会主义思想道德建设，大力推动社会主义文化的发展与繁荣。在这一方面，有四点需要加以注意：一是要把全党、全军、全民的思想统一到具有中国特色的社会主义思想体系上来，发挥社会主义“集中力量办大事”的优势，克服思想混乱、一片散沙的局面。二是制定大众新闻媒体法，规范大众新闻媒体的行为，净化各种新闻出版物，以加强具有中国特色的社会主义思想体系的宣传。三是制定非政府组织法，加强对外国非政府组织的法律规制，以挫败在我国培养亲西方势力，发动形形色色“颜色革命”的企图。① 四是坚持并加强对贪污腐败等行为的打击力度，弘扬正气。同时，提高一线干警因公伤残牺牲的抚恤金金额，并建立由国家财政资金拨款建立的见义勇为基金。

4. 搞好社会建设

要根据建设“和谐社会”的目标，加快推进以改善民生为重点的社会建设，以便让广大民众都能享受到30多年改革开放的胜利成果。在这一方面，有三点需要加以注意：一是逐步调整让一部分人先富起来的政策，采取措施缩小贫富差距，以实现社会公正，确保社会稳定。二是正确实施工资制度改革和退休制度改革，不要人为地拉大国家公务员和国有企事业单位职工之间的差距，避免产生新的更多的矛盾。目前，公务员考试过热，就充分表明公务员工资制度改革中出现了偏差。三是除继续实施低收入保障制度，医保制度改革等惠民措施外，应当由国家财政拨款建立特殊病残青少年医疗救护基金等。

（二）在新的中俄美三角关系中始终把国家利益放在首位

如前所述，国家利益是每一个国家外交政策的核心要义和实质，也是每一个国家制定和实施其外交政策的出发点和归宿。任何试图解释、预测和应对国际行为（主要是国家行为）的各种努力，都离不开“国家利益”这一基点。正因为如此，在未来新的中俄美三角关系中，中国的一切外交行动和国际行

① 刘向文、王圭宇：《试析俄罗斯联邦对非政府组织的法律规制》，载《郑州大学学报》2009年第4期，第128页。

为，都应该牢牢地以“国家利益”这个核心要义为转移，努力使中国在政治、经济以及文化等各方面的利益不至于受损。在这一方面，有两点需要特别强调：一是台湾问题以及涉及国家领土完整的其他问题。实现国家统一和民族富强，一直是中国面临的一项重大任务。反分裂国家法的制定颁布，已经在法律上集中体现了国家的利益所在。所以，任何损害国家统一、主权和领土完整的行为，都是我们应当予以坚决反对的。二是应当强调和维护国家的经济利益和文化利益。国家的政治利益涉及一国在国际舞台上的地位和尊严，固然要维护。但是，国家的经济利益和文化利益更应当被强调并予以维护。我们既不能以牺牲经济利益为代价换取政治利益的妥协，更不能无视中国在国际上的文化利益。例如，西方国家文化产品充斥中国文化市场的现状，值得有关方面的高度重视。

（三）在提升中俄关系与重视中美关系之间寻求三角关系的平衡

中国在新的中俄美三角关系中扮演何种角色，归根结底取决于中国的国家实力和国际地位。尽管如此，这并不意味着在外交政策上，没有实施自身战略以获得优势的活动空间。相反，准确和灵活的外交政策，将会使中国在三角关系乃至世界政治格局中起到“四两拨千斤”的平衡作用。根据前面对新的中美俄三角关系的讨论和分析，我们认为，中国的外交战略选择应该是：在提升中俄关系与重视中美关系之间寻求三角关系的平衡。

1. 要提升中俄关系，“两边”之和大于“第三边”

在新的中俄美三角关系中，美国占据绝对的优势和主导性，而中国和俄罗斯则处于相对的劣势。要维持这一新型三角关系的动态平衡，就需要全面提升中俄双边战略关系。而全面提升中俄双边战略关系，政治互信是前提。为此，应当注意以下两点：一是中俄双方要密切在联合国、上海合作组织等多边框架内，以及在重大国际和地区问题上的协调与配合，共同应对各种全球性挑战，推动建设持久和平、普遍繁荣的和谐世界。① 在重大国际和地区问题上进行协调与配合时，或者进行合作时，中俄双方均不应采取任何引起对方怀疑战略伙伴关系真实性和可靠性的行动。二是要充分重视和支持战略伙伴的核心利益和重大关切。俄罗斯联邦支持中国在台湾、新疆、西藏问题上的立场，中国也支持俄罗斯联邦在车臣问题上的立场。这体现了中俄战略伙伴关系的真实内容。

2. 重视中美关系，以有利于中国的“和平崛起”

在新的中俄美三角关系中，美国占据绝对的优势和主导性。因此，中美关

---

① 参见《胡锦涛就更好更快地发展中俄战略协作伙伴关系提出四点建议》，载人民网 http：//politics. people. com. cn/GB/1024/7290575. html，访问日期：2009 - 12 - 2。

系是新的中俄美三角关系中最重要的关系。中美两国的外交关系并非一直顺畅，甚至在某一时期处于紧张。这是因为中美关系紧张的背后，是战略目标的对立和国家利益的悖反。但应当看到两点：一点是中美两国互为最大的经济合作伙伴，中国又是美国最大的债权国。因此，中美两国在经贸领域有着某些共同利益和利益的互补性。重视、理顺和发展中美关系，有利于中国的经济发展。另一点就是美国为当今世界唯一的超级大国。中国的“和平崛起”，摆脱不了中美关系的“笼罩”。因此，中国要重视中美关系，以便为自身的“和平崛起”创造条件。但是，值得指出的是，在关系国家主权、统一和领土完整的问题上，在关系国际政治经济新秩序的原则问题上，中国不能过于软弱退让，也不能“自作多情”地过于夸大中美关系的“美好前景”。

3. 积极开展多边外交，扩大中国自身的国际影响

进入21世纪以来，金融危机、恐怖主义活动问题、能源资源问题、气候变化、粮食安全、公共卫生、重大自然灾害等各类全球性重大挑战和威胁凸显。所有这些都严重制约和影响着世界的和平稳定与繁荣发展，并成为跨越国界和地区的国际性或者全球性难题。作为世界上正在稳步崛起的大国，中国还应该在中俄美三边关系之外，施展多边外交，广交良友。在这里，中国也有施展其自身优势，并扩大其影响力的战略空间。

（四）通过建立相应的会晤、谈判和协商机制寻求国际合作

当今世界，由于全球化的不断推进，世界各国在某种程度上相互依存、互为条件。同时，由于世界各国经济社会发展水平与模式的不同、政治制度与意识形态等诸方面的差异，又构成了各国国家利益的矛盾性、差异性。这种差异性又使各国之间的竞争、矛盾、冲突不可避免。① 面对如此复杂的国际环境和利益分殊的矛盾世界，“各国应该通过对话和协商解决分歧和矛盾；要互利合作，建立健全多边国际合作机制；合作要体现公正公平，统筹考虑各国发展阶段、国情、能力；应该发挥联合国及相关国际组织的作用”。② 据此，我们认为，通过建立相应的会晤、谈判和协商机制寻求国际合作，应该成为中国外交政策积极努力的重要方向。（1）在政治上，以联合国为阵地，利用中国常任理事国的身份，在国际事务中积极发挥自己的影响力。而联合国也将成为中俄美三角关系角逐的集中场域。（2）在经济上，2001年中国加入世界贸易组织（WTO）后，国家贸易之间的纠纷应该更多地寻求在世贸组织规则框架下的解

① 王伦光：《价值追求与和谐社会构建》，浙江大学出版社2006年版，第225页。

② 参见《重大理论创新：瞭望载文阐述胡锦涛时代观五大主张》，载 http://www.chinadaily.com.cn/zgzx/2009-11/24/content_9032216.htm，访问日期：2009-12-2。

决。中美之间的、中欧之间的贸易摩擦和纠纷也应该如此。特别应当指出的是，我们加入世界贸易组织不久，我国的世贸问题专家经验还很欠缺。他们不应当孤芳自赏，而应当努力进取，以帮助我国企业尽量少受损失，少交“学费”。(3) 在外交上，积极发挥中国的国际和区域影响力，在相应国际组织中通过相应的会晤、谈判和协商机制谋求国家利益和世界和平。例如，以中国为代表的“金砖四国”（BRICs）的兴起，将不断对现存的国际体系结构造成冲击;① 又如，亚太经合组织（APEC）对于协调和解中亚地区事务发挥着越来越重要的作用；再如，二十国集团峰会（G20）逐步的机制化也将为中国提供发挥作用的契机。

总之，在新的中俄美三角关系中，中国应该立足于本国自身的国情，在尊重各国自己选择和各自社会制度的选择以及意识形态差异的前提下，以平等、协商、互利、合作的姿态来处理和对待中俄和中美之间的双边战略关系，努力营造互利、共赢的和谐局面。

（五）通过加强国防和军队现代化建设来促进世界和平

“冷战”结束以后，尤其是进入20世纪90年代以来，国际形势发生了深刻而巨大的变化。就我国而言，由于意识形态的悖反、国家利益的分歧以及历史遗留问题等，中国当前的周边安全形势更加严峻。② 在新的中俄美三角关系中，就中美关系而言，美日安保体系对于中国来说一直是一个威胁，《美日安保条约》更是把这种威胁潜在化和凝固化；美国不时地向台湾实施军售以及散布“武力保卫台湾”的言论，美国将其军事力量的重心转移到亚洲一线，矛头直指中国等，都使军事因素成为中美关系之间不得不考量的问题。中俄关系历经曲折，但在进入20世纪90年代以后不断升温。有学者甚至称，中俄关系目前处于“黄金时期”。但是，这并不意味着中俄之间的战略伙伴关系完全实现了，完全没有芥蒂了。俄罗斯联邦对中国有条件地军售以及向印度出售先进武器等行为，已经彰显出俄罗斯联邦对中国“和平崛起”的猜忌。“中国威胁

---

① “金砖四国”来源于英文BRICs一词，是指巴西（Brazil）、俄罗斯（Russia）、印度（India）和中国（China）四国，因这四个国家的英文名称首字母组合而成的“BRICs”一词，其发音与英文中的“砖块”（bricks）一词非常相似，故被称为“金砖四国”。其中，巴西被称为“世界原料基地”；俄罗斯被称为“世界加油站”；印度被称为“世界办公室”；中国被称为“世界工厂”。

② 例如，西方国家推行霸权主义和强权政治，企图使台湾问题国际化；中印边界问题仍没有彻底解决，仍与我国存在一定的领土和边界纠纷；中日两国关于钓鱼岛问题，权属争执并没停息；中国在南海与大洋诸国关于南沙群岛的主权归属之争；等等。以上这些问题一旦扩大或严重化，都必将触及我国领土完整和主权的根本利益。

论”在俄罗斯境内得以盛行，就是最好的明证。①

正因为如此，在军事建设方面，要在大力提高国家经济实力的同时，也需要提高国家的军事实力，增强国家应对国内外重大危机的迅速反应能力。只有“适应世界军事发展新趋势和我国发展新要求，推进军事理论、军事技术、军事组织、军事管理创新”，充分做好军事斗争准备，才能确保“打得赢、不变质”的军事战略目标。其中，以下几点需要加以明确：一是在提高国家经济实力的同时，努力提升国家的军事实力。其中，包括节约“歌舞升平”的开资、节约接待开资等，增加军事现代化投资，以弥补前20年的欠债。二是在美国大力压缩中国战略空间，中国周边安全形势严峻的情况下，制定和实施正确的国家安全战略，包括宪法安全、国防安全、经济安全、信息安全、生态安全、运输安全等战略。三是在我国日益扩大对外开放，美国等西方国家加紧对我国实施接触、渗透和西化的背景下，我国应当强化国家安全机关，确保我国的宪法安全、国防安全、经济安全、信息安全、生态安全、运输安全。四是正确贯彻执行民族区域自治法和反分裂国家法，旗帜鲜明地、毫不手软地镇压分裂国家的活动。五是继续坚持“韬光养晦”，但在必要时，在领土纠纷问题上应当有所作为。六是脚踏实地地开展国防教育，彻底改变一些流于形式的做法。七是正确处理发展军事和发展个别地区经济二者之间的关系。若二者之间发生冲突，得优先发展军事。例如，在信息搜集设备高度精密化和现代化的当今世界背景下，在考虑将海南岛建设为国际旅游岛的计划时，应当充分考虑到我海军基地和设施的保密水平。

需要指出的是，中国拥有一定的军事实力，不是为了称霸世界，而是保卫自己以及促进世界和平。因为“国防和军队建设，在中国特色社会主义事业总体布局中占有重要地位”，② 同时也是捍卫世界和平的重要平衡性力量。

五、小结：经由共同发展走向和谐世界

“当今世界正在发生前所未有的历史性变革”，我们所处的时代“是一个充满机遇和挑战的时代”。这其中，求和平、促发展、谋合作，是不可阻挡的历史潮流。由于国与国之间“利益交融、休戚与共”，必须树立促进各国共同

---

① 当然，应该承认，我们也不应过于夸大在新的中俄美三角关系中军事因素的影响。比如今年中俄的联合军事演习，就显示出中俄在军事方面战略合作的一面。

② 胡锦涛：《高举中国特色社会主义伟大旗帜 为夺取全面建设小康社会新胜利而斗争——在中国共产党第十七次全国代表大会上的报告》，2007年10月15日。

发展的时代思维，“更加注重交流合作、相互借鉴，更加注重互利共赢、共同发展”。[①] 对于中国而言，尤其应该如此。正如邓小平早年所言，“中国解决所有问题的关键是要靠自己的发展”，但是“关起门来搞建设是不成功的，中国的发展离不开世界”。[②] 历史已经证明，中国的发展离不开世界，世界的发展同样也离不开中国。中国每一步的前进、发展，都与国际政治局势和国际环境有着千丝万缕的联系。可以说，自“‘冷战’结束后，世界舞台乱象丛生，国际局势变幻莫测，我国的国际处境亦复杂多变”。[③] 在这样的国际环境中，中国应该携手其他国家一道经由共同发展走向和谐世界。

“国际关系向全球关系转化，国际政治向全球政治嬗变，在很大程度上有助于传统的国际秩序转变为全球秩序。这是一种以全球参与、国际共同治理为核心的全球共治下的秩序，它将使安全型秩序逐步转向和平发展型秩序，不平等秩序逐步向较为平等的秩序，从而在全球范围内走向尽可能大的、制度化的有序。”[④] 在这种新的中俄美三角关系之中，中国应该审时度势地选择自己在外交方面上的应对策略，并通过发挥和扩大其在新的中美俄三角关系乃至世界舞台上的影响力，以谋求自身的发展以及与其他国家（国际组织）的互动与共同发展。当然，我们在反对强权政治、霸权主义的同时，更应该充分利用国际政治中的各种有利条件，主张在保持世界各国文化和发展模式的多样性，力主实现公平、公正和正义，以建立一个平等、自由、民主和公正的和谐世界。

---

① 参见《重大理论创新：瞭望载文阐述胡锦涛时代观五大主张》，载 http://www.chinadaily.com.cn/zgzx/2009-11/24/content_9032216.htm，访问日期：2009-12-2。

② 邓小平：《思想更解放一些 改革的步子更快一些》（1988 年 5 月 25 日），载《邓小平文选》（第 3 卷），人民出版社 1993 年版，第 265 页；邓小平：《我们的宏伟目标和根本政策》（1984 年 10 月 6 日），载《邓小平文选》（第 3 卷），人民出版社 1993 年版，第 78 页。

③ 王伦光：《价值追求与和谐社会构建》，浙江大学出版社 2006 年版，第 219 页。

④ 李云霞、靳利华：《全球化时代的国际政治理论》，社会科学文献出版社 2005 年版，第 358 页。

后　　记

检察制度是一个国家宪政制度的重要组成部分。检察制度不仅是一个重大的理论问题，同时还关系到检察实践的展开。目前，中国正在推进检察制度改革，亟须借鉴国外检察制度改革的成熟经验。而这其中，之前对我国检察制度有深远影响的苏联（俄罗斯）检察制度的改革，无疑对我国最具借鉴意义。

正因为如此，郑州大学俄罗斯法律研究中心积极筹划“转型期国家检察制度建设与改革”国际研讨会，并已于2009年9月28—29日在郑州大学法学院顺利举办。本次国际学术研讨会得到了中国和俄罗斯学者和专家们的大力支持。会议期间，中外学者围绕“中俄运输检察制度的建设与改革”、“中俄专门检察制度的建设与改革”、“中俄检察制度的建设与改革”、“中俄检察制度的宪法基础”四个主题展开了广泛而深入的研讨，取得了良好的效果。作为《俄罗斯法学研究论丛》（第1卷），我们择取了国内外专家提交给本次国际研讨会学术论文中的代表性作品并结集出版，以期更多的人来了解或分享本次国际学术研讨会的研究成果。

本卷文集中的论文，在会后都经过作者的再次修改和完善。有些文章已在期刊上公开发表过，但在收录本文集时略作了修改。同时，由于编辑委员会本着“兼容并包”的原则进行文章的挑选，所以文集中论文的观点只代表文章作者自己的个人观点，并不必然代表编辑委员会的观点和立场。由于编辑者水平有限，书中错误之处在所难免，敬请广大读者朋友们批评指正并予以谅解！

最后需要说明的是，本卷文集的编辑和出版，承蒙中国检察出版社的大力支持。同时，十分感谢检察出版社安斌副总编和编辑室苏晓红主任的热情帮助。此外，在本卷文集的最初编辑、排版和审校过程中，王建国博士以及王圭宇博士等几位同志为此付出了大量的辛勤与汗水，在此一并致谢！

刘向文　主任

郑州大学俄罗斯法律研究中心

2010年5月30日